一生モノの
英文法
COMPLETE

ゆるぎない基礎英語力を
獲得するための最短ルート

澤井康佑
Kohsuke Sawai

● 音声のダウンロード方法

付属の MP3 CD-ROM と同じ音声を、ホームページよりパソコンでダウンロードできます(スマートフォン、タブレットではダウンロードできません)。

1 「ベレ出版」ホームページ内、『一生モノの英文法 COMPLETE』の詳細ページにある「音声ダウンロード」ボタンをクリック。
   (URL は http://www.beret.co.jp/books/detail/576)
2 8ケタのコードを入力してダウンロード。

ダウンロードコード 3DmgwMHP

なお、附属の MP3 CD-ROM の再生方法については p.406 をご覧ください。

はしがき

　皆さん、こんにちは。著者の澤井康佑です。この本は英語の入門書です。入門書というと「簡単で薄い本」という感じがするかもしれませんが、入門書は「力がついた。この勢いで、もっと勉強したい！」という、手ごたえと希望を与えられるものでなくてはなりません。読む前と読んだ後で明確な変化がなければ、真の入門書とはいえないはずです。そのためには一定の厚さが必要になります。

　厚い本を読み通すのは容易ではないと感じるかもしれませんが、本書は公式集のような文法書ではなく、冒頭から順に読み進めることができる「読み物」です。英文法の世界を「起承転結の物語」として描きました。公式集は通読できなくても、物語なら読めるはずです。

　更に、より確実に読み通せるようにするために、本書にはナビゲーションの音声を添えました。ナビゲーターが最後まで伴走しますので、これまでの参考書に挫折してきた方でも読み通すことができます。社会人、大学生、専門学校生、浪人生、高校生はいうまでもなく、中学生の方でも、1年生の内容を終えていれば、本書は読み切れます。

　どうぞ大きな期待とともに本書に取り組んでください。

　　　　　　　　　　　　　　　　　　　　　　　　　　　　　澤井　康佑

　ナビゲーターの藤村由紀子です。皆さんは、一生モノの英文法を身につけよう！と、今ワクワクしながらこのページを開いていることと思います。この本を選んだ皆さん、大正解です！最後まで読んで取り組めば、きっとあなたの英語力はぐんと上がっていることと思います。英文法なんてもう怖くない！そんな自分をイメージしながら、最後まで一緒に頑張りましょう。

　　　　　　　　　　　　　　　　　　　　　　　　　　　　　藤村　由紀子

本書は講談社現代新書の『一生モノの英文法』と発売予定の『続 一生モノの英文法（仮）』のSTAGE IIを合わせ、削除と加筆を施したものです。

一生モノの英文法 COMPLETE 目次

講義の前に………11

起の巻 ― 結びつき………27

第1部 | 単語と単語の結びつき 28

第1章 基本8文型 …………………………………… 29
- ① 5文型………29
- ② 受動態………35
- ③ 補語となる前置詞句………40
- ④ 修飾語………44
- ⑤ 品詞のまとめ……… 47
- ⑥ 名詞、動詞、前置詞に関する補足………48
- ⑦ ここまでの文の名称とここからの変形………53

第2章 疑問文 …………………………………… 54
- ① 真偽疑問文………55
- ② 選択疑問文………56
- ③ 疑問詞疑問文………57

第3章 感嘆文 …………………………………… 75
- ① 形容詞の程度を強調するもの………75
- ② 副詞の程度を強調するもの………75

第4章 命令文 …………………………………… 76

第5章 肯定文と否定文 …………………………………… 77
- ① 平叙文で否定文………77
- ② 疑問文で否定文………78
- ③ 感嘆文で否定文………79
- ④ 命令文で否定文………79
- ⑤ never を用いた否定文………80

第2部 文と文の結びつき 81

第1章 等位接続詞 …………………………………………… 83

- ① 等位接続詞の機能と具体例………83
- ② 等位接続詞の要素………84
- ③ 等位接続詞が持つもう1つの機能………84
- ④ 等位接続副詞………85

第2章 従位接続詞 …………………………………………… 86

- ① 名詞節を形成する従位接続詞………89
- ② 形容詞節を形成する従位接続詞………105
- ③ 副詞節(動詞修飾語)を形成する従位接続詞………131
- ④ 副詞節(形容詞修飾語)を形成する従位接続詞………139
- ⑤ 《従位接続詞の一覧表》の後半………144
- ⑥ as………159
- ⑦ 等位接続詞と従位接続詞の比較………161

第3部 準動詞句 163

第1章 準動詞句の機能と意味 …………………………………… 165

- ① S、C、O、前置詞のOとしてはたらく準動詞句………166
- ② 名詞修飾語としてはたらく準動詞句………170
- ③ 動詞修飾語としてはたらく準動詞句………178
- ④ 形容詞修飾語としてはたらく準動詞句………182
- ⑤ SVOCのCとしてはたらく準動詞句………187
- ⑥ S be Ved CのCとしてはたらく準動詞句………199

第2章 準動詞句の主体 …………………………………………… 204

- ① toV句に対する意味上の主語の付加………205
- ② Ving句に対する意味上の主語の付加………206
- ③ Ved句に対する意味上の主語の付加………207

承の巻 ― 形の変化………213

第1部 │ 時制 ― 動詞・助動詞の形の変化　214

第1章　基本形………………………………………………………… 215
- ① 述語の先頭が現在形の文………215
- ② 述語の先頭が過去形の文………216

第2章　進行形………………………………………………………… 218
- ① 現在進行形………218
- ② 過去進行形………219
- ③ 準動詞句への変化………219
- ④ be to 不定詞………221

第3章　完了形………………………………………………………… 222
- ① 現在完了形………222
- ② 現在完了進行形………226
- ③ 過去完了形………227
- ④ 過去完了進行形………228
- ⑤ 大過去………228
- ⑥ 準動詞句への変化………230

第4章　法助動詞……………………………………………………… 235
- ① 各法助動詞の意味………235
- ② 過去の文脈で用いられる過去形の法助動詞………239
- ③ 他の法助動詞、法助動詞に相当する表現………241
- ④ 法助動詞＋進行形………244
- ⑤ 法助動詞＋完了形………245

第5章　未来を表す表現……………………………………………… 250
- ① 予定、意志、義務、推量、運命の未来………250
- ② 予定、意志、義務、推量、運命でない未来………253

第6章 仮定法 …… 256

1. 仮定法過去………256
2. 仮定法過去完了………258
3. 可能性が低い場合、望ましくないことである場合の表現………260
4. as if 節、as though 節の内部の形………260
5. 名詞節における応用表現………262
6. 仮定法に関する成句………264

第2部 | 比較 ― 形容詞・副詞の形の変化　265

第1章 基本表現 …… 268

1. 等級の基本表現………268
2. 比較級の基本表現………271
3. 最上級の基本表現………278

第2章 応用表現 …… 280

1. 比較対象語の要素にズレがある例………280
2. 比較対象語が複数ある例………282
3. as, than 以下に省略が見られる例………283

第3章 修飾語 …… 284

1. 等級に対する修飾語………284
2. 比較級に対する修飾語………285
3. 最上級に対する修飾語………288

第4章 補足 …… 290

1. 等級に関する補足………290
2. 比較級に関する補足………291
3. 最上級に関する補足………292

第5章 more, most, less, least の多様性 …… 293

1. more の元の姿………293
2. most の元の姿………295

- ③ less の元の姿………296
- ④ least の元の姿………297

転の巻 ― 特殊事項………303

第1部 | 特殊な修飾語　304

第1章　句・節に対する修飾語……………305
- ① 句に対する修飾語………305
- ② 節に対する修飾語………306

第2章　文修飾語……………308
- ① 語による文修飾………308
- ② 句による文修飾………309

第2部 | 特殊な従属節・準動詞句　311

第1章　要素にならない従属節……………312
- ① when………312
- ② so that, until, till………313
- ③ while, whereas………313

第2章　要素にならない準動詞句……………315
- ① toV 句………315
- ② Ving 句………316

第3部 | 特殊な結びつき　317

第1章　倒置……………318
- ① CVS………318
- ② OSV………318
- ③ 動詞修飾語 + VS………319
- ④ so + 真偽疑問文の語順………320

第2章　挿入 ……………………………………………………… 321

- ①　語の挿入………321
- ②　句の挿入………322
- ③　節の挿入………322

第3章　省略 ……………………………………………………… 325

- ①　共通部分の省略………325
- ②　従位接続詞の省略………325
- ③　従属節内部の省略………329
- ④　toV 句の to の省略………331
- ⑤　見出しの be 動詞の省略………332

第4章　同格 ……………………………………………………… 334

- ①　本来の同格………334
- ②　広い意味での同格………335
- ③　その他の同格………339

結の巻 ― まとめと補足………341

第1部　英文法の全体像Ⅱ　342

第2部　否定　344

第1章　各否定語の用法 ……………………………………… 345

- ①　完全否定語………345
- ②　準否定語………351

第2章　部分否定、二重否定、倒置 ………………………… 355

- ①　部分否定………355
- ②　二重否定………355
- ③　倒置………356

第3章 否定語ではじまる準動詞句 ……………………………………… 359

① not + toV 句、never + toV 句………359
② not + Ving 句、never + Ving 句………360

第3部 | 構文 361

第1章 従位接続詞に関する構文 ……………………………………… 362

① 形式主語 — 真主語の構文………362
② 形式目的語 — 真目的語の構文………362
③ so … that 〜 構文………363
④ such … that 〜 構文………364
⑤ no sooner … than 〜 構文………364
⑥ 強調構文………365

第2章 準動詞句に関する構文 ……………………………………… 367

① 形式主語 — 真主語の構文………367
② 形式目的語 — 真目的語の構文………367
③ so … as to V 構文………368
④ … enough to V 構文………368
⑤ too … to V 構文………369
⑥ 付帯状況の with +名詞+ Ving 句 / Ved 句………370

第4部 | 基本8文型理論の不完全性と有用性 373

講義を終えて………383
索引………395

講義の前に

習得された外国語は定着されなければならない。だが英米人でもなく幼児でもないわれわれに、それがどのようにして可能であるのか。その答えは、理論化すること、つまり体系的な文法によることをおいて他にはない。

——高梨健吉（慶應義塾大学名誉教授）

◯ 英文法学習の大切さ

　英語学習の入門期において、ゆるぎない基礎力の獲得を目指すのなら、最優先すべき課題は「広く深い文法理論を身につける」ということです。戦前、つまり 1945 年（昭和 20 年）以前の学校教育では、次の通り、文法の習得、運用を中心とした学習が行われていたようです（『英文法を撫でる』渡部昇一著、PHP 新書 1996 年 p.106 より）。

> では戦前の英語教育の粋とは何ぞや、と言えば、英文を文法的に精密に読みほぐすことと、正確な英作文ができることである。英作文は当時の英文法教育のいわば応用みたいなものであるから、英文法こそが粋の粋ということになる。

　このような、理論を重視したオーソドックスな英語指導法により、近代日本の発展を支えた数多くの英語名人が生み出されました。

　ところが戦後になり、文法学習が軽視され始めました。その証拠ともいえる記述を紹介しましょう。以下は 1967 年（昭和 42 年）に発行された英文法書（『英文法精解』改訂版、木村明著、培風館 iii）の冒頭にある言葉です。

> 普通の学生は、このたいせつな英文法を敬遠して、いきなり解釈や作文に飛び込んでしまいます。そして、いつまでたっても、英語がわからずに困っています。

　そしてその後も、状況は改善されていないようです。このことは 2005 年（平成 17 年）に出版された『間違いだらけの英語学習　常識 38 のウソとマコト』（近江誠著、小学館 p.138）の中の、次の一節からも伺い知れます。

> 最近の大学に入ってくる学生をみていると、文法を知らなさすぎる。作文の答案や書き取りにしても、少しでも文法の知識があれば防げるものをと思わされるミスがあまりにも多い。ミスが多いなどというより、これはほとんど教えられていないのではと思わせる状況である。近年のこの文法力壊滅状態を引き起こしてきた原因は、音声導入の一大合唱で自信をなくした現場の教師が、必要な文法さえきちんと教えなくなったためであることは間違いない。

2番目の引用文にもあるように、戦後の英語教育では、英文法学習が不十分になってしまったのです。これこそが反省するべき点であったのに、「文法学習に時間をかけすぎているから英語ができない」というような、誤った反省の仕方をしてしまい、文法をそれまで以上に軽視したカリキュラムを採用して、英語力が一段と落ちてしまったのです。

　そして一般には、会話学習を増やしたり、理論ではなく、フィーリングやイメージといったものを重視し、伝統的な文法学習を避ける傾向が見られます。

　教育現場の声をもう1つ聞いてみましょう。以下は、代々木ゼミナール講師の鬼塚幹彦氏の『英文法は活きている』(プレイス2005年 p.3)からの引用です。やはり「理論の不足」を指摘されています。

> 最近気になるのは、「コミュニケーション英語」という名の下、学校時代に文法理論をきちんと教わっていない人が増えていることです。さらに、教師の視点に立つと次のような問題点も見えてきます。5文型などの知識を普通に当たり前に教えることが自信を持って実行しづらいような雰囲気、環境、そして使用する教科書　———　これこそ重大な事態なのではないでしょうか。

　読者の多くの方も、まさにこのような事態のもとにあり、英語学習に手応えがつかめないまま、といった状況にいらっしゃるのではないでしょうか。学習を続けながらも、基礎力が獲得できないままでいるのです。

　一定以上の年齢の人にとっての英語の基礎力とは「辞書さえあれば英文の構造が見抜けて、短文であれ長文であれ、ほぼ全ての英文が理解できる」という力です。じっくり読んで理解できないものを、一瞬で流れる音で聴いて理解することなどできません。また、自分で理解できないものを書いたり話したりすることなど不可能です。読解力こそが英語力の源なのです。

　そして英文というものが、数多くの文法規則にがんじがらめに縛られながら意味をなしている以上、読解力をつけるための練習をする前に、まずは文法理論を徹底的に学ばなくてはなりません。英文法の知識は「英語力の源の源」とでも呼ぶべき、全ての英語力の土台となるものなのです。

　これほどまでに文法の知識は重要なので、入門期においては、とにもかくにも、まずは英文法書を1冊仕上げるのが望ましいのです。

では、入門期に用いるべき英文法書とは、どのようなものでしょうか。

　この問いに対しては、実はいくつかの答えがあり得ます。というのも、目標とするレベルが異なれば、取り組むべきものも異なるからです。

　仮に学習者が、英語圏から数多くのお客さまを迎える店やホテルなどの従業員であり、英語で滞りなく接客ができるようになるということが目標のほぼ全てであるというような場合や、海外旅行が大好きで、「英語でレストランの予約ができるようになりたい」「英語圏の空港や駅にある案内板を読めるようになりたい」ということが主な目標であれば、「英会話のための英文法」というようなものや、フィーリングを重視する英文法書で十分だといえます。このようなものは場面ごとの写真があったり、またイラスト満載のものも多く、親しみやすい教材でしょう。例文を何度も音読・筆写し、例文の音声を繰り返し聴くことによって、上記の目標の大半が達成されるはずです。

　一方、「高校入試や大学入試、英検やTOEICの読解問題を正確に理解したい」「英語の新聞、雑誌、小説を読みこなしたい」「インターネットの英語サイトの文章を読みたい」「英語でビジネスメールをやりとりしたい」「英文契約書や英語論文を理解したい。そしてゆくゆくは書けるようにもなりたい」「英語のニュース放送を聴いて理解したい」というようなことを目標とする場合は対策が異なります。

　これらの文章には、長い文がたくさん含まれます。長い文というのは、その中でいくつもの文法規則がからみあい、複雑な構造を持っています。このような文を理解できるようになるためには、「文というものは、どのような仕組みに従って組み立てられるのか」「シンプルな文は、どのようなプロセスを経て、長く複雑な文、難しい文に変化していくのか」「標準的な文は、どのように特殊な型の文に変化するか」という観点から記述された文法書で、文法理論を学ばなくてはなりません。**文の成り立ちと複雑化、難化のメカニズムを知っているからこそ、複雑で難解な長い文に接した際に、これを解きほぐし、理解できる可能性が生まれるのです。**

　文法理論の習得の際には、厳かな姿勢で学習に臨む必要があります。少し苦しいと感じることもあるかもしれませんが、厳格で重厚な学習法を採用すれば、ゆるぎない基礎力を獲得することができます。

　また「理論」というと、「堅苦しく難しいもの」と感じるかもしれませんが、丁寧に理論を学び、それをもとに理詰めで文を読み解くことは、実は大きな悦びをも

たらしてくれるのです。人間だけが味わえる、真に知的な悦びです。

　厳しく厚みのある修業法こそが真の力に結びつくということは、英語学習に限ったことではないはずです。皆さんはそれぞれ、これまでに稽古事、部活動、または各種の職務に取り組んだ経験があるかと思いますが、実力に結びついたのは、伝統に根差した、正統派の厳格な修業法だったはずです。そして一定のレベルに至るまでには、大量の練習、修練を根気強く重ね、悔しい思いや失敗も含めた数多くの試練を味わったことと思います。

　仮に、新入部員や新入社員から「手軽に取り組めて、すぐに簡単に大きな結果が出る練習法、仕事術はないですか」などと尋ねられたら「そんなものはない」という答え以外あり得ないはずです。**やはり何か大きなものを得ようと思ったら、それ相応のエネルギー、労力が必要になるのです。この当然の理を、英語学習の際にも常に忘れないようにしてください。**

　以下もご参照ください。東進ハイスクール講師の林修氏の著作の一節です。氏が「一作でも多く皆さんに味わってほしい」と述べている、早世の天才作家・中島敦（1909-1942）の文章について語られている部分です（『林 修の「今読みたい」日本文学講座』宝島社 2013 年 p.152 より）。

> 今は「易さ」に走る時代です。読み「易く」て、わかり「易い」本しか売れないし、食べ物だって柔らかくて食べ「易い」ものばかりが流行ります。もし、今の時代に中島 敦のような文章が現れたら、見向きもされずに消えていくかもしれません。難しくて、何が書いてあるのかわからない、と。しかし、よくかまなければ飲み込めないするめに、一瞬でのどを通ってしまうプリンにはない味わいがあるように、何度も読むことでじんわりとわかってくる、硬質で難解な文章だけが備える魅力もあるのです。

　本書は「するめ本」になるように作り上げました。読み終えるまでに多少の根気と時間は必要ですが、本書を攻略すれば、ゆくゆくは中級者、上級者への仲間入りをしたいと願っている初学者が、何としても手に入れるべき基礎力が身につきます。執筆の際には、難しくても必ずマスターしなくてはならない最も重要な理論分野から逃げずに、詳しく解説することを絶対条件としました。これこそが、真の入門書に要求される特質の 1 つだからです。

ただ入門書である以上、初心者にも確実に最後まで読み切れるものでなくてはなりません。よって本書では通読するための工夫を4つ施しました。

● 本書に施した4つの工夫　～最後まで読み切るために～

工夫の1つ目は、出版界でおそらく初めての試みである「ナビゲーションの音声」を添付したという点です。この音声を利用する場合、本書は31のパートに区切られます（各パートを「第1講」「第2講」「第3講」……と呼びます）。そしてナビゲーターとともに予習と復習を繰り返しながら最後まで読み切ることを目指します。具体的には次のように読み進めます。

> ① これから読むパートの大まかな内容を聴く（予習）。
> ② 自力でそのパートを読む。
> ③ 音声で解説を受ける（復習）。

これを31回繰り返せばゴールに到達します。400メートルを一気に泳ぐのは大変ですが、休みを入れながら10メートル強を31回泳ぐのは、あまりつらくはないはずです。これと同じように、31のパートに分けることにより、約400ページの本書が「31冊の小冊子」になります。小冊子なら読み切れるのです。

また、①の作業によって、取り組む範囲のあらましを知ったうえで読むので、何も知らないまま読むよりも②の作業が格段に楽になります。そして③の作業があるので、大切な部分を読み落としてしまうこともありません。

更に、この31に分かれた区切りは、読み進める際のペースメーカーにもなります。つまり「1日に1パートを読もう」「休みの日は3つぶん進もう」というように、1日に読む量を、パートを基準にして決めることができます。仮に1日に1つ進めば、ちょうど1ヵ月で読み切れます。毎日2パートなら半月です。3パートなら10日で読み終わります。

なお、③の後ろにネイティブスピーカーによる、それぞれの範囲の基本例文（実線で囲まれた例文）の朗読があります。

次ページに各パートの区切りと、音声のトラックナンバーを示します。

第 1 講(p.28 ～ p.34)
予習：02　復習：03　例文朗読：04

第 2 講(p.35 ～ p.39)
予習：05　復習：06　例文朗読：07

第 3 講(p.40 ～ p.43)
予習：08　復習：09　例文朗読：10

第 4 講(p.44 ～ p.48「6」の前)
予習：11　復習：12　例文朗読：13

第 5 講(p.48「6」～ p.53)
予習：14　復習：15　例文朗読：16

第 6 講(p.54 ～ p.64)
予習：17　復習：18　例文朗読：19

第 7 講(p.65 ～ p.74)
予習：20　復習：21　例文朗読：22

第 8 講(p.75 ～ p.80)
予習：23　復習：24　例文朗読：25

第 9 講(p.81 ～ p.88)
予習：26　復習：27　例文朗読：28

第 10 講(p.89 ～ p.105「2」の前)
予習：29　復習：30　例文朗読：31

第 11 講(p.105「2」～ p.131「3」の前)
予習：32　復習：33　例文朗読：34

第 12 講(p.131「3」～ p.144「5」の前)
予習：35　復習：36　例文朗読：37

第 13 講(p.144「5」～ p.156 C-3'の前)
予習：38　復習：39　例文朗読：40

第 14 講(p.156 C-3'～ p.162)
予習：41　復習：42　例文朗読：43

第 15 講(p.163 ～ p.170「2」の前)
予習：44　復習：45　例文朗読：46

第 16 講(p.170「2」～ p.178「3」の前)
予習：47　復習：48　例文朗読：49

第 17 講(p.178「3」～ p.187「5」の前)
予習：50　復習：51　例文朗読：52

第 18 講(p.187「5」～ p.203)
予習：53　復習：54　例文朗読：55

第 19 講(p.204 ～ p.212)
予習：56　復習：57　例文朗読：58

第 20 講(p.214 ～ p.234)
予習：59　復習：60　例文朗読：61

第 21 講(p.235 ～ p.255)
予習：62　復習：63　例文朗読：64

第 22 講(p.256 ～ p.264)
予習：65　復習：66　例文朗読：67

第 23 講(p.265 ～ p.279)
予習：68　復習：69　例文朗読：70

第 24 講(p.280 ～ p.289)
予習：71　復習：72　例文朗読：73

第 25 講(p.290 ～ p.301)
予習：74　復習：75　例文朗読：76

第 26 講(p.304 ～ p.310)
予習：77　復習：78　例文朗読：79

第 27 講(p.311 ～ p.316)
予習：80　復習：81　例文朗読：82

第 28 講(p.317 ～ p.324)
予習：83　復習：84　例文朗読：85

第 29 講(p.325 ～ p.339)
予習：86　復習：87　例文朗読：88

第 30 講(p.342 ～ p.360)
予習：89　復習：90　例文朗読：91

第 31 講(p.361 ～ p.381)
予習：92　復習：93　例文朗読：94

このナビを利用すれば、常にナビゲーターが伴走してくれるので、「ひとりぼっちで勉強している」という感じがしなくなります。この点も、最後まで読み切るための助力になります。ぜひとも利用してみてください。
　施した工夫の2つ目は、**「分類の枝を、多くても7前後までにする」**という点です。英文法学習においては記憶すべきものが大量にあるのですが、多くのことを記憶する際には「分類」という行為が不可欠になります。
　たとえば東京の23区を記憶する際に、何の工夫もしないまま「新宿区、世田谷区、大田区……」と、1つ1つ記憶しようと思っても、やはり無理があります。そこで次のように枝分かれさせれば、記憶するのが随分と楽になります。

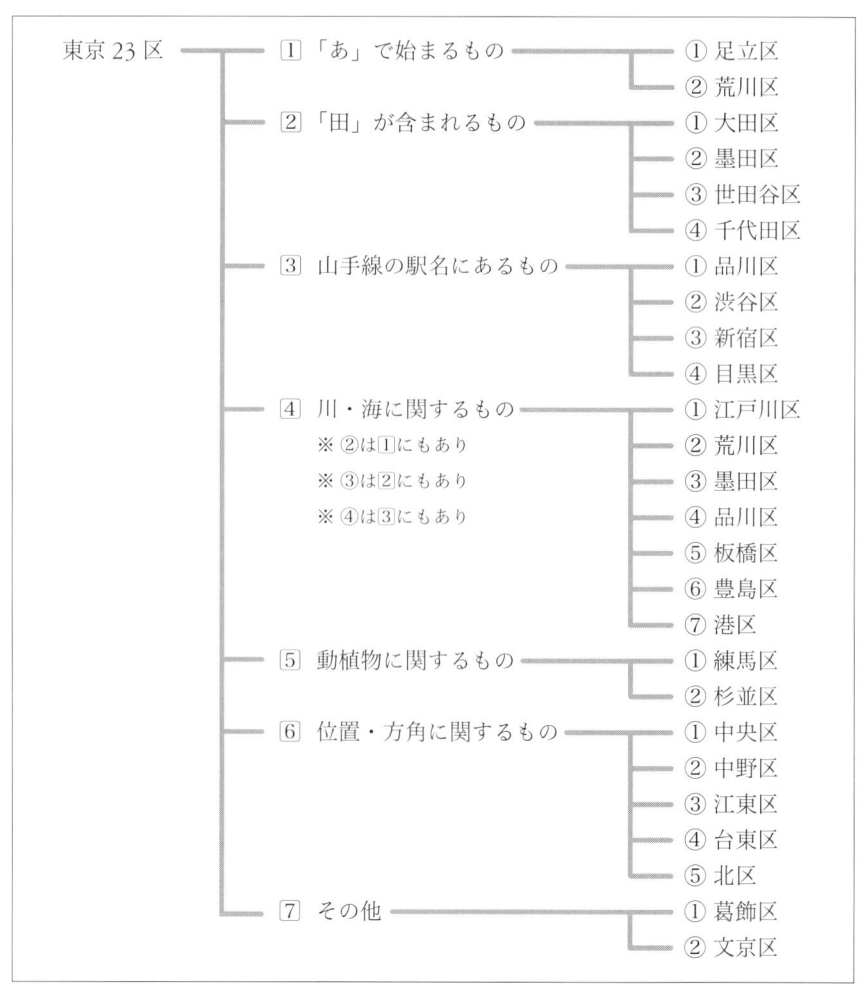

23区を、まずは①から⑦の枝に分けます。そして、それぞれの枝は更に2～7つの枝に分かれています。このように分類すれば、まずは①から⑦を記憶し、次にそれぞれの枝ごとに、そこから分かれた2～7つの枝を記憶することにより、整理された形で23区を頭に入れることができます。また思い出す際にも、まずは①～⑦を思い出し、次に枝ごとに①、②、③……と思い出していけばいいのです。

注意しなくてはならないのは、この「枝」は7つ前後にしなくてはならないということです。枝が多すぎると記憶が不可能になります。

これをふまえて本書でも、文型をはじめとして特に大切な部分の分類・整理は、確実に記憶できるように、原則として、最多でも7前後までの枝になるようにしてあります。

工夫の3つ目は、原則として、**「まだ扱っていないことが例文の中に登場する」ということが発生しないようにしたということです。**小さな雪玉が転がるごとに少しずつ大きな玉になっていくように、無理なく知識が積み重なっていき、最後には大きな文法知識が手に入るようになっています。

4つ目の工夫は、本書の構成に関することです。多くの人が「世界史」よりも「日本史」のほうをとっつきやすい科目だと感じているようです。これはもちろん、日本史が自国の歴史だからこそですが、もう1つ極めて大きな理由があります。

それは、日本史に関しては「全体の枠組みが、すでに頭の中にできあがっている」という点です。我々は小学校で「縄文時代→弥生時代→……→明治→大正→昭和→平成」という時代の順序を習っているので、日本史を学習している際に「今はいったい全体の中の、どの部分を勉強しているのだろう？」というようなことを思ったりはしません。

一方、世界史に関しては、時代と地域という2つの軸があり、頭の中に全体像を持っている人はほとんどいないようです。よって、学んでいる時代・地域の、全体の中での位置づけ、あるいは他の時代・地域との関係がよくわからなくなり、混乱することが多いのです。

前もって全体の構成を知り、その中での現在地が常にわかったうえで勉強ができれば大きな安心感が得られます。そして、その構成が明確なものであれば、いっそう理解が進みます。**よって本書では、英文法全体を「起承転結」という、クッキリとした構造を備えた物語に組み立てました。**この体系の中のどこにいるのかを確認しな

がら読み進めます。

起の巻	結びつき
承の巻	形の変化
転の巻	特殊事項
結の巻	まとめと補足

　全体がストーリーになっていると、読み進める際の負担が減るというメリットも生じます。大量の知識を断片的に学んでいくのは苦しいものですが、「物語」であれば、かなり楽に読み進めることができます。
　加えて、物語性のある知識にすれば、断片的である場合に比べて、はるかに記憶に残りやすいものとなります。
　このように、体系化され、明確な構造を持った知識というものは、学習者に安心感を与え、理解を促進し、学習の進行を助け、記憶を確かなものにするのです。
　実際には、より詳しい次の表を見ながら読み込んでいきます。

[英文法の全体像Ⅰ]

起の巻 ― 結びつき
第1部　単語と単語の結びつき
第1章　基本8文型
第2章　疑問文
第3章　感嘆文
第4章　命令文
第5章　肯定文と否定文
第2部　文と文の結びつき
第1章　等位接続詞
第2章　従位接続詞
第3部　準動詞句
第1章　準動詞句の機能と意味
第2章　準動詞句の主体

承の巻 ― 形の変化
第1部　時制　― 動詞・助動詞の形の変化
第1章　基本形
第2章　進行形
第3章　完了形
第4章　法助動詞
第5章　未来を表す表現
第6章　仮定法
第2部　比較　― 形容詞・副詞の形の変化
第1章　基本表現
第2章　応用表現
第3章　修飾語
第4章　補足
第5章　more, most, less, least の多様性

> **転の巻 ― 特殊事項**
>
> 第1部　特殊な修飾語
> 　第1章　句・節に対する修飾語
> 　第2章　文修飾語
>
> 第2部　特殊な従属節・準動詞句
> 　第1章　要素にならない従属節
> 　第2章　要素にならない準動詞句
>
> 第3部　特殊な結びつき
> 　第1章　倒置
> 　第2章　挿入
> 　第3章　省略
> 　第4章　同格

> **結の巻 ― まとめと補足**
>
> 第1部　英文法の全体像Ⅱ
>
> 第2部　否定
> 　第1章　各否定語の用法
> 　第2章　部分否定、二重否定、倒置
> 　第3章　否定語ではじまる準動詞句
>
> 第3部　構文
> 　第1章　従位接続詞に関する構文
> 　第2章　準動詞句に関する構文
>
> 第4部　基本8文型理論の不完全性と有用性

この「起承転結」の大まかな流れを具体的に説明します。次の文を見てください。

　A　Pochi punched Tama.（ポチがタマをパンチした）

この文では、パンチをした側がポチであり、された側がタマです。ところが、これを次のようにすれば、立場が逆転します。

　B　Tama punched Pochi.（タマがポチをパンチした）

AとBは同じ単語を使っていながら、結びつき方を変えるだけで、文の意味が180度変わってしまうのです。

以上から、次の等式が成り立ちます。

> 文の意味 ＝ 単語の意味 ＋ 単語の結びつき方

よって、「単語と単語がどのように結びつくと、どのような意味になるのか」ということを知るのが、文法学習の中心だということになります。「起の巻」は、ここを出発点にして話を進めます。

次に以下の2文を見てください。

　C　Ted has a car.（テッドは車を持っている）
　D　Ted had a car.（テッドは車を持っていた）

この 2 文において、Ted の次の位置に置かれている単語は、いずれも原形（辞書に見出し語として記載されている形）が have である語ですが、これを has と変形させたうえで用いているのが C の文であり、had と変形させたのが D の文です。同じ単語を用いても、形が異なれば文の意味は異なるのです。

このように、「単語の形の変化の仕方」もまた、文の意味を決める要因なのです。よって先ほどの等式は、次のように修正をする必要があります。

> 文の意味 ＝ 単語の意味 ＋ 単語の結びつき方 ＋ 単語の形の変化の仕方

ちなみに、この等式が成り立つのは英語に限ったことではありません。ほぼ全ての言語において、「結びつき」と「形の変化」は、文法の核となる両輪だといえます。この「形の変化」について扱うのが「承の巻」です。

以上の 2 大事項を終えた後は話が転じます。そこまでに扱った内容を外側から眺め、特殊事項を補足していきます。これが「転の巻」です。

そして「結の巻」で、まとめとして「英文法の全体像Ⅱ」を示します。p.20 ～ p.21 の「英文法の全体像Ⅰ」の内容は、「英文法の全体像Ⅱ」という 1 枚の表にすっぽりと収めることができるのです。どう収まるか楽しみにしながら読み進めてください。その後に、残された重要事項を扱います。

○ 読み進める際に実行してほしいこと

本書を正確に理解し、確実に通読するために行ってほしいことが 4 つあります。

1 つ目は「何日も放置した状態を作らない」ということです。まとまった期間離れてしまうと、「もういいや」となってしまいがちです。できれば 1 日に 1 パートは進んでください。それぞれのパートが始まるところに日付を書き込む欄があります。ぜひ利用してください。

仮に読まない日があったとしても、少なくとも本を見て触れて、自分と本とのかかわりを断ち切らないようにしてください。毎日、枕元に置いて寝ると、より確実に読了に近づくはずです。

なお、電車やバスで通勤、通学をしている方は、行きの車中で予習の講義を何度か聴き、昼休みや終業後、放課後に図書館や喫茶店などでそのパートを読み、帰り

の車内で復習の講義と例文を繰り返し聴く、というような使い方もできるはずです。

　2つ目は「英語であれ、日本語であれ、わからない言葉は辞書を引く」ということです。必要に応じて百科事典、漢和辞典なども用いてください。

　3つ目は「図や表と具体例を、何度も行き来する」ということです。本書には、多くのイメージ図や表を入れてありますが、それらのものは、実際の例文を見た後のほうが、よりいっそう確実に理解でき、納得できるものが少なくありません。「図表→例文→図表」というように、例文を見た後に、もう一度、最初に示された図や表に戻る癖をつけてください。

　4つ目は、「実線で囲まれた基本例文の音読・筆写をしながら読み進める」ということです。上述の通り、基本例文の朗読も音声に収録されているので、これを聴いたうえで復唱するようにしてください。また、音読だけではなく筆写も実行してください。このようなマメな努力は必ず報われます。

　この4つのことを忘れないように、このページの端を折っておくといいでしょう。

　なお、どうしても不安がぬぐえない場合は、友達や家族に「同志」を見つけて、同じ場所で取り組んでみてください。まずは一緒に予習の講義を聴き、次にそのパートを読むのですが、それぞれが黙読するのではなく、1ページごとに交代で読み上げるのも楽しいはずです。また、1つ1つの事柄について内容を確認したり、議論をしたりしながら読み進めると、記憶に残りやすくなります。そして最後に、一緒に復習の講義を聴きます。

　このように利用すれば、読み切った時に喜びを分かち合うこともでき、いっそう強い達成感が感じられるはずです。

◯ 英語の難しさ

　この「講義の前に」の最後に、日本語を母語としている人にとって英語がいかに難しい言語であるかということを確認しておきます。英語力を着実につけていきたいのであれば、「日本語話者には、英語は極めて難しい外国語である」と認識することが全てのはじまりだといえます。

　以下をご覧ください。鈴木孝夫・慶應義塾大学名誉教授の『日本人はなぜ英語ができないか』（岩波新書 1999年 p.3）の一節です。十ヵ国語以上を使いこなす、世界を舞台に活躍してきた大言語学者にしてこの発言です。

> 　よく日本人は、何しろ日本語は難しいから欧米人が学ぶのは大変だなどと言いますが、逆にこれとまったく同じことが、私たち日本人が英語を学ぶときにも言えるのだ、ということに気づいている人はあまりいないようです。普通の日本人が日本にいながら英語に習熟することは、この本の中でいろいろと説明するような理由で、一般に考えられているよりも、はるかに難しいことなのです。
>
> 　アメリカの国務省は、外交官や政府の役人が職務上学ぶ必要のある外国語を、習得の難易の点で区分していますが、日本語はアラビア語と並んで、アメリカ人が習熟することの最も困難な言語とされ、学習に要する時間もフランス語やドイツ語の二倍は必要だとしています。なぜかと言うとアラビア語も日本語と同じく、言語の系統、宗教、そして文化のすべてが西欧の人々にとっては異質だからです。
>
> 　このように日本語がアメリカ人に難しいことのまさに裏返しとして、英語は日本人にとって、本当はひどく難しい外国語なのです。だから生半可な勉強ではものにならないのも当然なのです。

　難しい課題、困難な現実が目の前にある場合に、これを攻略するためのほぼ唯一の方策は、その厳しさを直視したうえで、正攻法で戦うことに違いありません。安易な道に逃げてしまうと解決から遠ざかるばかりです。

　英語学習でもこれは同じです。真の入門を果たすためには「日本語話者にとっては、英語はとてつもなく難しい言語である」という事実を真正面から受け止めたうえで、まず何よりもオーソドックスな文法学習、厳格で重厚な文法学習を行うしかありません。これが動かしがたい現実なのです。

　本書は理論書なので、読んでいて「理屈っぽい。堅苦しい」と思うこともあるかもれません。ただ日本語を母語にする人には、徹底的に理詰めで文法構造を分析しない限り、何をどうしても理解できない複雑な英文が大量に存在します（このことは本書の中で、実例とともに証明していきます）。しかも、和訳を読めば何ということのない内容の文にすら、そのような性質のものが無数にあります。そして英文を分析するためには、何としても、その道具である英文法理論を学ぶ必要があるのです。

　質だけでなく量も大切です。質を求めるのは当然のことですが、量も絶対といえるほどに不可欠です。英文を成り立たせている文法規則には数多くのものがあります。そし

て、ほぼ全ての英文を理解するためには、あらかじめ、英文の中に現れる可能性のある文法規則のうちのほとんどのものを知っておく必要があります。なぜなら、自分の知らない文法ルールによって書かれた（話された）文は、原則として理解できないからです。ルールを知らないゲームには参加ができないのと同じです。

　本書の分量を多いと感じるかもしれませんが、真の英文法入門書は読者に「英文法の幹」を授けなくてはなりません。そのためには、どうしてもこの程度の量は必要になるのです。

　「幹」は貴重な財産です。幹を手に入れた学習者は、「あとはここに枝葉をつけていけばいいだけだ！」という安堵感・安心感とともにその後の長きに亘る学習を進めることができ、より高いレベルへの希望が見えてくるからです。そして先人の尽力の賜である、数多くの優れた辞書、参考書、問題集を有効に活用できるようになります。本書のこの「理論の山」は、中級以上に進んでいけるかどうかの境目なのです。何としてもこの山を乗り越えてください。

　「量より質」といったような甘い言葉に流されることなく、質と量の双方を追究した学習法を選べば大きな手ごたえが得られます。そのためにこそ、本書では質も量も妥協をしませんでした。これまで各種の本、学習法に挫折してきた方も、今回は本気を出してみてください。本気を出し、ナビゲーターとともに進めば必ず読了できます。そして一度読み切りさえすればしめたものです。大きな希望が見えてきます。

　ではスタートしましょう。

　本書のシリーズとして『MP3 CD-ROM 付き 基礎がため 一生モノの英文法 BASIC』という本もあります。「まずは基礎の基礎を徹底的に固めたい」という方、あるいは本書を読んでいて少し難しく感じる場合には、先にこちらを読んでみてください。そこで得た知識があれば、本書をより確実に読み切れるようになります。

起の巻
── 結びつき

> 文法を追放することは、英語学習からその科学性を奪い、所詮は不可能な幼児期への退行を強いることなのである。
>
> ── 伊藤和夫（駿台予備校講師）

第1部　単語と単語の結びつき

　文は単語と単語が結びつくことで成立しますが、英文の結びつき方のパターンの主なものは、全部で8です。まずはこの8種類の文を扱います。

　次に、これらの文が変形するようすを見ます。これが第1部の内容です。

　上の「8種類の文」とは、名詞、動詞、形容詞という、最も基礎的な3つの品詞が、どの順に、どのような関係で、いくつ並ぶのかということを基準に分類したものです。この8つを本書では「基本8文型」と呼ぶのですが、これは「5文型」と「受動態」に分かれます。次の通りです。

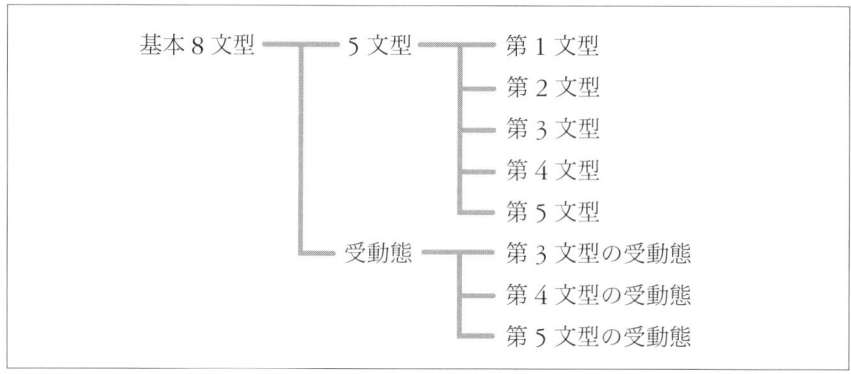

　英文には短いものも長いものもありますが、どんなに長く複雑な文であっても、それを構成する各部分のまとまり（具体的には、後に扱う「従属節」や「準動詞句」など）は基本8文型のいずれかです。また、文全体も8文型のいずれかです。よってここでシンプルな文を利用して8つの文型をマスターしておけば、難しい文の各部分が理解でき、全体も理解できるようになるのです（このことは本書の中で証明します）。基本8文型の知識は、長く複雑な文を理解するために不可欠のものなのです。英語を学び始めたら、少しでも早い段階で身につけるべき、最も重要な知識のうちの1つだといえます。中学生の方も、可能な限り早くマスターしてください。

　ちなみに上の「5文型」の代わりに別の数の文型理論が提唱されることもありますが、5文型理論を採用しないと、途方もなく大きな弊害が出ます。これは本書の最後に詳しく説明します。とにかく「5文型＋3つの受動態」は、絶対といえるほどに大切な分類なのです。

CHAPTER 1 | 基本8文型

　この第1章で扱う文は、易しいものが大半なので、「今さらこんな簡単な文を扱う必要はない。自分が理解できないのは、もっと難しい文だ。そういうのを重点的に扱ってほしい」「名詞だの動詞だの、そんなことは小学生の時からとっくに知っている」というようなことを思うかもしれません。

　ところが、前のページで述べた通り、長く複雑で難しい文を理解する際に、前もって易しい文を利用して学んでおいた知識が役に立つのです。この基本8文型の知識は、スポーツ選手のトレーニングにおける、ランニングのようなものです。ランニングという単純な作業を通じて強い下半身を作っておけば、トップスピードで走る力も増し、複雑な動きをする際にも生きてきます。この第1部・第1章で、まずはしっかりと「英文法の下半身」を鍛えることにしましょう。

1-5文型

では、第1文型の例文から順に見ていきます。

> 04-①
>
> Lisa danced.（リサが踊った）
> Meg laughed.（メグが笑った）
> The dog swam.（その犬が泳いだ）

　これらの文は「名詞　動詞」という並びです。先頭の名詞は、文中で主語と呼ばれる役割を果たします。動詞は述語と呼ばれる役割を果たします。

　主語は「S」、述語は「V」という記号で表されます。このような記号はとても便利なので、本書でも用いることにします。数学の世界で「＋」「－」「×」「÷」などの記号を用いるのと同じようなことだと考えてください。数学と同様に英文法の世界においても、記号を用いることにより、表記上の効率がはるかに良くなるのです。

　なおはじめのうちは、名詞、動詞、形容詞などの「品詞」と、主語、述語、目的語などの「要素」の関係がつかめず、混乱することがあるのですが、これについてはp.47で述べますので、気にせず読み進めてください。

では第1文型をまとめます。

品詞の並び	名詞	動詞.
要素	主語 S	述語 V
訳	SがV。	

第2文型に移ります。第2文型は次のような文です。

🔊 04-②

My grandfather was a pilot.（私の祖父はパイロットだった）
The lady is a spy.（その女性はスパイだ）
I was beautiful.（私は美しかった）
You are honest.（君は正直だ）

　第2文型では「名詞　動詞　名詞」、または「名詞　動詞　形容詞」の順に単語が並びます。これらの文でも先頭の名詞は主語で、動詞は述語です。動詞の後ろにある名詞、形容詞は「補語」と呼ばれます。補語は「C」という記号で表されます。
　主語（S）と補語（C）は、イコールの関係にあります（上の例で確認してください）。第2文型においては「S＝C」なのです。
　第2文型をまとめます（/は「または」を意味します）。

品詞の並び	名詞	動詞	名詞/形容詞.	
要素	主語 S	述語 V	補語 C	※S＝C
訳	SはCだ。			

次は第3文型です。

🔊 04-③

She knows something.（彼女は何かを知っている）
My wife caught an eel.（妻がウナギを捕まえた）
I touched a tiger.（私はトラに触った）
We climbed the tree.（私たちはその木に登った）

第3文型は「名詞　動詞　名詞」の順に品詞が並びます。第2文型にもこの並びがありましたが、同じ「名詞　動詞　名詞」でも、2つの点が異なります。

まず、第2文型では「S＝C」であり、「先頭の名詞＝最後の名詞」だったのに対し、この第3文型では「先頭の名詞≠最後の名詞」です（「≠」は「イコールではない」という意味です）。イコールではないということは、例文から確認できます。

また第2文型では、用いられる動詞が原則としてbe動詞（be, am, are, is, was, wereのこと）であるのに対し、第3文型では、必ず一般動詞（be動詞以外の動詞）です。

第3文型の文末にある名詞は「目的語」と呼ばれます。目的語は「O」という記号で表されるので、第3文型を記号で表すと「SVO」となります。

第3文型の訳は、「SがOをV」または「SがOにV」となります。このことも先ほどの文で確認できます。

第3文型をまとめましょう（[　]は「または」を意味します）。

品詞の並び	名詞	動詞	名詞.	
要素	主語	述語	目的語	
	S	V	O	※S≠O
訳	SがOを[に]V。			

なお、動詞がmarry（結婚する）の場合は、例外的に「Oと」と訳します。ぜひ辞書でmarryの例文を探してみてください。

第4文型に入ります。

――― ◎ 04-④ ―――

I sent Meg a chair.（私はメグにイスを送った）

My husband gave my son a dagger.（夫は息子に短剣を与えた）

The doctor told me a fact.（その医者は私にある事実を伝えた）

Tom passed me a ball.（トムは私にボールをパスした）

第4文型の品詞の並びは、「名詞　動詞　名詞　名詞」です。先頭の名詞と動詞は、もちろん主語と述語です。その後ろの名詞は、いずれも目的語（O）です。よって第4文型を記号で表すと「SVOO」となりますが、2つの目的語を区別するために、本書では先頭のOを「O_1」、2番目のOを「O_2」と表記します。

ちなみにこの表記法は、他の書籍、たとえば『ジーニアス英和辞典』(大修館書店)などでも用いられています。

第4文型は、「SがO₁にO₂をV」と訳します。

この文型においては、「O₁ ≠ O₂」という関係が成り立ちます。このことは先ほどの例で確認できます。メグはイスではありませんし、息子は短剣ではありません。他も同様です。

第4文型をまとめます。

品詞の並び	名詞	動詞	名詞	名詞.
要素	主語 S	述語 V	目的語 O₁	目的語 O₂ ※O₁ ≠ O₂
訳	SがO₁にO₂をV。			

5文型の最後、第5文型に入ります。

◎ 04-⑤

We thought the men kind. (我々はその男たちを親切だと思った)
I found the movie interesting. (私はその映画が面白いと思った)
He made the room clean. (彼はその部屋をきれいにした)
They left the dog alone. (彼らはその犬をひとりぼっちにしておいた)
My son named the cat Jack. (息子はそのネコをジャックと名づけた)
We call the singer Julie. (我々はその歌手をジュリーと呼ぶ)

第5文型の訳は少し厄介です。なぜなら、用いられる動詞の種類ごとに訳が異なるからです。次の通りです。

A) 動詞が「思考」に関するものの場合:Sが…を〜だとV
acknowledge (認める)、think (思う)、believe (信じる)、consider (考える)、find (思う、わかる)、guess (推測する、思う)、recognize (認める)、regard (みなす) など

B) 動詞が「作為」に関するものの場合:Sが…を〜にV
make (する)、set (する)、keep (しておく)、leave (しておく、する) など

> C) 動詞が「呼称」に関するものの場合：S が…を〜と V
> call（呼ぶ）、name（名づける）、title（題をつける）など

前ページの例文は、上から順に A、A、B、B、C、C の例です。

第 5 文型に関しては、次のことを知ってください。ここは少し理屈っぽい話ですが、後で必ず生きてくる知識です。

> 第 5 文型とは、名詞と動詞の後ろに、be 動詞が落ちた第 2 文型の文が置かれている文である。

イメージ図を示します。

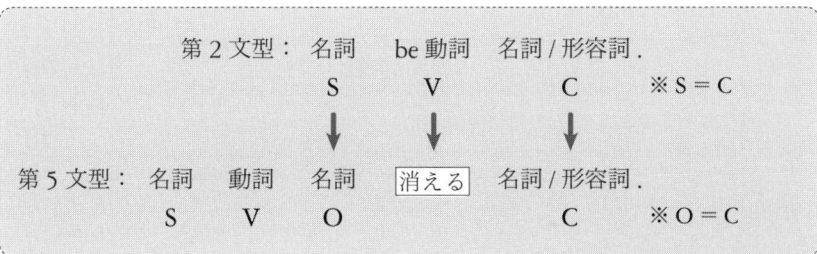

この図の通り、第 2 文型において S だったものは、第 5 文型では O となります。C だったものは、第 5 文型でも C のままです。よって、第 5 文型を記号で表せば「SVOC」となります。

第 5 文型は上のようなものなので、逆に言えば「第 5 文型の O と C の間に be 動詞を補えば、第 2 文型の文が成立する」ということになります。

前のページの文で確認しましょう。2 例ほど見ます。

> We thought the men kind.（我々はその男たちを親切だと思った）
> → the men と kind の間に were を補うと、The men were kind. という第 2 文型の文が成立する。
>
> He made the room clean.（彼はその部屋をきれいにした）
> → the room と clean の間に was を補うと、The room was clean. という第 2 文型の文が成立する。

なお、第2文型では「名詞（S）＝名詞/形容詞（C）」でしたが（p.30参照）、第5文型においてもこれらはイコールのままです。つまり第5文型では「O＝C」なのです。先ほどの図の中に記載してある通りです。

第5文型については更に、次のことも知っておいてください。

> OとCの間にasやto beが置かれる例が多い。これらは訳さない。

例を見ましょう。

　　　　　　　　　　　　　　　　　　　　　　　　　　04-⑥

They regarded the girl **as** a genius.
　（彼らはその少女を天才だとみなしていた）

We recognize you **as** our leader.
　（我々は君をリーダーだと認めるよ）

I guess her **to be** 17.
　（私は彼女を17歳だと推測する）

He acknowledged the rumor **to be** true.
　（彼はその噂を本当だと認めた）

第5文型については、後に修正と補足が必要になるのですが、まずは以上のことをおさえてください。第5文型をまとめます。

品詞の並び	名詞	動詞	名詞	名詞/形容詞.
要素	主語	述語	目的語	補語
	S	V	O	C　　※O＝C
訳	SがOをCだとV。 SがOをCにV。 SがOをCとV。			

以上で5文型が出揃いました。ここで2つの文法用語を知ってください。

目的語をとらない動詞（第1文型、第2文型で用いられる動詞）を「自動詞」といい、目的語をとる動詞（第3文型、第4文型、第5文型で用いられる動詞）を「他動詞」といいます。目的語は、主語にとっての他者です。第3文型、第4文型、第5文型は、他者が登場する世界なのです。

第1講ここまで

② 受動態

次に3つの受動態に入ります。まずは日本語で受動態の文を見ることにします。受動態とは次のような文です。

　昨日、私は父に叱られた。
　うちの妻はよく街角で猛犬に噛まれる。
　日本という国の素晴らしさは世界中で知られている。
　松本隆の詞は多くの人たちから愛されている。

このように「…が〜される」「…が〜されている」という内容を持つ文が受動態ですが、英語でも同じです。

英語の受動態の習得に関しては、すぐに例文を見るのではなく、文を作るプロセスを見ます。このほうが楽に、そして確実に理解できるからです。

さて、上で述べた通り、受動態とは「…が〜される［されている］」という内容を持つ文ですが、これは意味の面からの定義です。英語の受動態は、形の面からは次のように定義できます。

> 5文型のOをSにした文

5文型のうち、Oが存在する文型は、第3文型（SVO）、第4文型（SVO$_1$O$_2$）、第5文型（SVOC）の3つなので、受動態は3種類あるということになります。

受動態の文を作る際には、OをSにするだけでなく、他にも行うべき作業があります。能動態（元の文）を受動態にする手順は次の通りです。

> 手順1　Vの直後のOをSにする。
> 手順2　Vの前にbe動詞を加え、Vを過去分詞形にする。
> 手順3　Sを「by〜」として文尾に置く。

過去分詞形とは、動詞の変化形の1つです。原形（辞書に見出し語として記載されている形）に -ed や -en が加わった形ですが、例外もあります。たとえば、keep の過去分詞は kept であり、put の過去分詞は原形と同じ put です。このように例外的な形になるものは辞書に記載されています。

上の手順をイメージ図にしてみましょう。

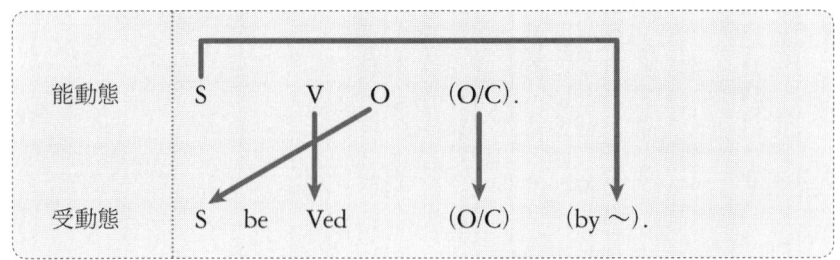

　この図についていくつか説明をします。まず「be」という記号ですが、これは、手順2 で加えた be 動詞を表します。その後ろの「Ved」は、元の文に存在していた動詞を表します。「V」ではなく「Ved」となっているのは「動詞が過去分詞形である」ということを意味します。
　be も Ved も述語です。5文型においては述語は1語でしたが、受動態では2語になるのです。
　なお、受動態の2つの述語をまとめて「V」と表記している本もありますが、こうしてしまうと能動態との区別がつかなくなります。「能動態と受動態は別の形を持つのだ」ということをハッキリと示すためにも、本書では受動態の述語は、上のように「be Ved」と表記します。
　次に（O/C）の部分について説明します。O/C の両端にあるカッコは、「O/C は、存在することもあれば、存在しないこともある」ということを示します。第3文型では、O の後ろに何もありませんが、第4文型では、O の後ろにもう1つの O があり、第5文型では、O の後ろに C がありました（p.31、p.32、p.34参照）。
　「by 〜」の両端のカッコも、「存在することもしないこともある」ということを示します。「〜によって」「〜から」という情報は、示されないことも多いものです。これは日本語でも同じです。たとえば「僕の時計が盗まれた」という文や「彼の名前はアメリカでも知られている」という文のように、誰にされたのか、されているのかが示されない文は普通に見られます。
　なお by は前置詞です。前置詞は p.40 以降で扱うことです。話が前後してしまうので、ここで見る例文では、「by 〜」の部分は気にせずに読み進めてください。
　では具体例に入ります。まずは第3文型の文を1つ、受動態にしてみます。上段が能動態で、下段が受動態です。

> Ken wrote the novel.（ケンがその小説を書いた）
>   S   V   O
>
> The novel was written〈by Ken〉.（その小説は〈ケンによって〉書かれた）
>   S   be   Ved

示した手順の通りに作られていることを確認してください。write の過去分詞形は written です（辞書参照）。

用いる be 動詞の使い分けは次の通りです。

> 文の動詞が現在形である場合 → 現在形の am, are, is を用いる。
> 文の動詞が過去形である場合 → 過去形の was, were を用いる。

このように、第 3 文型の受動態は「名詞　動詞　動詞」という連なりの文なのです（先ほども述べた通り「by ～」の部分は、とりあえず除外して考えます）。

他の例も見ましょう。

@ 07-①

> The cat scratched me.（そのネコは私をひっかいた）
> → I was scratched〈by the cat〉.（私は〈そのネコに〉ひっかかれた）
>
> They trust John.（彼らはジョンを信頼している）
> → John is trusted〈by them〉.（ジョンは〈彼らから〉信頼されている）

第 3 文型の受動態をまとめます。「by ～」の部分は除外して整理します。

品詞の並び	名詞	動詞	動詞.
要素	主語 S	述語 be	述語 Ved
訳	S が V される [されている]。		

次に、第 4 文型の文が受動態になるようすを見ます。「受動態」というと、どうしても「第 3 文型の受動態」のみに学習が集中してしまいがちなのですが、「第 4 文型の受動態」と「第 5 文型の受動態」の存在も常に忘れないようにしてください。

次の上段が第 4 文型の文で、下段がその受動態です。

> Tom sent Lisa a watch.（トムはリサに時計を送った）
> 　S　V　O₁　　O₂
>
> Lisa was sent a watch ⟨by Tom⟩.（リサは⟨トムから⟩時計を送られた）
> S　be　Ved　　O₂

　第4文型にはOが2つありますが、受動態の文を作る際には、先頭のOを主語にするのが原則です（p.36の図も参照のこと）。そして第4文型の受動態は、「名詞　動詞　動詞　名詞」という連なりになります（「by～」の部分は、ここでも除外して考えます）。

　他の例も見ましょう。

07-②

> The poet gave my son a pen.（その詩人は私の息子にペンを与えた）
> → My son was given a pen ⟨by the poet⟩.
> 　（私の息子は⟨その詩人から⟩ペンを与えられた）
>
> Meg told the boy a secret.（メグはその少年にある秘密を告げた）
> → The boy was told a secret ⟨by Meg⟩.
> 　（その少年は⟨メグから⟩ある秘密を告げられた）

　第4文型の受動態をまとめます。

品詞の並び	名詞	動詞	動詞	名詞
要素	主語 S	述語 be	述語 Ved	目的語 O₂
訳	SがO₂をVされる［されている］。			

　最後に第5文型の文が受動態になるようすを見ます。

> They considered me honest.（彼らは私を正直だと考えていた）
> 　S　　V　　　O　　C
>
> I was considered honest ⟨by them⟩.（私は⟨彼らから⟩正直だと考えられていた）
> S　be　　Ved　　　C

38

他の例も見ましょう。最初の文中の to be は p.34 で扱ったものです。

🔊 07-③

Meg thought Bob **to be** a genius.（メグはボブを天才だと思っていた）
→ Bob was thought **to be** a genius 〈by Meg〉.
（ボブは〈メグから〉天才だと思われていた）

They left Bob alone.（彼らはボブをひとりぼっちにした）
→ Bob was left alone 〈by them〉.
（ボブは〈彼らから〉ひとりぼっちにされた）

We call the player BIG ONE.（私たちはその選手をビッグワンと呼ぶ）
→ The player is called BIG ONE 〈by us〉.
（その選手は〈私たちから〉ビッグワンと呼ばれている）

第5文型の受動態をまとめます。やはり「by ～」の部分は除外して整理します。

品詞の並び	名詞	動詞	動詞	名詞/形容詞.
要素	主語 S	述語 be	述語 Ved	補語 C
訳	SがCだとVされる［されている］。 SがCにVされる［されている］。 SがCとVされる［されている］。			

以上で3種類の受動態も終わり、p.28 で示した基本8文型を一通り見終えました。

第2講ここまで

③ 補語となる前置詞句

ここまでに登場した品詞は、名詞と動詞と形容詞でしたが、これより前置詞というものを扱います。

前置詞についてはまず、次のことを知っておいてください。

> 前置詞は後ろに名詞を伴い、その名詞とセットで補語（C）になる。

Cになるのは名詞、形容詞だけではないのです。
前置詞に関しては、次の2つの用語を覚える必要があります。

```
前置詞      名詞
 └──前置詞の目的語──┘
   └─────前置詞句─────┘
```

前置詞の後ろに置かれる名詞を「前置詞の目的語」といいます（本書では、これを「前置詞のO」「前O」とも表記します）。なお、「目的語」はすでに登場しましたが、その目的語は「動詞の目的語」でした。こちらは「前置詞の目的語」です。

そして「前置詞＋前置詞の目的語」のセットを「前置詞句」といいます。

では前置詞句がCとしてはたらいている例を見ましょう。まずはSVCのC（第2文型のC）の例を見ます。

This book is **for girls**.
　（この本は女の子のためのものだ→この本は女の子向けだ）

I am **without money**. （私にはお金がない）

Tom is **at work**. （トムは仕事中だ）

Your bag is **on fire**.
　（君のバッグに火がついた状態だ→君のバッグが燃えている）

第2文型（SVC）では「S＝C」が成立するのでした（p.30参照）。これは、Cが前置詞句であっても同じです。上の文でも「この本＝女の子向け」「私＝一文無し」「トム＝仕事中」「君のバッグ＝燃焼中」です。

次に、前置詞句が第 5 文型（SVOC）の C としてはたらいているようすを見ます。

🔊 10-②

Tom set the machine **in motion**.
（トムはその機械を動いている状態にした→トムはその機械を動かした）

They left Bob **without money**.（彼らはボブを一文無しにした）

---

set も leave も p.32 のリストにあります。

第 5 文型においては「O ＝ C」が成立しました（p.33 参照）。これは、C が前置詞句であっても同じです。上の例でも「機械＝作動中」「ボブ＝一文無し」です。

最後に、前置詞句が第 5 文型の受動態（S be Ved C）の C としてはたらく例を見ます。これは少し理解しにくい文かもしれません。念のために、文の下に要素を示す記号を加えておきます。なおこの文は、すぐ上の文を受動態にしたものです。

🔊 10-③

Bob was left **without money** 〈by them〉.
　S　be Ved　前置詞　　前 O
　　　　　　　　　C
（ボブは〈彼らによって〉一文無しにされた）

「前 O」は「前置詞の目的語」という意味です。前のページで述べた通りです。

なお「前置詞」という名前は、名詞の前に置かれるという事実に由来します。ちなみに日本語の助詞は「東京に」「横浜で」というように、名詞の後ろに置かれるので、いわば「後置詞」です（この名前を用いる文法学者もいます）。

さて、ここで知った「前置詞句も C としてはたらく」という事実は、p.28 ～ p.39 で扱った基本 8 文型の知識に対する補足事項だといえます。これをふまえて、基本 8 文型を一覧しましょう。

[基本 8 文型の一覧表]

1	S　　V.（S が V） 名詞　動詞	
2	S　　V　　C.（S が C だ） 名詞　動詞　名詞 　　　　　　形容詞 　　　　　　前置詞句	
3	S　V　O. 名詞　動詞　名詞 （S が O を［に］V）	3受	S　　be　Ved. 名詞　動詞　動詞 （S が V される［されている］）
4	S　V　O₁　O₂. 名詞　動詞　名詞　名詞 （S が O₁ に O₂ を V）	4受	S　　be　Ved　O₂. 名詞　動詞　動詞　名詞 （S が O₂ を V される［されている］）
5	S　V　O　C. 名詞　動詞　名詞　名詞 　　　　　　　　形容詞 　　　　　　　　前置詞句 （S が O を C だと V） （S が O を C に V） （S が O を C と V）	5受	S　　be　Ved　C. 名詞　動詞　動詞　名詞 　　　　　　　　　形容詞 　　　　　　　　　前置詞句 （S が C だと V される［されている］） （S が C に V される［されている］） （S が C と V される［されている］）

　このうち第 2 文型に関しては補足事項があります。p.30 で見た第 2 文型の文では、用いられる動詞が「～である」という意味の be 動詞でした。ところが一般動詞（be 動詞以外の動詞）の中にも、「～である」という意味を持つものがあり、これが用いられた文もまた、第 2 文型なのです。

　但し、そのような一般動詞は、純粋に「～である」という意味ではなく、次のような意味です。

> 1) 話者にとっては～である
> 2) ～である状態のままだ
> 3) ～である状態になる

これらは、"「～である」＋α"とでも表せそうな意味です。
動詞の具体例は次のようなものです。

> 1) appear, seem（～のようである）、feel（～に感じる）、look（～のように見える、～のようである）、sound（～のような印象である、～のようである）
> 2) keep, lie, remain, stay（～のままである）
> 3) become, come, fall, get, grow, go, turn（～になる）

1)～3)の例文を2つずつ見ましょう。

　　　　　　　　　　　　　　　　　　　　　　　　　　🔊 10-④

> The doctor **seems** poor.（そのお医者さんは貧しいようだ）
> Your excuse **sounds** odd.
> 　（君の言い訳は変な印象だ→君の言い訳はなんかおかしいぞ）
> We **kept** still.（私たちはじっとしたままだった）
> Her death **remained** a mystery.（彼女の死は謎のままだった）
> My wife **became** a dentist.（妻が歯科医になった）
> Lisa **fell** ill.（リサは病気になった）

これらは特殊な第2文型だといえます。第2文型には、be動詞が用いられた標準的なものと、上のように一般動詞が用いられたものの2パターンがあるのです。まとめます。

> 第2文型には、be動詞が用いられたものと、一般動詞が用いられたものがある。

以上が基本8文型なのですが、実際に見聞きする文の大半には、修飾語が加わっています。次に修飾語について見ていくことにします。

第3講ここまで

④ 修飾語

まずは修飾語となる品詞を一覧します。ここではじめて「副詞」という品詞が登場します。

> 形 容 詞：名詞を修飾する
> 副　　詞：動詞、形容詞、副詞を修飾する
> 前置詞句：名詞、動詞、形容詞、副詞を修飾する

形容詞から見ていきましょう。形容詞に関しては、すでに C としてはたらくようすを見ましたが、名詞修飾語としてもはたらきます。次の通りです（修飾語を太字にして、修飾される語を斜体にします）。

──────── 13 - ①
I bought a **cute** *bird*. （私はかわいい鳥を買った）
A **handsome** *boy* approached me. （ハンサムな男の子が私に近寄ってきた）
This is an **American** *song*. （これはアメリカの歌だ）

形容詞は原則として、前から名詞を修飾します。

副詞に移ります。まずは動詞を修飾する例から見ます。

──────── 13 - ②
We *danced* **slowly**. （私たちはゆっくり踊った）
My mother *sang* **gracefully**. （母は優雅に歌った）
My wife **suddenly** *pushed* me. （妻がとつぜん僕を押した）
We **often** *play* chess. （私たちはしばしばチェスをする）

副詞が動詞を修飾する場合は、最初の 2 例のように後ろから修飾する場合もあれば、その後の 2 例のように、前からの修飾である場合もあります。

副詞の基本的な役割は、上のような動詞修飾語ですが、形容詞を修飾する語も副詞です。例を見ましょう。

──────── 13 - ③
Your wife is **very** *elegant*. （君の奥さんはとても上品だね）
I'm **extremely** *sorry*. （誠に申し訳ございません）

very と extremely が修飾語です。

I'm は I am を短くしたものです。このようなものを縮約形といいます。この後もたくさん登場します。

次に副詞が副詞を修飾するようすを見ます。「副詞が副詞を修飾する」というと奇妙な感じがしますが、まずは次の文を見てください。

13-④

We danced **very** *slowly*. （私たちはとてもゆっくり踊った）

前のページで見た通り、slowly は副詞です。そして、この副詞を修飾しているのが very ですが、このような、副詞を修飾する語も副詞なのです。

最後は前置詞句です。前置詞句に関しては、すでに C としてはたらくようすを見ましたが、修飾語としてもはたらきます。名詞、動詞、形容詞、副詞を修飾します。4 種類もの品詞を修飾することができるのです。

名詞を修飾する例から見ていきましょう。

13-⑤

I am *a teacher* **of history**. （私は歴史の教師だ）

We read *a letter* **from our father**. （我々は父からの手紙を読んだ）

The pencil **on the desk** is mine. （机の上の鉛筆は私のものだ）

The girl **in the room** is Liz. （その部屋の中にいる女の子はリズだ）

次に、動詞を修飾する例を見ます。

13-⑥

I *ran* **with horses**. （私は馬たちと走った）

My daughter *danced* **on a table**. （娘はテーブルの上で踊った）

I *hid* the book **under my desk**. （僕はその本を自分の机の下に隠した）

John *made* this chair **for Meg**. （ジョンはこのイスをメグのために作った）

This poem *was written* **by Keats**. （この詩はキーツによって書かれた）

The car *was destroyed* **with a hammer**. （その車はハンマーで壊された）

最後の 2 文では、前置詞句は受動態の述語（2 語の動詞）を修飾しています。

次は形容詞を修飾する例です。

> 13-⑦
>
> This question is *easy* **to me**. (この問題は私にとっては簡単だ)
> I am *interested* **in Latin**. (私はラテン語に興味を持っている)
> We are *satisfied* **with this house**. (私たちはこの家に満足している)

前置詞句が、直前にある形容詞を修飾しています。

最後は副詞を修飾する例です。

> 13-⑧
>
> My cat died *early* **in the morning**. (うちのネコは朝早くに死んだ)
> The tiger came *near* **to me**. (そのトラは私の近くに来た)

最初の文が仮に副詞の early で終わってしまうと、何の早くにかわかりません。後ろから in the morning が early を修飾することにより、「朝早くに」だとわかります。2番目の例でも、副詞 near で終わったのでは何の近くになのかわかりません。to me によって修飾されることにより、「私の近くに」だとわかるのです。

この「❹-修飾語」で知ったことは、「基本8文型の文の内部には、修飾語が存在し得る」ということです。よって、基本8文型と修飾語の関係は、次のように表すことができます。

> 文の種類：基本8文型 ＋ (修飾語)

修飾語の両端のカッコは、「修飾語は存在することもあれば、存在しないこともある」ということを示します。

ここで文型について1つ補足しておきます。「特殊な第1文型」として、次のようなものが挙げられます。

> 13-⑨
>
> There is a singer in the room. (その部屋には歌手がいる)
> There are three books on the desk. (机の上に3冊の本がある)

この表現においては、be 動詞が V で、その後ろの名詞が、意味の上で S だと考えられます。よってこの文は、第1文型（SV）が「VS」に変形したものだといえます。文頭の there の要素については、とりあえず考える必要はありません。和訳の際にもこの語は訳しません。

5 品詞のまとめ

　ここで、これまでに登場した5つの品詞が、文中でどの要素になるかをまとめましょう。前置詞のみ「前置詞句」となっています。前置詞は直後の名詞（「前置詞のO」）とセットではじめて、何らかの要素になるのでした（p.40、p.44参照）。

> 名　　詞：S、C、O、前置詞のOとしてはたらく
> 動　　詞：V [be Ved] としてはたらく
> 形　容　詞：C、名詞修飾語としてはたらく
> 副　　詞：動詞修飾語、形容詞修飾語、副詞修飾語としてはたらく
> 前置詞句：C、名詞修飾語、動詞修飾語、形容詞修飾語、副詞修飾語
> 　　　　　としてはたらく

　表の右側、つまりS、C、O、前O、V [be Ved]、各修飾語は、単語どうしの関係を表すための言葉です。これらはまとめて「要素」と呼ばれます。

　要素の知識があれば、単語と単語がどのような関係にあり、文がどのような意味なのかを、正確に説明することが可能になります。説明された側も納得して理解ができます。これらの用語は、たとえて言えば「父」「妻」「祖母」といった、親族間の関係を表す言葉のようなものです。我々はこういった語に頼りながら親族どうしの関係を正確につかんでいます。

　上の表は必ず記憶してください。覚えにくければ、まずは名詞から副詞までの4品詞のはたらきを確実に記憶してください。次の図を利用すれば覚えられるはずです。この図は上から下へ、左から右へ読んでください。

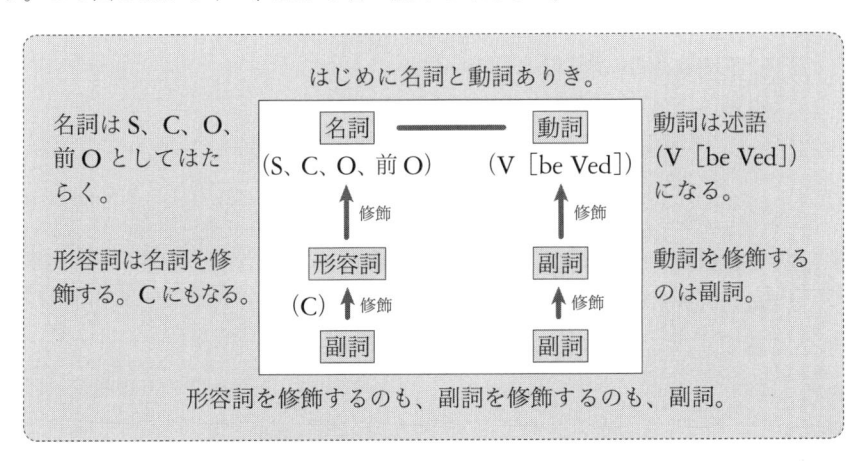

> はじめに名詞と動詞ありき。
>
> 名詞はS、C、O、前Oとしてはたらく。　　　名詞 ——— 動詞　　　動詞は述語（V [be Ved]）になる。
> 　　　　　　　　　　　　　　　(S、C、O、前O)　　(V [be Ved])
> 　　　　　　　　　　　　　　　　　↑修飾　　　　　↑修飾
> 形容詞は名詞を修飾する。Cにもなる。　　形容詞　　　　副詞　　　動詞を修飾するのは副詞。
> 　　　　　　　　　　　　　　　　(C) ↑修飾　　　　↑修飾
> 　　　　　　　　　　　　　　　　　副詞　　　　　副詞
>
> 形容詞を修飾するのも、副詞を修飾するのも、副詞。

名詞と動詞が「最初の品詞」である理由は、p.30 にある第 1 文型の文を見れば わかります。スタートの文である第 1 文型は、名詞と動詞から成り立っています。 全ての品詞のうち、名詞と動詞こそが、最も根源的な存在なのです。

前置詞句のはたらきは多いのですが、次のように覚えれば簡単に攻略できます。

> 前置詞句のはたらき ＝ 形容詞のはたらき ＋ 副詞のはたらき

形容詞のはたらきは C と名詞修飾語であり、副詞のはたらきは動詞修飾語、形容詞修飾語、副詞修飾語ですが、前置詞句の 5 つのはたらきは、これらを合わせたものと一致します。前のページの表で確認してください。

第 4 講ここまで

第 5 講スタート ……… 予習 14　復習 15　例文朗読 16 ①〜⑧

⑥ 名詞、動詞、前置詞に関する補足

各品詞のはたらきは前のページの表の通りですが、名詞、動詞、前置詞に関しては補足するべきことがあります。

まず名詞ですが、名詞には、その表に記載されていない要素が 2 つあります。そのうちの 1 つが名詞を修飾するはたらきです。

例を見ましょう。太字の名詞が直後の名詞を修飾しています。

> 16-①
> **Train** *travel* is popular here. （ここでは列車の旅が人気だ）
> My father is a **baseball** *player*. （父は野球選手だ）
> I'm a **Carp** *fan*. （僕はカープファンだ）

名詞をそのままの形で用いるのではなく、「-'s」という形にすることもあります。この形を「所有格(しょゆうかく)」といいます。

> 16-②
> This is also a **teacher's** *job*. （これも教師の仕事だ）
> I like **Tom's** *house*. （私はトムの家が好きだ）

また、時間、空間、方法、数量などに関する名詞のうち、一部のものは動詞修飾語としてはたらくことがあります。次の太字部分は、斜体の動詞を修飾します。

> I *met* Bob this **morning**.（今朝、私はボブに会った）
> We *danced* all **night**.（私たちは一晩中踊った）
> I *said* that three **times**.（僕はそれを 3 回言ったよ）
> We *opened* that box this **way**.（私たちはあの箱をこんな方法で開けた）

way が「方法で」という意味で、動詞を修飾することができるのは意外かもしれません。

なお、多くの場合、これらの名詞の前には修飾語が加わります。上でも this, all, three, this という修飾語が存在します。

動詞に関する補足としては、「助動詞」を扱います。

5 文型（つまり第 1 文型～第 5 文型の 5 つ。p.28 参照）においては動詞が 1 つで、これが述語でした。「V」という記号で表されました。受動態においては動詞が 2 つで、これらが述語でした。受動態の述語は「be Ved」という記号で表されました。ここまでに登場した動詞は、全て「本動詞」と呼ばれるものなのですが、動詞には他にも「助動詞」と呼ばれるものがあります。助動詞は本動詞の前に置かれます。

助動詞には次の 4 種類のものがあります。

> 1　be 動詞（be, am, are, is, was, were）
> 2　have, has　※加えて had もあるが、これは「承の巻」で扱う。
> 3　do, does, did
> 4　法助動詞（具体例は p.52 参照）

1～3 は本動詞でもあります。たとえば、I am busy. という文で用いられた am は本動詞です。4 の法助動詞だけは、常に助動詞として用いられます。

なお、この「法助動詞」という言葉については p.51 で説明します。

文に助動詞が加わると、文の形も意味も変化します。例文を見る前に、まずは次のことを知っておいてください。

> 助動詞が加わると、直後の動詞が現在形、過去形ではなくなる。

これはつまり、次の表の太線より下の形になるということです。

現在形	原形の語尾に -s を加えた形
過去形	原形の語尾に -ed を加えた形
原形	動詞の元の形（辞書に見出し語として記載されている形）
to 不定詞形	原形の前に to を加えた形　※to は離して置く
ing 形	原形の語尾に -ing を加えた形
過去分詞形	原形の語尾に -ed や -en を加えた形

　日本語の動詞には「未然形」「終止形」「命令形」などの形がありますが、英語の動詞にも上のようなバリエーションがあります。

　ここまでに見た文のうち、5 文型の動詞は現在形か過去形でした。受動態では、be 動詞が現在形か過去形で、その後ろの動詞が、過去分詞形でした。ところが助動詞が加わると、直後の動詞が、上の表の太線よりも下の形になるのです。

　これは面倒な話ですが、日本語でも似た現象が見られます。たとえば動詞「行く」に対して助動詞「たい」を加えると、「行きたい」と変化します。

　これより基本形（助動詞が加わっていない形を本書ではこう呼びます）の文に、それぞれの助動詞が加わるようすを見ていきますが、これらについては「承の巻」の第 1 部「時制」（p.20 参照）で詳しく見ますので、ここでは軽い扱いになります。

　では be 動詞（be, am, are, is, was, were）から見ていきましょう。基本形に助動詞の be 動詞が加わると、直後の動詞は ing 形になります。このようなものを「進行形」といいます。進行形は「今〜している」という意味です（過去形の was, were を用いた場合は「その時〜していた」という意味になります）。

　例を見ましょう。

🎧 16-④

Tom is *singing*.（トムは歌っている）
My dog is *licking* Meg's face.（うちの犬がメグの顔をなめている）

　最初の文は、第 1 文型の文が進行形になったものです。2 番目の文は第 3 文型が進行形になった文です。なお、助動詞が加わっても文型は変わりません。

　助動詞の 2 番目は have, has です。これらが加わると、直後の動詞は過去分詞形になります。この「have, has ＋過去分詞形」は「現在完了形」と呼ばれます。現在完了形は「過去の出来事の結果、または、過去の状態が、現在にまで及んでいる」という意味を持ちます。例を見ましょう。

> 16-⑤
>
> Tom **has** *broken* the door.（トムがそのドアを壊した）
> I **have** *been* busy since this morning.（私は今朝からずっと忙しい）

上の2文と、次の2文の意味の違いを考えてみます。

Tom broke the door.
I was busy this morning.

この2つは have が加わっていない基本形の文で、述語の先頭は過去形です。このような文は、単に過去のことを述べているだけであり、その後どうなったかは不明です。

ところが現在完了形になった場合は、「過去の出来事の結果（または状態）が、現在にも及んでいる」という意味になり、「ドアは今も壊れたままだ」「今も忙しい」という意味を含むことになるのです。

助動詞の3番目、do, does, did に移ります。基本形にこれらが加わると、直後の動詞は原形になります。

この do, does, did は後ろの述語を強調します。よって、「とても」「実に」「本当に」などと訳すことになります。例を見ましょう。

> 16-⑥
>
> I **do** *like* Kushiro.（私はとても釧路が好き）
> The man **does** *live* in a tree.（その男は本当に木に住んでるんだ）
> The rabbit **did** *fly*!（そのウサギは本当に飛んだんだ！）

現在のことなら do か does を加えます。元の文の動詞が -s の加わった形であれば does を加え、-s が加わっていない形であれば do を加えます。元の文の動詞が過去形であれば did を加えます。

最後に法助動詞を見ます。代表的な法助動詞は、次のページの表の中のものです。

「法助動詞」という言葉は聞き慣れないものかもしれませんが、ぜひ覚えてください。用語を覚えるのは大変だと感じるかもしれません。ただ、英語学習に必要な用語は、他の学科、たとえば日本史や世界史などの学習で記憶しなくてはならない膨大な数の人名や地名、年号に比べれば比較にならないほど少数です。本気を出せばすぐに覚えられます。しかも、覚えるほどに学習の効率が上がります。また、他の英語学習書の内容も吸収しやすくなります。この「法助動詞」という言葉は、『基礎と完成　新英文法』（安藤貞雄著、数研出版）や、『ランドマーク高校総合英語』

（水光雅則編著、啓林館）のような高校生向けの名著でも用いられています。普通に使いこなせるようになると非常に便利な言葉です。

　文法用語をあまり用いないことがよいことであるかのようにいわれることもありますが、そのような発想を受け入れてしまうと、極めて幼稚な学習につながっていく恐れがあります。とっつき易さを追求するのは大切なことですが、それを求めるあまり、安っぽい、低レベルの学習に落ちていってしまう危険性が出てくるのです。たいした数ではないのですから、ぜひ英文法用語を堂々と受け入れ、どんどん記憶していってください。

　さて、この法助動詞ですが、具体例は見慣れたものが多いはずです。次のようなものです。

> will, would（〜つもりだ、〜だろう、〜する予定だ）
> can, could（〜できる、〜であり得る）
> may, might（〜かもしれない、〜してもよい）
> should（〜べきだ、〜はずだ）
> must（〜しなくてはならない、〜に違いない）

　法助動詞が加わると、直後の動詞は原形になります。ここでは2例のみを見ましょう。p.50で述べた通り、詳しくは「承の巻」で扱います。

―――――― 16-⑦ ――――――
> We can *speak* Polish.（我々はポーランド語を話せる）
> You should *read* this book.（君はこの本を読むべきだ）

　最後は前置詞に関する補足です。前置詞に関しては、「群前置詞というものがある」ということを知ってください。

　群前置詞とは、複数の語（大半は2〜3語）がひとまとまりで、前置詞と同じ機能を果たすものです。

　例文を見ましょう。太字部分が群前置詞です。

―――――― 16-⑧ ――――――
> We *sang* **in front of** the statue.（私たちはその像の前で歌った）
> **In addition to** good looks, the actor *has* a beautiful voice.
> 　（美貌に加えて、その役者は美声の持ち主でもある）

> The dogs *escaped* **out of** the room.（犬たちはその部屋から逃げた）
> My success was **due to** your advice.（僕の成功は君の助言のおかげだった）

群前置詞の後ろに名詞があります。これが群前置詞の目的語です。「群前置詞＋群前置詞の目的語」は、最初の3例では動詞修飾語としてはたらいています（斜体の語が修飾されている動詞です）。最後の例ではCとしてはたらいています。

代表的な群前置詞をいくつか示します。知っているかどうかをチェックしてみてください。

> according to ～（～によると、～に応じて、～に従がって）、as to ～（～について）、because of ～（～のために）、due to ～（～のために）、for fear of ～（～を恐れて）、for the sake of ～（～のために）、in addition to ～（～に加えて）、in front of ～（～の前で）、in spite of ～（～にもかかわらず）、instead of ～（～のかわりに）、on account of ～（～のために）、out of ～（～から）、thanks to ～（～のおかげで）

7 ここまでの文の名称とここからの変形

第1章の最後に、ここまでの内容を確認しましょう。

この章では、まず基本8文型を知り、次に修飾語を見ました。そして最後に品詞に関する補足を行いました。

さて、この第1章で扱った文は「平叙文（へいじょぶん）」と呼ばれるものなのですが、文はここから疑問文、感嘆文、命令文に変形します。次のイメージでとらえてください。

```
              ┌→ 疑問文
平叙文 ───┼→ 感嘆文
              └→ 命令文
```

第2章で疑問文を扱います。第3章で感嘆文、第4章で命令文を扱います。p.20の全体像と照らし合わせてください。

第5講ここまで

CHAPTER 2 疑問文

　第1章で扱った文（平叙文）は、話し手または書き手が情報を与える文ですが、疑問文は逆に、情報を求める文です。
　疑問文にはいくつかの種類のものがありますが、ここでは「真偽疑問文」「選択疑問文」「疑問詞疑問文」の3種類を扱います。
　このうち疑問詞疑問文は、苦手とする人が非常に多いので、特に細かく扱います。ここで少し、疑問詞疑問文の難しさを実感しておきましょう。
　次の問題を解いてみてください。

問題　以下の文の太字部分を尋ねて、右の和文の意味を持つ英文にせよ。なお②は3通り、④は2通りの答えを用意すること。
① **An apple** fell from the tree. ［→ 何が木から落ちたの］
② Meg danced with **Bob**. ［→メグは誰と踊ったの］※3通り
③ **That** team won. ［→どちらのチームが勝ったの］
④ Lisa wrote a letter to **Bob's** father.
　［→リサは誰のお父さんに手紙を書いたの］※2通り

解答は次の通りです。

---

① What fell from the tree?
② Who did Meg dance with?
　Whom did Meg dance with?
　With whom did Meg dance?
③ Which team won?
④ Whose father did Lisa write a letter to?
　To whose father did Lisa write a letter?

どうだったでしょうか。やはり難しかったはずです。この章も丁寧に読み進めてください。読み終えれば、なぜこのような疑問文が完成するのかがわかります。

1 真偽疑問文

まずは日本語の例で、真偽疑問文がどのようなものかを知りましょう。

> あなたは寒がりですか。
> 皆さんは福知山市に行ったことがありますか。
> オーストラリアに砂漠はありますか。

これらの質問には「はい」「いいえ」で答えますが、英語の真偽疑問文には「yes」「no」で答えます（ゆえに真偽疑問文は「yes-no 疑問文」とも呼ばれます）。

これより英語の真偽疑問文を扱いますが、いきなり真偽疑問文を見るのではなく、まずは平叙文を用意して、これを真偽疑問文にするという作業を行います。

平叙文を真偽疑問文にする手順は、次の通りです。

> **手順1** be 動詞または助動詞を S の前に出す。
> 　文の中に be 動詞も助動詞も存在しない場合は、助動詞 do, does, did を加えた形にして、do, does, did を S の前に出す。

「助動詞 do, does, did を加えた形」は p.51 で扱いました。なお疑問文の文末には疑問符（？）を置きます。

では具体例に入りましょう。下段を隠したうえで、上段の文を真偽疑問文にしてみてください。

―――― 🎧 19-① ――――

> Tom's father **is** a singer. （トムの親父さんは歌手だ）
> → **Is** Tom's father a singer? （トムの親父さんは歌手か）
>
> This insect **can** fly. （この昆虫は飛べる）
> → **Can** this insect fly? （この昆虫は飛べるか）

最初の例では、述語動詞が be 動詞なのでこれを前に出します。2 番目の文には法助動詞 can があるので、これを前に出します。

なお、p.46で扱った「特殊な第1文型」である「there be 動詞 名詞」を真偽疑問文にする際には、be 動詞を there の前に出します。

> 🔊 19-②
>
> There **is** a hat on the sofa.（ソファーの上に帽子がある）
> → **Is** there a hat on the sofa?（ソファーの上に帽子があるか）
>
> There **was** a fire here last night.（昨晩ここで火事があった）
> → **Was** there a fire here last night?（昨晩ここで火事があったか）

次の3例には、be 動詞も助動詞もないので、do, does, did を加えた形にしたうえで、これを先頭に出します。

> 🔊 19-③
>
> Lisa likes Matsuyama.（リサは松山が好きだ）
> → **Does** Lisa like Matsuyama?（リサは松山が好きか）
>
> They live in a car.（彼らは車の中で暮らしている）
> → **Do** they live in a car?（彼らは車の中で暮らしているのか）
>
> Your son wrote the story.（君の息子がその物語を書いた）
> → **Did** your son write the story?（君の息子がその物語を書いたのか）

2 選択疑問文

選択疑問文とは、自分で答えをいくつか用意し、相手に選んでもらうものです。ここでもまずは日本語の例を見ましょう。選択肢は2つのこともあれば、3つ以上のこともあります。

> こちらでお召し上がりになりますか、それともお持ち帰りですか。
> 王さんは早実時代は野手でしたか、投手でしたか、捕手でしたか。
> 日本で最も魅力的な港町は、函館か横浜か神戸か長崎か。

では英語の例を見ます。形のうえで、どのような特徴があるかを考えてみてください。

> Is a tomato *a fruit* or *a vegetable*?（トマトは野菜かくだものか）
> Did you meet *Lisa* or *Meg*?（リサに会ったの、それともメグに会ったの）
> Is he *a medical doctor*, *a dentist* or *a vet*?（彼は医者か、歯医者か、獣医か）

選択疑問文は、真偽疑問文の末尾に「or 〜」が加わった形なのです。なお、選択肢が3つ以上ある場合は、or は最後の選択肢の前に1つ置けば十分です。このことは3番目の文で確認できます。

3 疑問詞疑問文

これに関しても、まずは日本語の例を見ましょう。

> 室町幕府の最後の将軍は誰ですか。
> 「文民統制」って何のことですか。
> ピンクレディーのリーダーはどっちだったの。
> 湘南高校が甲子園で優勝したのはいつですか。
> カナブンはどこで採集できますか。
> なぜ「ホッキョクグマ」はいるのに「ナンキョクグマ」はいないの。
> どうすれば落語家になれますか。
> 君のボウリングの最高スコアはどれくらいなの。

疑問詞疑問文とは、「何」「誰」「どちら」「いつ」「どこで」「なぜ」「どう」「どれくらい」などの、疑問詞と呼ばれる単語を用いた疑問文です。相手に具体的な情報を求めます。英語の疑問詞は次の8つです。

> who, whose, what, which, where, when, why, how

これより平叙文を疑問詞疑問文にしていきますが、具体的には次の作業を行います。この作業を通じて、上記の8つの疑問詞が登場することになります。

> ① 平叙文の中で S としてはたらいている部分を尋ねる
> ② 平叙文の中で C としてはたらいている部分を尋ねる
> ③ 平叙文の中で O としてはたらいている部分を尋ねる
> ④ 平叙文の中で前置詞の O としてはたらいている部分を尋ねる
> ⑤ 平叙文の中で名詞修飾語としてはたらいている部分を尋ねる
> ⑥ 平叙文で示されている出来事/状態の場所、時、方法、理由を尋ねる
> ⑦ 平叙文の中にある形容詞の程度を尋ねる
> ⑧ 平叙文の中にある副詞の程度を尋ねる

では①から入りましょう。

① 平叙文の中で S としてはたらいている部分を尋ねる

まずは次の 3 文を見てください。

> **Bob** made this chair.（ボブがこのイスを作った）
> **A frog** jumped into the pond.（カエルがその池に飛び込んだ）
> **Silver** is better.（銀がより良い）※ 銀と銅を比べている

これらの太字部分を尋ねましょう。太字部分の要素は全て S です。平叙文の中で S としてはたらいている部分を尋ねる手順は、次の通りです。シンプルです。

> 手順1　尋ねたい部分を who, what, which に代える。

who, what, which は、次のように使い分けます。

> 尋ねる部分が人である場合 → who（誰）
> 尋ねる部分が物事である場合 → what（何）
> 人でも物事でも、限られた範囲の中から尋ねる場合 → which（どちら）

では上の 3 文を、この手順に従って疑問文にしてみます。

> Bob made this chair.（ボブがこのイスを作った）
> → Who made this chair?（誰がこのイスを作ったの）
>
> A frog jumped into the pond.（カエルがその池に飛び込んだ）
> → What jumped into the pond?（何がその池に飛び込んだの）
>
> Silver is better.（銀がより良い）
> → Which is better?（どちらがより良いのか）

完成した疑問文は、次のような構造を持ちます。

> Who, What, Which V … ?
> └─────S─────┘

文頭にある疑問詞の who, what, which は、S としてはたらいている名詞を書き換えたものなので、完成した疑問文においても S としてはたらきます。

② 平叙文の中で C としてはたらいている部分を尋ねる

まずは次の 3 文を見てください。

> This is **a radio**.（これはラジオだ）
> They call the girl **Beth**.（彼らはその少女をベスと呼んでいる）
> Bob's son was named **John**.（ボブの息子はジョンと名づけられた）

これらの太字部分を尋ねます。これらの要素はいずれも C です（上から順に SVC の C、SVOC の C、S be Ved C の C）。
C を尋ねるための手順は、次の通り 3 つになります。

> 手順1　尋ねたい部分を who, what, which に代える。
> 手順2　who, what, which を文頭に移動させる。
> 手順3　be 動詞または助動詞を S の前に出す。

手順3 は、平叙文を真偽疑問文にする場合の手順と同じです。したがって文中にbe動詞も助動詞も存在しない場合は、助動詞 do, does, did を加えた形にして、これらをSの前に出します（p.55～p.56参照）。
　では実際に疑問文にしましょう。

> 🎧 19-⑥
> 　This is **a radio**. （これはラジオだ）
> →**What** is this? （これは何だ）
>
> 　They call the girl **Beth**. （彼らはその少女をベスと呼んでいる）
> →**What** do they call the girl? （彼らはその少女を何と呼んでいるの）
>
> 　Bob's son was named **John**. （ボブの息子はジョンと名づけられた）
> →**What** was Bob's son named? （ボブの息子は何と名づけられたの）

　2番目の文にはbe動詞も助動詞もありません。よって、助動詞 do を加えて do call とし、do を文頭に出しています。
　ここで作った疑問文の構造は次の通りです。

> Who, What, Which　be動詞/助動詞　S　(V)　…　?
> ‾‾‾‾‾‾‾‾‾‾‾‾‾‾‾
> 　　　C

　who, what, which は、Cとしてはたらいている名詞を書き換えたものなので、Cとしてはたらきます。このように、完成した疑問文の構造をいちいち確認しておくと、後に疑問詞を整理する際に役立つことになります。

③ 平叙文で O としてはたらいている部分を尋ねる

　まずは次の各文の文型と、太字部分の要素を考えてみてください。

> Meg will choose **Tom**. （メグはトムを選ぶだろう）
> Bob gave her **a ring**. （ボブは彼女に指輪をあげた）
> They call **their leader** Joe. （彼らはリーダーをジョーと呼んでいる）

　太字部分の要素は全てOです（それぞれ第3文型SVOのO、第4文型SVO_1O_2のO_2、第5文型SVOCのOです。文型を忘れていたら、必ず第1章で確認して

ください）。

平叙文の中で、O としてはたらいている部分を尋ねる手順は次の通りです。

> 手順1　尋ねたい部分を who, what, which に代える。
> 手順2　who, what, which を文頭に移動させる。
> 手順3　be 動詞または助動詞を S の前に出す。
> 　※ who ではなく whom を用いることも可能。

※の部分のみ、②の場合と異なります。
では疑問文にしましょう。

🔊 19-⑦

Meg will choose **Tom**.（メグはトムを選ぶだろう）
→ **Who** will Meg choose?（メグは誰を選ぶだろうか）

Bob gave her **a ring**.（ボブは彼女に指輪をあげた）
→ **What** did Bob give her?（ボブは彼女に何をあげたの）

They call **their leader** Joe.（彼らはリーダーをジョーと呼んでいる）
→ **Who** do they call Joe?（彼らは誰をジョーと呼んでいるの）

2番目の文には be 動詞も助動詞もないので、did を加えた形にして、これらを文頭に出しています。3番目の文では do を加えています。
whom を用いると、最初の文と 3 番目の文は次のようになります。

Whom will Meg choose?
Whom do they call Joe?

ここで作った疑問文の構造は次の通りです。

> Who, What, Which　be 動詞 / 助動詞　S　V　…　?
> 　　　　O

who, what, which は、O としてはたらいている名詞を書き換えたものなので、O としてはたらきます。

④ 平叙文の中で前置詞の O としてはたらいている部分を尋ねる

まずは次の文を見てください。

> Tom heard the news from **Meg**.（トムはその報せをメグから聞いた）
> This tool was invented by **Bob**.（この道具はボブによって発明された）
> He is working hard for **money**.（彼はお金のために懸命に働いている）

太字部分を尋ねます。この部分の要素は、いずれも前置詞の O です。
前 O を尋ねる手順は次の通りです。

> 手順1　尋ねたい部分を who, what, which に代える。
> 手順2　who, what, which を文頭に移動させる。
> 手順3　be 動詞または助動詞を S の前に出す。
> ※₁ who ではなく whom を用いることも可能。
> ※₂ 前置詞＋whom, what, which を文頭に出すこともある。この場合は who は用いない。

※₂ の部分のみ、③と異なります。では上の文を疑問文にしましょう。

──────── ⦿ 19−⑧ ────────
> Tom heard the news from **Meg**.（トムはその報せをメグから聞いた）
> → **Who** did Tom hear the news from?（トムは誰からその報せを聞いたの）
>
> This tool was invented by **Bob**.（この道具はボブによって発明された）
> → **Who** was this tool invented by?（この道具は誰によって発明されたのか）
>
> He is working hard for **money**.（彼はお金のために懸命に働いている）
> → **What** is he working hard for?（彼は何のために懸命に働いているのか）

最初の 2 例では、who ではなく whom を用いることも可能です。
前置詞＋疑問詞で出した場合（※₂ 参照）は、次の文が完成します。

> From **whom** did Tom hear the news?（トムは誰からその報せを聞いたの）
> By **whom** was this tool invented?（この道具は誰によって発明されたのか）
> For **what** is he working hard?（彼は何のために懸命に働いているのか）

この④で作った疑問文の構造は次の通りです。

> Who, What, Which　be動詞/助動詞　S　(V)　…　前置詞　?
> ─────────
> 前置詞のO

文頭の疑問詞は、前置詞のOとしてはたらきます。なお、前置詞ごと前に出した場合は、文頭の単語が前置詞になります。

さて、ここまでの①～④では同じ疑問詞が用いられましたが、⑤では変わります。よってここで一度区切り、まとめることにします。

①～④で完成する疑問文の構造は、次のようにまとめられます（③と④ではwhomも用いられました。このwhoは、whomを含むものとします）。

> Who, What, Which　be動詞/助動詞　(S)　(V)　…　?
> ─────────
> S、C、O、前O

文頭にあるwho, what, whichはSであることもあれば、CやOや、前置詞のOであることもあります。よってwho, what, whichではじまる文に出会ったら、それらの要素がどれなのかを見抜かなくてはなりません。

ここで少し練習をしてみましょう。次の文のwho, what, whichが、S、C、O、前置詞のOのいずれかを考えてみてください（できれば解答は紙に書いてください）。また、文全体の訳も考えてください。考え終えたらその次の解説に進んでください。

> 問題　1　Who did Lisa kick?
> 　　　2　Who helped you?
> 　　　3　Who did Ted sing for?
> 　　　4　What is this?

> 5　What were they talking about?
> 6　What did you send her?
> 7　What do they call this cat?
> 8　Which was chosen?

　1 の who は O です。SVO の O です。kick の O なので、この who は「誰を」と訳します。文全体の訳は「リサは誰を蹴ったのか」となります。
　2 の who は S です。よってこの who は「誰が」と訳します。文全体の訳は「誰が君を助けたのか」となります。
　3 の who は前置詞の O です。for の O です。よってこの who は「誰のために」と訳します。文全体の訳は「テッドは誰のために歌ったのか」となります。
　4 の what は C です。SVC の C です。よってこの what は「何だ」(あるいは「何ですか」) と訳します。文全体の訳は「これは何だ」となります。
　5 の what は前置詞の O です。about の O です。よってこの what は「何について」と訳します。文全体の訳は「彼らは何について話していたのか」となります。
　6 の what は O です。SVO₁O₂ の O₂ です。元の平叙文は、You sent her X.（君は彼女に X を送った）です。
　この文の X の部分を尋ねたのが 6 の文なので、what は「何を」と訳します。文全体の訳は「君は彼女に何を送ったのか」となります。
　7 の what は C です。SVOC の C です。元の平叙文は、They call this cat X.（彼らはこのネコを X と呼ぶ）です。
　この文の X の部分を尋ねたのが 7 の文なので、what は「何と」と訳します。文全体の訳は「彼らはこのネコを何と呼ぶのか」となります。
　8 の which は S です（第 3 文型の受動態の S）。よってこの which は「どちらが」と訳します。文全体の訳は「どちらが選ばれたのか」となります。
　このように、文頭の who, what, which は、S のみならず、C、O、前 O である可能性もあるので、どの要素なのかを見抜き、それぞれの要素に応じた訳にしなくてはなりません。C、O、前 O である場合は、本来は後ろにあるものが前に出ているので、文が崩れているといえます。崩れに耐えながら理解できなくてはならないのです。who, what, which が用いられた文は、平叙文よりも難しいものなのです。
　なお文型の知識があやふやになっていたら、必ず第 1 章に戻って確認してください。

第 6 講ここまで

⑤ 平叙文の中で名詞修飾語としてはたらいている部分を尋ねる

この⑤が最難関です。まずは次の文を見てください。

> Bob likes **this** *color*.（ボブはこの色が好きだ）
> This is **Ken's** *thesis*.（これはケンの論文だ）
> Meg was praised by **Tom's** *father*.（メグはトムの父親にほめられた）
> **His** *mother* came.（彼のお母さんが来た）

太字部分の要素は名詞修飾語です。直後の斜体の語を修飾しています。

名詞修飾語の部分を尋ねる手順は、次の通りです。

> 手順1　尋ねたい部分を whose, what, which に代える。
> 手順2　whose, what, which ＋名詞を文頭に移動させる。
> 手順3　be 動詞または助動詞を S の前に出す。
>
> 但し、whose, what, which によって修飾されている名詞が S である場合は 手順1 のみで終える。
>
> ※ whose, what, which によって修飾されている名詞が前置詞の O である場合は、「前置詞＋ whose, what, which ＋名詞」を文頭に出すこともある。

この⑤で用いられる疑問詞は、④までの who(m), what, which ではなく whose, what, which なのです。

では、上の4文をこの手順に従って疑問文にしましょう。

22-①

> Bob likes **this** *color*.（ボブはこの色が好きだ）
> → **What** *color* does Bob like?（ボブはどの色が好きか）

> This is **Ken's** *thesis*.（これはケンの論文だ）
> → **Whose** *thesis* is this?（これは誰の論文か）

> Meg was praised by **Tom's** *father*. (メグはトムの父親にほめられた)
> → **Whose** *father* was Meg praised by? (メグは誰の父親にほめられたのか)
> → By **whose** *father* was Meg praised? (　　　〃　　　)
>
> **His** *mother* came. (彼のお母さんが来た)
> → **Whose** *mother* came? (誰のお母さんが来たの)

最後の例は、疑問詞によって修飾されている名詞（mother）が主語なので、手順1のみで疑問文が完成します。

類例を見ましょう。

22-②

> **Which** *university* did you choose? (君はどっちの大学を選んだの)
> **Whose** *watch* is this? (これは誰の時計か)
> **What** *subject* are you interested in? (君はどんな科目に興味があるの)
> From **what** *viewpoint* did you answer the question?
> 　(君はどんな観点からその質問に答えたのか)
> **Which** *team* won the championship? (どっちのチームが優勝したの)

この⑤で完成する文の構造は次の通りです。

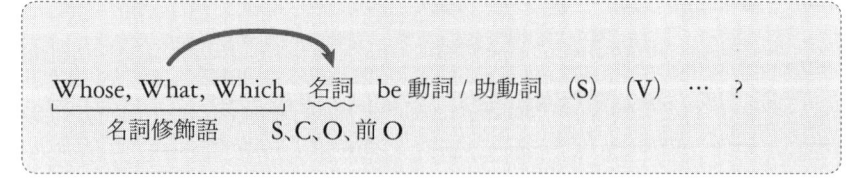

> Whose, What, Which　名詞　be 動詞 / 助動詞　(S)　(V)　…　?
> 　　名詞修飾語　　　S、C、O、前 O

文頭の疑問詞は、もちろん名詞修飾語としてはたらきますが、注目すべきはその直後の名詞です。この名詞は文の前方にありますが、S とは限りません。C、O、前置詞の O の可能性もあります（このことは、上の各例から確認できます）。よって「whose, what, which ＋名詞」からはじまる文に出会ったら、その名詞が S、C、O、前 O のいずれなのかを見抜かなくてはならないのです。

名詞が C、O、前置詞の O としてはたらく場合は、本来は後ろにあるものが前に出ているので、文が崩れています。やはり崩れに耐えながら理解できなくてはなりません。

ここでも少し練習をしてみましょう。次の文の疑問詞の直後の名詞（太字の名詞）

が、S、C、O、前置詞の O のどれかを考えてみてください。文全体の訳も考えてください。考え終えたらその下の解説に進んでください。

> 問題 1 What **picture** did you paint?
> 2 Whose **bag** was stolen?
> 3 Whose **watch** is this?
> 4 Which **station** should we change trains at?
> 5 Whose **song** did you sing?
> 6 Which **boy** broke this sofa?
> 7 Which **watch** did you give her?

1 の picture は paint の O です。よって what picture の訳は「何の絵を」となります。文全体の訳は「君は何の絵を描いたのか」となります。

2 の bag は S です。文全体は S be Ved（第 3 文型の受動態）です。bag が S なので whose bag の訳は、「誰のバッグが」となります。文全体の訳は「誰のバッグが盗まれたのか」となります。

3 の watch は C です。よって whose watch の訳は「誰の時計だ」となります。文全体の訳は「これは誰の時計だ」（あるいは「これは誰の時計ですか」）となります。

4 の station は前置詞の O です。前置詞 at の O です。よって which station の訳は「どの駅で」となります。文全体の訳は「私たちはどの駅で電車を乗り換えるべきか」となります。

5 の song は sing の O です。よって whose song の訳は「誰の歌を」となります。文全体の訳は「君は誰の歌を歌ったのか」となります。

6 の boy は S です。よって which boy の訳は「どちらの少年が」となります。文全体の訳は「どちらの少年がこのソファーを壊したのか」となります。

7 の watch は give の O_2 です。よって which watch の訳は「どちらの時計を」となります。文全体の訳は「君は彼女にどちらの時計をあげたのか」となります。

⑥ 平叙文で示されている出来事／状態の場所、時、方法、理由を尋ねる

まずは次の文を見てください。

　Lisa danced.（リサは踊った）

この文に関して、次のようなことを尋ねましょう。

67

どこでリサは踊ったのか。
いつリサは踊ったのか。
なぜリサは踊ったのか。
どのようにリサは踊ったのか。

①〜⑤までは「文の中の、ある要素を尋ねる」という話でした。ところがこの⑥では、文中の要素に着目するのではなく、文で示されていることが起こった場所、時、理由、方法を尋ねます。

尋ねる手順は次の通りです。

> 手順1　文頭に where, when, why, how を置く。
> 手順2　be 動詞または助動詞を S の前に出す。

手順1 に注意してください。疑問詞は、よそから持ってきて文頭に置くのです。ここまでのような「文中の単語を疑問詞に代える」という発想ではありません（そのように考えたほうがうまく説明できる例もあるのですが、本書では、まずは上のように考えます）。

なお、文に be 動詞も助動詞も存在しない場合は、これまでと同じです。つまり、まずは助動詞の do, does, did を置き、これを前に出します。

では、上の手順に従って疑問文を完成させましょう。

――――――――――――――――――――――― 22-③ ―

Where did Lisa dance?（どこでリサは踊ったのか）
When did Lisa dance?（いつリサは踊ったのか）
Why did Lisa dance?（なぜリサは踊ったのか）
How did Lisa dance?（どのようにリサは踊ったのか）

他の例も見ましょう。

――――――――――――――――――――――― 22-④ ―

Tom bought a sword.（トムは刀を買った）
＊どこで買ったかを尋ねる。

→ **Where** did Tom buy a sword?（どこでトムは刀を買ったの）

I can go home.（私は家に帰れる）
＊いつ帰れるかを尋ねる。

→ **When** can I go home?（いつ私は家に帰れるか）

> Lisa suddenly jumped.（リサは突然跳ねた）
> ＊なぜ跳ねたかを尋ねる。
> → **Why** did Lisa suddenly jump?（なぜリサは突然跳ねたのか）
>
> David ran on the water.（デイビッドが水の上を走った）
> ＊どうやって走ったのかを尋ねる。
> → **How** did David run on the water?（どうやってデイビッドは水の上を走ったの）

これらの where, when, why, how の要素は動詞修飾語です。たとえば Why did Lisa suddenly jump? という文では、why（なぜ）は jump（跳ねる）を修飾します。他の where, when, how も例文を見れば、動詞を修飾しているということがわかります。なお、このことは強く意識する必要はないのですが、後に疑問詞を分類する際に役立ちます。

⑦ 平叙文の中にある形容詞の程度を尋ねる

次の文の、太字部分の程度を尋ねることを考えましょう。

> Meg is **lazy**.（メグは怠惰だ）
> The man has **many** cars.（その男は多くの車を持っている）

太字部分は形容詞です。これらの程度を尋ねます。つまり「メグはどれくらい怠惰か」「その男はどれほど多くの車を持っているか→その男は何台の車を持っているか」ということを尋ねるのです。手順は次の通りです。

> 手順1　形容詞の前に how を置く。
> 手順2　形容詞が C である場合：how ＋形容詞を文頭に出す。
> 　　　　形容詞が名詞修飾語である場合：how ＋形容詞＋名詞を文頭に出す。
> 手順3　be 動詞または助動詞を S の前に出す。

この⑦の how も、文中の単語を書き換えることによって登場するのではなく、文の外側から加えるものです。⑥の where, when, why, how と同じです。

この how は「どれくらい」「どれほど」という意味です。⑥の how の意味（どのように）とは異なります。

手順2 に注意してください。形容詞はCか名詞修飾語としてはたらくのですが（p.47 の表参照）、尋ねたい形容詞の要素がいずれかによって、手順が異なるのです。「形容詞がどの要素としてはたらくか」ということに関する知識がここで役に立ちます。第1章の知識が生きてくるのです。逆に言えば、形容詞に関する確かな知識がなければ、形容詞の程度を尋ねる疑問文を正しく作れないのです。

では、先ほどの2文の形容詞の程度を尋ねましょう。

22-⑤

Meg is lazy.（メグは怠惰だ）
→ How lazy is Meg?（メグはどれくらい怠惰か）

The man has many cars.（その男は多くの車を持っている）
→ How many cars does the man have?（その男は何台の車を持っているか）

類例を見ましょう。

22-⑥

Lisa was beautiful.（リサは美しかった）
→ How beautiful was Lisa?（リサはどれくらい美しかったの）

Bob drank much water.（ボブは多くの水を飲んだ）
→ How much water did Bob drink?（ボブはどれほどの量の水を飲んだの）

この how は形容詞修飾語としてはたらきます。次の図の通りです。

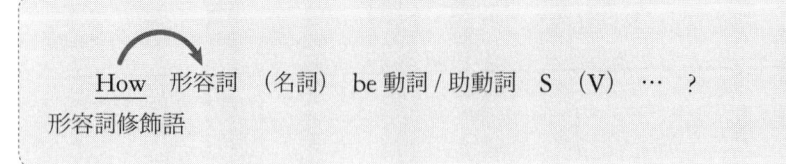

　　How　形容詞　（名詞）　be動詞 / 助動詞　S　（V）　…　？
形容詞修飾語

この⑦においては、形容詞（あるいは形容詞＋名詞）が文頭に移動しているので、その点で文が崩れているといえます。文の崩れに耐えながら理解しなくてはならない疑問文なのです。

⑧ 平叙文の中にある副詞の程度を尋ねる

今度は、副詞の程度を尋ねます。次のような文の太字部分を尋ねるのです。

> The lawyer worked **hard**. (その弁護士は懸命に働いた)
> The festival will start **soon**. (じきに祭りがはじまる)

hard, soon は動詞修飾語としてはたらく副詞です。動詞修飾語としてはたらく副詞の程度を尋ねる手順は次の通りです。

> 手順1　副詞の前に how を置く。
> 手順2　how ＋副詞を前に出す。
> 手順3　be 動詞または助動詞を S の前に出す。

基本的には⑦の場合と同じです。では実際に疑問文にしましょう。

22-⑦

> The lawyer worked **hard**. (その弁護士は懸命に働いた)
> → How **hard** did the lawyer work? (その弁護士はどれくらい懸命に働いたの)
>
> The festival will start **soon**. (じきに祭りがはじまる)
> → How **soon** will the festival start?
> (どれくらいじきに祭りがはじまるの→あとどれくらいで祭りがはじまるの)

類例を見ます。

22-⑧

> Meg **often** comes here. (メグは頻繁にここに来る)
> → How **often** does Meg come here? (メグはどれくらいの頻度でここに来るの)
>
> Tom can run **fast**. (トムは速く走れる)
> → How **fast** can Tom run? (トムはどれくらい速く走れるの)

この how は副詞修飾語としてはたらきます。ここでもイメージ図を見ましょう。

> How　副詞　be 動詞/助動詞　S　V　…　?
> 副詞修飾語

①〜④では同じ疑問詞が用いられたので、イメージ図をまとめました（p.63 参照）。この⑦と⑧も同じ疑問詞 how が用いられるので、図をまとめることができます。次の通りです。

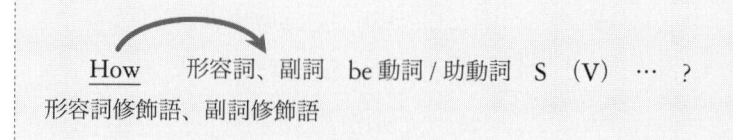

> How　　形容詞、副詞　be 動詞/助動詞　S　(V)　…　?
> 形容詞修飾語、副詞修飾語

この⑦と⑧の how は「形容詞修飾語、副詞修飾語としてはたらく how」としてまとめてとらえてください。

以上で、p.58 で示した①〜⑧の作業が全て終了しました。

最後に疑問詞疑問文全体をまとめることによって、「疑問詞はあくまでも名詞か形容詞か副詞である」ということを明らかにします。そして更に、第 1 章で扱った要素に関する知識、品詞に関する知識、そして文型の知識が、いかに大切かを述べることにします。

まずは①〜⑧で用いられる疑問詞と、その要素を一覧しましょう（whom は who に含まれるものとします）。

> ① who, what, which　　　　：これらの要素 → S
> ② who, what, which　　　　：これらの要素 → C
> ③ who, what, which　　　　：これらの要素 → O
> ④ who, what, which　　　　：これらの要素 → 前置詞の O
> ⑤ whose, what, which　　　：これらの要素 → 名詞修飾語
> ⑥ where, when, why, how　：これらの要素 → 動詞修飾語
> ⑦ how　　　　　　　　　　：この要素　　→ 形容詞修飾語
> ⑧ how　　　　　　　　　　：この要素　　→ 副詞修飾語

最初の 4 段から「who, what, which は S、C、O、前置詞の O としてはたらく」ということがわかります（p.63 の図からも、このことは明らかです）。S、C、O、前 O としてはたらく単語は名詞です（p.47 参照）。よって、who, what, which は名詞だということになります。

⑤の部分から「whose, what, which は名詞修飾語としてはたらく」ということ

がわかります。名詞修飾語としてはたらく単語は形容詞です（p.47 参照）。よって whose, what, which は形容詞だということになります。what と which は①～④では名詞でしたが、この⑤では形容詞です。what と which は「名詞かつ形容詞」なのです。

⑥～⑧の部分から「where, when, why, how は動詞修飾語としてはたらく」ということと、「how は形容詞修飾語、副詞修飾語としてもはたらく」ということがわかります。

動詞修飾語としてはたらく単語も、形容詞修飾語としてはたらく単語も、副詞修飾語としてはたらく単語も副詞です（p.47 参照）。よって where, when, why, how は副詞だということになります。

このように疑問詞は、あくまでも名詞か形容詞か副詞なのです。ただ、名詞は名詞でも、疑問を発するために用いられる名詞ということで、who, what, which は「疑問代名詞」と呼ばれ、whose, what, which は「疑問形容詞」、where, when, why, how は「疑問副詞」と呼ばれます。

そして、この 3 つの言葉をまとめるものとして「疑問詞」という言葉が存在しているのです。次のようにとらえてください。

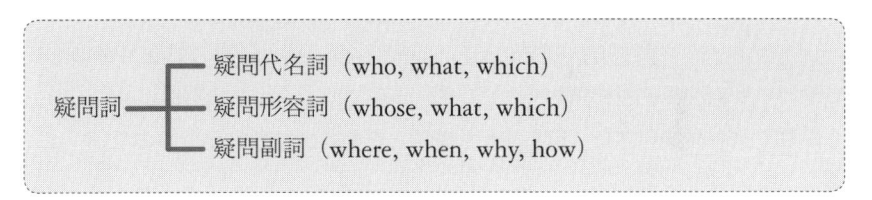

疑問詞 ─┬─ 疑問代名詞（who, what, which）
　　　　├─ 疑問形容詞（whose, what, which）
　　　　└─ 疑問副詞（where, when, why, how）

さて、ここまでに平叙文を疑問詞疑問文にするという作業を行ってきましたが、これにより、次の事実が明らかになりました。

> 平叙文を疑問詞疑問文にするための手順は、どの疑問詞を用いるのかによって異なるというよりはむしろ、尋ねたい部分の要素や品詞によって異なる。

p.58 の上のワクの中の①～⑧のうち、⑥以外の全てにおいて、要素または品詞が含まれています。つまり、要素と品詞に着目しながら疑問詞疑問文を作ったのです。したがって、疑問詞疑問文の作り方を理解するためには、その前提として要素、品詞や、文型に関する知識が必要になります。このためにも、第 1 章でこれらの知

識を詳しく扱ったのです。「主語」「目的語」「名詞修飾語」「動詞修飾語」などの要素に関する知識、「名詞」「形容詞」「副詞」などの品詞に関する知識、そして8つの文型に関する知識は、疑問文を確実に作るためにも必要なのです。

多くの人は、p.54の問題が全問正解ではなかったはずです。「人を尋ねる場合はwhoを使う」「場所ならwhere」というようなことは、何となく知っていても、正確に疑問詞疑問文を作れる人は非常に少ないのですが、その最大の理由は、疑問詞疑問文の学習方法にあります。

上記の通り、疑問詞疑問文を確実に習得するためには、要素、品詞、文型の知識が必要なのですが、ほとんどのカリキュラムでは、これらを丁寧に扱わないままに疑問詞疑問文の学習に入り、終えてしまっているのです。

p.29で第1章の知識を「英文法の下半身」と呼びましたが、この「下半身」の大切さを、この疑問詞疑問文のところで実感することになりました。

英語の平叙文は、厳格な規則に従ったうえで、疑問詞疑問文に変形します。よって、この規則を理解し、記憶しなければ、疑問詞疑問文を作ることができず、また、これを正確に理解することもできません（逆に言えば、文法理論を習得することにより、理解、運用できる英文がどんどん増えていきます）。この「疑問詞疑問文」という単元は、理詰めの学習の大切さがとてもよくわかる部分なのです。

以上で第2章・疑問文が終了しました。ここでp.20の［英文法の全体像Ⅰ］を見て、どこまで進んだかを確認してください。このように全体をつかむことのできる一覧表があれば、常に「現在地」を確認しながら進むことができます。

第7講ここまで

CHAPTER 3 感嘆文

感嘆文とは、形容詞、副詞の程度の高さを特別な形で強調するものです。

p.53 で示した通り、感嘆文も平叙文からの変形としてとらえられますが、感嘆文は他の3種類の文（平叙文、疑問文、命令文）に比べて重要度は低いので、ここでは変形のプロセスは見ずに、すぐに結果の文を示します。

1 形容詞の程度を強調するもの

形容詞の程度を強調する感嘆文には、2種類のものがあります。1つは「how ＋ 形容詞」が文頭に置かれるものです。

> How *handsome* your son is!（君の息子さんはなんてハンサムなんだ！）
> How *beautiful* your voice is!（君の声はなんて美しいんだ！）

形容詞が C としてはたらく場合は、このように how が用いられます。

もう1つは、「what ＋ (a) ＋形容詞＋名詞」が文頭に置かれるものです。形容詞が名詞修飾語としてはたらく場合は what が用いられるのです。

> What *a heavy clock* this is!（これはなんて重い時計なんだろう！）
> What *careful drivers* they are!（彼らはなんて用心深い運転手なんだ！）

2 副詞の程度を強調するもの

この場合も how を用います。

> How *quickly* time passes!（時はなんて速く過ぎ去るのだ！）
> How *badly* you sing!
> 　（君はなんてひどく歌うのだ！→君の歌はなんてひどいんだ！）

CHAPTER 4 命令文

命令文とは、命令、要求、依頼、勧誘などをする文です。
　命令文は平叙文からの変形としてとらえます（p.53 参照）。平叙文を命令文にするための手順は次の通りです。

> 手順1　S を消去する。
> 手順2　動詞を原形にする。

実際に変形させてみましょう。

25-④

　You **dance** gracefully.（あなたが優雅に踊る）
→ **Dance** gracefully.（優雅に踊れ）

　You **give** me a watch.（あなたが私に時計をくれる）
→ **Give** me a watch.（私に時計をください）

　You **are** honest.（あなたは正直である）
→ **Be** honest.（正直であれ）　※ are などの be 動詞の原形は be

以上で第 4 章も終わり、平叙文から変形する 3 種類の文、つまり疑問文、感嘆文、命令文を見終えました。
　次の第 5 章が、第 1 部の最後の章です。

CHAPTER 5 肯定文と否定文

　人間の血液型と性別について考えましょう。血液型には4種類があり、性別は2つです。よって、この2種類を掛け合わせれば4×2で、人間は8種類に分類できます。

　文は平叙文、疑問文、感嘆文、命令文の4つに分類できるのでしたが、肯定文と否定文に分けることもできます。そして、この2種類の分類を掛け合わせると、文は8種類に分かれるということになります。次の通りです。

平叙文で肯定文	平叙文で否定文
疑問文で肯定文	疑問文で否定文
感嘆文で肯定文	感嘆文で否定文
命令文で肯定文	命令文で否定文

　これまでに扱った平叙文、疑問文、感嘆文、命令文は、全て肯定文でした。つまり、ここまでは上の表の左側を、上から順に見てきたのです。この章では否定文を見ていきます。

　否定文とは、日本語で言えば「ない」「ず」といった打ち消しの言葉が存在する文です。英語の打ち消しの言葉の代表例は not です。

　そして、打ち消しの言葉が存在していない文が肯定文です。

　これより否定文の具体例を扱いますが、最初の「平叙文で否定文」に関しては、いきなり完成したものを見るのではなく、肯定文を出発点にして、これを否定文に変形させるという作業を行います。

1 平叙文で否定文

平叙文において、肯定文を否定文にする手順は次の通りです。

> 手順1　be 動詞 / 助動詞の後ろに not を置く。

文中にbe動詞も助動詞も存在しない場合は、やはりここでも助動詞do, does, didが活躍します。つまり、まずはこれらを加えた形にして、その後ろにnotを置くのです。

具体例を見ましょう。

> She *is* a poet.（彼女は詩人だ）
> → She *is* **not** a poet.（彼女は詩人ではない）
>
> You *must* go there.（君はそこに行かなくてはならない）
> → You *must* **not** go there.（君はそこに行ってはならない）
>
> I have a car.（私は車を持っている）
> → I *do* **not** have a car.（私は車を持っていない）
>
> Mary likes cats.（メアリーはネコが好きだ）
> → Mary *does* **not** like cats.（メアリーはネコが好きではない）
>
> Lisa laughed.（リサは笑った）
> → Lisa *did* **not** laugh.（リサは笑わなかった）

否定文の多くは縮約形で表記されます。縮約形とはI amをI'mと表記したり、that isをthat'sと表記したりする短縮形のことです。ここで作った否定文を、縮約形を用いて表現すると次のようになります。

25–⑤

> She **isn't** a poet.（彼女は詩人ではない）
> You **mustn't** go there.（君はそこに行ってはならない）
> I **don't** have a car.（私は車を持っていない）
> Mary **doesn't** like cats.（メアリーはネコが好きではない）
> Lisa **didn't** laugh.（リサは笑わなかった）

②　疑問文で否定文

「疑問文で否定文」といわれても、ピンとこないかもしれません。日本語の例で説明しましょう。「君は鎌倉の大仏を見たことがあるか？」は疑問文で肯定文です

が、「君は鎌倉の大仏を見たことがないのか？」は疑問文で否定文です。他にもたとえば「来週、会わない？」「ゴールデンウィークは志摩に行かない？」などが疑問文で否定文です。

英語の例は次のようなものです。

---- ◎ 25 - ⑥ ----

Aren't you happy?（幸せじゃないの）
Don't you know my name?（僕の名前を知らないの）
Can't you speak Slovak?（スロバキア語はしゃべれないのか）

これらは真偽疑問文が否定文になったものですが、疑問詞疑問文が否定文になったものもあります。

---- ◎ 25 - ⑦ ----

When **don't** you eat breakfast?（どんな時、朝食を摂らないの）
Why **don't** you speak?（なんでしゃべらないんだ）

2番目の Why don't you 〜 ? は「なんで〜しないんだ → 〜しなよ」というニュアンスで用いられることが多い文です。

③ 感嘆文で否定文

「感嘆文で否定文」は、ほとんど存在しないものです。このことは日本語で考えてもわかります。「彼はなんて忙しいんだ！」という文は自然ですが、「彼はなんて忙しくないんだ！」という文は不自然です。そのようなことを言いたい場合は、普通は「彼はなんて暇なんだ！」と表現するはずです。同様に、英語においても「感嘆文で否定文」は、まず存在しません。

④ 命令文で否定文

否定文の最後は「命令文で否定文」です。次のようなものです。

---- ◎ 25 - ⑧ ----

Don't read this book.（この本を読むな）
Don't leave me.（行かないで）
Don't be shy.（内気でいるな）

このように Don't 〜 . という形になります。

⑤ never を用いた否定文

not ではなく never が用いられる否定文もあります。never は「一度も / 二度と / 決して / いまだに〜ない」などと訳します。

never が用いられた例文を見て、否定文を終えることにします。

> The girl **never** *speaks*. (その少女は決してしゃべらない)
> I will **never** *sing* with you. (私は決してあなたとは歌わない)

◎ 25 – ⑨

いずれも「平叙文で否定文」です。

第5章が終わりました。なお、否定については「結の巻」の第2部でより詳しく扱います（p.21 参照）。

以上で第1部が終了です。以下の図を見ながら、ここまでの内容の復習をしましょう。

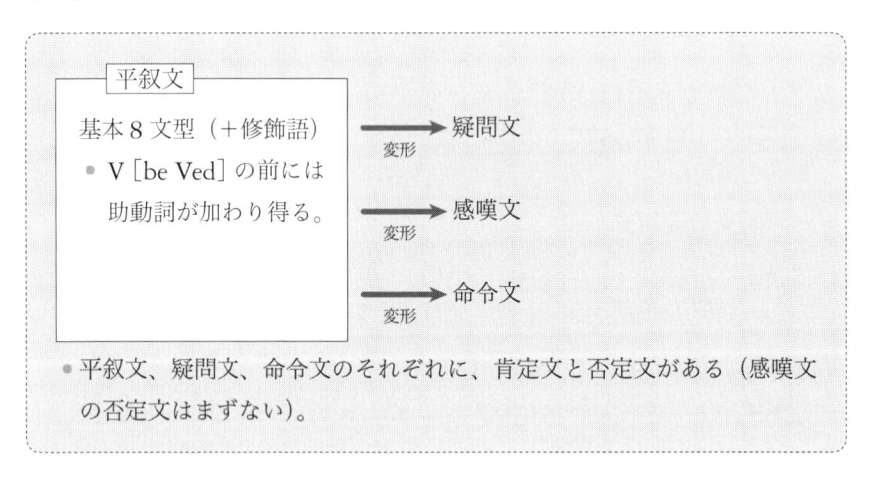

```
┌─ 平叙文 ─────────┐
│ 基本8文型（＋修飾語）│ ──変形──→ 疑問文
│ ● V［be Ved］の前には │
│   助動詞が加わり得る。│ ──変形──→ 感嘆文
│                    │
│                    │ ──変形──→ 命令文
└────────────────┘
● 平叙文、疑問文、命令文のそれぞれに、肯定文と否定文がある（感嘆文の否定文はまずない）。
```

まず第1章で、基本8文型と修飾語を知りました。述語部分に助動詞が加わり得るということに注意をしてください。第1章で扱った文は平叙文でした。

第2章では、平叙文が疑問文に変形するようすを見ました。

第3章では感嘆文を見ました。

第4章では、平叙文が命令文に変わるようすを見ました。

そして第5章で、文には肯定文と否定文があるということを知りました。

最後に p.20 の全体像の「起の巻」のところで、現在地を確認してください。

第 8 講ここまで

第2部　文と文の結びつき

　まずは次の文を見てください。広く海外でも読まれている、日本海軍航空隊のエースパイロット・坂井三郎の主著『大空のサムライ〈上〉死闘の果てに悔いなし』（講談社＋α文庫 2001年 p.3）の冒頭部分です。

> 　この記録は、英語版 SAMURAI の題名で、アメリカ、カナダ、フィリピン……その他の国々で出版され、さらに、フランス語、フィンランド語にも訳されておりますが、戦争中、旧敵国の人たちは、日本の零戦を、魔もののようにおそれ、零戦を操縦する日本のパイロットは、血も涙もない、ただ敵を見れば本能的に襲いかかってくる猛獣のように考えていたということですが、SAMURAI を読んだことによって、私たち日本人が、やはり彼らと同じ人間であり、同じような気持ちで戦い、また、人間として同じようななやみを持ち、同じようにもののあわれを知る人たちだったことを知ったと言っています。

　日本語を母語とする我々には、簡単に理解できる文です。ところが、外国人の日本語学習者（特に初学者）にとっては、この文は非常に難しいはずです。

　たとえば英語を母語としている人には、3行目の「旧敵国の人たちは」の部分と、最終行の「言っています」の部分を結びつけて理解するのが非常に困難であるはずです。英語では They say 〜 . というように、主語と述語動詞は隣接（あるいは近くに存在する）のが一般的ですが、上の文では6行も離れています。

　ではどのようなことが原因で、この文が読みにくいものとなっているのでしょうか。そして、どうすれば日本語を母語としない人にも、このような文が理解できるようになるのでしょうか。

　難しさの主な原因は、「誰がどうする」「何がどうである」という内容が複数あるということです。つまり上の文は、「文と文が結びついた文」だといえるのです。文と文は結びつくことで、より複雑、難解になります。

　このような文を理解できるようになるためには、文の結びつきのメカニズムを知らなくてはなりません。

　さて、「文と文が結びついた文」が難しいという事実は、英語においてもあてはまります。英語において、文と文を結びつけるものは接続詞です。よって、「文と

文が結びついた文」が理解できるようになるためには、接続詞に関する知識が必要になります。

接続詞には「等位接続詞」と「従位接続詞」があり、それぞれが次のような機能を持ちます。

等位接続詞（4個）	従位接続詞（約70個）
文と文を結ぶ	文を要素にする ↓ この要素が他の文の中ではたらく ↓ 文と文が結ばれる

この第2部では、第1章で等位接続詞を扱い、第2章で従位接続詞を扱います。

ここからが「起の巻」のヤマ場です。この第2部の内容を習得することこそが、長く難解な文を理解できるようになるための、まさに第一歩なのです。

CHAPTER 1 等位接続詞

　この章は、次の第2章に比べてはるかに容易なのですが、for という単語には注意をしてください。この語は前置詞のみならず、接続詞でもあるのです。

①　等位接続詞の機能と具体例

　等位接続詞は文と文を結びます。まずはイメージ図を見ましょう。

> S1　V1　…　(,)　等位接続詞　S2　V2　…　．

　文と文の間に等位接続詞が置かれるのです。等位接続詞の前には、カンマが置かれることもあります。

　等位接続詞の具体例と訳は、次の通りです。

> and：そして、て、で、と
> 　　※ 前半の文の述語を連用形にして後半の文につなぐこともある。
> 　　そうすれば（S1 V1 が命令文、あるいはそれに近い内容の文である場合）
> but：しかし、だが、が
> or ：または、もしくは
> 　　さもないと（S1 V1 が命令文、あるいはそれに近い内容の文である場合）
> for：なぜなら〜だからだ、というのも〜だからだ

　例文を見ましょう。最初の文が「前半の文の述語を連用形にして後半につなぐ」の具体例です。「叫ぶ」という動詞を、連用形の「叫び」にして、後半につないでいます。

> 28 – ①

> Meg cried **and** Lisa danced.
> 　（メグが叫び、リサが踊った）
>
> Write a letter to Bob, **and** you can meet him.
> 　（ボブに手紙を書きなさい。そうすれば彼に会える）
>
> I told a joke, **but** my wife didn't laugh.
> 　（私はジョークを言ったが、妻は笑わなかった）
>
> Did you make this by yourself **or** were you helped by someone?
> 　（これを自分で作ったのか、それとも誰かに助けてもらったのか）
>
> Clean your room immediately, **or** you won't get any ice cream tonight.
> 　（今すぐ部屋の掃除をしなさい。さもないと今晩のアイスはナシよ）
>
> I kept silent, **for** I was very tired.
> 　（私は黙っていた。というのもとても疲れていたから）

最後の文の I kept silent の部分は第 2 文型です（p.43 参照）。

②　等位接続詞の要素

第 1 部で登場した 5 つの品詞は、文中で必ず何らかの要素になりました（p.47 参照）。では、この等位接続詞はどの要素になるのでしょうか。

等位接続詞は、どの要素にもなりません。文と文を結ぶ機能を持つだけです。上の文から 1 つを選び、要素を記入してみます。

> Meg cried and Lisa danced.
> 　S　V　φ　S　V

等位接続詞の下は「φ」となっています。「φ」は「何もない」ということを示す記号です（ちなみに「ファイ」と読みます。ギリシャ文字です）。

どの要素にもならないということは、文中で等位接続詞に出会った際には、「この語の要素は何か」ということを考える必要はないということです。その代わりに、何と何を結ぶかを正確に見抜かなくてはなりません。次の ③ で見るように、等位接続詞は文以外のものも結ぶのです。

③　等位接続詞が持つもう 1 つの機能

等位接続詞のうち、for 以外の and, but, or は、文と文を結ぶという機能に加え

て、語と語や句と句を結ぶ機能も持ちます。

例を見ましょう。斜体の部分どうしが and, but, or によって結ばれています。

◎ 28-②

Tom **and** *Meg* came here.
　（トムとメグがここに来た）

This animal can sleep *on a tree* **and** *in the sky*.
　（この動物は木の上と空中で眠ることができる）

My husband is *handsome* **but** *lazy*.
　（夫はハンサムだが怠惰だ）

That man would be *a singer* **or** *an actor*.
　（あの男性は、歌手か俳優だろう）

---

❹ 等位接続副詞

等位接続詞とほぼ同じ機能を持つものとして、「等位接続副詞」と呼ばれるものがあります（通常は短く「接続副詞」と呼ばれます）。次のようなものです。いくつか知っているものがあるでしょうか。

---
besides（その上）、however（しかしながら）、nevertheless（それにもかかわらず）、still（それでも）、then（それから、そのうえ）、therefore（ゆえに）、thus（したがって）、otherwise（さもないと）、so（それで、それから）、yet（しかし）

接続副詞の前にはカンマやセミコロン（;）またはコロン（:）が置かれます。いくつか例を見ましょう。

◎ 28-③

He was sick; **nevertheless,** he went to the party.
　（彼は病気だった。それにもかかわらず、そのパーティーに行った）

I think, **therefore** I am.
　（我思う。ゆえに我あり）

The shop was not clean, **so** we didn't go inside.
　（その店はきれいではなかった。だから私たちは中に入らなかった）

なお、等位接続詞、接続副詞の前にピリオドが置かれ、文が切れていることもあります。

CHAPTER 2 従位接続詞

　従位接続詞は約70個あり、機能も多彩なので、特に丁寧に話を進めます。まずは再度、次の表を見てください。

等位接続詞（4個）	従位接続詞（約70個）
文と文を結ぶ	文を要素にする ↓ この要素が他の文の中ではたらく ↓ 文と文が結ばれる

　従位接続詞は、いきなり「文と文を結ぶ」ととらえるのではなく、3段階に分けて考えていきます。

　では、一番上の段から話をはじめます。従位接続詞は文の前に置かれ、文をひとまとまりの要素にする機能を持ちます。次のイメージ図でとらえてください。

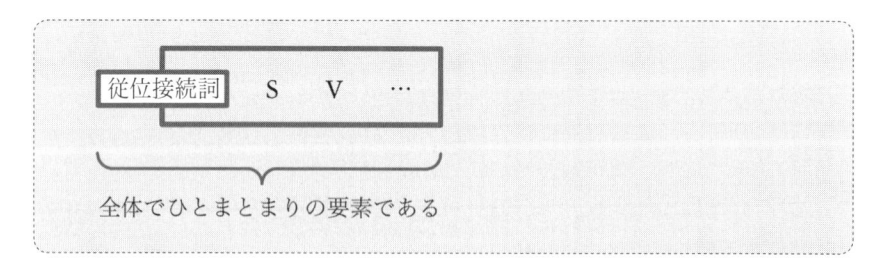

```
┌─────────────────────────┐
│ 従位接続詞   S   V   …    │
└─────────────────────────┘
 └──────────┬──────────┘
   全体でひとまとまりの要素である
```

　「従位接続詞＋文」がひとまとまりで、SやOや修飾語などの要素になるのです。このひとまとまりを「節(せつ)」といいます。

　節がどの要素になるのかは、従位接続詞によって決まります。つまり、たとえば「この従位接続詞によってまとめられた場合は、全体が名詞修飾語になる」「この従位接続詞の場合は動詞修飾語になる」というように、従位接続詞がまとまり全体の要素を決定するのです。

　具体的には、次の4種類があります。

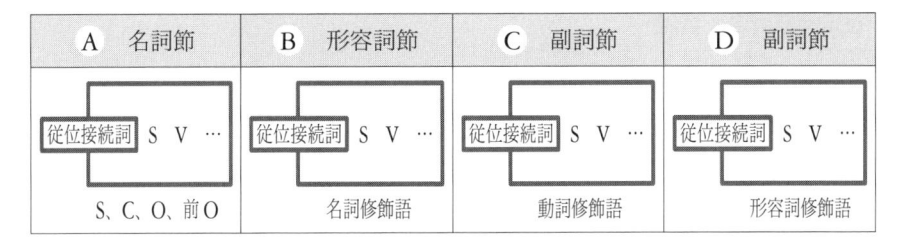

A 名詞節	B 形容詞節	C 副詞節	D 副詞節
従位接続詞 S V …	従位接続詞 S V …	従位接続詞 S V …	従位接続詞 S V …
S、C、O、前O	名詞修飾語	動詞修飾語	形容詞修飾語

　Aの従位接続詞は、「S、C、O、前Oとしてはたらく節を形成する従位接続詞」です。この節は「名詞節」と呼ばれます。S、C、O、前置詞のOとしてはたらく単語は名詞ですが（p.47 参照）、この知識を節に応用してこう呼ばれるのです。

　Bの従位接続詞は、「名詞修飾語としてはたらく節を形成する従位接続詞」です。この節は「形容詞節」と呼ばれます。名詞修飾語としてはたらく単語は形容詞ですが（p.47 参照）、この知識を節に応用してこう呼ばれます。

　Cの従位接続詞は、「動詞修飾語としてはたらく節を形成する従位接続詞」です。この節は「副詞節」と呼ばれます。動詞修飾語としてはたらく単語は副詞ですが（p.47 参照）、この知識を応用した用語です。

　Dの従位接続詞は、「形容詞修飾語としてはたらく節を形成する従位接続詞」です。この節も「副詞節」と呼ばれます。形容詞修飾語としてはたらく単語は副詞ですが（p.47 参照）、この知識を節に応用してこう呼ばれるのです。

　A〜Dの従位接続詞の具体例を次のページに示します。この表のタテの行は、0から5に分かれていますが、この数字が意味するものについては後に解説します。

《従位接続詞の一覧表》

接続詞自体の要素 \ 節全体の要素	名詞節 A S、C、O、前置詞のO	形容詞節 B 名詞修飾語	副詞節 C 動詞修飾語	副詞節 D 形容詞修飾語
0 φ	that whether if（Oのみ）	that	that whether if	that
1 S、C、O、前置詞のO	 who what which	that who which		
2 名詞修飾語	whose what which	whose		
3 動詞修飾語	where when why how	where when why	where when how	
4 形容詞修飾語、副詞修飾語	how			
5			約50個	

第9講ここまで

1 名詞節を形成する従位接続詞

この表を、左上からタテに見ていくことにしましょう。

まずは A の列からです。なお「講義の前に」のところで述べた通り、マメに図と具体例を行き来するようにしてください。この章では多くの部分で最初に図を示し、その後に例文を見ます。これらの図は、例文を読んだ後に再び眺めると、いっそう深く理解することができます。なるべく「図 → 例文 → 図」という順序で読み進めるようにしてください。

A‐0 that, whether, if

A‐0 には that, whether, if の3つがありますが、まずは that が形成する節のイメージ図と訳を見ます。

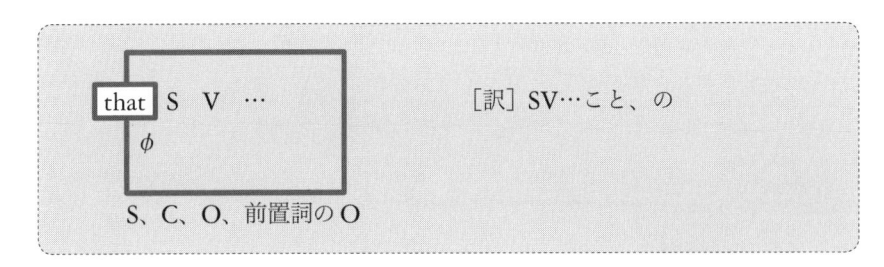

```
┌─────────────────────────┐
│ ┌──┐                    │     [訳] SV…こと、の
│ │that│ S  V  …          │
│ └──┘                    │
│   φ                     │
│                         │
│  S、C、O、前置詞の O     │
└─────────────────────────┘
```

that 節（that が形成する節はこう呼ばれます。「節」は「SV を含むまとまり」という意味でとらえてください）は、全体でひとまとまりの S、C、O、前 O のいずれかとしてはたらきます。ゆえに上の図は、that 節の下に「S、C、O、前置詞のO」と記載されているのです。

that は「こと」「の」と訳します。「φ」については2ページ後に説明します。

では例文を見ましょう。各文に関して、that 節全体（太字部分）の要素が S、C、O、前 O のうちのどれなのかを考えてください。

That Bob is a doctor is widely known.
（ボブが医者だということは広く知られている）

My idea is **that we should leave here**.
（私の案は、我々はここを去るべきだということだ）

My husband doesn't know **that I am an actress**.
（夫は私が女優だということを知らない）

Bob told Lisa **that he was sick**.
（ボブはリサに、自分が病気だということを告げた）

I like this theory in **that it is beautiful**.
（美しいという点で、私はこの理論が好きだ）

最初の文の that 節は S です。文全体の構造は次の通りです。

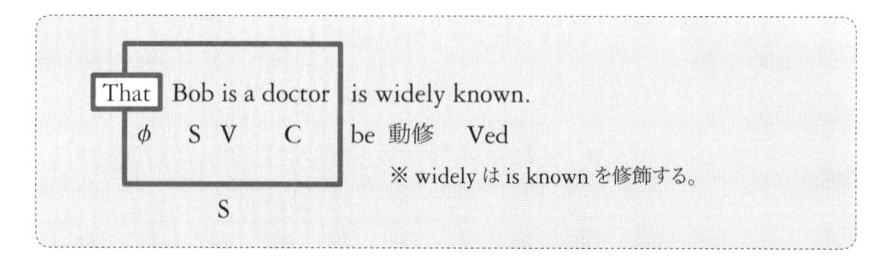

```
┌─────────────────────┐
│ That  Bob is a doctor │ is widely known.
│  φ     S  V    C      │ be 動修  Ved
└─────────────────────┘
           S              ※ widely は is known を修飾する。
```

文全体が第 3 文型の受動態なのです。

なお、この文のように、節が S である文の多くは「形式主語 ― 真主語の構文」と呼ばれるものに変形するのですが、これについては「結の巻」の第 3 部で扱います（目次参照）。

2 番目の文では that 節は C です。文全体の構造は次の通りです。

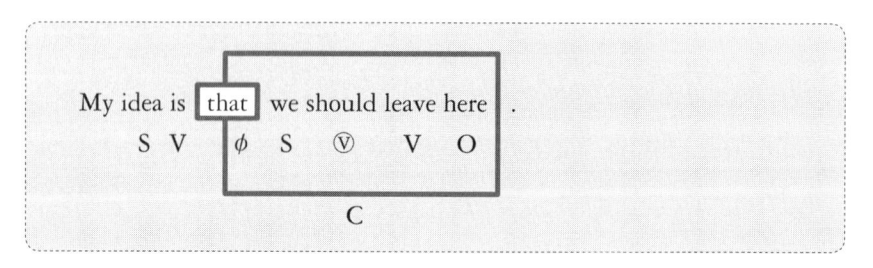

```
                ┌──────────────────────┐
My idea is      │ that  we should leave here │ .
  S   V         │  φ     S    Ⓥ     V    O  │
                └──────────────────────┘
                              C
```

should は助動詞です。助動詞は、本動詞と同様に述語としてはたらきますが、本書では、助動詞の下には V ではなく Ⓥ という記号を置きます。

3 番目の文では that 節は O です。文構造は次の通りです（not の下は空白にします）。

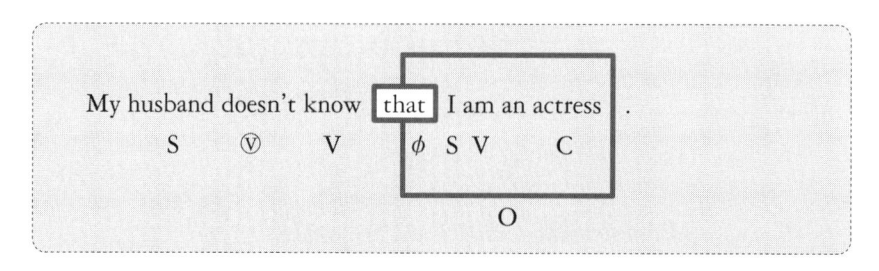

```
                           ┌────────────────┐
My husband doesn't know    │ that  I am an actress │ .
     S        Ⓥ     V      │  φ    S  V    C       │
                           └────────────────┘
                                      O
```

4番目の文では that 節は O₂ です。文構造は次の通りです。

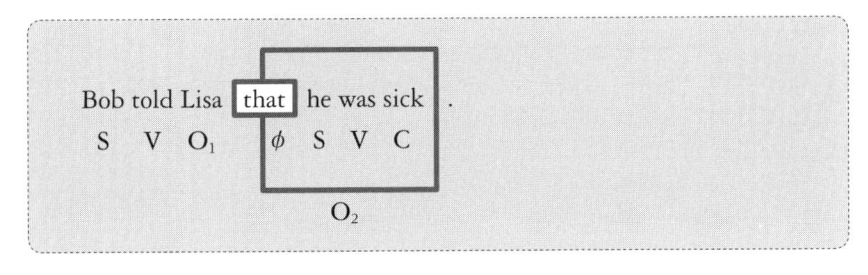

```
Bob told Lisa [that] he was sick .
 S   V   O₁        φ  S  V  C
                   └─────────┘
                        O₂
```

5番目の文中の in は「〜という点で」という意味の前置詞です。that 節はこの前置詞 in の目的語です。in Tokyo や in Japan という表現では、前置詞の目的語が名詞1語ですが、目的語が名詞節であることもあるのです。このような文は少し難しいはずです。

ただこの場合も、「前置詞+前置詞の目的語」がひとまとまりで要素になるという点は同じです。この文では「in + that 節」のセットが、動詞 like を修飾しています。次の通りです。

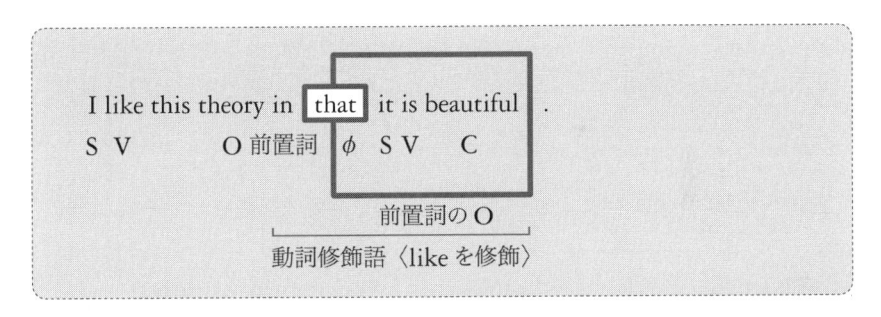

```
I like this theory in [that] it is beautiful .
S V        O     前置詞  φ  S  V   C
                        └──前置詞の O──┘
                    └──動詞修飾語〈like を修飾〉──┘
```

ここで、that の下にある「φ」について説明をします。この that は名詞節を作る機能を持ちますが、それ自体は S、V [be Ved]、C、O、修飾語のうちの、いずれの要素にもなりません。この点において等位接続詞と同じです。よってこれらの下に、「無」を意味する「φ」が記載されているのです。

最後に、これらの文では SV が2つ存在していることを確認しましょう。たとえば4番目の文では、Bob told と he was という2つの SV があり、その次の文では、I like と it is という2つの SV があります。that 節が他の文の中で用いられることにより、「文と文が結ばれた文」が生まれることになるのです。そしてこれが p.86 の表の、右側の2段目、3段目の意味なのです。確認してください。

残りの2つ、whether と if は意味が同じなのでまとめて扱います。

まずは whether 節（whether が形成する節）と、if 節（if が形成する節）のイ

メージ図を見ましょう。

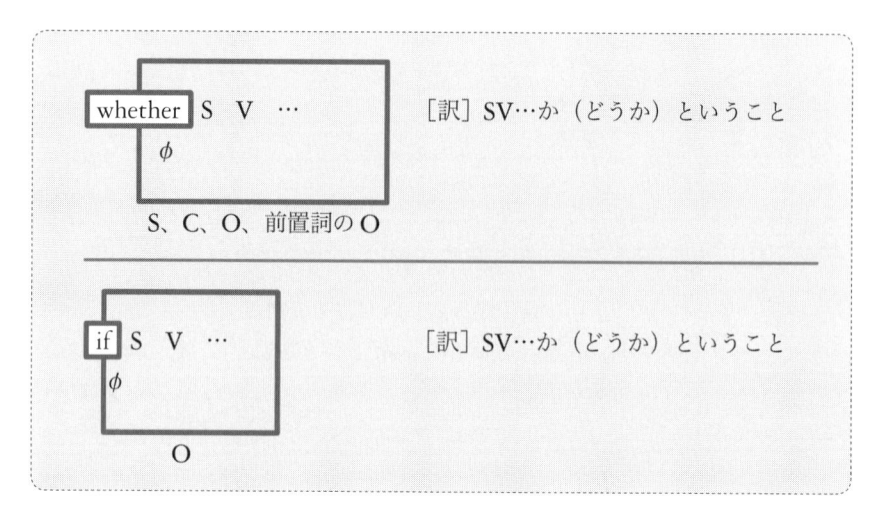

```
whether  S  V  …        [訳] SV…か（どうか）ということ
       φ

S、C、O、前置詞のO
───────────────────────────────────────────
if  S  V  …            [訳] SV…か（どうか）ということ
   φ

O
```

whether, if も that と同様に、どの要素にもなりません。ゆえに φ が置かれています。なおこのように、従位接続詞自体の要素が何であるかについて知ることには大きな意味があります。これについては《従位接続詞の一覧表》を見終えた時に述べます。

if 節の下には「O」としか記載されていません。if 節は例外的に「O としてしかはたらかない名詞節」なのです。この点、注意をしてください。

これらの内側には、しばしば「or 〜」という表現が存在します。

例文を見ましょう。やはり節全体（太字部分）の要素を考えてください。

──────────────── ◎ 31 - ② ────────────────

The main question is **whether this insect can fly or not**.
　（主な疑問は、この昆虫が飛べるのか飛べないのかということだ）

I don't know **if Meg is happy**.
　（私はメグが幸せかどうかわからない）

Whether John lives in Kyoto is not certain.
　（ジョンが京都に住んでいるかどうかは明らかでない）

My father often asks me **whether I have enough money**.
　（父はよく私に、お金が十分にあるかどうかを尋ねる）

We talked about **whether we should choose Waseda or Sophia**.
　（我々は早稲田を選ぶべきか上智を選ぶべきかについて話した）

節の要素は、上から順に、C、O、S、O_2、前置詞の O です。

やはり最後の例が少し難しいかもしれません。この例では、whether 節が前置詞

about の目的語であり、about ＋ whether 節が、動詞 talked を修飾しています。構造を示します。

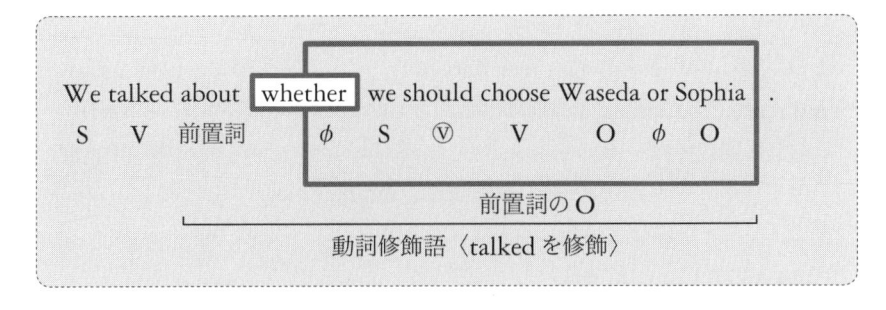

```
We talked about  whether  we should choose Waseda or Sophia .
 S    V    前置詞      φ   S    Ⓥ     V      O   φ  O
                  └─────────── 前置詞の O ───────────┘
          └──────────── 動詞修飾語〈talked を修飾〉────────────┘
```

A-1 〜 A-4 総説

次の A-1 から最後の A-4 までは、まとめて扱います。ここはかなり理詰めの話が続きますので、丁寧に読み進めてください。

まずは p.88 の《従位接続詞の一覧表》を見て、A-1 から A-4 までの具体例を確認してください。who, what, which, whose, where, when, why, how です。この8つの単語はどこかで見た記憶がないでしょうか。

これらは疑問詞です。疑問詞は従位接続詞なのです。

ところが「疑問詞は従位接続詞だ」などと言われてもワケがわかりません。まずはこれについて説明します。次の内容を記憶してください。

- 疑問詞疑問文においては、S の前にある be 動詞／助動詞が、この位置に移動する前の状態に戻せば、疑問詞疑問文は名詞節になる。
- この名詞節では、疑問詞が従位接続詞の役割を果たす。

具体例で説明しましょう。次の文を見てください。

① Who is that lady?（あの女性は誰か）

この文の、元の平叙文は That lady is X. です。この文の X を who に代えて、is を S の前に出したものが①です（p.59 〜 p.60 参照）。

ここで、is が S の前方に出る前の状態に戻します。すると①は次のようになります。

①' who that lady is

これは、もはや疑問文ではありません。「あの女性が誰なのかということ」という意味の名詞節なのです。名詞節だということは、S、C、O、前 O のいずれかと

して用いられるということです。

もう 1 つ例を見ましょう。

②　Where did Lisa meet Bob?（どこでリサはボブに会ったの）

この文の、元の平叙文は Lisa met Bob. です。この文の先頭に where を置き、met を did meet とし、did を S の前に出したものが②です（p.67 〜 p.68 参照）。

この②に関しても、「S の前にある be 動詞 / 助動詞がこの位置に移動する前の状態に戻す」という作業を行ってみましょう。did Lisa meet の部分を Lisa met に戻します。すると全体は次の形になります。

②'　where Lisa met Bob

これも名詞節で、「どこでリサがボブに会ったのかということ」という意味です。そしてやはり、S、C、O、前 O のいずれかとして用いられます。

他にも疑問詞疑問文が名詞節になるようすを見ましょう。以下の 5 例は一通り見た後に、下段を隠して、改めて自分で名詞節を作ってみてください。最初は難しいと感じるかもしれませんが、何度も練習すれば容易に作れるようになります（そして実は楽しい作業になります）。

Why can you sing so well?（なぜ君はそんなにうまく歌えるのか）
→ why you can sing so well（なぜ君がそんなにうまく歌えるのかということ）

How busy is he?（彼はどれくらい忙しいのか）
→ how busy he is（彼がどれくらい忙しいのかということ）

What do you like?（あなたは何が好きなのですか）
→ what you like（あなたが何を好きなのかということ）

What does she call you?（彼女は君を何と呼んでいるの）
→ what she calls you（彼女が君を何と呼んでいるのかということ）

Which school did Meg choose?（メグはどっちの学校を選んだの）
→ which school Meg chose（メグがどっちの学校を選んだのかということ）

疑問詞疑問文を名詞節にする際に、1 つ注意事項があります。次のことです。

疑問詞疑問文を作る段階で、S の前に be 動詞 / 助動詞を出していない場合は、疑問詞疑問文がそのままで名詞節になる。

「Sの前にbe動詞/助動詞を出していない場合」は、2ヵ所にありました。どこだったでしょうか。簡単には思い出せないと思いますが、少し考えてみてください。

Sを尋ねる場合と、Sに対する修飾語を尋ねる場合です。それぞれp.58〜p.59と、p.65〜p.66で扱いました。必ず確認してください。

これらの例が名詞節になるようすを見ましょう。

Who wrote the novel?（誰がその小説を書いたの）
→ who wrote the novel（誰がその小説を書いたのかということ）

What happened?（何が起こったの）
→ what happened（何が起こったのかということ）

Whose mother came?（誰のお母さんが来たの）
→ whose mother came（誰のお母さんが来たのかということ）

では、ここまでをまとめて、疑問詞が名詞節を形成するイメージ図を見ましょう。

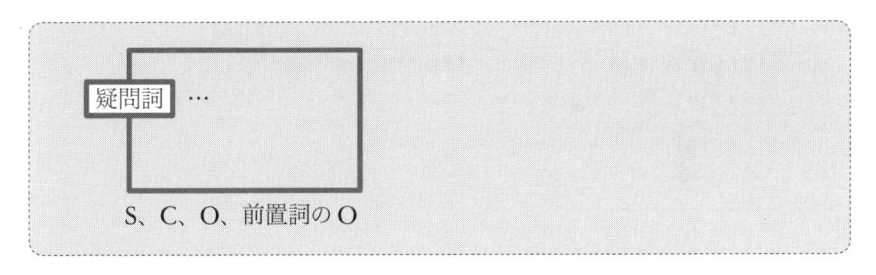

```
疑問詞 …

    S、C、O、前置詞のO
```

以上のことをふまえたうえで、A‑1からA‑4の具体例を見ていきます。

A‑1 who, what, which

A‑1はwho, what, whichです（p.88参照）。これらは「疑問代名詞」と呼ばれるものでした（p.73参照）。これらが形成する名詞節のイメージ図は、次の通りです。

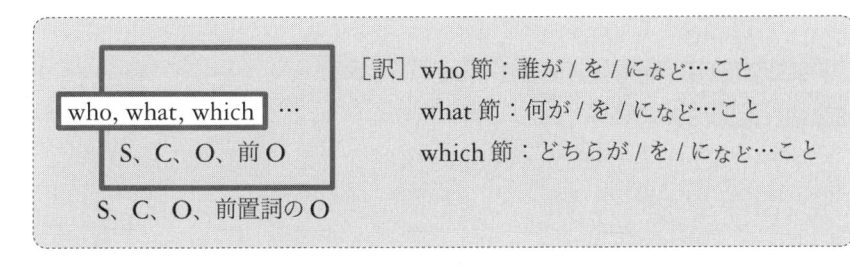

```
who, what, which …
   S、C、O、前O
                        [訳] who節：誰が/を/になど…こと
                            what節：何が/を/になど…こと
    S、C、O、前置詞のO      which節：どちらが/を/になど…こと
```

疑問代名詞の who, what, which は、それ自体が S、C、O、前置詞の O のいずれかとしてはたらくのでした（p.63 の中央にある図も参照）。よって疑問代名詞に出会った場合は、要素がこれらのいずれなのかを考えなくてはなりませんでした（p.63〜p.64 で練習をしたことも思い出してください）。名詞節を形成している場合であっても、やはり同じです。

そしてこれらが形成する節全体も、S、C、O、前 O としてはたらきます。先ほどの図の通りです。

では実際に、これらの who 節、what 節、which 節が、文中で用いられるようすを見ます。各文に関して、次のことを考えてください。

- 名詞節全体の要素は S、C、O、前 O のうちのどれか。
- 名詞節になる前の疑問文はどのような形か。
- 接続詞（疑問詞）自体の要素は S、C、O、前 O のうちのどれか。

なお、名詞節は太字にします。

---- ⓐ 31-③ ----

I know **what this is**.（私にはこれが何なのかがわかる）

Who painted this picture is a mystery.（誰がこの絵を描いたのかは謎だ）

I don't know **who Tom heard the news from**.
（私はトムが誰から報せを聞いたのかわからない）

Bob doesn't tell me **whom Meg loves**.
（ボブは私にメグが誰を好きなのかを教えてくれない）

最初の例では、節全体の要素は know の O です。元の疑問文と、疑問詞自体の要素は次の通りです。

　What is this?（what の要素：C）

2 番目の例では、節全体の要素は S です。元の疑問文と、疑問詞自体の要素は次の通りです。

　Who painted this picture?（who の要素：S）

who 自体の要素が S なので、そのままの形で名詞節になっています（p.94 の下のワクの中参照）。

3 番目の例では、節全体の要素は know の O です。元の疑問文と、疑問詞自体の要素は次の通りです。

　Who did Tom hear the news from?（who の要素：前置詞 from の O）

この文は p.62 にあります。

最後の文は少し難しいので、文構造を図示します。

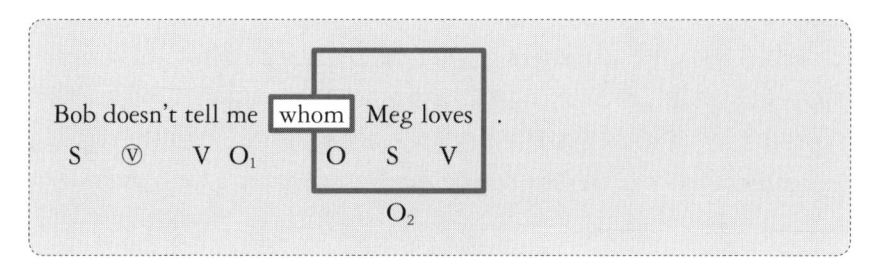

```
Bob doesn't tell me  whom  Meg loves .
 S    ⓥ      V O₁    O   S   V
                         O₂
```

文全体が第4文型（SVO₁O₂）です。元の疑問文と、疑問詞自体の要素は次の通りです。

　　Whom does Meg love?（whom の要素：love の O）

随分と理屈っぽい話が続いていますが、このように節全体の要素や、従位接続詞自体の要素を丁寧に突き止める訓練をしておくと、後に扱う難しい従位接続詞（whoever, whatever, whichever など）が用いられた文にも対応できるようになります（逆に言えば、ここで扱っているような理詰めの思考ができなければ、対応ができなくなります）。また、名詞節を疑問詞疑問文に戻す練習を重ねれば、名詞節と疑問詞疑問文の関係を、よりはっきりとつかめるようになります。これにより、自分が英語を理解する際に、また用いる際に役に立つことになります。

A-2 whose, what, which

A-2 に移ります。whose, what, which の3つです（p.88 参照）。この3つは「疑問形容詞」でした（p.73 参照）。

まずはこれらが形成する名詞節のイメージ図を見ます。

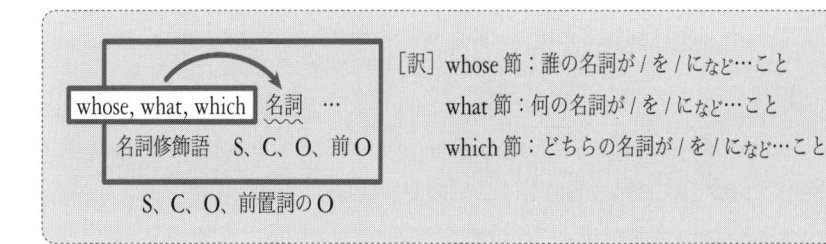

```
 whose, what, which  名詞 …
    名詞修飾語    S、C、O、前O

   S、C、O、前置詞の O
```

[訳] whose 節：誰の名詞が / を / になど…こと
　　 what 節：何の名詞が / を / になど…こと
　　 which 節：どちらの名詞が / を / になど…こと

疑問形容詞自体は名詞修飾語としてはたらくので、whose, what, which の下に「名詞修飾語」と記載されています。そして節全体はもちろん、S、C、O、前置詞の O としてはたらきます。

注意しなくてはならないのは、疑問形容詞の直後の名詞は、前方にありながら、Sとは限らず、C、O、前Oの可能性もあるということです（p.66の図参照）。よって、疑問形容詞に出会った場合は、直後の名詞の要素がこれらのいずれなのかを考えなくてはならないのでした（p.67で練習をしました）。名詞節を形成している場合もやはり、いずれなのかを見抜く必要があります。このことを忘れないために、先ほどの図においても、疑問形容詞の後ろの名詞の下に「S、C、O、前O」と記載してあります。

　ではこれより、上記の節が文中で用いられる例を見ていきます。ここでは次のことを考えてください。

- 名詞節全体の要素はS、C、O、前Oのうちどれか。
- 名詞節になる前の疑問文はどのような形か。
- 接続詞（疑問詞）によって修飾される名詞の要素は、S、C、O、前Oのうちどれか。

　このような課題は、クイズとして取り組むことができます。ぜひ、知的な格闘としてとらえ、考えることを楽しんでください。ここで取り組んでいる緻密な考察も、後に扱う難しい接続詞を理解する際に、必ず生きてくることになります。

　ここでも名詞節は太字にします。

🔊 31-④

Can you imagine **what song this is**?
　（これが何の歌なのかを想像できるか）

I don't know **which man Lisa chose**.
　（私はリサがどちらの男を選んだのかを知らない）

My parents are talking about **which chair is better**.
　（両親はどちらのイスがより良いかについて話している）

The lady told me **which station we should change trains at**.
　（その女性は、私たちがどの駅で電車を乗り換えるべきかを教えてくれた）

　最初の例では、節全体の要素はimagineのOです。元の疑問文と、接続詞（疑問形容詞）によって修飾されている名詞の要素は次の通りです。

　What song is this?（songの要素：C）

　2番目の例では、節全体の要素はknowのOです。元の疑問文と、接続詞（疑問形容詞）によって修飾されている名詞の要素は次の通りです。

　Which man did Lisa choose?（manの要素：chooseのO）

3番目の例では、節全体の要素は前置詞 about の O です。元の疑問文は次の通りです。

　Which chair is better?（chair の要素：S）

この疑問文においては、疑問形容詞によって修飾されている chair の要素が S です。よって、疑問文がそのままで名詞節になっています（p.94 の下のワク参照）。

4番目の例は少し難しいので、文の構造を図示します。

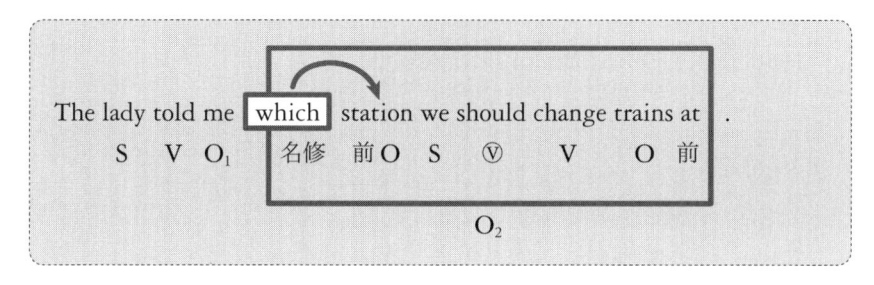

```
The lady told me  which  station we should change trains at  .
  S    V   O₁    名修    前 O  S      Ⓥ        V    O 前
                                     O₂
```

節全体は O₂ です。そして元の疑問文は次の通りです。

　Which station should we change trains at?

station の要素は、上の図の通り前置詞の O です。at の O なのです。この文は p.67 で扱いました。

A-3 where, when, why, how

A-3 は疑問副詞の where, when, why, how です（p.88 参照）。これらの接続詞が形成する名詞節のイメージを示します。

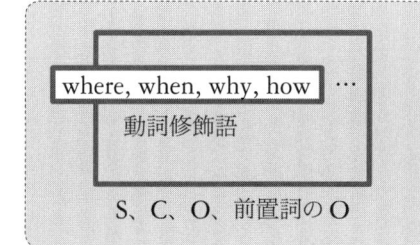

```
 where, when, why, how   …
       動詞修飾語

  S、C、O、前置詞の O
```

[訳] where 節：どこで…こと
　　 when 節：いつ…こと
　　 why 節：なぜ…こと
　　 how 節：どのように…こと

where, when, why, how の要素は動詞修飾語です（p.69 参照）。

では、これらの節が文中で用いられるようすを見ましょう。各文に関して、次の2つのことを考えてください。

- 名詞節全体の要素は何か。
- 名詞節になる前の疑問文はどのような形か。

> 31-⑤
>
> I know **where she lives**.
> （私は彼女がどこに住んでいるのかを知っている）
>
> The only question is **when the man died**.
> （唯一の疑問は、その男がいつ死んだのかということだ）
>
> My son told me **why he was sitting on the desk**.
> （息子は僕に、なぜ自分が机の上に座っているのかを話した）
>
> **How they opened the door** is a riddle.
> （どのように彼らがそのドアを開けたのかは謎だ）

節全体の要素は、上から順に O、C、O₂、S です。

それぞれの名詞節は、次の疑問文に戻ります。

Where does she live?

When did the man die?

Why was he sitting on the desk?

How did they open the door?

A-4 how

A の列の最後に入ります。how です（p.88 参照）。how には「どのように」という意味に加えて、「どれくらい」という意味もあるのでした。形容詞修飾語、副詞修飾語としてはたらく how です（p.69 〜 p.72 参照。p.72 の上の図も参照）。

この how が用いられた疑問文が名詞節になったものは、次のような構造を持ちます。

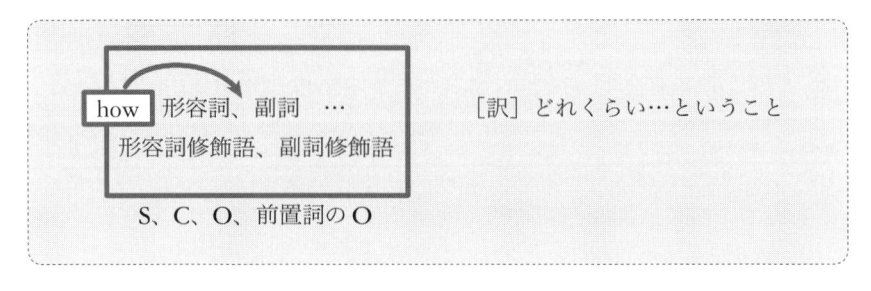

> how 形容詞、副詞 …
> 　　　形容詞修飾語、副詞修飾語
>
> 　　　S、C、O、前置詞の O
>
> ［訳］どれくらい…ということ

how 自体は形容詞修飾語または副詞修飾語としてはたらき、節全体は S、C、O、前置詞の O となります。

では例文を見ましょう。ここでも A - 3 と同じく、「名詞節全体の要素」と「名詞節の元の疑問文」を考えてください。

> I know **how old Lisa is**.（私はリサが何歳なのかを知っている）
> Meg was asked **how fast she can swim**.
> （メグはどれくらい速く泳げるかを尋ねられた）

最初の文の how 節は O です。元の疑問文は次の通りです。

　　How old is Lisa?

how は形容詞 old を修飾しています。

2番目の文は、構造をとらえるのが難しかったかもしれません。構造を図示します。how の下にある「副修」は、「副詞修飾語」という意味です。fast の下にある「動修」は「動詞修飾語」という意味です。

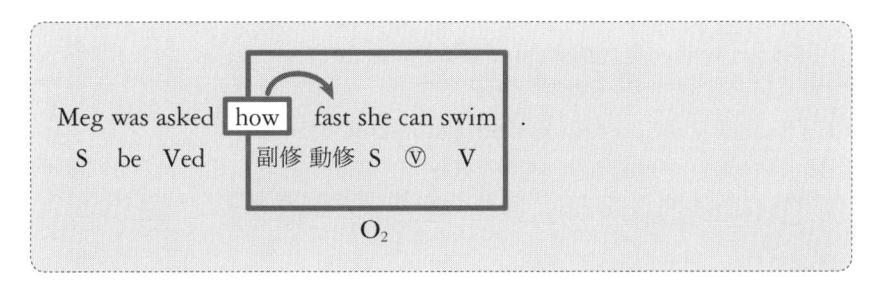

```
Meg was asked  how   fast she can swim .
 S   be  Ved   副修 動修 S  Ⓥ   V
                    └─────O₂─────┘
```

文全体は S be Ved O₂、つまり第4文型の受動態です（p.38 参照）。そして O₂ の部分が名詞節なのです。

名詞節の元の疑問文は、次の通りです。

　　How fast can she swim?

A-1 と A-3 の訳語の追加

A-1 の what 節と、A-3 の where 節、when 節、why 節、how 節においては、それぞれ「何」「どこ」「いつ」「なぜ」「どのように」という訳に加えて、もう1つの訳が存在します。

> A-1：what 節（…もの、…こと）
> A-3：where 節（…場所）、when 節（…時）、why 節（…理由）、
> 　　　how 節（…方法）

具体例を見ましょう。まずは what 節の例です。

> 🔊 31-⑦
>
> **What Bob said** was not true.（ボブが言ったことは本当ではなかった）
>
> **What caused the fire** was Lisa's cigarette.
> 　（その火事を引き起こしたものはリサのタバコだった）

　最初の文の what を「何」と訳すと、文全体の訳が「ボブが何を言ったのかということは本当ではなかった」となり意味不明です。この what は「こと」と訳します。
　2番目の文においても、what を「何」と訳すと、文全体の訳が「何がその火事を引き起こしたのかということはリサのタバコだった」となってしまいます。この what は「もの」と訳すのがふさわしいのです。
　次に where 節、when 節、why 節、how 節の例を見ましょう。

> 🔊 31-⑧
>
> This is **where I caught this bird**.
> 　（ここが僕がこの鳥を捕まえた場所だ）
>
> October is **when rain is unusual in this country**.
> 　（10月はこの国で雨が珍しい時だ）
>
> This is **why I like cats**.（これが私がネコを好きな理由だ）
> 　※ 工夫して「こういう訳(わけ)で、私はネコが好きだ」とすることも可能。
>
> This is **how I found him**.（これが私が彼を見つけた方法だ）
> 　※ 工夫して「こんなふうにして、私は彼を見つけた」とすることも可能。

　where, when, why, how を、それぞれ「どこで」「いつ」「なぜ」「どのように」と訳さずに、「場所」「時」「理由」「方法」と訳しているということを確認してください。
　以上で、p.88 の《従位接続詞の一覧表》の A の列の接続詞を見終えました。最後に《従位接続詞の一覧表》のタテの数字（0 〜 4）の分類基準について説明します（「5」については後に述べます）。
　《従位接続詞の一覧表》のヨコの A 〜 D は、次の図の通り「節全体がどの要素になるか」という点からの分類でした。

102

> [従位接続詞の分類の基準 1] 一覧表の横軸
>
> 　　┌─────────────┐
> 　　│ 従位接続詞 … │
> 　　└─────────────┘
> 　　　　　↑
> 　　従位接続詞が形成する節全体がどの要素なのか？

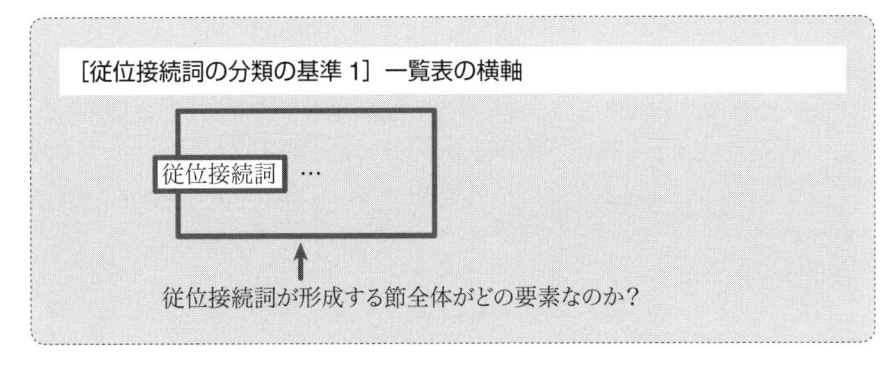

　p.87 にそれぞれのイメージ図があります。
　一方、タテの 0 〜 4 は「従位接続詞自体がどの要素になるか」という点からの分類です。

> [従位接続詞の分類の基準 2] 一覧表の縦軸
>
> 　　┌─────────────┐
> 　　│ 従位接続詞 … │
> 　　└─────────────┘
> 　　　　↑
> 　　従位接続詞がどの要素なのか？

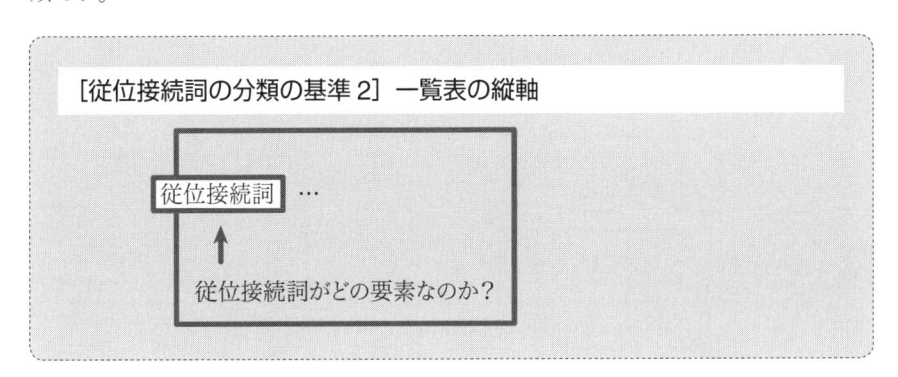

　具体的に 1 つ 1 つ確認していきましょう。
　p.89、p.92 の図からわかる通り、that, whether, if は、どの要素にもなりません。このようなものを《従位接続詞の一覧表》では「0」に分類してあります。「どの要素にも<u>ならない</u>」という意味でゼロを用いています。
　who, what, which は、これら自体が S、C、O、前置詞の O としてはたらきます（p.95 の図参照）。このようなものは「1」に分類してあります。
　whose, what, which は、p.97 の図の通り、名詞修飾語としてはたらきます。このようなものは「2」に分類してあります。
　where, when, why, how の 4 つは、p.99 の図の通り、動詞修飾語としてはたらきます。このようなものは「3」です。
　how には、形容詞修飾語または副詞修飾語としてはたらくものもあるのでした（p.100 の図参照）。これは「3」の how とは異なるものなので、「4」として区別し

てあります。

　従位接続詞は、前のページの上で示した「分類の基準1」（＝節全体の要素）と、ここで示した「分類の基準2」（＝従位接続詞自体の要素）の2点から分類すれば、美しく整理できます。それがp.88の表です。この表こそが、機能が多彩で数も多く、複雑極まりない従位接続詞を、混乱せずに理解するためのツールなのです。

　A～Dのイメージ図はp.87で見たので、ここでは0～4の図を示します。

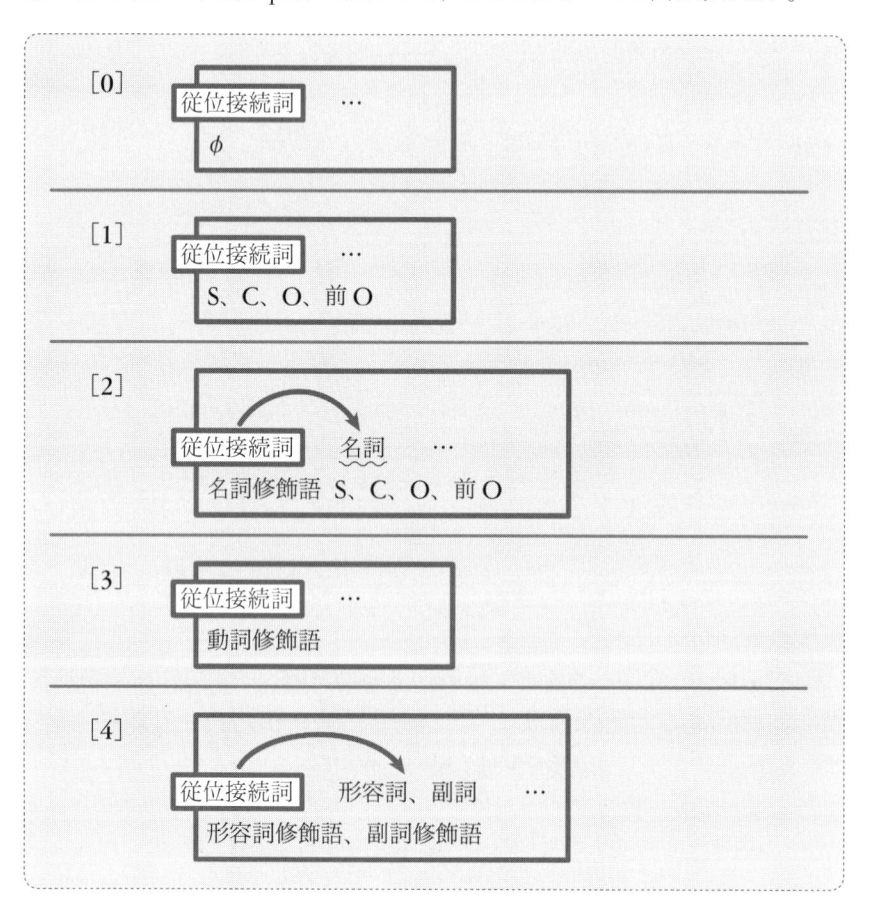

```
[0]  [従位接続詞] …
     φ

[1]  [従位接続詞] …
     S、C、O、前O

[2]  [従位接続詞] → 名詞 …
     名詞修飾語  S、C、O、前O

[3]  [従位接続詞] …
     動詞修飾語

[4]  [従位接続詞] → 形容詞、副詞 …
     形容詞修飾語、副詞修飾語
```

　0番はまとめるのみで、それ自体は要素になりません。

　一方1～4はまとめ役であり、かつ、それ自体も何らかの要素となります。たとえて言えば、これらは「選手兼監督」のようなものです。

　なお、これらの0～4の違いを知ることには、もちろん大きな意味があるのですが、これについてはDの列を見終えた後に述べます。

以上で《従位接続詞の一覧表》の A の列が終了しました。次の B の列は A の列と並んで最も大切な列です。

第 10 講ここまで

第 11 講スタート ………… 予習 32　復習 33　例文朗読 34 ①〜⑨

②　形容詞節を形成する従位接続詞

B の列にある従位接続詞は、形容詞節（名詞修飾語としてはたらく節。p.87 の図参照）を形成します。形容詞節は次のように、名詞の後ろに置かれます。

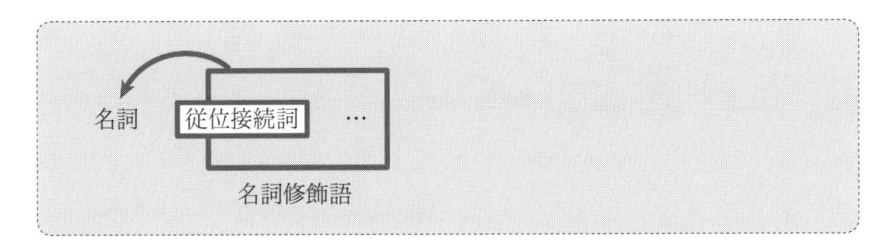

```
名詞 ← [ 従位接続詞 … ]
         名詞修飾語
```

英語の形容詞節は、日本語の形容詞節と多くの共通点を持ちます。よって、日本語の形容詞節の知識を出発点にすれば、英語の形容詞節は非常に理解しやすくなります。ここでまず、日本語の形容詞節がどのようなものかを知ることにしましょう。ちなみにこの部分は「日本語には、このような 2 種類の形容詞節があるのか。考えたこともなかった。面白いものだな」というように、きっと興味を持って読める部分です。

具体的な方法としては、以下のような「名詞と文のペア」を用意して、②の文を①の名詞に対する修飾語にする、という作業を行います。

> ① 名詞
> ② 文

上のペアにおいては、次の条件を満たした場合に、②の文を①の名詞に対する修飾語にすることができます。

> ①が「何がどうする？」という疑問が生じる名詞である。

まずは"「何がどうする？」という疑問が生じる名詞"について説明をします。次

の 2 文を見てください。

> 1　さっき、寒けを感じた。
> 2　さっき、可能性を感じた。

1 を聞いた際には、「どれくらいの寒け？」「風邪をひいているの？」というようなことは思うかもしれません。しかし「誰が何をする寒け？」ということは思わないはずです。

ところが、2 を聞いた場合は「何がどうする可能性？」と思うはずです。"「何がどうする？」という疑問が生じる名詞"とはこのようなものです。

他の例も挙げます。

> 事実、危険性、結論、意見、提案、情報、通報、考え、話、報告、仮説、約束、証拠、命令、誇り、確信、予感、現実、噂 など

前のページで述べた通り、「名詞と文のペア」において、名詞がこのような「何がどうする？」という疑問が生じるものであれば、文を名詞に対する修飾語にすることができます。具体例を見てみましょう。

> ① 可能性
> ② 四国でカワウソが発見される。

上述の通り「可能性」は、「何がどうする？」という疑問が生じる名詞なので、②の文を、①の名詞に対する修飾語にすることができます（ちなみに②の文は、①の名詞から生じる疑問に対する答えになっています）。

修飾語にするためには、②の文を①の前に置きます。この結果「四国でカワウソが発見される可能性」という表現が完成します。

この表現の文法構造は次の通りです。

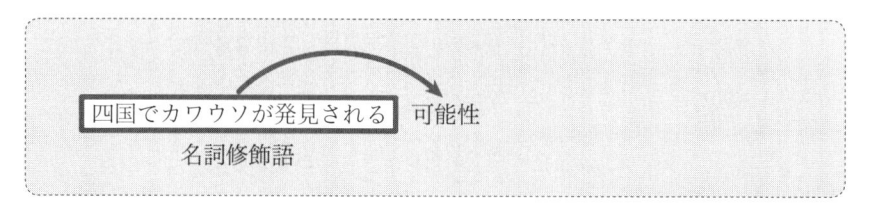

> 四国でカワウソが発見される → 可能性
> 　　　名詞修飾語

「四国でカワウソが発見される」は、ひとまとまりで「可能性」という名詞を修

飾しています。形容詞節なのです。このような形容詞節を、本書では「タイプXの形容詞節」と呼ぶことにします。

なお、このタイプXの形容詞節を作る際には、②の文の後ろに、「という」「との」を置くべきことが多い、ということに注意をしてください。

具体例で確認しましょう。次のペアの②を、①に対する修飾語にしてみてください。

> ① 通報
> ② 札幌駅の前でヒグマが暴れている。

「通報」は、「誰がどうする？」「何がどうである？」という疑問が生じる名詞です。そして②は、その答えとなっている文です。よって②の文を、①の前に置くことにより、①に対する修飾語にすることができるのですが、②をそのままの形で①の前に置くと、次のようなやや不自然な表現になってしまいます。

　　札幌駅の前でヒグマが暴れている通報

このような場合に、②の後ろに「との」（あるいは「という」）を置くのです。すると、次のような自然な表現になります。

　　札幌駅の前でヒグマが暴れている<u>との</u>通報

タイプXの形容詞節を他にも見てみましょう。

> この道路が陥没する危険性
> タマが僕のピザを食べてしまった証拠
> 上司が頼りにならないという現実
> 息子が将来プロの棋士になるのではないかという予感
> 「本能寺の変」を計画したのは豊臣秀吉だという仮説

ちなみに、会話では「って」「っていう」が多用されます（例：「ねぇ、来週うちの会社でドラマのロケがある<u>って</u>ウワサ聞いた？」）。

さて日本語には、このタイプXの形容詞節とは別に、もう1種類の形容詞節が存在します。次にこれを扱います。

まずは次のペアを見てください。

> ① ハンカチ
> ② 彼が私にハンカチをくれた。

「ハンカチ」は、明らかに「何がどうする？」という疑問が生じる名詞ではありません。よってこのペアにおいては、②の文をタイプXの形容詞節にすることは不可能です。ただ、このペアでは、②の中に①の名詞が存在しています。このような場合も、②を①に対する修飾語にすることができるのです。

但し、修飾語にするための方法が、タイプXの場合とは異なります。②の文をそのまま①の前に置くと、次のような表現になってしまいます。

　　彼が私にハンカチをくれたハンカチ

では、どうすればいいでしょうか。

②の文中にある①の名詞と、その直後の助詞を消去します。つまり、②の中の「ハンカチを」を消すのです。この結果、②は「彼が私にくれた」となります。

これを①の前に置きます。すると「彼が私にくれたハンカチ」となり、適切な表現になります。

この表現の構造は次の通りです。

　　彼が私にくれた　→　ハンカチ
　　名詞修飾語

「彼が私にくれた」が形容詞節なのです。このような形容詞節を、本書では「タイプYの形容詞節」と呼びます。

他の例も見ます。

① 列車
② 列車が東へと向かう。

　＊②の「列車が」を消し、①の前に置く

→ 東へと向かう列車

> ① ツチノコ
> ② 妻が大阪でツチノコを捕まえた。
>
> ＊②の「ツチノコを」を消し、①の前に置く
>
> → 妻が大阪で捕まえたツチノコ

> ① 藤原道長
> ② 藤原道長の日記が国宝に指定されている。
>
> ＊②の「藤原道長の」を消し、①の前に置く
>
> → 日記が国宝に指定されている藤原道長

　ちなみに、①の名詞がどのようなものであっても、②の位置に「①の名詞が存在する文」を置くことができます。文の内側に組み込めない語など、この世には無いからです。ということは、全ての名詞がタイプYの形容詞節による修飾を受けるということになります。

　タイプX、タイプY、それぞれの形容詞節によって修飾される名詞をまとめます。

> **全ての名詞【タイプYの形容詞節による修飾を受ける】**
>
> **「何がどうする？」という疑問が生じる名詞【タイプX〃】**
> 事実、危険性、結論、意見、提案、情報、通報、考え、話、報告、仮説、約束、証拠、命令、誇り、確信、予感、現実、噂など

　以上の話をふまえたうえで、英語の形容詞節に入っていきます。ここでも「名詞と文のペア」を用意し、この文を名詞に対する修飾語にするという作業を行います。なお便宜上、①の名詞は全て「the 名詞」という形にします。

B-0 that

　まずは次のペアを見てください。

> ① the news（ニュース）
> ② Meg was arrested.（メグが逮捕された）

news は「何がどうする？」という疑問が生じる名詞です。そして②の文はその答えです。英語においても、このようなペアにおいては、②の文を①に対する修飾語（形容詞節）にすることができます。そのための手順は次の通りです。

> 手順1　②の文頭に that を置く。

完成した形容詞節は、名詞の後ろに置きます。

では実際に上の②の文を、①に対する修飾語にしましょう。まずは②の文頭に that を置きます。すると②は that Meg was arrested となります。そしてこれを①の後ろに置くと、次の表現が完成します。

　the news that Meg was arrested（メグが逮捕されたというニュース）

この表現の構造は次の通りです。

```
the news │that│ Meg was arrested
          φ    S   be   Ved
          名詞修飾語
```

この that は、A‐0 の that と同じように、それ自体はどの要素にもなりません。that の下に「φ」と示してある通りです。この that は、単に形容詞節を形成するはたらきをするだけのものなのです。

《従位接続詞の一覧表》においては、それ自体が要素にならないものは「0」の列に分類されるのでした（p.104 の図参照）。よってこの that は、B‐0 だということになります。p.88 を見て、B‐0 に that があることを確認してください。

この B‐0 の that は「同格の that」と呼ばれます。修飾される名詞と that 節が、イコールの関係にあるのでこう呼ばれるのです（上の例でも the news ＝ that Meg was arrested）。

類例を見ましょう。

> ① the rumor（噂）
> ② John is a gangster.（ジョンはギャングだ）
> → the rumor that John is a gangster（ジョンがギャングだという噂）

ではここで作った「名詞＋同格の that 節」が、実際に文中で用いられているようすを見ましょう。太字部分が同格の that 節です。

🎧 34-①

The news **that Meg was arrested** is shocking to me.
（メグが逮捕されたというニュースは、私には衝撃的だ）

Did you hear *the rumor* **that John is a gangster**?
（ジョンがギャングだという噂を聞いたか）

「名詞＋同格の that 節」が含まれている文を他にも見ましょう。

🎧 34-②

The fact **that the doctor is a writer** is widely known.
（その医者が作家であるという事実は広く知られている）

There is *a possibility* **that Tom came here last night**.
（トムが昨晩ここに来た可能性がある）

His facial expression gave me *the impression* **that he was speaking the truth**.
（彼の表情が私に彼は真実を語っているという印象を与えた→彼の表情から私は彼が真実を語っているという印象を受けた）

We reached *the conclusion* **that we can't support you**.
（我々は、あなたの援助はできないという結論に達した）

「何がどうする？」という疑問が生じ、同格の that 節によって修飾される名詞として、ここで news, rumor, fact, possibility, impression, conclusion の 6 つを見ましたが、他にも数百個のものがあります。そのうちの数十個を見ましょう。次の図の実線の中のものです。

> **全ての名詞**
>
> > **「何がどうする？」という疑問が生じる名詞【同格 that、関係副詞 that】**
> >
> > **グループ1**
> > advice, belief, conclusion, decision, demand, doubt, effect, evidence, fact, fear, feeling, hope, hypothesis, idea, impression, news, message, opinion, order, possibility, promise, proof, question, report, result, rule, rumor, theory, thought, wish 他数百個
> >
> > **グループ2**
> >
> > | place, area | 時間に関する名詞 | reason | way |
> > |---|---|---|---|
> > | | （具体的な時間、年月日以外） | | |
>
> 場所に関する名詞　　時間に関する名詞
> 　（place, area 以外）　　（具体的な時間、年月日）

この表からは3つの疑問が生じます。「同格 that」の横に「関係副詞 that」と記載されています。これは何なのでしょうか。

また「何がどうする？」という疑問が生じる名詞が、グループ1とグループ2に分かれています。何を基準にして分かれているのでしょうか。

更に、実線の外側に「場所に関する名詞（place, area 以外）」「時間に関する名詞（具体的な時間、年月日）」とあります。これは何なのでしょうか。

これより、この3つの疑問を解決していきます。

まずは2番目の疑問の解答、つまり、2つのグループの分類基準を述べます。

分類の基準は「②の文が、①の名詞の内容であるか、ないか」です。これを表で示しましょう。

① 名詞（グループ1）	① 名詞（グループ2）
② 文 ← ①の内容である	② 文 ← ①の内容ではない

ここまでに扱ったペアにおいては、①の名詞は全てグループ1のものでした。よって②の文は、①の名詞の内容なのです。

確認しましょう。p.110 のペアの②の Meg was arrested. という文は、①の the

112

news の内容です。p.111 のペアでも同じです。

　グループ 2 の名詞が①の位置に置かれる例はまだ扱っていないので、これより見ていきます。そしてこの話の中で、残りの 2 つの疑問も解決することになります。

　まずはグループ 2 の一番左にある、place と area に関する話からはじめます。

　自分が誰かと 2 人で世界地図を見ているとしましょう。この状況で、相手が次のように言ったとします。

> 「この部分は平野だ」「ここは盆地だ」「このあたりがザイールだ」
> 「ここは場所だ」

　この 4 つのうち、「ここは場所だ」と言われた場合は、「何の場所？誰がどうした場所？」という疑問が起こるはずです。そして、同じことが英語にもあてはまります。

　英語には数多くの場所に関する名詞がありますが、そのうち、文字通り「場所」という意味を持つ place と area は、「何がどうする？」という疑問が生じる名詞なのです。そして、that 節によって修飾されます。

　place を例にとって、まずはペアを見てみましょう。

> ① the place（場所）
> ② My dog died.（僕の犬が死んだ）

　このペアの、②の文を①に対する修飾語にして、「僕の犬が死んだ場所」という意味の表現を作りたいとします。どうすればいいでしょうか。

　やはり②を that 節にして、これを①の後ろに置きます。

　the place that my dog died（僕の犬が死んだ場所）

　さてここで、①の名詞と②の文の関係を考えてみましょう。上のペアにおいて、②は①の内容だといえるでしょうか。

　いえません。②は「①の場所で起こった出来事」です。よってこの that 節は、同格の that 節とは異質のものなのです。この that は「関係副詞の that」と呼ばれます。

　なお、上で述べた通り、場所に関する名詞のうち、「何がどうする？」という疑問が生じるもの（＝関係副詞の that 節によって修飾されるもの）は、原則として place と area のみであり、それ以外のものは、関係副詞の that 節には修飾されません。このことを示すために、p.112 の表においては、実線の外側に「場所に関する名詞（place, area 以外）」と記載してあるのです。

次に、グループ2の2つ目、「時間に関する名詞（具体的な時間、年月日以外）」に話を進めます。

今度は世界地図ではなく、世界史の年表を2人で見ているとしましょう。

そして相手が次のように言ったとします。

> 「ここがちょうど西暦100年だ」「ここは東ローマ帝国の全盛期だ」
> 「このあたりが大航海時代だ」「ここが時だ」

このうち「ここが時だ」と言われた場合は、「何の時？」「誰がどうした時？」という疑問が起こるはずです。

そしてこれと同じことが英語にもあてはまります。英語の time という名詞も、「何がどうする？」という疑問が生じるものです。そして that 節によって修飾されるのです。time に関するペアを見てみましょう。

> ① the time（時）
> ② Bicycles were rare.（自転車が珍しかった）

このペアの②の文を、①に対する修飾語にして、「自転車が珍しかった時」という意味の表現を作ることを考えます。そのためにはやはり、②を that 節にして、これを①の後ろに置きます。

  the time that bicycles were rare（自転車が珍しかった時）

さて、ここでも①の名詞と②の文の関係を考えてみましょう。このペアにおいて、②は①の内容といえるでしょうか。

「内容」と考えるには、やはり無理があります。②は「時の内容」ではありません。この that 節も、同格の that 節とは異質のものなのです。そして、この that も関係副詞と呼ばれます。

さて、場所に関する名詞のうち、関係副詞の that 節によって修飾されるものは place と area のみでした。ところが時間に関する名詞では、事情が異なります。具体的な時間や年月日以外のものなら、that 節によって修飾されるのです。例を見ましょう。

  the day that we can meet Meg（我々がメグに会える日）
  the night that I became a hero（僕がヒーローになった夜）
  the year that Meg lived in Berlin（メグがベルリンに住んでいた年）

一方、具体的な時間や年月日は、that 節によって修飾されません。したがって、たとえば「クリミア戦争が終わった1856年」を英訳する際に、1856 that the Crimean War ended としてはならないのです（代わりに何を用いるかは後に述べます）。このことを示すために、p.112 の表において、実線の外側に「時間に関する名詞（具体的な時間、年月日）」と表記してあるのです。

　さて、グループ2には他にも reason と way があります。次にこれらについて説明をします。

　日本語で「僕は理由を知っている」と言われたらどんなことを思うでしょうか。「誰が何をする（した）理由？」と思うはずです。また、「方法はとてもおかしかった」と聞いたらどう思うでしょうか。やはり「誰が何をした方法がおかしかったのか？」と思うはずです。

　同様に、英語の reason（理由）と way（方法）も、「何がどうする？」という疑問が生じる名詞であり、that 節によって修飾されます。

　例を見ましょう。

　　the reason that Lisa never speaks（リサが決してしゃべらない理由）
　　the way that my son caught a rat（息子がネズミを捕まえた方法）

　いずれも that 節によって修飾されていますが、最初の that 節は「理由の内容」というには違和感がありますし、2番目の that 節も「方法の内容」ではありません。やはり、同格の that 節とは異質のものなのです。これらの that も関係副詞と呼ばれます。

　では、グループ2の名詞を修飾する that 節、つまり関係副詞の that 節の類例を見ます。

　　the area that the deer lives（そのシカが棲んでいる地域）
　　the moment that I found the treasure（私がその宝を見つけた瞬間）
　　the evening that Meg came here（メグがここに来た夕方）
　　the reason that I love you（僕が君を好きな理由）
　　the way that they clean the ship（彼らがその船を洗う方法）

　最後に、ここで作った「名詞＋関係副詞節」が文中で用いられているようすを見ることにしましょう。

> Lisa told me *the place* that my dog died.
> 　（リサは僕に、僕の犬が死んだ場所を教えてくれた）
>
> I will talk about *the time* that bicycles were rare.
> 　（自転車が珍しかった時についてお話しします）
>
> Can you imagine the surprise of *the moment* that I found the treasure?
> 　（私がその宝を見つけた瞬間の驚きを君は想像できるか）
>
> I know *the reason* that Lisa never speaks.
> 　（私はリサが決してしゃべらない理由を知っている）
>
> This is *the reason* that I love you. （これが僕が君を好きな理由だ）
>
> *The way* that my son caught a rat was very creative.
> 　（息子がネズミを捕まえた方法はとても独創的だった）
>
> Watch carefully *the way* that they clean the ship.
> 　（彼らがその船を洗う方法を注意深く見なさい）

　ちなみに、これらの that は頻繁に省略されるのですが、省略については「転の巻」で扱います（p.21 参照）。

　以上で、p.112 の表のグループ 2 に関する話も終わり、日本語のタイプ X の形容詞節に相当するものを見終えました。p.88 の《従位接続詞の一覧表》の B - 0 が終わったのです。

B-1～B-2 総説

　これより、日本語のタイプ Y の形容詞節にあたるものを見ていきます。

　まずはタイプ Y の形容詞節の復習をしましょう。タイプ Y の形容詞節とは、次のようなペア（つまり、ある名詞と、その名詞が存在する文のペア）の②の文が、①を修飾する形容詞節になったものでした。

> ① 名詞 A
> ② …　名詞 A　… ．

　日本語においては、②の中にある「名詞 A ＋直後の助詞」を消せば、②の文は、①に対する形容詞節になるのでした（p.108 参照）。

　英語でも、上のようなペアにおいては、②を①に対する修飾語（形容詞節）にすることができるのですが、形容詞節にするための手順が面倒なのです。次の 5 つに分けて話を進める必要があります。

> (1) ②の中において、①の名詞が S である場合
> (2) ②の中において、①の名詞が C である場合
> (3) ②の中において、①の名詞が O である場合
> (4) ②の中において、①の名詞が前置詞の O である場合
> (5) ②の中において、①の名詞が名詞修飾語である場合

このうち(1)〜(4)が p.88 の《従位接続詞の一覧表》の B‐1 に関連し、(5)が B‐2 に関連します。それぞれを見ていきましょう。

B‐1 that, who, which

(1) ②の中において、①の名詞が S である場合

まずは次のペアを見てください。

> ① the animal（動物）
> ② The animal lives in the water.（動物が水中に棲んでいる）
>   S   V   動詞修飾語

②の文を①に対する修飾語にして、「水中に棲んでいる動物」という意味の表現を作りましょう。まずは②を形容詞節にするのですが、上のように、①の名詞が②の文中で S としてはたらいている場合は、形容詞節にする手順は次のようになります。

> 手順1 ②の中にある①の名詞を、that, who, which に代える。

that, who, which の使い分けは次の通りです。

> ①の名詞が人 → that または who（通常は who）
> ①の名詞が物事 → that または which

では実際に上の②に、この手順をあてはめてみます。すると②の文は次のようになります。

　　that [which] lives in the water

これを①の後ろに置けば、求められる表現となります。

the animal that [which] lives in the water（水中に棲んでいる動物）

この表現の構造は次の通りです。

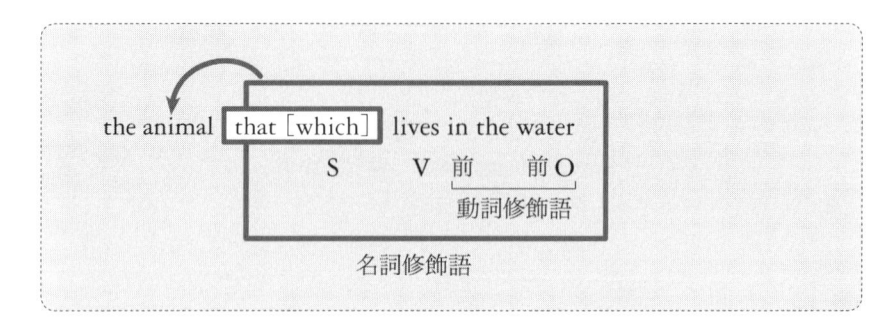

```
the animal  that [which]  lives in the water
              S            V    前   前O
                              動詞修飾語
            名詞修飾語
```

この図から、that [which] は形容詞節を形成し、かつ、それ自体がSとしてはたらくということがわかります。もともとはSだった名詞を書き換えたものなので、that [which] 自体の要素はSなのです。

他の例も見ましょう

> ① **the girl**（少女）
> ② **The girl** is dancing there.（少女がそこで踊っている）
>   S Ⓥ   V   動詞修飾語
>
> → the girl who is dancing there（そこで踊っている少女）

上で述べた通り、①の名詞が人である場合にthatが用いられることは少ないので、whoのみを用いました。なおⓋという記号は、助動詞の下に置かれるものです（p.90参照）。進行形のbe動詞は助動詞なので（p.50参照）、この記号が置かれているのです。

(2) ②の中において、①の名詞が C である場合

(2)は稀(まれ)なので、ここでは扱わずに(3)に進みます。

(3) ②の中において、①の名詞が O である場合

まずは次のペアを見てください。

① **the machine**（機械）
② Bob invented **the machine**.（ボブが機械を発明した）
　　S　　V　　　　O

このペアから、「ボブが発明した機械」という意味の表現を作りましょう。①の名詞は②の中でOとしてはたらいています。この場合に②を形容詞節にするための手順は次の通りです。

|手順1|　②の中にある①の名詞を、that, who, which に代える。
|手順2|　that, who, which を文頭に出す。
　※ who の代わりに whom を用いることも可能。

では上の②の文に、この手順をあてはめましょう。すると②の文は、次のようになります。

　that [which] Bob invented

そしてこれを①の名詞の後ろに置けば、求められる表現が完成します。

　the machine that [which] Bob invented（ボブが発明した機械）

この表現の構造は、次の通りです。

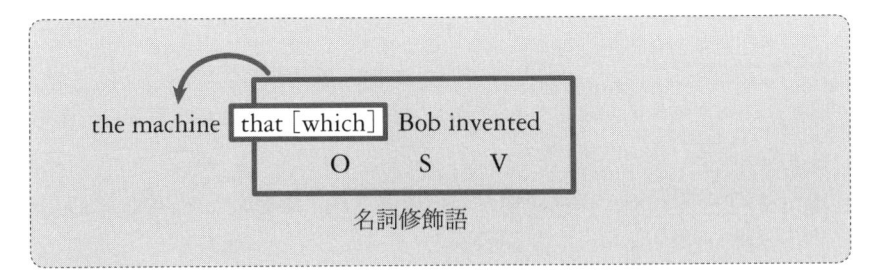

the machine　that [which]　Bob invented
　　　　　　　　　O　　　　　S　　V
　　　　　　　名詞修飾語

この図から、that [which] は形容詞節を形成し、かつ、それ自体がOとしてはたらくということがわかります。

②の文が第4文型、第5文型である例も見ましょう。白線の下を隠して自分で作ってみてください。

> ① **the letter**（手紙）
> ② I sent Meg **the letter**.（私はメグに手紙を送った）
> 　S　V　O₁　　　O₂
>
> → the letter that [which] I sent Meg（私がメグに送った手紙）

> ① **the man**（男）
> ② We call **the man** Bob.（私たちはその男をボブと呼んでいる）
> 　S　V　　O　　C
>
> → the man who [whom] we call Bob（私たちがボブと呼んでいる男）

(4) ②の中において、①の名詞が前置詞の **O** である場合

まずは次のペアを見てください。

> ① **the forest**（森）
> ② The bird lives in **the forest**.（その鳥は森に棲んでいる）
> 　　　S　V　前　　前O
> 　　　　　　動詞修飾語〈lives を修飾〉

②を①に対する修飾語にして、「その鳥が棲んでいる森」という意味の表現を作ることにします。①の名詞は②の中で、前置詞の目的語としてはたらいています。このような場合に、②の文を①に対する形容詞節にする手順は次の通りです。

> |手順1|　②の中にある①の名詞を、that, who, which に代える。
> |手順2|　that, who, which を文頭に出す。
> 　※₁ who の代わりに whom を用いることも可能。
> 　※₂ 前置詞＋ whom, which を文頭に出すこともある。この場合は who, that は用いない。

※₂の部分のみが、(3)の場合と異なります。

120

では先ほどのペアに、手順1 手順2 をあてはめましょう。すると②の文は、that [which] the bird lives in となります。そして、これを①の後ろに置けば、求められる表現が完成します。

the forest that [which] the bird lives in（その鳥が棲んでいる森）

この表現の構造は次の通りです。

```
the forest  that [which]   the bird lives in
            前置詞のO        S   V  前
            ─────────────────────────────
                      名詞修飾語
```

この図から、that [which] は形容詞節を形成し、かつ、それ自体が前 O としてはたらくということがわかります。もともと前置詞の O だった名詞を書き換えたものなので、that [which] 自体の要素は、前 O なのです。

さて、先ほどの※₂ の通り、前置詞ごと前に移動する場合もあります。この場合に完成する表現は次のようになります。

the forest in which the bird lives

この場合は that は用いません。他の例も見ましょう。

---

① **the boy**（少年）
② Sue threw a ball at **the boy**.（スーは少年にボールを投げつけた）
　　S　V　O　前　　前O
　　　　　　　─────────
　　　　　　動詞修飾語〈threw を修飾〉

→ the boy who [whom] Sue threw a ball at （スーがボールを投げつけた少年）
→ the boy at whom Sue threw a ball（　　　〃　　　　）

前置詞ごと前に出した場合は whom のみを用います。who は用いません。

さて、この(1)～(4)で用いられた従位接続詞は共通のものでした。いずれも that, who, which だったのです。よって、ここで作った形容詞節は次のようにまとめられます。

```
    名詞  ┌─────────────────┐
      ↖  │ that, who, which │ …      ※ that, who, which は訳さない。
         │   S、C、O、前 O   │
         └─────────────────┘
              名詞修飾語
```

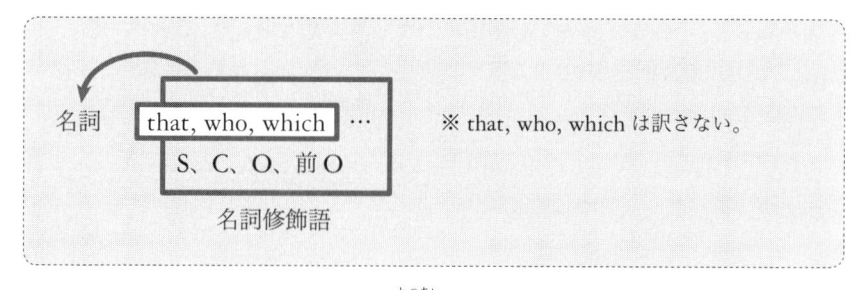

　従位接続詞が C としてはたらく例は割愛(かつあい)しました（p.118 参照）。また、(3)と(4)では whom も用いられました。上の図の who は、whom も含むものとします。

　(4)では、前置詞ごと前に出ることもありましたが、その場合は、従位接続詞の前に前置詞が存在することになります。この場合に用いる従位接続詞については、改めて次の点に注意してください。

> 前置詞＋関係代名詞で移動させる場合は、which, whom のみを用いる。

that と who は用いないのです。

　さて、上の図からわかることは、「that, who, which は、形容詞節を形成し、かつ、それ自体が S、C、O、前置詞の O のいずれかとしてはたらく」ということです。「それ自体が S、C、O、前置詞の O としてはたらく従位接続詞」は「1 番」です（p.104 の図参照）。よって《従位接続詞の一覧表》の B‐1 には、これらの that, who, which が存在するはずです。p.88 で確認してください。

　ここで文法用語を 5 つ覚えてください。まずは次の 3 つです。

> - これらの従位接続詞は「関係代名詞」と呼ばれる。
> - それ自体が S としてはたらくものは「主格(しゅかく)」と呼ばれる。
> - それ自体が O、前 O としてはたらくものは「目的格(もくてきかく)」と呼ばれる。

次に以下の 2 つを覚えてください。

> - 関係代名詞が形成する節は「関係代名詞節」と呼ばれる。
> - 関係代名詞節によって修飾される名詞は「先行詞(せんこうし)」と呼ばれる。

　では B‐1 の最後に、ここで作った「名詞（先行詞）＋関係代名詞節」が、文中で用いられているようすを見ます。

> *The girl* **who is dancing there** is my daughter.
> （そこで踊っている少女は私の娘だ）
>
> This is *an animal* **that lives in the water**.
> （これは水中に棲んでいる動物だ）
>
> *The machine* **which Bob invented** was very beautiful.
> （ボブが発明した機械はとても美しかった）
>
> Tom read *the letter* **which I sent Meg**.
> （トムは私がメグに送った手紙を読んだ）
>
> That is *the man* **who we call Bob**. （あれが私たちがボブと呼んでいる男だ）
>
> *The forest* **that the bird lives in** is very dangerous.
> （その鳥が棲んでいる森はとても危険だ）
>
> I know the name of *the boy* **at whom Sue threw a ball**.
> （私はスーがボールを投げつけた少年の名前を知っている）

　目的格の関係代名詞節においては、本来は後ろにあった O や前 O が前に出てきています。文が崩れているのです。これらの関係代名詞節は、文の崩れに耐えながら理解しなくてはなりません。

B-2 whose

(5) ②の中において、①の名詞が名詞修飾語である場合

　まずは(5)のイメージ図を示します。

> ① 名詞 A
>
> ② … 名詞 A　　名詞 B　…　.
> 　　　名詞修飾語　S、C、O、前 O

　②の文中に①の名詞が存在しています。そしてこの名詞は、名詞修飾語としてはたらいています。「名詞が名詞修飾語としてはたらく」というのは奇妙な感じがするかもしれませんが、p.48 で扱ってあります。

　名詞 B は修飾される名詞です。上の図の通り、S、C、O、前置詞の O のいずれかとしてはたらきます。

　このようなペアにおいて、②を①に対する修飾語にする手順は、次の通りです。

> 手順1　②の中にある①の名詞を、whose に代える。
> 手順2　whose ＋名詞を文頭に出す。
> ※ whose によって修飾されている名詞が S である場合は 手順1 のみ。

具体例に進みます。まずは次のペアを見てください。

> ① the man（男）
> ② Meg touched the man's shoulder.（メグは男の肩を触った）

②の文中にある①の名詞は、名詞修飾語としてはたらいています（この -'s という形は p.48 で扱いました）。②を①に対する修飾語にして、「メグが肩を触った男」という意味の表現を作りましょう。

まずは②を形容詞節にします。上の手順の通り、②の man's を whose に代えて、whose shoulder を文頭に出します。すると②は次のようになります。

　　whose shoulder Meg touched

これを①の後ろに置けば、求められる意味の表現が完成します。

　　the man whose shoulder Meg touched（メグが肩を触った男）

この表現の構造は次の通りです。

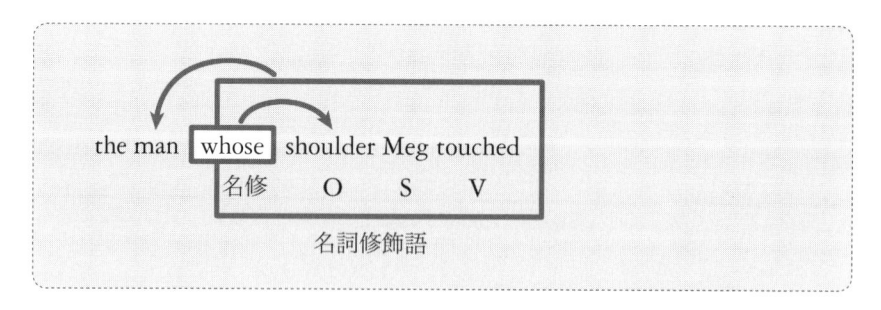

```
the man │whose│ shoulder Meg touched
         名修     O      S    V
        　　　名詞修飾語
```

whose は名詞修飾語としてはたらく節を形成し、かつ、それ自体も名詞修飾語としてはたらきます。

この whose は訳しません（「その」と訳すこともあります）。

次の例に進みます。

> ① **the girl**（少女）
> ② **The girl's** voice is very beautiful.（少女の声がとても美しい）
>
> → the girl **whose** voice is very beautiful（声がとても美しい少女）

この例では、②は 手順1 のみで形容詞節になります。voice が S だからです。この表現も構造を図示します（「形修」は「形容詞修飾語」の略です）。

```
the girl  whose  voice is very beautiful
 名修      S   V 形修    C
            名詞修飾語
```

最初の例では、whose の直後の名詞（shoulder）は O でしたが、この例では S です。もちろん、C や前置詞の O である場合もあります。よって、whose 節に接した場合は、後ろの名詞が S、C、O、前 O のいずれなのかを見抜き、節の内部の構造を正確にとらえる必要があります。

では、ここで作った「名詞＋ whose 節」が、文の中で用いられているようすを見ましょう。

🎧 34-⑤

The man **whose shoulder Meg touched** was very tall.
（メグが肩を触った男はとても背が高かった）

I know *a girl* **whose voice is very beautiful**.
（私は声がとても美しい少女を知っている）

他の例も見ましょう。2番目の文では whose を「その」と訳しています。

🎧 34-⑥

I have *a friend* **whose father is a famous singer**.
（僕には、お父さんが有名な歌手である友達がいる）

She is *a novelist* **whose books are widely read**.
（彼女はその本が広く読まれている小説家だ）

さて、このwhoseは《従位接続詞の一覧表》のどの位置にあるべきものでしょうか。このwhoseは、それ自体が名詞修飾語としてはたらき、かつ名詞修飾語としてはたらく節（形容詞節）を形成します。

それ自体が名詞修飾語である従位接続詞は「2番」です（p.104参照）。

よってこのwhoseはB‐2にあるはずです。p.88を見て、実際にあることを確認してください。

最後にwhoseに関する用語を3つ知ります。

- このwhoseは「関係形容詞」と呼ばれる。
- 関係形容詞が形成する節は「関係形容詞節」と呼ばれる。
- 関係形容詞によって修飾される名詞は「先行詞」と呼ばれる。

「所有格の関係代名詞」と呼ばれることのほうが多いのですが、名詞修飾語としてはたらくという点を尊重し、本書ではこのwhoseを形容詞だと考えます（名詞修飾語としてはたらく語は形容詞です。p.47参照）。

以上でp.117の(1)〜(5)が全て終わりました。最後に次の事実を記憶してください。

全ての名詞が関係代名詞節、関係形容詞節によって修飾される。

これはなぜでしょうか。日本語においては、全ての名詞がタイプYの形容詞節による修飾を受けるのでした。①がどのような名詞であっても、②の文の中に、その名詞を置くことができるからです（p.109参照）。そしてこれと同じことが英語にもあてはまります。①の名詞が何であれ、②を「①の名詞が存在する文」にすることができます。よって、全ての名詞が関係代名詞節、関係形容詞節による修飾を受けるということになります。

では上の情報をp.112の表に加えましょう。加えると、表は次のように変化します。

> **全ての名詞【関係代名詞 that, who, which、関係形容詞 whose】**
>
> > **「何がどうする？」という疑問が生じる名詞【同格 that、関係副詞 that】**
> >
> > > **グループ1**
> > > advice, belief, conclusion, decision, demand, doubt, effect, evidence, fact, fear, feeling, hope, hypothesis, idea, impression, news, message, opinion, order, possibility, promise, proof, question, report, result, rule, rumor, theory, thought, wish 他数百個
> > >
> > > **グループ2**
> > >
> > > | place, area | 時間に関する名詞
(具体的な時間、年月日以外) | reason | way |
> >
> > 場所に関する名詞　　時間に関する名詞
> > (place, area 以外)　　(具体的な時間、年月日)

「全ての名詞」の横に【関係代名詞 that, who, which、関係形容詞 whose】が加わりました。

B-3　where, when, why

　日本語のタイプ X の形容詞節にあたるものを B-0 で扱い、タイプ Y の形容詞節にあたるものを B-1 と B-2 で扱いました。すると形容詞節に関する話はこれで終わり、ということになりそうです。

　ところが p.88 の《従位接続詞の一覧表》の B の列には、他にも where, when, why があります（B-3 です。確認してください）。B の列の最後に、これらを扱います。

　場所に関する名詞のうち、関係副詞の that 節によって修飾される名詞は place と area のみでした（上の表参照）。

　ところが場所に関する名詞の全てが、where 節によって修飾されます（ということは place と area は、that 節と where 節の両方に修飾されるということになります）。たとえば、park も river も mountain も、house も room も、Yokohama も Kobe も Japan も America も、全て where 節によって修飾されるのです。

where 節の具体例を見ましょう。

◎ 34-⑦

I took a picture of *the house* **where Tom lives**.
（私はトムが住んでいる家の写真を撮った）

This is *a park* **where we often play tennis**.
（ここは私たちがよくテニスをする公園だ）

This is *the mountain* **where my dog disappeared**.
（ここが、うちの犬が消えた山だ）

Take me to *the place* **where you caught this bird**.
（君がこの鳥を捕まえた場所に私を連れて行ってくれ）

次に、時間に関する名詞の話に移ります。時間に関する名詞のうち、関係副詞の that 節によって修飾される名詞は、具体的な時間、年月日以外のもののみでした（前ページの表参照）。ところが時間に関する名詞の全てが when 節によって修飾されます（ということは、具体的な時間、年月日以外のものは、that 節と when 節の両方に修飾されるということになります）。

when 節の例を見ましょう。

◎ 34-⑧

I lived in Osaka in *1970* **when the expo was held**.
（その博覧会が開かれた 1970 年に、私は大阪に住んでいた）

That was *an evening* **when everything was shining**.
（それは全てのものが輝いていた夕方だった）

Sometimes I can't remember *the days* **when I was young**.
（時々、若かった日々のことが思い出せないことがある）

The time **when we were happy** was very long.
（私たちが幸せだった時はとても長かった）

1970, evening, days, time が when 節によって修飾されています。

B-3 の最後、why に関する話は単純なものです。p.115 で例を見た通り、reason は関係副詞の that 節によって修飾されるのですが、that ではなく why を用いることもできます。

reason が why 節に修飾されている例を見ましょう。

> *The reason* **why my daughter became a nun** is not clear.
> （娘が尼さんになった理由は明らかでない）
>
> Tell me *the reason* **why you are so beautiful**.
> （君がそんなにもきれいなわけを教えてくれ）

なお reason と why が連続すると、ややくどい感じになります。reason の後ろの接続詞は省略されるのが一般的です（接続詞の省略については「転の巻」で扱います）。

では、ここで見た 3 種類の節の構造をまとめます。

```
        名詞        where, when, why …    ※ where, when, why
 ⎛ 場所に関する名詞 ⎞   動詞修飾語              は訳さない。
 ⎜ 時に関する名詞  ⎟
 ⎝   reason      ⎠        名詞修飾語
```

where, when, why は動詞修飾語としてはたらきます（このことは強く意識する必要はありません）。そして、これらによって形成される節は名詞修飾語としてはたらきます。

ここで文法用語を 3 つ知っておいてください。

- これらの where, when, why は「関係副詞」と呼ばれる。
- 関係副詞が形成する節は「関係副詞節」と呼ばれる。
- 関係副詞節によって修飾される名詞は「先行詞」と呼ばれる。

図の通り、where, when, why 自体は動詞修飾語としてはたらくので、これらは《従位接続詞の一覧表》のタテの「3番」です（p.104 参照）。よって、この 3 つは一覧表の B‐3 にあるのです（p.88 参照）。

なお、関係代名詞、関係形容詞、関係副詞をまとめる言葉として、「関係詞」という言葉が存在します。次の通りです。

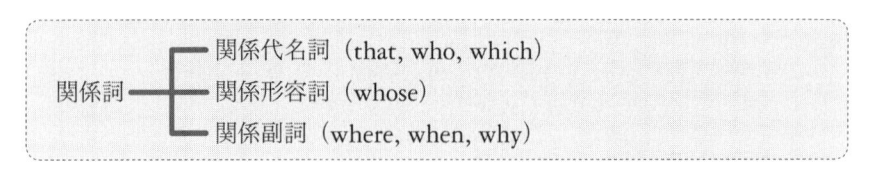

```
                 ┌─ 関係代名詞（that, who, which）
      関係詞 ────┼─ 関係形容詞（whose）
                 └─ 関係副詞（where, when, why）
```

　この表を p.73 の表と見比べてください。「関係詞」も「疑問詞」も、「まとめの言葉」だということがわかります。

　最後に、ここで知った情報を p.127 の表に加えます。以下の表が、名詞と形容詞節の関係のまとめとなるものです。つまり、どのような名詞が、どのような形容詞節によって修飾されるのかに関するまとめなのです。

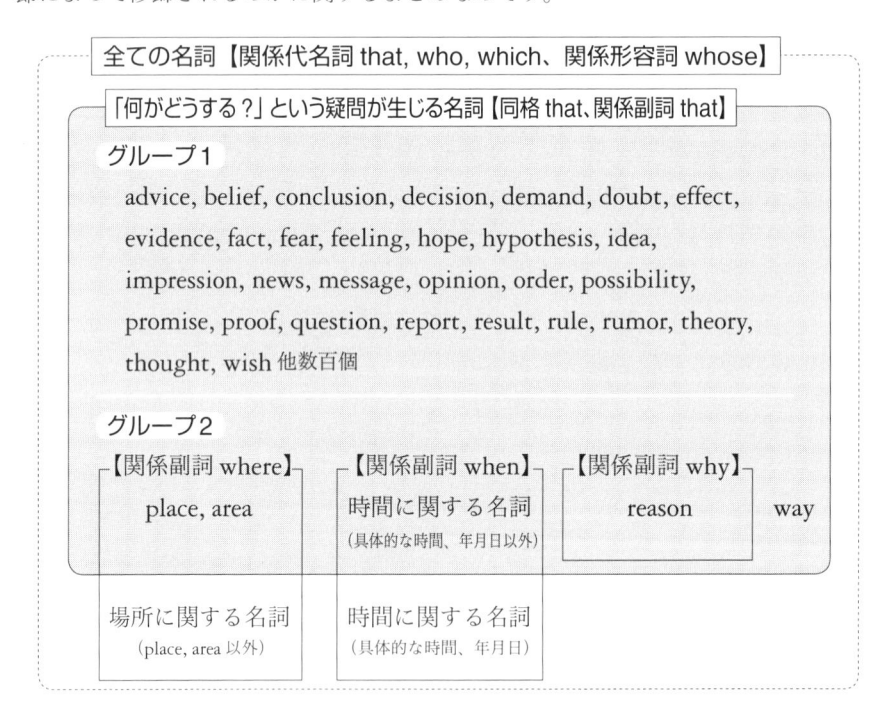

```
┌─────────────────────────────────────────────────────────────────┐
│  全ての名詞【関係代名詞 that, who, which、関係形容詞 whose】     │
│ ┌─────────────────────────────────────────────────────────────┐ │
│ │「何がどうする？」という疑問が生じる名詞【同格 that、関係副詞 that】│ │
│ │ ┌─────────────────────────────────────────────────────────┐ │ │
│ │ │ グループ1                                                │ │ │
│ │ │ advice, belief, conclusion, decision, demand, doubt,    │ │ │
│ │ │ effect, evidence, fact, fear, feeling, hope,            │ │ │
│ │ │ hypothesis, idea, impression, news, message, opinion,   │ │ │
│ │ │ order, possibility, promise, proof, question, report,   │ │ │
│ │ │ result, rule, rumor, theory, thought, wish 他数百個     │ │ │
│ │ └─────────────────────────────────────────────────────────┘ │ │
│ │  グループ2                                                   │ │
│ │ ┌──────────────┬──────────────┬──────────────┐             │ │
│ │ │【関係副詞where】│【関係副詞when】│【関係副詞why】│             │ │
│ │ │  place, area  │ 時間に関する名詞 │    reason    │   way       │ │
│ │ │               │(具体的な時間、年月日以外)│              │             │ │
│ │ ├──────────────┼──────────────┤                           │ │
│ │ │ 場所に関する名詞│ 時間に関する名詞│                           │ │
│ │ │(place, area以外)│(具体的な時間、年月日)│                       │ │
│ └─┴──────────────┴──────────────┴──────────────────────────┘ │
└─────────────────────────────────────────────────────────────────┘
```

　【関係副詞 where】【関係副詞 when】【関係副詞 why】が加わりました。

　【関係副詞 where】から出る線が、場所に関する名詞の全てを覆っています。これは「関係副詞の where 節は、場所に関する全ての名詞を修飾する」ということを示します。

　【関係副詞 when】から出る線が、時間に関する名詞の全てを覆っています。これは「関係副詞の when 節は、時間に関する全ての名詞を修飾する」ということを示します。

【関係副詞 why】から出る線が reason を覆っています。これは「関係副詞の why 節は reason を修飾する」ということを示します。

以上で p.88 の一覧表の B の列が終了しました。

第 11 講ここまで

──〈第 12 講スタート〉………… 予習 35　復習 36　例文朗読 37 ①〜⑫

③ 副詞節（動詞修飾語）を形成する従位接続詞

《従位接続詞の一覧表》の C の列に入ります。この列にある接続詞は、動詞修飾語としてはたらく節を形成します（p.87 の図参照）。動詞修飾語としてはたらく節は「副詞節」と呼ばれます（p.87 参照）。

形容詞節は必ず後ろから名詞を修飾しましたが、副詞節は前後のいずれからも動詞を修飾します。このことを図で示します。

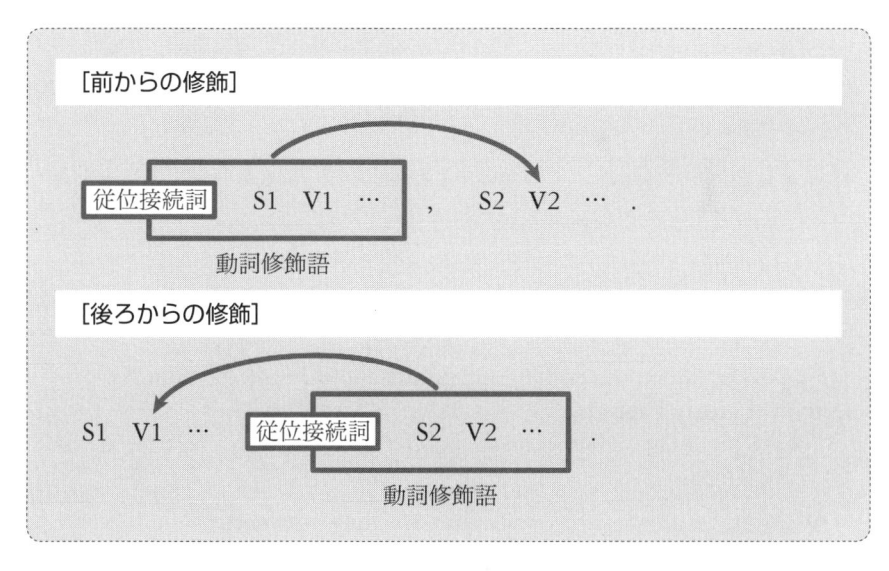

```
[前からの修飾]

   ┌─────────────────────┐
   │ 従位接続詞  S1  V1 … │,   S2  V2 … .
   └─────────────────────┘
           動詞修飾語

[後ろからの修飾]

   S1  V1 …  ┌─────────────────────┐
             │ 従位接続詞  S2  V2 … │ .
             └─────────────────────┘
                     動詞修飾語
```

では C - 0 から入りましょう。

C-0 that, whether, if

　C-0 は that, whether, if です (p.88 参照)。全て A-0 にもある接続詞です。まずはこれらが形成する節のイメージ図を見ましょう。

```
┌─────────────────────────────┐
│  ┌──────────────┐           │
│  │ that, whether, if │ S  V  … │
│  │      φ       │           │
│  └──────────────┘           │
│         動詞修飾語          │
└─────────────────────────────┘
```

　節全体は、ひとまとまりの動詞修飾語としてはたらきます。従位接続詞自体はどの要素にもなりません。φで示してある通りです。

　that から見ていきましょう。C-0 の that の訳は「〜ために」「〜ように」です。「目的」の意味を持ちます。

　この that に関しては、次の注意点があります。

> 通常は that 単独ではなく so that という形で用いられる。in order that という形も存在する。

　例文を見ましょう。なお、この節の中に法助動詞の may が存在することがありますが、これは訳しません。

――――――――――――――――――― 37-①

He *works* hard every day **so that** he can support his family.
　（彼は家族を養えるように毎日、懸命に働く）

I *talked* to him about some good points about France **so that** he would study French.
　（彼がフランス語を勉強するように、私はフランスに関するいくつかの良い点について彼に語った）

We must *do* our best **in order that** we may succeed.
　（我々は成功するために最善を尽くさねばならぬ）

　最初の文では so that 節は、前にある works を修飾しています。文構造は次の通りです。なお day は名詞ですが、動詞修飾語としてはたらいています。p.49 で扱った知識です。

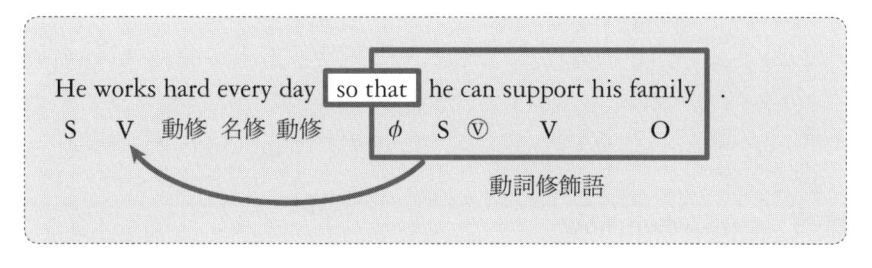

```
He works hard every day  so that  he can support his family  .
 S   V    動修  名修 動修      φ   S  Ⓥ    V      O
                              └─────動詞修飾語─────┘
```

2番目の文では、so that 節は talked を修飾し、最後の文では in order that 節は do を修飾します。

次は whether です。この whether 節においては、内側に「A or B」という表現があり、これを受けて whether 節の訳は「A だろうと B だろうと」となります。

例を見ましょう。

───── ◎ 37-② ─────

Whether you stay here or go home, the result will *be* the same.
(君がここにいようと帰宅しようと、結果は同じだろう)

You should *do* the job, **whether you like it or not.**
(君が好きだろうがそうでなかろうが、君はその仕事をすべきだ)

最初の文の構造は次の通りです。whether 節は be（である）を修飾します。

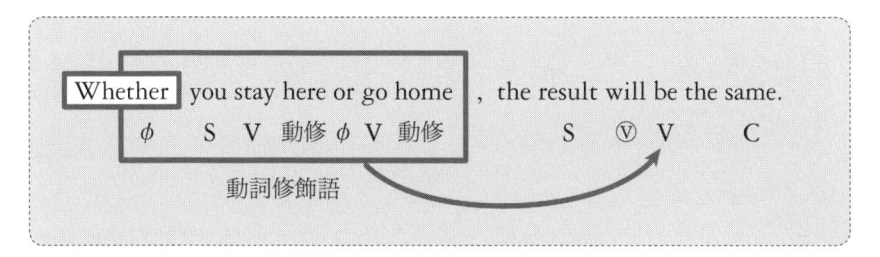

```
 Whether  you stay here or go home  , the result will be the same.
    φ     S  V  動修 φ V 動修          S   Ⓥ    V    C
 └────────動詞修飾語────────┘
```

2番目の文の whether 節は、前にある do を修飾します。

C-0 の最後は if です。この if の訳は「もし〜なら」です。例文を見ましょう。

───── ◎ 37-③ ─────

If you don't wear a coat, you will *catch* cold.
(コートを着ないと風邪をひいちゃうよ)

If you are tired, you should *have* a rest.
(疲れているなら休むべきだ)

Come **if you like.** (お望みならいらっしゃい)

3番目の文は前半が命令文です。

なお if には「もし〜なら」のみならず、「もし〜でも」「もし〜しても」という訳もありますが、これについては「承の巻」で例を見ます。if については「承の巻」の第1部・第6章の「仮定法」のところで（p.20 参照）大々的に扱います。

C-3　where, when, how

Cの列は1と2が空白なので（p.88 参照）、次は C-3 です。まずは、C-3 の従位接続詞が形成する節の構造を見ます。

```
┌─────────────────────────┐
│ where, when, how   S  V  … │
│ 動詞修飾語               │
└─────────────────────────┘
          動詞修飾語
```

従位接続詞自体は動詞修飾語としてはたらきますが、このことは強く意識する必要はありません。

それぞれの接続詞の訳は、次の通りです。

> where：〜場所で［に］、〜ところで［に］
> when：〜時に
> how：〜方法で

例文を見ましょう。

────── ⓔ 37-④ ──────

Take us **where** we can see birds.
　（我々を鳥が見られる場所に連れて行ってください）

Where there is whispering, there *is* lying.
　（ささやきのあるところには、嘘がある）

When I was a child, I *liked* cats.（子どもの時、僕はネコが好きだった）

When you called me, I was *playing* with a rabbit.
　（君が電話をくれた時、僕はウサギと遊んでいた）

You can *eat* this **how** you like.（あなたの好きな方法でこれを食べてよい）

最後の文中の can は許可を表します。これは「承の巻」で扱います。

C-5 その他、約50個

C-3 の次は C-5 です（p.88 参照）。

一覧表のタテの数字の違いは、従位接続詞自体の要素の違いを意味するのでした（p.103 〜 p.104 参照）。p.88 の表においても、それぞれの要素が数字の下に記載されています。ところが 5 番の下には何も書かれていません（p.88 参照）。5 番は何を意味するのでしょうか。

5 番の従位接続詞は、「従位接続詞自体の要素については考える必要のないもの」です。この C-5 の従位接続詞については、「動詞修飾語としてはたらく節を形成する」ということを知り、訳を覚えさえすればいいものなのです。

では、この約 50 個の具体例を見ましょう。いくつか知っているものがあるでしょうか。チェックしてみてください。

---

① 目的に関するもの

for fear that（〜することを恐れて、〜しないように）
lest（〜しないように、〜したりはしないかと）

② 逆接・譲歩・対比に関するもの

though（〜だが）
although（〜だが）
while（〜だが）
whereas（〜だが）
even if（たとえ〜でも）
even though（〜だが、たとえ〜でも）

③ 仮定・条件に関するもの

suppose that（もし〜なら）
supposing that（もし〜なら）
providing that（もし〜なら）
provided that（もし〜なら）
assuming that（もし〜なら）
given that（〜を考慮に入れると、〜なら）

granting that（仮に～でも）
granted that（仮に～でも）
in case（～する場合［もし～なら］、～する場合に備えて［～するといけないから］）
as［so］long as（～する限り〈期間、条件〉）
as［so］far as（～する限り〈距離、範囲〉）
on (the) condition that（～という条件で、もし～なら）
unless（もし～しないなら、～しない限り）

④ 場所に関するもの

everywhere（～するところはどこでも、どこで～しようとも）
anywhere（～するところはどこでも、どこで～しようとも）

⑤ 時に関するもの

while（～する間、～時、～ながら）
after（～する後に）
before（～する前に、～するまでに）
since（～以来）
till（～まで）
until（～まで）
once（一度～すると）
as soon as（～するとすぐに）
the moment（～するとすぐに）
the second（～するとすぐに）
the instant（～するとすぐに）
the minute（～するとすぐに）
directly（～するとすぐに）
immediately（～するとすぐに）
instantly（～するとすぐに）
each time（～する時はいつでも）
every time（～する時はいつでも）
any time（～する時はいつでも）
by the time（～する時までに）
the first time（初めて～する時に）
the last time（最後に～した時に）
the next time（次に～する時に）

> ⑥ 原因・理由に関するもの
>
> because（〜なので、〜だから）
> since（〜なので、〜だから）
> now that（今やもう〜だから）
> considering that（〜を考慮に入れると）
> seeing that（〜を考慮に入れると）
> on the ground that（〜という理由で）
>
> ⑦ 方法・様態に関するもの
>
> like（〜ように）
> the way（〜ように）
> as if（あたかも〜ように）
> as though（あたかも〜ように）

①〜⑦から2つずつ選び、例文を見てみましょう。但し、①の lest は古めかしく、あまり用いられないものなので、for fear that の例文のみを記載します。

──── ◎ 37-⑤ ────

> He *walked* slowly for fear that he would wake the baby.
> （赤ちゃんを起こさないように、彼はゆっくり歩いた）

次は②です。

──── ◎ 37-⑥ ────

> **Though I'm poor,** I *am* happy.（貧乏ですが幸せです）
> **Even if you don't help me,** I can *complete* the job.
> （たとえ君が手伝ってくれなくても、僕はその仕事をやり遂げられる）

even if は、2語で1語の従位接続詞だと考えてください。③に進みましょう。

──── ◎ 37-⑦ ────

> **As long as I live,** I'll *help* you.（僕は生きている限り、君を助けるよ）
> **As far as I know,** Lisa *is* still single.（私の知る限りでは、リサはまだ独身だ）

as long as, as far as は「3語で1語の従位接続詞」です。次は④です。

> 37-⑧
>
> **Everywhere you go**, you would not *be* alone.
> （どこに行っても、君はひとりぼっちにはならないだろう）
>
> **Anywhere you are**, you can *send* e-mails.
> （どこにいても、君はメールを送れる）

everywhere, anywhere はいずれも、本来は副詞ですが、このように従位接続詞としても用いられるのです。⑤に進みます。

> 37-⑨
>
> **After my husband went out**, I *called* Jack.
> （夫が外出した後、私はジャックに電話をした）
>
> **Before you meet the poet**, you should *memorize* this poem.
> （その詩人に会う前に、この詩を丸暗記するべきだ）

これらの文では after, before は従位接続詞ですが、after, before は前置詞でもあります。

次は⑥です。

> 37-⑩
>
> I *cried* **because I couldn't sing well**.（上手に歌えなかったので私は泣いた）
>
> It would *be* true, **since Bob says so**.
> （ボブがそう言うのだから、それは本当なのだろう）

ちなみに since は⑤にもあります（⑤の since は「〜以来」です）。
最後の⑦です。

> 37-⑪
>
> *Use* the pen **like I do**.（私がするようにしてそのペンを使いなさい）
>
> Meg *danced* **the way I did**.（メグは私がしたように踊った）

like はもちろん動詞でもあります。way は名詞でもあります。上で「everywhere, anywhere は本来は副詞である」ということと、「after, before は前置詞でもある」ということも述べましたが、英語においては多くの語が「複数の品詞である語」なのです。次の記述も参照してください（『新独英比較文法』三好助三郎著、郁文堂 1977 年 p.27 より）。

> 英語において、このように同形の語が、いろいろな品詞に容易に転換されることは〈略〉非常に多い。この柔軟な品詞の転換は、英語の大きな特徴であり、〈略〉ほかのヨーロッパ諸語にくらべても、その比類を見ないといわれている。

「比類を見ない」とまでいわれるほどの事実ですから、英単語に接する場合は、常に「複数の品詞であり得る」ということを頭に入れておかなくてはなりません。意外な語が意外な品詞で用いられることも多いものです。英和辞典を眺めると、たとえば助動詞だけだと思われる must に名詞としての用法があることや、pen は名詞のみならず動詞でもあることなどがわかり、英単語の品詞の柔軟さが実感できます（ぜひ、実際に上の2語を辞書で引いてみてください）。

以上で《従位接続詞の一覧表》のCの列が終了しました。

④ 副詞節（形容詞修飾語）を形成する従位接続詞

Dの列に入ります。この列の接続詞は、形容詞修飾語としてはたらく節を形成します。p.87の図の通りです。

Dの列の従位接続詞は、0番の that のみです（p.88参照）。この that が形成する節のイメージ図を示します。

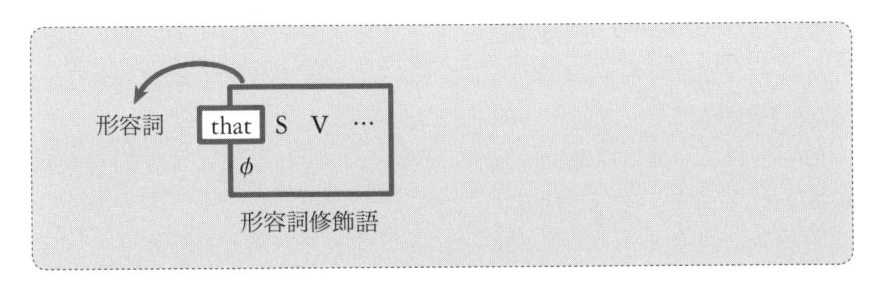

形容詞 [that S V … φ] 形容詞修飾語

節全体は形容詞修飾語としてはたらきます。形容詞を後ろから修飾するのです。that 自体はφです。つまり、どの要素としてもはたらきません。

この that 節によって修飾される形容詞は、次の3種類に分けてとらえます。

> ① 感情に関するもの → that 節の訳：〜て、〜ので、〜ことを
> ② 判断に関するもの → that 節の訳：〜とは、〜なんて
> ③ その他 → that 節の訳：〜ことを、〜と

「判断に関するもの」とは、「運が良い」「異常だ」など、何らかの価値判断を示す形容詞です。

①〜③の例文を2つずつ見ましょう。なお、いずれの形容詞もCとしてはたらいていますが、最初の5例ではSVCのCで、最後の例のみSVOCのCです。

> 🔊 37 - ⑫
>
> I am *satisfied* that my son is an accountant.
> （私は息子が会計士で満足をしている）
>
> We are *glad* that our teacher is kind and gentle.
> （私たちは自分たちの先生が親切で寛大であることを嬉しく思っている）
>
> You are *lucky* that your parents are singers.
> （両親が歌手だなんて君は幸運だ）
>
> I was *unhappy* that my husband was too busy.
> （夫が忙しすぎて、私は不幸だった）
>
> I am *sure* that this animal can fly.
> （私はこの動物が飛べると確信している）
>
> Your letter made me *convinced* that I should study chemistry.
> （君の手紙は僕に、化学を勉強するべきだと確信させた）

以上でDの列が終了し、p.88の《従位接続詞の一覧表》が全て終わったのですが、実はこの一覧表は前半に過ぎません。後半もあるのです。

最初の段階で、前半と後半をまとめて示してもよかったのですが、それでは少し面食らってしまう可能性があります。よって、まずは前半だけに絞り、従位接続詞の基礎を固めました。これより満を持して、後半に入ります。

ただその前に、従位接続詞を、縦軸と横軸で構成される《従位接続詞の一覧表》に整理した理由をここで説明します。

まずは、ヨコのA〜Dの列に分類しなくてはならない理由を述べます。ここまでに見てきた通り、従位接続詞は文をまとめ、このまとまり（節）が何らかの要素になるのですか、もし、それぞれの従位接続詞によってまとめられた節がどの要素になるかに関する知識がなければ、節の処理ができなくなります。つまり、「このまとまり全体はどの要素になるのだろう？」「他の部分とどのような関係を持つのだろう？」となってしまい、文全体が理解できないままです。せっかくまとまりの始点と終点が見抜けたとしても、そこで止まってしまうのです。このことを図で説明します。

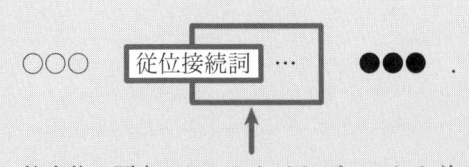

> ○○○　従位接続詞　…　●●●　.
>
> ↑
> 節全体の要素がわからなければ、これを前の○○○や、後ろの●●●の部分と、どのように関連づけて理解すればいいのかわからなくなってしまう。

　ところが、たとえば「この従位接続詞は、一覧表のCの列にある（＝動詞修飾語としてはたらくまとまりを作る）」という知識があれば、文中に動詞を探し、まとまり全体を、その動詞に対する修飾語として処理することができます。この結果、文全体の意味がとれるのです。
　このように、節全体と他の部分との関係をつかむためにこそ、それぞれの従位接続詞によって形成された節が、どの要素になるかを記憶しなくてはならないのです。そして、その記憶を助けるための分類が《従位接続詞の一覧表》のA〜Dの区分なのです。
　次は縦軸について説明します。《従位接続詞の一覧表》は、タテの0〜5の行にも分かれていますが、このように分ける必要があるのは、以下の理由によります。

> 数字ごとに、節の内部をとらえる際の、頭のはたらかせ方が異なる。

　これについて具体的に説明していきます。0番ではなく、まずは1番から説明します。
　1番の従位接続詞は、これ自体がS、C、O、前置詞のOのいずれかとしてはたらきます（p.104の図参照）。よって、1番の従位接続詞に接した場合は、「この従位接続詞は、S、C、O、前置詞のOのうちの、どの要素としてはたらいているのか」ということを考えなくてはなりません。そして、C、O、前Oの場合は、本来は後ろにあったものが前に移動しています。文の語順が崩れているのです。文の崩れに対応しながら理解しなくてはなりません（p.64参照）。
　2番も同じように面倒な従位接続詞です。この従位接続詞自体は名詞修飾語ですが、その直後の名詞は、S、C、O、前置詞のOの4つの可能性があります（p.104の図参照）。よって、2番の従位接続詞に接した場合は、「この従位接続詞によって修飾される名詞は、S、C、O、前Oのうちの、どの要素としてはたらいているの

か」ということを考えなくてはなりません。そしてやはり、C、O、前 O の場合は、本来は後ろにあったものが前に移動しています。文の語順が崩れているのです。文の崩れに対応しながら理解しなくてはならないのです（p.66 参照）。

　ここで話を 0 番に戻します。0 番の接続詞は、これ自体はどの要素にもなりません（p.104 の図参照）。よって、この従位接続詞に接した際には、「この従位接続詞はどの要素なのか」ということは、いっさい考えなくてよいのです。0 番の従位接続詞は、文の外側から加わったものであり、単に文をまとめているだけのものです（外側から加わったものだということは、たとえば p.110 で扱った同格の that 節を作るプロセスからわかります）。よって接続詞の後ろには、文が完全なままの状態で存在しています。「文の崩れ」など、いっさい生じないのです。非常に読みやすい「従位接続詞＋文」だといえます。

　3 番の従位接続詞も、0 番とほぼ同じように読めるものです。たしかにこれ自体は動詞修飾語としてはたらきます（p.104 の図参照）。この点は 0 番とは異なるのですが、1 番や 2 番のような「従位接続詞、または従位接続詞の後ろの名詞が、S、C、O、前 O のどれか」というような判別は不要です。また、後ろの文が崩れていることもありません。読みやすい従位接続詞です。

　4 番は、「0 番、3 番ほどは易しくないが、1 番、2 番のような困難さは存在しない従位接続詞」だといえます。4 番は、p.104 の図の通り、それ自体が形容詞修飾語または副詞修飾語としてはたらく従位接続詞ですが、形容詞修飾語としてはたらく場合は、やや難しいといえます。具体例で説明しましょう。次の文を見てください。

　　I know how deep the pond is. (私はその池がどれくらい深いかを知っている)

　この文では、下線部がひとまとまりで O としてはたらいています（この how は A - 4 です）。how は deep を修飾するのですが、本来は is の後ろにあるべき C の deep が、主語 the pond の前に移動しています。文の形が崩れているのです。文構造を示します。

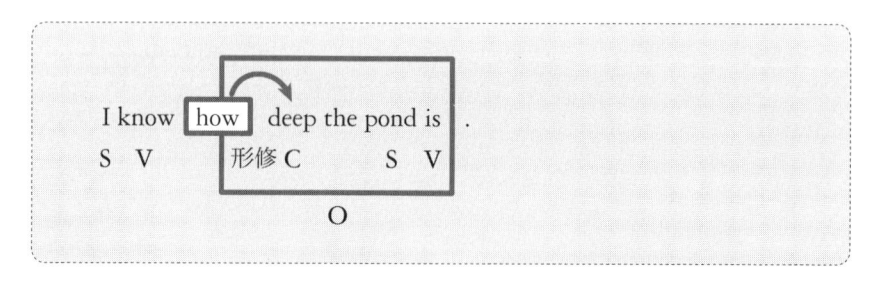

```
I know  how   deep the pond is .
S V     形修  C         S  V
              └──────O──────┘
```

how 節の内側が、本来の「SVC」から「CSV」に変形しているのです。文の崩れに耐えながら理解しなくてはなりません。

最後の5番ですが、これについては、p.135で「従位接続詞自体の要素については考える必要のないもの」だと述べました。考えないでいいということは、実質的には0番と同じように対処すればいいということです。後ろの文の中において、崩れも生じていないので、この点も0番と同じように対処できます。

ここまでの話をまとめます。

> 0番：それ自体がどの要素にもならないし、後ろの文の崩れもない。
> 1番：それ自体がS、C、O、前置詞のOのいずれかを考えなくてはならない。C、O、前Oの場合は、文の語順が崩れている。
> 2番：その直後の名詞がS、C、O、前置詞のOのいずれかを考えなくてはならない。C、O、前Oの場合は、文の語順が崩れている。
> 3番：それ自体は動詞修飾語としてはたらく。後ろの文の崩れはない。
> 4番：それ自体は形容詞修飾語、副詞修飾語としてはたらく。形容詞修飾語としてはたらく場合は文が崩れている。
> 5番：それ自体の要素については考えなくてよい。後ろの文の崩れはない。

以上をふまえて、従位接続詞のタテの行ごとの対処の難しさは、大まかに、次のようにまとめられます。

> 1番、2番＞＞＞＞＞＞＞＞＞＞4番＞＞＞＞＞＞＞＞3番＞0番、5番
> 難しい ←―――――――――――――――――→ 易しい

1番、2番は、「S、C、O、前置詞のOのどれか」を考えなくてはならないので圧倒的に難しいのです。繰り返しますが、C、O、前置詞のOとしてはたらく場合は、文の語順の崩れも存在します。

4番は「文の語順の崩れがあり得る」という点では、0番、3番、5番より難しいのですが、1番、2番に比べれば簡単なものです（実は4番は、1番、2番と同じ難しさを抱えているのですが、今の段階では上の表のように覚えておいてください）。

0番、3番、5番は文の語順の崩れがないという点で楽なものですが、3番は、「動詞修飾語としてはたらく」という点で、どの要素にもならない0番や、要素について考える必要のない5番より、わずかに難しいものだといえます。

以上で述べた「従位接続詞の表の、タテごとの機能、難しさの違い」を把握したうえで多くの例にあたれば、どんどん従位接続詞が用いられた文が理解できるようになっていきます。このことは、これより見る《従位接続詞の一覧表》の後半で実感することができます。

―――――――――――――――第12講ここまで―――――――――――――――

<第13講スタート>　　　　　　予習 38　復習 39　例文朗読 40 ①〜④

⑤ 《従位接続詞の一覧表》の後半

《従位接続詞の一覧表》の後半を示します。

接続詞自体の要素 ＼ 節全体の要素	名詞節 A S、C、O、前置詞の O	形容詞節 B 名詞修飾語	副詞節 C 動詞修飾語	副詞節 D 形容詞修飾語
1' S、C、O、前置詞の O	whoever		whoever	
	whatever		whatever	
	whichever		whichever	
2' 名詞修飾語	whatever		whatever	
	whichever		whichever	
3' 動詞修飾語			wherever	
			whenever	
			however	
4' 形容詞修飾語、副詞修飾語			however	

後半はタテの数字に「'」が加わっていますが、これは「後半である」ということを示すためのものであり、数字が意味するものは同じです。つまり、「1'」にある従位接続詞は、前半の「1」と同じく、それ自体が S、C、O、前置詞の O としてはたらきます。「2'」以下も同じです。

ではA-1'からスタートしましょう。前半で従位接続詞に関する知識を得たので、後半は、理詰めで考えて文を読み解く楽しさと、理解できる喜びを感じながら読み進めることができるはずです。「学んだ理論を具体例にあてはめていく」という作業は、知的快楽の大きな源なのです。

A-1' whoever, whatever, whichever

まずはこれらが形成する節のイメージ図を見ます。

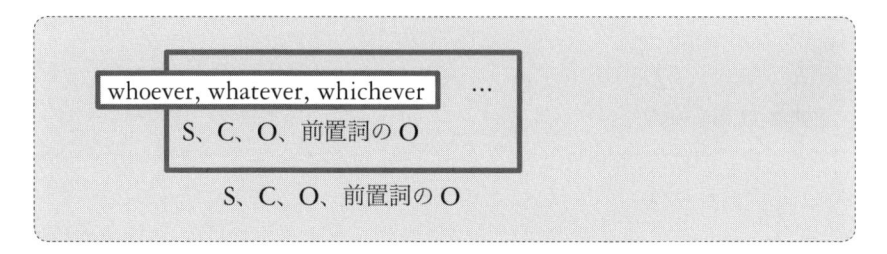

```
┌─────────────────────────────────┐
│  ┌──────────────────────────┐   │
│  │ whoever, whatever, whichever │  …  │
│  │   S、C、O、前置詞のO      │   │
│  └──────────────────────────┘   │
│        S、C、O、前置詞のO        │
└─────────────────────────────────┘
```

Aの列にあるので名詞節を作ります。そして1'なので、それ自体はS、C、O、前Oとしてはたらきます。

これらの従位接続詞が形成する節の訳は、次の通りです。

> whoever 節：…人
> whatever 節：…もの / こと
> whichever 節：…ほう
> 　※ whoever, whatever, whichever には、any（誰でも、何でも、どちらでも）の意味が含まれているので、このニュアンスを文全体の訳の中に加える。

これらの節はまず、従位接続詞の後ろにある部分（図の「…」の部分）を訳し、次に、それぞれの従位接続詞を「人」「もの / こと」「ほう」と訳します。これらのwhoever, whatever, whichever には any のニュアンスがありますが、これは文全体の訳の中でうまく出していきます。

では具体例を見ましょう。ここでは全文訳のみならず、次のことも考えてください。

- 従位接続詞自体の要素は何か。
- 従属節全体の要素は何か。

最初の文は次のものです。

Whatever he writes here is sent abroad by e-mail.

この文において、whatever 自体は writes の O です。そして whatever 節全体は is sent の S です。後半の文はやや難しいので、各文の構造を図示します。

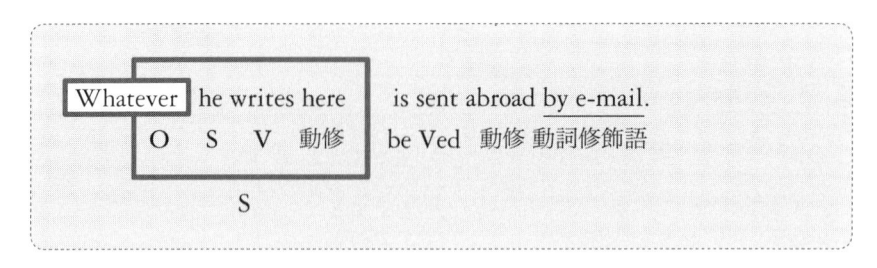

```
Whatever  he writes here    is sent abroad by e-mail.
   O       S    V  動修       be Ved   動修 動詞修飾語
                S
```

whatever 節の訳は「彼がここで書くもの」。よって文全体は「彼がここで書くものはメールで海外に送られる」となりますが、whatever に存在する any の意味を訳に出して、「何であれ、彼がここで書くものはメールで海外に送られる」「彼がここで書くものは全て、メールで海外に送られる」などとします。any は「必ずこのように訳せばいい」とはいえません。文ごとに考えてうまく処理します。

なお by e-mail の部分は、厳密には by が「前置詞」で e-mail が「前置詞の O」で、このセットが「動詞修飾語」ですが、上の構造図ではセットの情報だけを記載しました。今後もいくつかの箇所で、この簡略化した表記法を採用します。

次の例に進みます。この文もやはり、従位接続詞の要素、節全体の要素、そして文全体の訳を考えてください。そして、自分で文構造を書いてみてください。この作業は、慣れると非常に楽しくなります。

Take whichever you want.

文構造は次の通りです。命令文なのです。

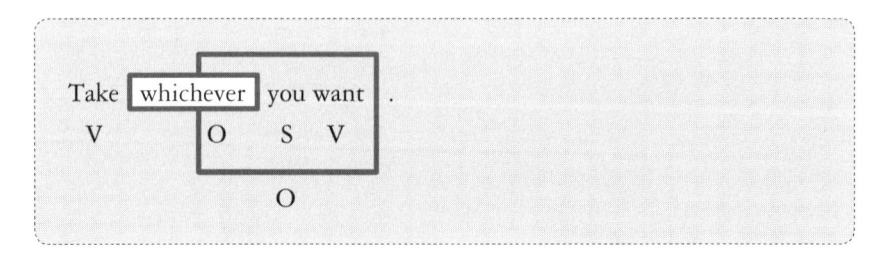

```
Take  whichever  you want .
 V        O       S   V
              O
```

whichever 自体は want の O です。whichever 節は take の O です。

whichever 節の訳は「君がほしいほう」。よって文全体の訳は、「君がほしいほうを取りなさい」となりますが、whichever に存在する any の意味を加えて、「どちらでも君がほしいほうを取りなさい」「君がほしいほうならどちらでも取りなさい」

などとします。

次に進みましょう。

　Whoever touches this stone becomes sick.

文全体の構造を示します。

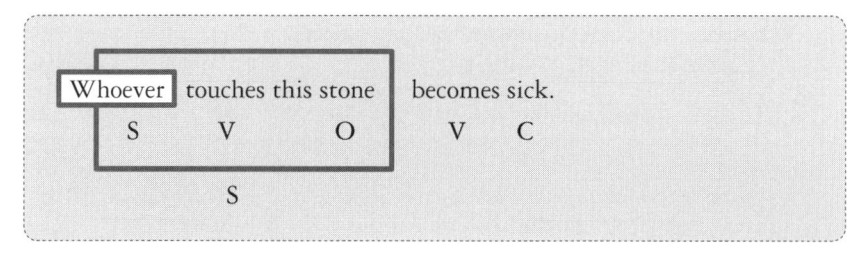

```
Whoever touches this stone   becomes sick.
  S     V        O              V     C
                 S
```

whoever 自体の要素は touches の S であり、whoever 節は becomes の S です。

whoever 節の訳は「この石に触る人」。よって文全体は「この石に触る人は病気になる」となりますが、whoever に存在する any の意味を加えて、「誰であれ、この石に触る人は病気になる」「この石に触る人は皆、病気になる」などとします。

次が A‐1' の最後の例です。やや難しいので、構造と訳をじっくり考えてください。

　I am satisfied with whatever I have achieved until now.

文構造は次の通りです。have は助動詞なので⊻です。現在完了形の have は助動詞なのです（p.50 ～ p.51 参照）。

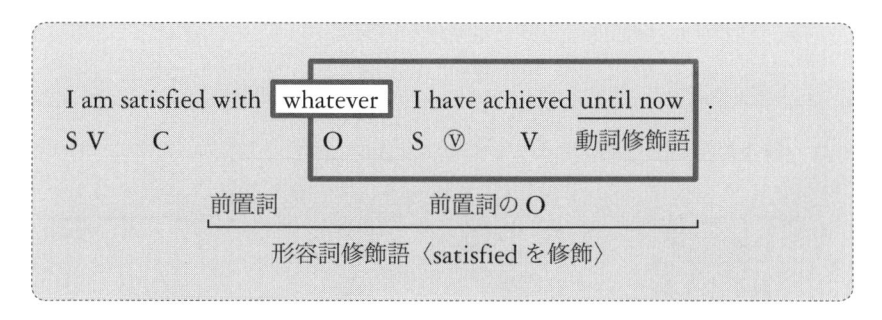

```
I am satisfied with  whatever  I have achieved until now .
S V   C               O       S  ⊻     V     動詞修飾語
              前置詞      前置詞の O
              形容詞修飾語〈satisfied を修飾〉
```

whatever 自体は achieved の O で、whatever 節は前置詞 with の O です。「with + whatever 節」は形容詞 satisfied を修飾します。

whatever 節の訳は「私が今までに達成してきたこと」。よって文全体の訳は「私は自分が今までに達成してきたことに満足している」となりますが、whatever に存在する any の意味を加えて、「私は自分が今までに達成してきたことの全てに満足している」などとします。

では、ここまでの例文と和訳をまとめて見ましょう。

---- ⓔ 40-① ----

Whatever he writes here is sent abroad by e-mail.
　（彼がここで書くものは全て、メールで海外に送られる）

Take **whichever you want**.（どちらでも君がほしいほうを取りなさい）

Whoever touches this stone becomes sick.
　（この石に触る人は皆、病気になる）

I am satisfied with **whatever I have achieved until now**.
　（私は自分が今までに達成してきたことの全てに満足している）

A-1' を終えます。後半は表を横に見ていきます。

C-1' whoever, whatever, whichever

A-1' の従位接続詞がそのまま C-1' にあります。ということは、whoever 節、whatever 節、whichever 節は、動詞修飾語としてもはたらくということです。C-1' の接続詞が形成する節の構造は次の通りです。

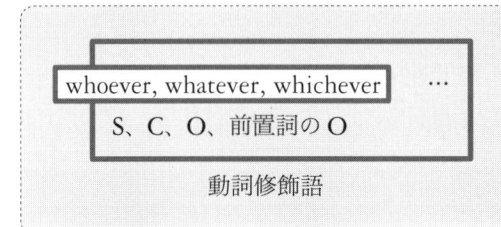

```
whoever, whatever, whichever   …
    S、C、O、前置詞のO
              動詞修飾語
```

この場合の節の訳は、次のようになります。

[whoever 節]
　誰が…とも（whoever の要素が S の場合）
　S が誰であろうとも（whoever の要素が C の場合）
　S が誰を / に…とも（whoever の要素が O の場合）
　S が誰と / に / からなど…とも（whoever の要素が前 O の場合）

[whatever 節]
　何が…とも（whatever の要素が S の場合）
　S が何であろうとも（whatever の要素が C の場合）

148

> Sが何を/に…とも（whateverの要素がOの場合）
> Sが何と/に/からなど…とも（whateverの要素が前Oの場合）
>
> [whichever節]
> どちらが…とも（whicheverの要素がSの場合）
> Sがどちらであろうとも（whicheverの要素がCの場合）
> Sがどちらを/に…とも（whicheverの要素がOの場合）
> Sがどちらと/に/からなど…とも（whicheverの要素が前Oの場合）

A‐1'の場合とは異なり、「anyの意味を文中のどこかにうまく加える」という作業は不要です。その代わり、従位接続詞自体が節の中でどの要素としてはたらいているかを見抜き、その要素ごとに訳し分けなくてはなりません。A‐1'の場合とは違った面倒が生じます。

では具体例を見ましょう。従位接続詞自体の要素をしっかり見抜いてください。そして上の訳のリストを用いて、訳も作ってみてください。また、ここでもぜひ文構造を紙に書いてください。なお、節の中に法助動詞 may が存在することがありますが、これは訳しません。

では最初の文です。I'll は I will の縮約形です。

　Whoever you are, I'll hire you.

文構造は次の通りです。

> Whoever you are ,　I' ll hire you.
> 　　C　　S　 V　　　 S Ⓥ V O
> 　　　　　　　　↑
> 　　動詞修飾語

whoever は C です。whoever 節全体は動詞修飾語です。hire を修飾します。
whoever の要素が C である場合の訳し方に従います。するとこの文の訳は、「君が誰であろうとも、私は君を雇う」となります。

次の例に移ります。やはり従位接続詞の要素と文構造と、文の訳を考えてください。

　Whichever wins, the players would cry.

文構造は次の通りです。

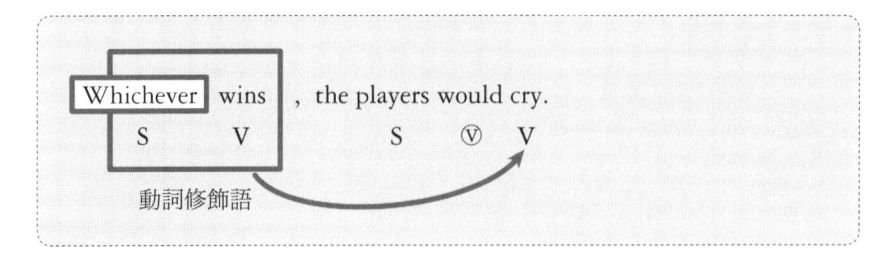

```
┌─────────────────┐
│ Whichever  wins │ , the players would cry.
│     S       V   │     S      ⓥ    V
└─────────────────┘              ↑
    動詞修飾語 ────────────────────┘
```

whichever は wins の S です。whichever 節全体は動詞修飾語です。cry を修飾します。

whichever の要素が S である場合の訳し方に従い、この文の訳は「どちらが勝っても、選手たちは泣くだろう」となります。

次の例に移ります。

　　Whatever you may do, you will succeed.

文構造は次の通りです。すでに述べた通り may は訳しません。

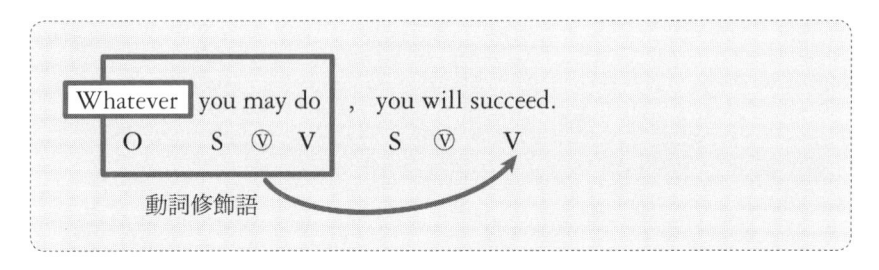

```
┌──────────────────────┐
│ Whatever you may do  │ , you will succeed.
│    O     S   ⓥ  V    │    S    ⓥ     V
└──────────────────────┘            ↑
    動詞修飾語 ─────────────────────┘
```

whatever は do の O です。whatever 節全体は動詞 succeed を修飾します。whatever が O である場合の訳し方に従い、文の訳は「君は何をしようとも、君は成功するだろう」となります。「君は」は片方を切ったほうが自然な訳になります。

次に進みましょう。

　　Whoever you borrow money from, you must pay it back.

構造は次の通りです。

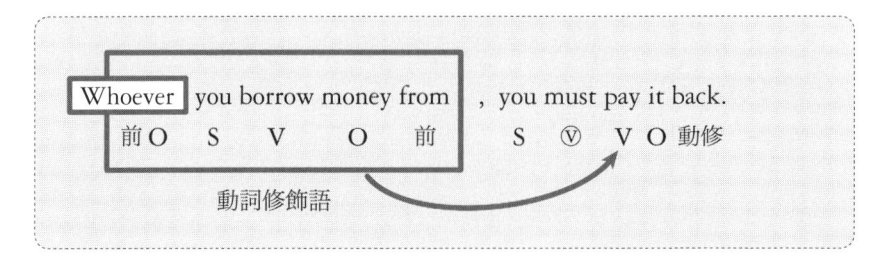

```
┌────────────────────────────────┐
│ Whoever you borrow money from  │ , you must pay it back.
│   前O   S    V     O     前    │    S    ⓥ   V O 動修
└────────────────────────────────┘           ↑
    動詞修飾語 ──────────────────────────────┘
```

whoever は前置詞 from の O です。whoever 節全体は動詞修飾語です。

whoever 自体が前 O である場合の訳し方に従います。from は「～から」という訳なので、文全体の訳は「君は誰<u>から</u>お金を借りようとも、それを返さなくてはならない」となります。

C‐1'の文と訳をまとめて見ましょう。

◎ 40‐②

Whoever you are, I'll *hire* you.（君が誰であろうと、私は君を雇う）

Whichever wins, the players would *cry*.
（どちらが勝っても、選手たちは泣くだろう）

Whatever you may do, you will *succeed*.
（何をしようとも、君は成功するだろう）

Whoever you borrow money from, you must *pay* it back.
（君は誰からお金を借りようとも、それを返さなくてはならない）

A‐2' whatever, whichever

次は A‐2' に進みます（p.144 参照）。まずはこれらが形成する節のイメージ図を見ます。

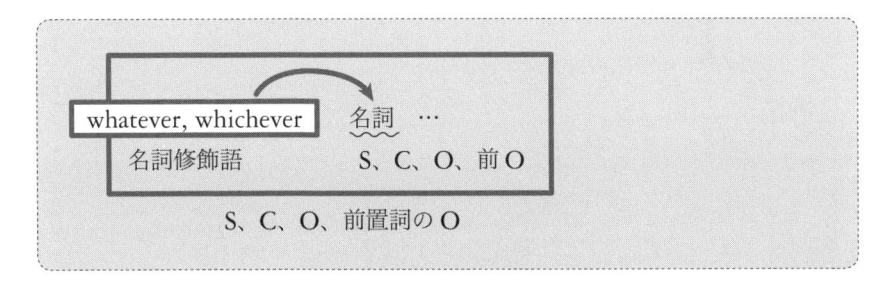

```
┌─────────────────────────────────────┐
│  ┌──────────────┐  ┌───────────┐    │
│  │whatever, whichever│ │ 名詞  …   │    │
│  │  名詞修飾語   │  │ S、C、O、前 O│   │
│  └──────────────┘  └───────────┘    │
│                                     │
│         S、C、O、前置詞の O          │
└─────────────────────────────────────┘
```

A の列の接続詞なので、名詞節を作ります。そして 2' にあるので、それ自体は名詞修飾語としてはたらきます。従位接続詞自体が名詞修飾語としてはたらく場合は、直後の名詞が S、C、O、前 O の、4 つの可能性があるということに注意をしてください。p.142 ～ p.143 で述べたことです。

A‐2' の接続詞が形成する節の訳は、次の通りです。

> whatever 節：…名詞
> whichever 節：…名詞
> ※ whatever, whichever 自体が any の意味を持つので、これらによって修飾されている名詞には、それぞれ「何でも」「どちらでも」という意味がある。文全体の訳の中で、このニュアンスを加える。

　これらの節はまず、名詞の後ろにある「…」の部分（前ページの図参照）を訳します。次にその名詞を訳します。

　注意しなくてはならないのは、whatever, whichever の意味です。A‐1'では、これらは「もの/こと＋any」「ほう＋any」という意味でした（p.145 のワクの中参照）。ところがこの A‐2'では、whatever も whichever も any の意味です。したがって、これらによって修飾されている名詞には、「何でも」「どちらでも」というニュアンスがあるということになり、これを文全体の訳の中にうまく出さなくてはなりません。

　では例文を見ましょう。ここでは次のことを考えてください。

- 接続詞によって修飾されている名詞の要素は何か。
- 節全体の要素は何か。

もちろん文全体の訳も考えてください。また、文構造は紙に書いてください。

　You can join whichever team you like.

文構造は次の通りです。

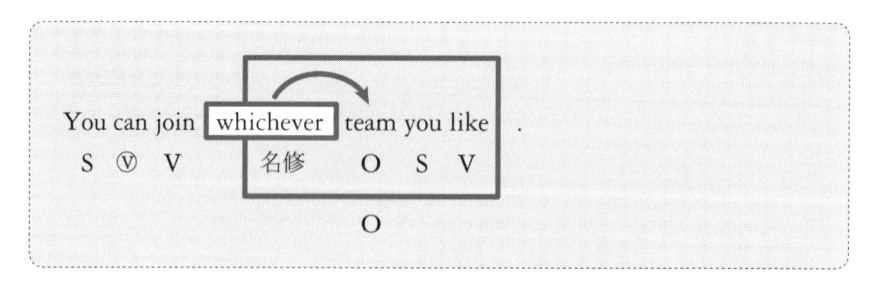

```
You can join  whichever  team you like  .
 S  ⓥ  V      名修       O   S  V
                    O
```

　whichever は名詞修飾語です。team を修飾します。team は like の O です。whichever 節全体は join の O です。

　whichever 節の訳は「君が好きなチーム」。よって文全体は「君は、君が好きなチームに参加できる」となりますが、team が any の意味を持つ whichever によって修飾されているので、このニュアンスを文中に出して「君は、好きなチームのど

ちらにでも参加できる」「どちらでも好きなほうのチームに君は参加できる」などとします。

次に進みます。文構造はやはり紙に書いてください。

My daughter treasured whatever doll I gave her.

構造は次の通りです。

```
My daughter treasured  whatever  doll I gave her .
     S         V         名修     O₂ S V O₁
                                   O
```

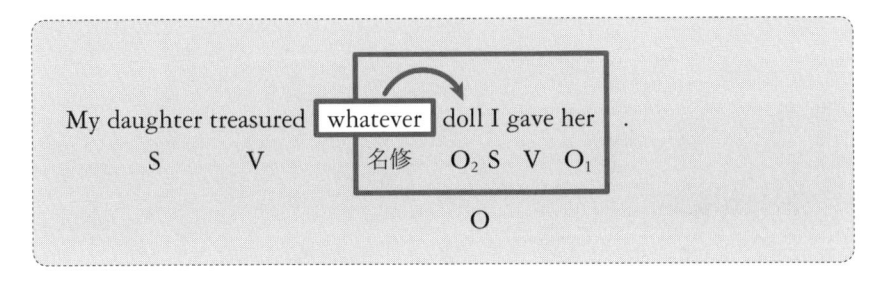

whatever は名詞 doll を修飾します。この doll は O₂ であり、whatever 節全体は treasured の O です。

whatever 節の訳は「私が彼女にあげた人形」。よって文全体の訳は「娘は、私が彼女にあげた人形を大事にした」となりますが、doll が any の意味を持つ whatever によって修飾されているので、この意味を文中に出して「娘は、私が彼女にあげたどんな人形も大事にした」「娘は、私が彼女にあげた人形を全部大事にした」などとします。

A‐2'の文をまとめます。

─────────── 40‐③ ───────────

You can join **whichever team you like**.
（どちらでも好きなほうのチームに君は参加できる）

My daughter treasured **whatever doll I gave her**.
（娘は、私が彼女にあげたどんな人形も大事にした）

C‐2' whatever, whichever

A‐2'の従位接続詞は、そのまま C‐2'にも存在します（p.144 参照）。この場合の節の構造は次の通りです。

```
┌─────────────────────────────────────────────┐
│   ┌─────────────────────┐                   │
│   │ whatever, whichever │   名詞  …         │
│   │                     │←──┘               │
│   │ 名詞修飾語          │   S、C、O、前O    │
│   └─────────────────────┘                   │
│              動詞修飾語                     │
└─────────────────────────────────────────────┘
```

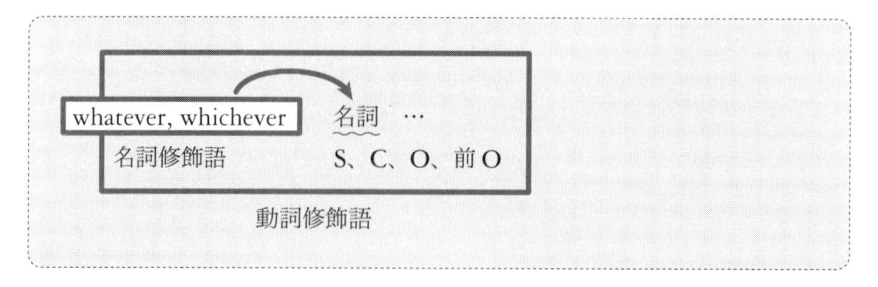

Cの列なので、節全体は動詞修飾語としてはたらきます。

節全体の訳は次の通りです。

[whatever 節]

何の名詞が…とも（接続詞の直後の名詞の要素がSの場合）

Sが何の名詞であろうとも（　〃　Cの場合）

Sが何の名詞を/に…とも（　〃　Oの場合）

Sが何の名詞と/に/からなど…とも（　〃　前Oの場合）

※「何の」ではなく「どんな」という訳も可。

[whichever 節]

どちらの名詞が…とも（接続詞の直後の名詞の要素がSの場合）

Sがどちらの名詞であろうとも（　〃　Cの場合）

Sがどちらの名詞を/に…とも（　〃　Oの場合）

Sがどちらの名詞と/に/からなど…とも（　〃　前Oの場合）

A‐2'の場合とは異なり、「anyの意味を文中のどこかにうまく入れる」という作業は不要です。その代わり、接続詞によって修飾されている名詞がS、C、O、前置詞のOのどれかを見抜き、その要素ごとに訳し分けなくてはなりません。C‐1'の場合と同じ面倒が生じるのです（p.149参照）。

では具体例を見ましょう。接続詞によって修飾されている名詞の要素を見抜いてください。そして上のリストを用いながら、文全体の訳を完成させましょう。文構造は紙に書いてください。なお、ここでも節の内部のmayは訳しません。C‐1'の場合と同様です。

Whichever song he may choose, he will sing it well.

文構造は次の通りです。

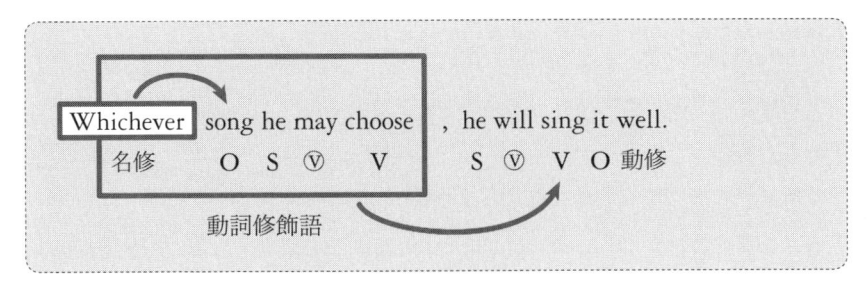

```
┌─────────────────────────────────────────────────┐
│         ┌──────────────────────┐→               │
│    ┌────Whichever┐ song he may choose , he will sing it well. │
│         名修      O   S  Ⓥ   V      S Ⓥ  V  O 動修 │
│                   動詞修飾語                      │
└─────────────────────────────────────────────────┘
```

whichever は song を修飾します。song は choose の O です。whichever 節全体は動詞修飾語です。

　whichever によって修飾されている名詞の要素が O である場合の訳し方に従い、文全体の訳は「彼はどちらの歌を選ぼうとも、それを上手に歌うだろう」となります。次の文に進みます。

　Whatever accident may happen, I'll support you.

構造は次の通りです。

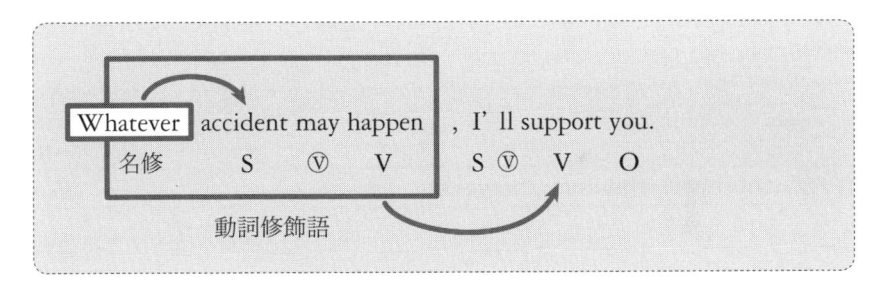

```
┌─────────────────────────────────────────────────┐
│         ┌──────────────────────┐→               │
│    ┌────Whatever┐ accident may happen , I'll support you. │
│         名修      S      Ⓥ    V       S Ⓥ V  O │
│                   動詞修飾語                      │
└─────────────────────────────────────────────────┘
```

whatever は accident を修飾します。この accident は S です。

　接続詞の直後の名詞が S である場合の訳し方に従い、文の訳は「どんな事件が起ころうとも、私はあなたを支えるつもりだ」となります。文中の may は訳しません。もう 1 つ見ましょう。やはり文の構造図を書いてください。

　The noise would annoy you, whichever room you work in.

文構造は次の通りです。

```
┌─────────────────────────────────────────────────┐
│                         ┌──────────────────┐→   │
│  The noise would annoy you, whichever room you work in . │
│     S       Ⓥ    V   O     名修    前 O  S  V 前 │
│                              動詞修飾語           │
└─────────────────────────────────────────────────┘
```

whichever は room を修飾します。room は前置詞 in の目的語です。

接続詞の直後の名詞が前 O である場合の訳し方に従います。in は「〜で」と訳すものなので、文全体の訳は「君がどちらの部屋で働こうとも、その騒音が君を悩ませるだろう」となります。

では C-2' の文をまとめて見ましょう。

⊚ 40-④

Whichever song he may choose, he will *sing* it well.
（彼はどちらの歌を選ぼうとも、それを上手に歌うだろう）

Whatever accident may happen, I'll *support* you.
（どんな事件が起ころうとも、私はあなたを支えるつもりだ）

The noise would *annoy* you, **whichever room you work in.**
（君がどちらの部屋で働こうとも、その騒音が君を悩ませるだろう）

第 13 講ここまで

第 14 講スタート　　　予習 41　復習 42　例文朗読 43 ①〜⑤

C-3' wherever, whenever, however

次は C-3' です（p.144 参照）。まずはこれらの従位接続詞が形成する節の構造を示します。

```
┌─────────────────────────────────┐
│  ┌──────────────────────────┐  │
│  │ wherever, whenever, however  …│
│  │      動詞修飾語              │  │
│  └──────────────────────────┘  │
│           動詞修飾語              │
└─────────────────────────────────┘
```

C の列にあるので、全体は動詞修飾語としてはたらきます。また 3' なので、従位接続詞自体は、動詞修飾語としてはたらきます（p.104 参照）。ただ、接続詞自体が動詞修飾語としてはたらくということは、ここでも強く意識する必要はありません。

それぞれの節の訳は次の通りです。

> wherever 節：どこで [に] 〜とも、〜する場所はどこでも
> whenever 節：いつ〜とも、〜する時はいつでも
> however 節 ：どのように〜とも、〜する方法は何でも

例文を見ましょう。この C‐3' は 3 の行の従位接続詞なので、特に難しいものではありません（p.143 の表参照）。よって構造は示しません。なお、節中の may はやはりここでも訳しません。

───── 43‐①

Wherever he sleeps, he *snores*.（どこで寝ようと、彼はいびきをかく）

You can *go* **wherever you like.**（君はどこでも好きな場所に行ける）

Whenever you may come, you'll *be* welcome.
（君はいつ来ても歓迎されるよ）

Whenever I'm in trouble, I *consult* my mother.
（困った時はいつでも、私は母に相談する）

However we may do it, the result will *be* the same.
（我々がどのようにそれをしても、結果は同じだろう）

Play this music **however you like**.
（この曲を、何でも君の好きな方法で弾きなさい）

4番目の文の I'm in trouble. は SVC です。C が前置詞句なのです（p.40 参照）。

C‐4' however

この C‐4' が一覧表の最後です（p.144 参照）。

how には、それ自体が動詞修飾語としてはたらくもののみならず、形容詞修飾語、副詞修飾語としてはたらくものもありましたが（p.72 の図、p.104 の図参照）、however も同様に、C‐3' に加えて C‐4' があります。この however が形成する節の構造を見ましょう。

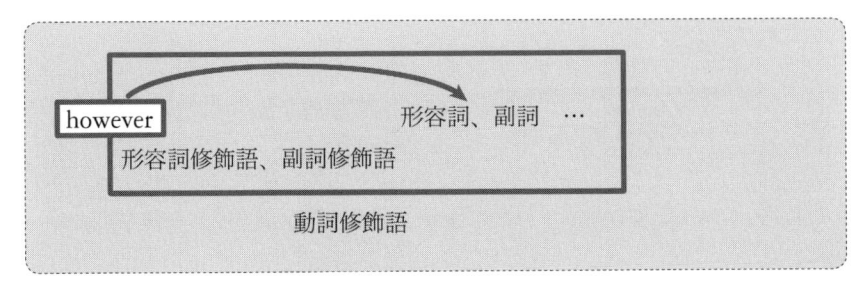

4'の位置にあるので、それ自体が形容詞修飾語、または副詞修飾語としてはたらきます（p.104 参照）。

節の訳は、次のものを基本として考えてください。

> however の要素が形容詞修飾語：S がどれほど〜でも
> however の要素が副詞修飾語：S がどれほど〜に V しても

では例文を見ます。文構造と訳を考えてください。これもぜひ、紙に構造を書いてみてください。not の下は空白にしてください。

However talented you are, you will not succeed without me.

構造は次の通りです。

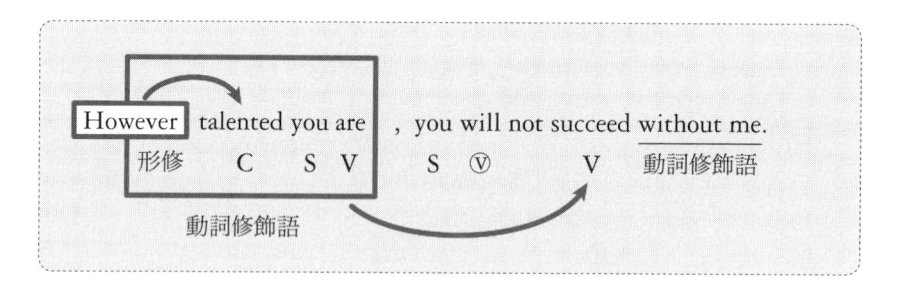

```
  ┌─────────────────────┐
  ↓                     │
However  talented you are , you will not succeed without me.
 形修      C    S V       S   Ⓥ       V    動詞修飾語
         └─────────────────────────────↑
              動詞修飾語
```

however は形容詞 talented を修飾します。節全体は動詞修飾語で、succeed を修飾します。文の訳は「君がどんなに才能があっても、僕がいなければ成功しないだろう」となります。

もう1つ見ましょう。

However carefully I write, I sometimes make mistakes.

構造は次の通りです。

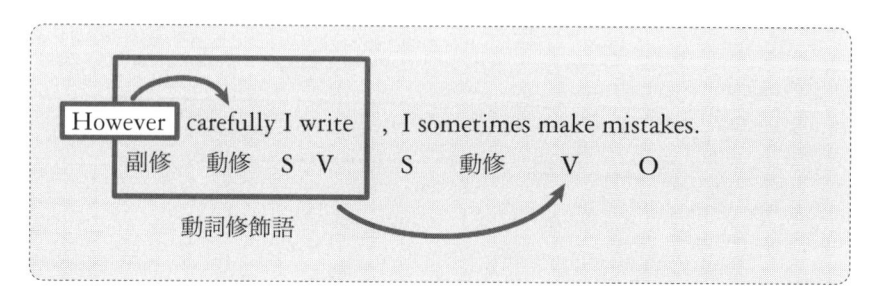

```
  ┌─────────────────────┐
  ↓                     │
However  carefully I write , I sometimes make mistakes.
 副修     動修   S V        S   動修    V    O
         └─────────────────────↑
              動詞修飾語
```

however は副詞 carefully を修飾します。節全体は動詞 make を修飾します。文

の訳は「どんなに注意深く書いても、私はときどきミスをする」となります。
この2文をまとめましょう。

🔊 43 - ②

However talented you are, you will not *succeed* without me.
（君がどんなに才能があっても、僕がいなければ君は成功しないだろう）

However carefully I write, I sometimes *make* mistakes.
（どんなに注意深く書いても、私はときどきミスをする）

他にも2例見ましょう。

🔊 43 - ③

However difficult the work is, you must *finish* it by tomorrow.
（その仕事がどんなに困難でも、君はそれを明日までに終えねばならない）

However loudly I cried, Tom didn't *stop*.
（僕がどんなに大声で叫んでも、トムは立ち止まらなかった）

---

⑥ as

以上で《従位接続詞の一覧表》を全て見終えましたが、重要な従位接続詞として、他にも as というものがあります。

この as は《従位接続詞の一覧表》ではとらえきれないほど多種多様な用法があります。よって表には入れず、1つ1つの用法を見ていく、という進め方にします。

ここでは、名詞修飾語としてはたらく節を形成するものと、動詞修飾語としてはたらく節を形成するものを見ます。

まずは前者からです。すぐに例を見ましょう。

🔊 43 - ④

I have the *same* bag **as Meg bought yesterday**.
（私は昨日メグが買ったのと同じバッグを持っている）

I'm now reading the *same* book **as you showed me last week**.
（私は今、先週あなたが見せてくれたのと同じ本を読んでいる）

Such watches **as the king has** are expensive.
（その王様が持っているような時計は高い）

この as に関しては、次のことを知ってください。

> 関係代名詞節の先行詞が same（同じ）、such（そのような）によって修飾されている場合は、関係代名詞として as が用いられることがある。

「関係代名詞節」と「先行詞」は p.122 で説明しました。先ほどの 3 つの as は、いずれも目的格の関係代名詞です。

次に動詞修飾語としてはたらく節を形成する as を見ましょう。

この場合の as の訳は次の通りです。

> て・と・ら・ながら・ので、まま・が・ように・つれて

前半は「ら」が連続してリズムが良く、「ので」まではすぐに覚えられます。

後半が覚えにくければ「ママが幼児連れて」などと覚えてしまってください。上の訳語は、何度か唱えれば覚えられます。

「と」は、「と」「とき」「とおり」という 3 つの訳語を代表させたものです。

例文を見ましょう。なお、この as は複数の訳が選べる場合が多いのですが、その場合はどれか 1 つに絞り込みます。

―――― ⓐ 43-⑤ ――――

Dr. Smith was *sleeping* on a sofa **as we arrived**.
　（我々が着いた時、スミス博士はソファーで寝ていた）

Meg *stayed* in the room **as she was told**.
　（メグは言われた通り、その部屋にいた）

As I was walking in Liverpool, I *found* a nice bar.
　（リバプールを歩いていたら、素敵なバーを見つけたんだ）

As I was tired, I *went* to bed early.（疲れていたので早く床に就いた）

Take things **as they are**.（物事をあるがままに受け取れ）

Do **as you like**.（好きなようにしなさい）

As you rise, the air *cools*.（上に登るにつれて空気は冷える）

下から 3 番目の文では be 動詞を「ある」と訳しています。p.46 で扱った「There be 動詞 名詞」という型の文でなくても、be 動詞を「ある」「いる」と訳すことがあるのです。

最後の文のように、一般論を述べる際に you を用いることがあります。このような you は訳しません。

以上で as も終わり、従位接続詞が全て終わりました。

⑦ 等位接続詞と従位接続詞の比較

　第2部の最後に、等位接続詞と従位接続詞の機能を確認し、これらの名前の由来を探ることにします。

　まずは、文中における従位接続詞のイメージ図を見ます。従位接続詞は文の前に置かれ、「従位接続詞＋文」でひとまとまりの要素になるのでしたが、これが他の文の中ではたらくようすは、次のように表すことができます。

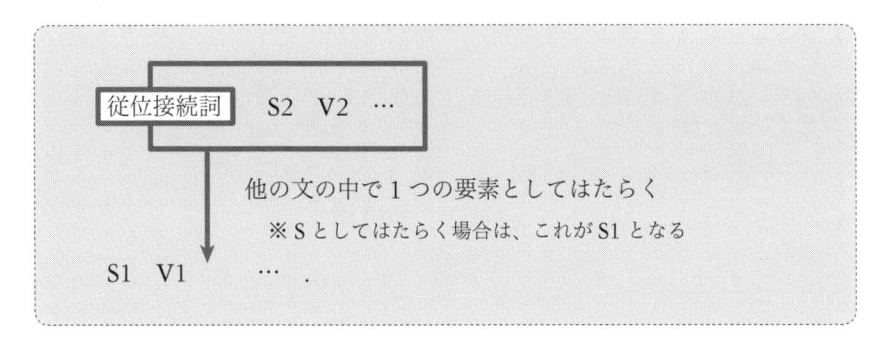

```
従位接続詞   S2   V2  …
                ↓
          他の文の中で1つの要素としてはたらく
          ※Sとしてはたらく場合は、これがS1となる
S1   V1      …   .
```

　たとえば、I like him because he is kind. という文においては、最初に I like him. という文が、いわばご主人様として存在しています。そこに because he is kind が、動詞修飾語としておじゃましているわけです。

　上の図の2つのSVのうち、「S1　V1　…」が「主」で、「従位接続詞＋S2　V2　…」は「従」なのです。「S1　V1　…」のほうが、位が上なのです。

　「従位接続詞」という名前は、「主たるSVに対して、従属する位の節を形成する接続詞である」、という意味だと考えてください。

　この事実に関連させて、2つの用語を覚えてください。

　ここまで「従位接続詞＋SV…」のまとまりを「節」と呼んできましたが、節は節でも、これは「従属節」と呼ばれるものです。「S1　V1　…」のほうは「主節」と呼ばれます。

　従属節が主節の中で用いられることにより、SVが複数ある文、「文と文が結ばれた文」が成立するのですが、この2つのSVは、主従関係にあるのです。

　一方、等位接続詞によって文が結ばれた場合は、文と文は対等です。次のようなイメージです。

```
      S1  V1  …        S2  V2  … .
          └──等位接続詞──┘
```

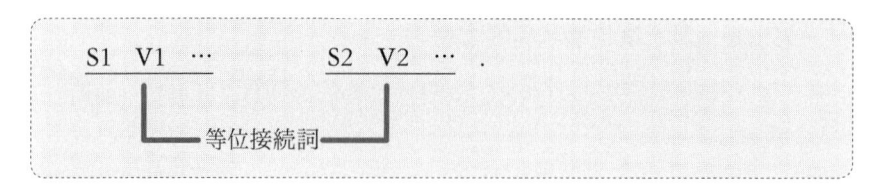

主従関係にはありません。2つの文の位は等しいのです。だからこそ、and, but, or, for は「等位接続詞」と呼ばれるのです。

改めて、この2種類の接続詞の機能をまとめた表を示します。

等位接続詞（4個）	従位接続詞（約70個）
文と文を結ぶ	文を要素にする ↓ この要素が他の文の中ではたらく ↓ 文と文が結ばれる

最後に p.20 の「英文法の全体像Ⅰ」で現在地を確認してください。現在は「起の巻」の第2部が終了した地点です。

第14講ここまで

第3部　準動詞句

　「文と文の結びつき」に関する話が第2部で終わり、英文法の最大の山（エベレスト）は越えたのですが、これより更にもう1つ、かなり高い山（富士山）を越えなくてはなりません。
　英文法の世界には、従属節に類似の「準動詞句」と呼ばれるものがあります。準動詞句とは、次のような、動詞からはじまるひとまとまりの要素です。

```
   動詞   …
   ⌣⌣⌣⌣⌣⌣
 全体でひとまとまりの要素
```

　従属節とは違い、先頭に接続詞がなく、また主語もありません。ただ、動詞を含むまとまりが要素になるという点は従属節と同じです。そしてこの準動詞句は、従属節と同様に、文の中に入り込み、そこで何らかの要素になります。次の図の通りです。

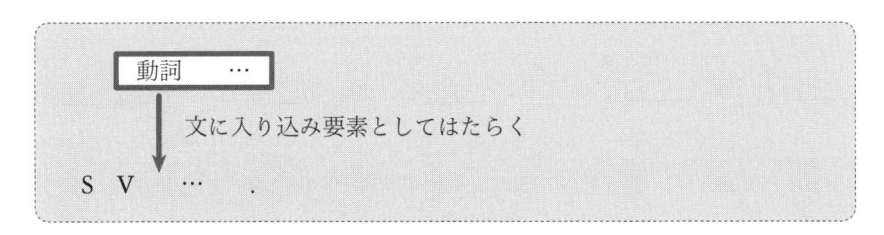

```
   動詞   …
     ↓
        文に入り込み要素としてはたらく
   S  V   …   .
```

　準動詞句の先頭の動詞は、現在形でも過去形でもありません。代わりに p.50 の表の、太線の下のいずれかの形になります。
　ということは、準動詞句には次の4種類ものものがあるということになります。

0　先頭が原形

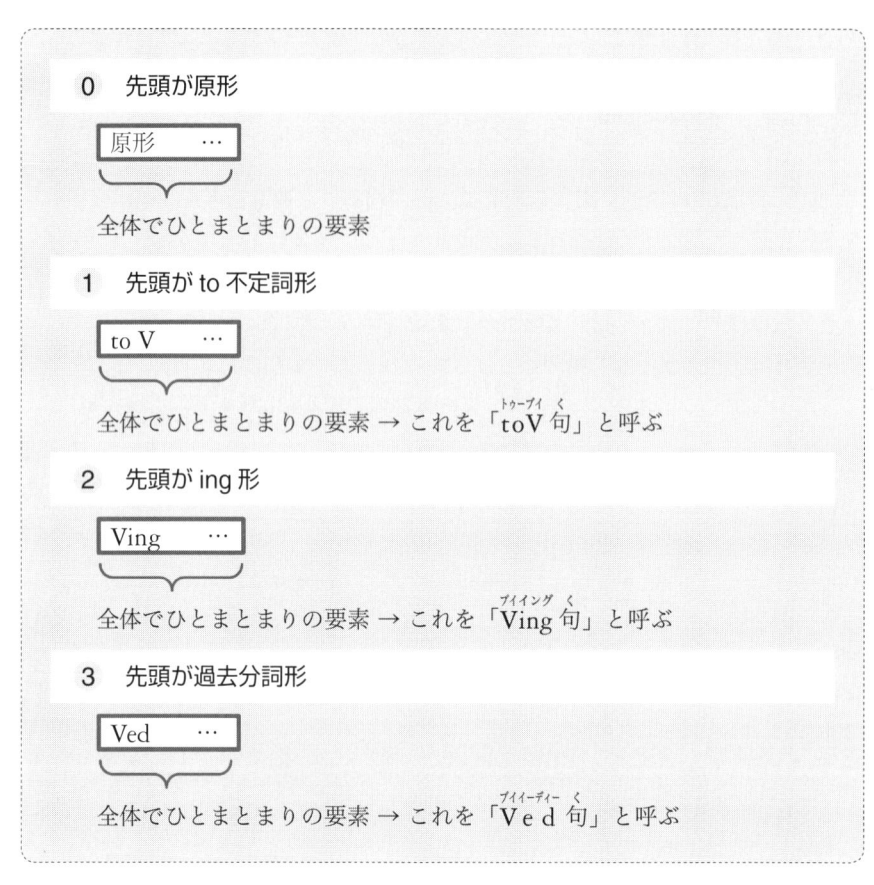

| 原形　　… |

全体でひとまとまりの要素

1　先頭が to 不定詞形

| to V　　… |

全体でひとまとまりの要素 → これを「toV句（トゥーブイく）」と呼ぶ

2　先頭が ing 形

| Ving　　… |

全体でひとまとまりの要素 → これを「Ving句（ブイイングく）」と呼ぶ

3　先頭が過去分詞形

| Ved　　… |

全体でひとまとまりの要素 → これを「Ved句（ブイイーディーく）」と呼ぶ

　それぞれの準動詞句はどの要素になるのでしょうか。そして、どのような意味を持つのでしょうか。まずは第1章でこれを見ていくことにします。

　なお、前のページで準動詞句を富士山にたとえましたが、このようにたとえることのできる理由については、この第3部の最後に述べます。準動詞句は本当に富士山のようなものなのです。

CHAPTER 1 準動詞句の機能と意味

　従位接続詞によって形成される従属節を習得する際には、《従位接続詞の一覧表》を用いました。準動詞句の習得においても表を用います。次のものです。

《準動詞句の一覧表》

		A S、C、O、前O	B 名詞修飾語	C 動詞修飾語	D 形容詞修飾語	E C(5)
0	原形					○
1	to V	○	○	○	○	○
2	Ving	○	○	○	○	○
3	Ved		○	○		○

　表の見方を説明します。横軸（A〜E）の分類基準は《従位接続詞の一覧表》と同じです。つまり、まとまり全体の要素です。なお《従位接続詞の一覧表》はDまででしたが、この表はEまであります（「C(5)」の意味は後に説明します）。

　縦軸（0〜3）の分類基準は異なります。《従位接続詞の一覧表》のタテの数字の違いは、従位接続詞自体の要素の違いでした（p.103〜p.104参照）。一方、上の表のタテの数字の違いは、準動詞句の先頭の動詞の形の違いを表します。つまり上の0〜3は、前ページの0〜3に対応するのです（なおp.50の表の通り、原形は「動詞の元の形」です。この「元の」という意味を込めて、原形のところはゼロにしてあります）。

　以上をふまえて、Eの列はとりあえず除外したうえで、表のA〜Dの部分を見ると、次のことが読み取れます。

- toV句は、S、C、O、前置詞のO、名詞修飾語、動詞修飾語、形容詞修飾語のいずれかとしてはたらく。
- Ving句も、S、C、O、前O、名詞修飾語、動詞修飾語、形容詞修飾語としてはたらく。
- Ved句は、名詞修飾語または動詞修飾語としてはたらく。

ではA-1から順に、タテに見ていきましょう。話が進むごとに、この表にもどんどん慣れていきます。

① S、C、O、前置詞のO としてはたらく準動詞句

Aの列はOが空白なので、1から入ります。

A-1 S、C、O、前置詞のO としてはたらく toV句

A-1のtoV句は、S、C、O、前Oとしてはたらきます。次のイメージの通りです。

> to V …
> S、C、O、前置詞のO

このような、S、C、O、前OとしてはたらくtoV句は「名詞的用法」と呼ばれます。名詞と同じはたらきを持つからです（p.47参照）。

このtoV句は、「～こと」「～の」と訳します。

例文を見ましょう。それぞれのtoV句がS、C、O、前置詞のOのどれとしてはたらいているかを考えてください。なお、3番目の文中のbeは「なる」と訳されるものです。be動詞は頻繁にbecomeの意味で用いられます。

───── 🔊 46-① ─────
To work here without a helmet is dangerous.
　（ここでヘルメットなしで働くのは危険だ）
To protect the environment is important.（環境を保護することは大切だ）
Her wish is **to be a singer**.（彼女の望みは歌手になることだ）
My goal is **to win in the Olympics**.（私の目標はオリンピックで勝つことだ）
I have decided **to learn German**.（私はドイツ語を学ぶことを決意した）
They need **to take a rest**.
　（彼らは休憩をとることを必要としている→彼らは休憩をとる必要がある）
We had no choice except **to accept his offer**.
　（我々には彼の申し出を受け入れること以外の無の選択肢があった→我々は彼の申し出を受け入れざるを得なかった）

toV句の要素は、上から順にS、S、C、C、O、O、前置詞のOです。
最後の文は少し難しいので、構造を示します。

```
We had no choice except  to accept his offer  .
  S   V  名修   O         V      O

         前置詞         前置詞のO
         名詞修飾語〈choice を修飾〉
```

toV 句が前置詞 except（意味は「〜以外」）の O であり except ＋ toV 句が、名詞 choice を修飾します。

なお最初の 2 文のように、文の主語が toV 句である文の多くは「形式主語 ― 真主語の構文」と呼ばれるものに変形するのですが、構文については「結の巻」で扱います（p.21 参照）。

ここで、下から 2 番目の文に関する補足をしておきます。この文では、toV 句を need の目的語だと考えました。ゆえに to take a rest の部分が太字になっています。ところがこの文は、次のように分析することも不可能ではありません。

```
They need to take a rest.
 S    Ⓥ   V   O
```

つまり、need to でひとまとまりの助動詞と考えるのです。こう考えると、They will take a rest. や They must take a rest. というような文と同様の構造を持つものだということになります。

ただ need は、They need water.（彼らは水を必要としている）というように、後ろに目的語をとることができる動詞なので、上の文は、やはり一般的には次のように分析されます。

```
They need  to take a rest .
 S   V       O
```

ところが、「動詞＋to」のひとまとまりでとらえるしかない表現もあります。次のようなものです。

> bother to V（わざわざVする）
> come to V（Vするようになる）
> get to V（Vするようになる）
> appear to V（Vするようだ）
> seem to V（Vするようだ）
> happen to V（たまたまVする）
> chance to V（たまたまVする）
> tend to V（Vする傾向がある）

5つほど例文を見ましょう。

＠46-②

> At last, we **came to** understand his theory.
>   （ついに我々は彼の理論を理解するようになった）
> How did you **get to** own this picture?
>   （どのようにしてこの絵を所有するようになったのか）
> My son **appears to** love animals.（息子は動物が好きなようだ）
> The philosopher **seems to** live in a barrel.
>   （その哲学者は樽の中に住んでいるようだ）
> I also **happened to** be there on Christmas Eve.
>   （クリスマスイブには、私もたまたまそこにいた）

念のため、3番目の文を例にとり、構造を示します。

> My son appears to love animals.
> S   Ⓥ   V   O

toV句の名詞的用法の形としては、もう1つ、次のものを知ってください。

> wh語 to V …
> S、C、O、前置詞のO

wh語とは、p.88 の《従位接続詞の一覧表》の A-0 の whether と、A-1〜A-4 の従位接続詞（who, what, which, whose, where, when, why, how）のこと

です。how 以外の全てが wh ではじまるのでこう呼ばれます。

　この表現においては、to という語の中心の意味（どこかに向かう「→」の意味。具体的には「意志」「義務」「予定」など。これについては p.221 で詳しく扱います）がはっきりと存在します。よって、それを訳に反映させます。

　例文を見ましょう。

◎ 46-③

I wonder **who to invite**.
　（誰を招待するべきかということを思う→誰を招待するべきだろうか）

We couldn't decide **whether to go or stay**.
　（我々は行くべきか留まるべきか決められなかった）

I don't know **how to raise this animal**.
　（僕にはこの動物をどうやって育てるべきかわからない）

全て「べき」という訳語で、義務のニュアンスを出しています。

　なお、最初の文の who の要素は invite の O です。よって whom を用いることも可能です。

A-2 　S、C、O、前置詞の O としてはたらく Ving 句

　次は A-2 です（p.165 参照）。まずはイメージ図を見ます。

Ving　…
S、C、O、前置詞の O

この Ving 句も「〜こと」「〜の」という訳になります。この Ving 句は「動名詞」と呼ばれます。

　例文を見ましょう。それぞれの Ving 句が S、C、O、前 O のどれかを考えてください。

　なお、2 番目の文は一般論なので、your を「あなたの」とは訳しません。p.160 で、一般論において you が用いられることを述べましたが、your も同じように一般論で用いられるのです。

> **Talking with this bird** relaxes my mind.
> 　（この鳥としゃべることが私の心を落ち着かせる→この鳥としゃべると心が落ち着く）
>
> **Reading in the dark** damages your eyes.
> 　（暗いところで読書をすることが目に害を及ぼす→暗いところで読書をすると目が悪くなる）
>
> One of my bad habits is **biting pencils**.
> 　（私の悪い癖の1つは鉛筆を噛むことだ）
>
> Your only fault is **speaking too fast**.
> 　（君の唯一の欠点は速くしゃべりすぎることだ）
>
> My father often enjoys **playing tennis**.（父はよくテニスをするのを楽しむ）
>
> Stop **sleeping in my room**.（僕の部屋で寝るのはやめてくれ）
>
> Before **attacking a horse**, the tiger roared three times.
> 　（馬を攻撃する前に、そのトラは3回吠えた）
>
> Meg left me without **saying good-bye**.
> 　（メグはさよならも言わずに僕のもとを去った）

　Ving 句（動名詞）の要素は、上から順に、S、S、C、C、O、O、前O、前O です。最後の2文では、「前置詞＋動名詞」が、それぞれ動詞 roared, left を修飾しています。

第 15 講ここまで

第 16 講スタート ……………… 予習 47　復習 48　例文朗読 49 ①〜⑪

②　名詞修飾語としてはたらく準動詞句

　B の列に入ります。この列も 0 が空白です（p.165 参照）。1 からです。

B-1　名詞修飾語としてはたらく toV 句

まずは B-1 のイメージ図を見ます。

```
    名詞 ← [ to V  … ]
             名詞修飾語
```

toV 句が名詞修飾語としてはたらく場合、後ろからの修飾となります。形容詞節と同じです（p.105 参照）。この toV 句は「形容詞的用法」と呼ばれます。

形容詞的用法の toV 句は、形容詞節との関連でとらえます。まずは p.88 の《従位接続詞の一覧表》の B の列と、p.130 の表を見て、扱った形容詞節を思い出してください。

さて、形容詞的用法の toV 句には、大きく分けて次の 2 つがあります。

> ① 同格の that 節、関係副詞の that 節との関連でとらえるもの
>   （同格の toV 句、関係副詞の toV 句）
> ② 関係代名詞節との関連でとらえるもの
>   （主格の toV 句、目的格の toV 句）

まずは①から見ます。p.130 の表のグループ 1 の名詞を見てください。

これらは「何がどうする？」という疑問が生じるものであり、同格の that 節によって修飾されるものでした（p.110 〜 p.111 参照）。

さて、名詞の中には「何が」は特に問題にならず、「どうする？」だけが問題になるものもあります。たとえば、人から Tom made a promise.（トムは約束をした）と聞いたらどう思うでしょうか。「誰がどうする約束？」とは思わず、単に「どうする約束？」と思うはずです。このように、「どうする」という情報のみを述べたい場合は、その情報を toV 句にして名詞の後ろに置きます。例文を見ましょう。

───── ◎ 49-① ─────
Tom made *a promise* **to help me**.（トムは私を助けてくれる約束をした）
Lisa has *a desire* **to become a librarian**.
　（リサには司書になりたいという願望がある）
In Geneva, I didn't have *a chance* **to use French**.
　（ジュネーブではフランス語を使う機会がなかった）

このように、同格の that 節との関連でとらえるものを、本書では「同格の toV 句」と呼びます。

次に p.130 のグループ 2 の名詞を見てください。place, time, reason, way なども「何がどうする？」という疑問が生じる名詞であり、これらは関係副詞の that 節によって修飾されるのでした（p.112 〜 p.116 参照）。これらの名詞に関しても、「何がどうする」ではなく、「どうする」という情報だけを述べたいこともあります。こ

の場合もやはり、後ろに toV 句を置きます。

◎ 49-②

They need *a place* **to practice judo**.
（彼らには柔道の稽古をする場所が必要だ）

Can you find *time* **to do this job**?
（この仕事をする時間は見つけられるか）

I don't have any *reason* **to stay here**.
（ここに留まるどんな理由もない）

Tom knows *the way* **to open this door**.
（トムはこのドアを開ける方法を知っている）

このように関係副詞の that 節との関連でとらえるものを、本書では「関係副詞の toV 句」と呼びます。

なお「同格の toV 句」と「関係副詞の toV 句」においては、「V するための〜」とも訳せる例が多くあります。上でも最初の文は「彼らには柔道の稽古をするための場所が必要だ」とも訳せます。2 番目、4 番目の文も同じです。

次は「② 関係代名詞節との関連でとらえるもの」です。これは「主格の toV 句」と「目的格の toV 句」に分かれます。改めて前のページの上のワクの中を見てください。

まずは「主格の toV 句」ですが、これを理解するには「助動詞 be」に関する新しい知識が必要になります。

p.50 で「助動詞の be 動詞＋ ing 形」という形、つまり進行形を見たのですが、文に助動詞 be が加わった場合は、直後の動詞が ing 形ではなく、to 不定詞形になるパターンもあるのです。イメージ図を示します。

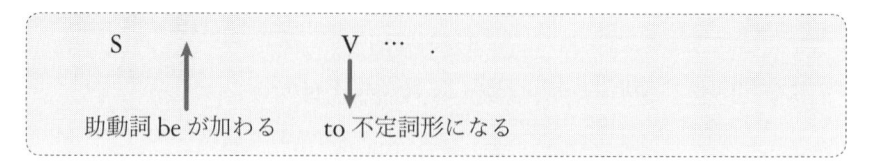

S ↑   V … .
                ↓
助動詞 be が加わる   to 不定詞形になる

例文を 2 つほど見ましょう。

◎ 49-③

My wife **is** *to make* a speech at the party.
（妻はそのパーティーでスピーチをする予定になっている）

If you **are** *to succeed*, you should read this book.
（もし君が成功したいのなら、この本を読むべきだ）

最初の文では、助動詞の is が加わった結果、make が to make となっています。2番目の文では、助動詞の are が加わり、succeed が to succeed となっています。

これらの文の述語部分は、それぞれ「予定になっている」「成功したい」と訳されていますが、この「助動詞 be + toV」は次のような意味になります。

> ① 予定　② 意志　③ 義務　④ 可能　⑤ 運命

to の中心の意味は、記号で示せば「→」（「どこかに向かう」という意味）であり、これを反映して上のような意味が生まれるのです。①、②以外の具体例は「承の巻」で扱います。

これをふまえたうえで話を戻します。主格の関係代名詞節に関しては、次の事実が存在します（「主格」については p.122 参照）。

> 主格の関係代名詞節の述語が、助動詞 be + toV である場合は、関係代名詞と be 動詞を省略することができる。

具体例に移ります。まずは次の文を見てください。

You are the man | who is to lead this team | .

（お前はこのチームをリードしていく男だ）

この文においては、who から team まで（ワクの中）が関係代名詞節であり、who は主格です。そして関係代名詞節の述語は、助動詞 be + to 不定形の動詞です（この to からは、「予定」または「義務」が感じられます。つまり、「リードしていくことになっている」「リードしていくべき」といったニュアンスです。よって、「ことになっている」「べき」などの訳語を置いても構いません）。

さて、このような文においては、関係代名詞と be 動詞の省略が可能なのです。省略してみましょう。

You are the man | who is to lead this team | .
→ You are the man | to lead this team | .

省略の結果、to lead this team という toV 句が、ひとまとまりで名詞 man を修飾することになります。

類例を見ましょう。

> 49-④

We need *a coach* **to give us valuable advice**.
（我々には、貴重な助言をしてくれるコーチが必要だ）

I must find *a man* **to help me**.
（僕を助けてくれる人を見つけなくてはならない）

いずれも to の意味は「意志」あるいは「可能」です。
関係代名詞と be 動詞を復元してみましょう。

　We need a coach <u>who is</u> to give us valuable advice.

　I must find a man <u>who is</u> to help me.

このように、主格の関係代名詞節に相当する toV 句を、本書では「主格の toV 句」と呼びます。「主格の toV 句」に出会った場合は、to に存在する「→」の意味を読み取りながら理解してください。

toV 句の中には、目的格の関係代名詞節に相当するものもあります。次の文を見てください。

> 49-⑤

We have *a report* **to write**.（私たちには書くべきレポートがある）

I'll buy *a magazine* **to read in the train**.
（電車の中で読む雑誌を買おう）

これらの toV 句も直前の名詞を修飾するのですが、toV 句の内部の要素に関して、ここまでに見た形容詞的用法とは異なる点があります。どのような点でしょうか。考えてみてください。

それは、toV 句の V の目的語が欠けているという点です。

最初の例では、write の目的語が存在していません。2 番目の例では、read の目的語がありません。

このような toV 句は、目的格の関係代名詞節に相当するものです。これを本書では「目的格の toV 句」と呼びます。

目的格の toV 句については、次のことに注意してください。

> 主格の toV 句と同様に、目的格の toV 句にも「→」のニュアンス、特に「義務」「意志」「可能」の意味があるので、これらの意味を読み取る。

以上から、上の 2 文は次のように書き換えられるということがわかります。

> We have a report to write.
> → We have a report that [which] we should [must] write.
>
> I'll buy a magazine to read in the train.
> → I'll buy a magazine that [which] I will read in the train.

目的格の toV 句には、上のような「動詞の目的語が欠けているもの」のみならず、次のように「前置詞の目的語が欠けているもの」もあります。

───────── @ 49-⑥ ─────────
> I must find *something* to sit on.（何か座れるものを見つけなきゃ）
>
> I want *a case* to put this watch in.（この時計を入れておく箱がほしい）

最初の例では、前置詞 on の目的語が欠けています。2番目の例では、前置詞 in の目的語が欠けています。動詞の目的語が欠けているパターンよりも、こちらのほうが理解しにくいかもしれません。

これらも関係代名詞節を用いて書き換えてみましょう。

> I must find something to sit on.
> → I must find something that [which] I can sit on.
>
> I want a case to put this watch in.
> → I want a case that [which] I can [will] put this watch in.

目的格の toV 句の例を他にも4つ見ましょう。

───────── @ 49-⑦ ─────────
> He has *a* large *family* to support.（彼には養うべき大家族がいる）
>
> We have a lot of *problems* to consider.
> （私たちには考えるべきたくさんの問題がある）
>
> I must find *a girl* to dance with.（一緒に踊る女の子を見つけなきゃ）
>
> We need *a man* to borrow money from.
> （我々はお金を借りられる人を必要としている）

以上で、やや長い B-1 が終わりました。

B-2 名詞修飾語としてはたらく Ving 句

B-2 (p.165 参照) は、名詞修飾語としてはたらく Ving 句です。まずはイメージ図を見ましょう。

```
名詞 ← Ving …
      名詞修飾語
```

B-2 は、B-1 の「主格の toV 句」と同じように「省略」という考え方で理解できます。主格の関係代名詞節においては、次のような省略も可能なのです。

> 主格の関係代名詞節の内部が進行形である場合は、関係代名詞と be 動詞を省略することができる。

具体例を見ましょう。次の文は、上の条件を満たしています。

The lady [who is dancing on the stage] is my wife.
(ステージの上で踊っている女性は僕の妻だ)

省略してみましょう。

The lady [who is dancing on the stage] is my wife.
→ The lady [dancing on the stage] is my wife.

上段では、関係代名詞の who がまとまりを作っていますが、下段ではもはや関係代名詞が存在しないため、dancing が名詞修飾語のまとまりを作っています。

類例を見ましょう。

◎ 49-⑧

Do you know the name of *the boy* **talking with Jack**?
(ジャックと話している男の子の名前を知っているか)

The ship **burning on the river** is mine.
(川の上で燃えている船は僕のものだ)

boy の後ろに who is が、ship の後ろに which [that] is が省略されています。

なお ing 形の動詞が、前から名詞を修飾する場合もあります。

> 49-⑨
> I painted a picture of *a* **running** *dog*. （私は走っている犬の絵を描いた）
> My wife touched *a* **sleeping** *tiger*. （妻は寝ているトラに触った）

running が dog を、sleeping が tiger を修飾しています。
B の列は 3 番まであります（p.165 参照）。

B-3 名詞修飾語としてはたらく Ved 句

まずは B-3 のイメージ図を見ます。

> 名詞　Ved …
> 　　　名詞修飾語

この Ved 句は、過去分詞形からはじまるまとまりです（p.164 参照）。
この B-3 も、主格の関係代名詞節からの省略としてとらえます。次のような省略も可能なのです。

> 主格の関係代名詞節の内部が受動態である場合は、関係代名詞と be 動詞を省略することができる。

例を見ましょう。

> This is a symphony which was composed by Mozart.
> → This is a symphony composed by Mozart.
> （これはモーツァルトによって作曲された交響曲だ）

上段では、関係代名詞の which が名詞修飾語としてはたらくまとまりを作っていますが、下段では過去分詞形の動詞 composed がまとめ役を担っています。
類例を見ましょう。

> 49-⑩
>
> What is *the language* **spoken in your country**?
> （あなたの国で話されている言語は何か）
>
> I have *a picture* **painted by Turner**.
> （私はターナーによって描かれた絵を持っている）

spoken の前に which [that] is が、painted の前に which [that] was が省略されています。

B-2 と同様に、この B-3 でも「前からの修飾」があります。

> 49-⑪
>
> Don't read *the* **opened** *letter*. （その開封された手紙は読むな）
>
> My son was playing with *a* **broken** *toy*. （息子は壊れたおもちゃで遊んでいた）

2番目の例の a broken toy を「壊されたおもちゃ」と訳すと不自然なので、上のように「壊れたおもちゃ」としました。

以上で《準動詞句の一覧表》の B の列を見終えました。

第 16 講ここまで

／／／ 第 17 講スタート ・・・・・・・・・・ 予習 50　復習 51　例文朗読 52 ①〜⑩

3　動詞修飾語としてはたらく準動詞句

次は C の列です（p.165 参照）。ここは動詞修飾語としてはたらくひとまとまりです。やはり 0 が空白なので 1 から入ります。

C-1　動詞修飾語としてはたらく toV 句

動詞修飾語としてはたらく副詞節は、前から修飾することも、後ろから修飾することもあるのでした（p.131 参照）。この動詞修飾語の toV 句も同じです。次のイメージ図の通りです。

178

[前からの修飾]

　　　To V … , S V … .
　　　動詞修飾語

[後ろからの修飾]

　　　S V … to V … .
　　　　　　　動詞修飾語

　動詞修飾語としてはたらく語は副詞なので、この toV 句は「副詞的用法」と呼ばれます。

　この表現は「〜ために」「〜ように」という、目的の意味を持ちます。例を見ましょう。

---------- ⓢ 52-① ----------

To bake delicious cookies, you must *use* fresh butter.
（おいしいクッキーを焼くためには、新鮮なバターを使わなくてはならない）

My father *stopped* **to light a cigarette**.
（親父はタバコに火を付けるために立ち止まった）

　この C-1 においては、to の前に so as や in order が置かれ、so as to V、in order to V という形で用いられることがあります。

---------- ⓢ 52-② ----------

Bob *worked* hard **in order to win the contest**.
（ボブはそのコンテストに勝つために懸命に働いた）

Use this microphone **so as to be heard by everybody**.
（皆に聞こえるようにこのマイクを使いなさい）

　2番目の to be heard は、受動態の文が toV 句になったものですが、型通りに「皆に聞かれるように」と訳すと不自然なので、上のようにしました。

C-2 動詞修飾語としてはたらく Ving 句

　C-2 に入ります（p.165 参照）。イメージ図を見ましょう。C-1 と同様に、前後から動詞を修飾します。

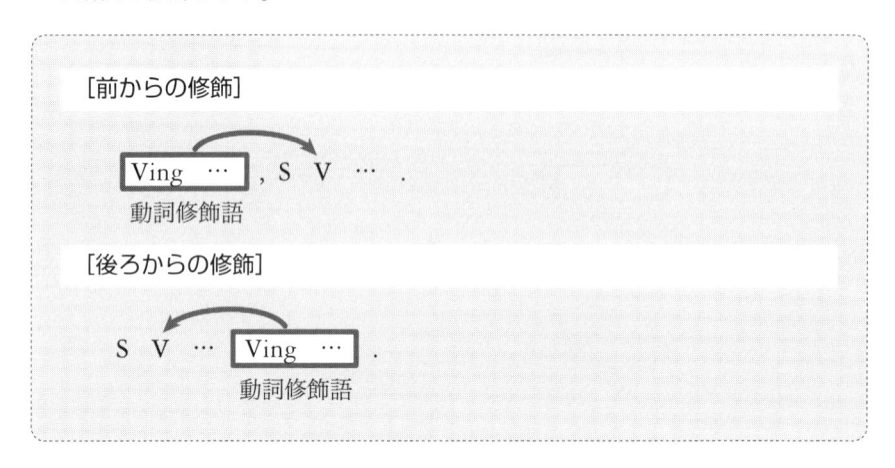

```
［前からの修飾］

    ┌─────────┐
    │ Ving  … │ , S V … .
    └─────────┘
      動詞修飾語

［後ろからの修飾］

              ┌─────────┐
    S V  …    │ Ving  … │ .
              └─────────┘
                動詞修飾語
```

　この Ving 句は、「Ving 句の副詞的用法」と呼ぶと理解しやすいのですが、伝統的に「分詞構文」と呼ばれているので、この用語をそのまま受け入れて記憶してください。訳は次の通りです。

　　て・と・ら・ながら・ので、まま・が

　これはどこかで見た記憶がないでしょうか。as の訳です（動詞修飾語としてはたらく節を形成する場合。p.160 参照）。

　但し、as の訳の最後の 2 つ（「ように」「つれて」）はありません。また、as の「と」は、「と」「とき」「ところ」の 3 つの訳を代表させたものですが（p.160 参照）、分詞構文の「と」は、ほぼ「と」のみです。

　as と同様に、分詞構文は意味が曖昧で、複数の訳語が選べる例も多くあります。その場合はどれか 1 つに絞り込みます。

　例文を見ましょう。

> Playing soccer, I *hurt* my ankle. (サッカーをしていて、足首を痛めた)
> Singing the song, I always *remember* my mother.
> 　(その歌を歌うと、私はいつも母を思い出す)
> Climbing this tree, you can *see* the port. (この木に登ったら、港が見える)
> Being ill, I couldn't *go* to school. (病気だったので学校に行けなかった)
> Lisa and Bob were *sitting* on the beach, **looking at the sunset**.
> 　(リサとボブは夕焼けを見ながら浜辺に座っていた)

　4番目の being ill という表現は、第2文型の文が Ving 句になったものです。ゆえに be 動詞の ing 形である being が先頭にあるのです。

　なお、分詞構文は主に書き言葉で用いられるものです。よって会話で用いる際には as や when, while, if などの従位接続詞、あるいは and や so などの等位接続詞、等位接続副詞を用いて節で表現したほうが自然な文となります。

C-3 動詞修飾語としてはたらく Ved 句

　Bの列と同様に、Cの列も3まであります（p.165 参照）。これもまずはイメージ図を示します。

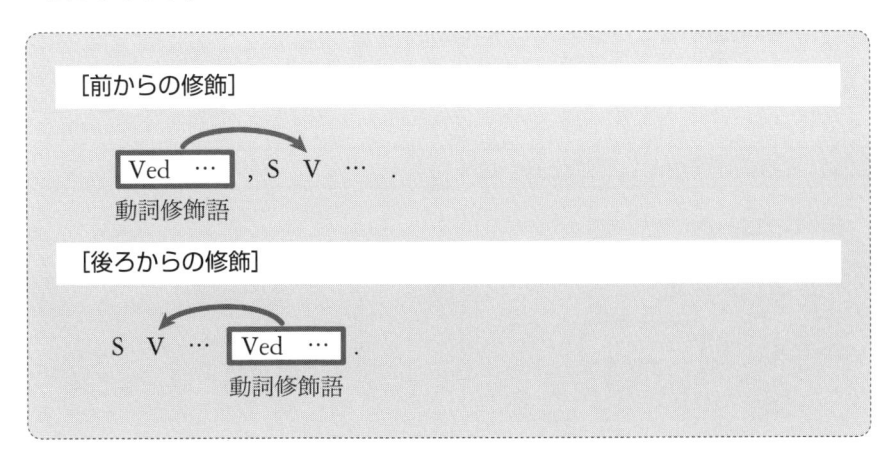

```
[前からの修飾]

  ┌─────┐
  │ Ved … │ , S V … .
  └─────┘
   動詞修飾語

[後ろからの修飾]

              ┌─────┐
  S V …       │ Ved … │ .
              └─────┘
               動詞修飾語
```

　この Ved 句については、次のことを知ってください。

- 受動態の意味（「〜される」「〜されている」）が存在する。
- 分詞構文の一種なので、V につなぐ訳語は C-2 の訳語から選ぶ。

例文を見ましょう。

> 🔊 52-④
>
> **Painted twenty minutes ago**, this bench *is* still wet.
> （20分前に塗られたので、このベンチはまだ乾いていない）
>
> The boy *came* here **accompanied by his mother**.
> （その少年は、お母さんに付き添われてここに来た）
>
> **Given enough time**, I can *do* the job.
> （十分な時間が与えられたら、私はその仕事ができる）

最後の文はやや難しいので、構造を示します。

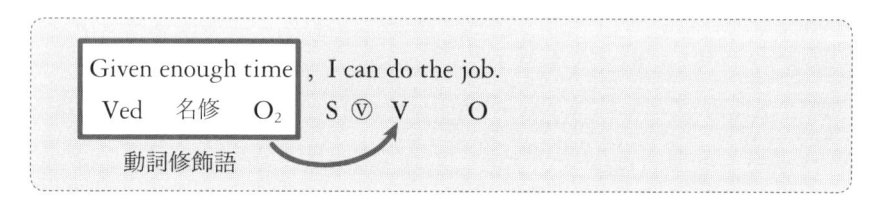

> | Given enough time |, I can do the job.
> | Ved　名修　O₂ | S Ⓥ V　O
> 動詞修飾語

given enough time の部分は、第 4 文型の受動態がもとになった表現です（p.38 参照）。

④ 形容詞修飾語としてはたらく準動詞句

D の列に入ります。やはり 1 からです（p.165 参照）。

D-1 形容詞修飾語としてはたらく toV 句

まずはイメージ図を見ましょう。

> 形容詞 ← to V …
> 　　　形容詞修飾語

後ろからの修飾となります。that 節による形容詞修飾と同じです（p.139 参照）。
形容詞を修飾する単語は副詞です（p.47 参照）。よってこの toV 句は「副詞的用法」と呼ばれます。この用法は次の 4 パターンに分かれます。

> ① 形容詞が感情に関するものであり、toV 句がその感情の原因を示すもの
>   （訳：〜て、〜ので）
> ② 形容詞が判断に関するものであり、toV 句がその判断の根拠を示すもの
>   （訳：〜とは、〜なんて）
> ③ toV 句の内側に目的語の欠けがあるもの（訳：〜のに、〜のが）
> ④ 「be 形容詞 to」のまとまりでとらえ、これを成句として記憶するもの

順に例を見ていきましょう。まずは①です。

――― 52-⑤ ―――

I'm *surprised* to see you here.（ここであなたに会って驚いている）

We are *sorry* to hear the news.
（その報せを聞き、我々は残念に思います）

Your mother will be *angry* to see the score.
（その点数を見たら君のお母さんは怒るだろう）

形容詞 surprised, sorry, angry は、いずれも感情に関するものです。そしてこれらの感情が起こった原因を、その後ろの toV 句が示しています。

次は②です。

――― 52-⑥ ―――

You are *careless* to do that.（そんなことをするなんて君は不注意だ）

You were *wise* to reject the offer.
（その申し出を拒絶したとは君は賢明だった）

You must be *crazy* to blast my car.
（僕の車を爆破するなんて君はおかしいに違いない）

careless, wise, crazy は、いずれも人の性質、性格を判断している形容詞です。そしてそのように判断した根拠を、その後ろの toV 句が示しています。

次の③は形に着目します。次の文を見てください。

　　This theory is difficult to understand.（この理論は理解するのが困難だ）

形容詞の後ろに toV 句があり、その中に「目的語の欠け」があります。understand の目的語が欠けているのです。このような構造の文は、次のような読み方が必要になります。

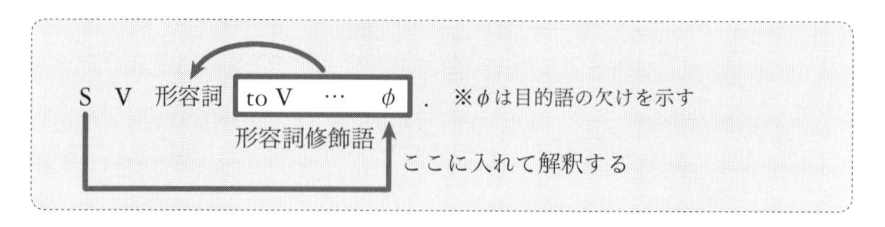

```
     ┌─────────────────┐
   S V 形容詞 │ to V  …  φ │ .  ※φは目的語の欠けを示す
         形容詞修飾語↑
                  └─ここに入れて解釈する
```

　文の主語を、欠けている目的語として理解するのです。つまり先ほどの文では、「この理論を理解する」という関係をつかみます。そしてそれが難しいと述べているのが文全体の意味なのです。但し This theory は、あくまでも主語なので「この理論を」とせずに、「この理論は」と訳しています。
　類例を見ましょう。どの語の目的語が欠けているかを考えてください。

――――――――――――――――――――――――― 52-⑦ ―

His explanation is *impossible* to comprehend.
　（彼の説明は理解するのが不可能だ）
Your book is *easy* to read. （君の本は読むのに易しい→君の本は読み易い）
This house is *comfortable* to live in. （この家は住むのに快適だ）
Tom is *impossible* to work with. （トムは一緒に働くのが不可能だ）

―――――――――――――――――――――――――――――

　上から順に、comprehend, read, in, with の目的語が欠けています。文の主語を、目的語の位置に補って理解するのです。
　最後の④に入りましょう。形容詞修飾語としてはたらく toV 句には、次のようなものもあります。

　　Ken is likely to choose Waseda. （ケンは早稲田を選びそうだ）

　この文では、likely までの部分で「ケンはしそうである」と述べ、その後ろの toV 句で、何をしそうなのかが示されています。toV 句が likely を修飾しているのです。文構造は次の通りです。

　Ken is likely │to choose Waseda│ .
　　S V C   　形容詞修飾語〈likely を修飾〉

　ただ、この文は実質的には次のような構造だと考えることができます。

　Ken is likely to choose Waseda.
　　S   Ⓥ   V   O

Ken choose Waseda を文の骨格だと考え、「is + likely + to」でまとめて「〜しそうである」という意味の助動詞としてとらえるのです。
　このようなものの代表例として、次のようなものが挙げられます。

> be able to V（V できる）
> be anxious to V（しきりに V したがる）
> be bound to V（V する義務がある、きっと V する）
> be certain to V（きっと V する）
> be destined to V（V する運命にある）
> be due to V（V する予定である、V することになっている）
> be eager to V（V することを熱望する）
> be keen to V（V するのを熱望している）
> be likely to V（V しそうである）
> be ready to V（V する準備ができている、喜んで V する）
> be scheduled to V（V する予定である）
> be sure to V（きっと V する）
> be supposed to V（V することになっている）
> be unable to V（V できない）
> be unlikely to V（V しそうにない）
> be unwilling to V（V する気がしない、V するのを好まない）
> be willing to V（V する用意がある、V する意志がある）

いくつか例文を見ましょう。

　　　　　　　　　　　　　　　　　　　　52-⑧

> This baby **is able to** run fast.（この赤ちゃんは速く走れる）
> Bob **is certain to** come.（ボブはきっと来る）
> The project **was destined to** fail.（その計画は失敗する運命にあった）
> My wife **is eager to** meet your wife.
> 　（うちの妻はしきりに君の奥さんに会いたがっている）
> We **are ready to** attack.（我々は攻撃する準備ができている）
> They **are scheduled to** visit Canada next month.
> 　（彼らは来月カナダを訪れる予定になっている）
> I'm **unable to** play the piano.（私はピアノが弾けない）

D-2 形容詞修飾語としてはたらく Ving 句

次は D-2 です（p.165 参照）。イメージ図を見ます。

```
形容詞  Ving  …
        形容詞修飾語
```

D-1 と同じように、後ろからの修飾になります。toV 句によって修飾される形容詞は数が多く、パターンも 4 つに分かれましたが、Ving 句によって修飾される形容詞は極めて少数です。ここでは busy, happy, worth の 3 つを知ってください。まずは busy, happy の例を見ましょう。

― ⓐ 52-⑨ ―

I'm *busy* cleaning my room.（僕は部屋の掃除をしていて忙しいんだ）
We are *busy* cleaning the car.（我々は車を洗うのに忙しいのだ）
I'm *happy* living in Chiyoda Ward.（私は千代田区に住んでいて幸せだ）
We are *happy* being students at Oxford.
（我々はオックスフォードの学生でいられて幸せに思います）

「〜するのに」「〜していて」と訳します。
次に worth の例を見ます。

― ⓐ 52-⑩ ―

This watch is *worth* owning.（この時計は所有する価値がある）
His songs are *worth* listening to.（彼の歌は聴く価値がある）

動詞 owning の目的語と、前置詞 to の目的語がありません。主語の this watch と his songs を目的語として解釈します。つまり「worth ＋ Ving 句」においては、次のような読み方が必要になるのです。

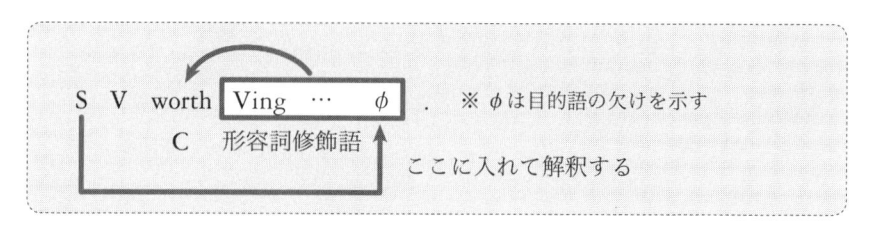

```
S  V  worth  Ving  …  φ  .   ※ φ は目的語の欠けを示す
         C    形容詞修飾語
                    ここに入れて解釈する
```

D-1 の③と同じ読み方が必要になるのです（p.184 参照）。

なお、このような「読み方」を知っていなくても、直感的に理解できる文が多いのですが、この知識があれば、自分が英語を話したり書いたりする際に、目的語をあえて欠けた状態のままにして文を終えることができるようになります。緻密に学んでおけば、文を生み出す際にも必ず生きてくるのです。

第17講ここまで

第18講スタート　　　予習 53　復習 54　例文朗読 55 ①〜㉕

⑤ SVOCのCとしてはたらく準動詞句

Eの列に入ります。この列に関してはまず、上部にある「C (5)」という表記に着目してください（p.165 参照）。

Aの列の上部に「S、C、O、前O」とあり、ここに「C」があるのに、Eの列に再び「C」があり、かつ「(5)」となっています。これは一体どういうことでしょうか。2つの「C」は、次のように異なります。

> Aの列のC → SVC（第2文型）のCを表す
> Eの列のC → SVOC（第5文型）のCと、
> 　　　　　　S be Ved C（第5文型の受動態）のCを表す

これよりEの列の準動詞句の具体例を見ていきますが、その前の準備として、第5文型に関する知識に対して補足と修正を加えます。

第5文型は p.32〜p.34 で扱いました。そして p.33 の上のワクの中で、「第5文型とは、名詞と動詞の後ろに、be 動詞が落ちた第2文型の文が置かれた文である」と述べました。ところが実は、その第5文型は一部のものにすぎません。第5文型は、より広い視点からとらえる必要があります。

これよりとらえ直しの作業を行いますが、ここからの1ページ半は例がなく、読みにくいかもしれません。しかし、すぐに具体例に入ります。気にせず読み進めてください。

では第5文型を定義し直します。第5文型とは次のようなものなのです。

> SV の後ろに、文が変形したものが置かれた文

変形するということに注意をしてください。イメージを示します。

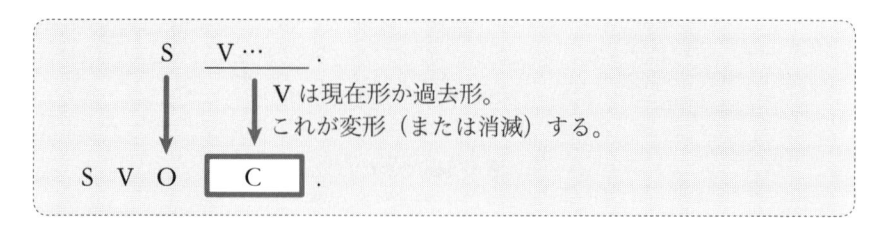

```
        S     V …        .
        ↓     ↓ V は現在形か過去形。
                これが変形（または消滅）する。
        S V O   C   .
```

元の文のSはOとなり、V以下はCとなります。

Sは原則として変形しませんが、I, we, he, she, theyの場合は、目的格のme, us, him, her, themに変化します。

一方、Vは変形します。但し、組み込まれる文（図の上段の文）が第2文型である場合は、V（be動詞）は変形するのではなく、消えます（これがp.32〜p.34で扱った第5文型です。p.33の図でbe動詞が消えることを確認してください）。また、組み込まれる文が受動態や進行形の場合も、be動詞が消えます。

このように、上段の文が下段の文に組み込まれることにより、第5文型が完成するのですが、Vの変形、消滅の結果、Cはいろいろな形になります。次の5パターンです。

```
    S V O C
        パターン① → Cが名詞、形容詞、前置詞句
        パターン② → Cが原形ではじまるまとまり
        パターン③ → CがtoV句
        パターン④ → CがVing句
        パターン⑤ → CがVed句
```

このうちのパターン①が、第1部で扱った第5文型です（ちなみにp.34で「O＝C」だと述べたのですが、これがあてはまるのはパターン①の場合のみです）。ここではパターン②〜⑤を見ていきます。

例文を見る前に、まずはパターン②〜⑤の訳し方を示します。

> OCから成立する文を、SVに結びつける。

パターン②〜⑤で用いられる動詞の代表例は次の通りです。

②	知覚動詞	have	make	let					他少数
③					get	leave	set		他多数
④	知覚動詞	have			get	leave	set	keep	他少数
⑤	知覚動詞	have	make		get	leave		keep	他少数

「知覚動詞」の代表例は、see, watch, hear, feel, sense, notice などです。外界から体内に刺激、情報などを受け取るという意味を持つものです。

では、パターン②から順に具体例を見ていきましょう。

E-0 SVOC の C としてはたらく、原形からはじまるまとまり

まずは第 5 文型パターン②のイメージ図を示します。

```
S V O  原形 …  .
       C
```

C の部分が、原形からはじまるひとまとまりです（原形の動詞 1 語である場合もあります）。このまとまりが《準動詞句の一覧表》の E-0 です（p.165 参照）。

このパターンで用いられる動詞は、上の表の通り、知覚動詞、have, make, let、他少数です。

例文を見ましょう。まずは知覚動詞の例からです。

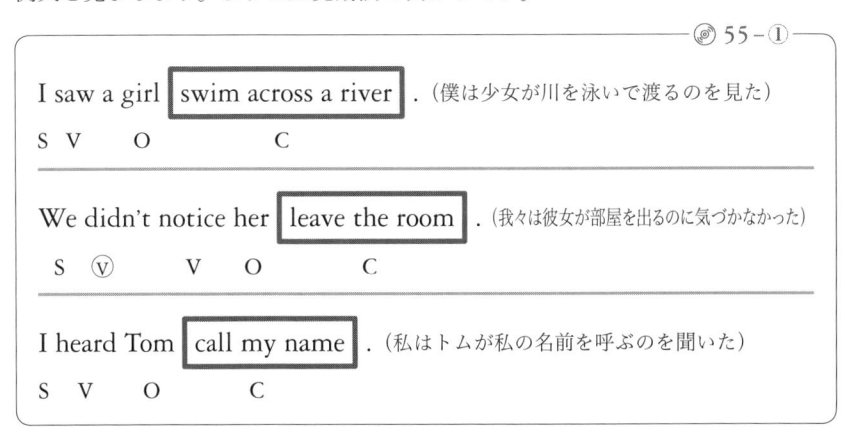

―――――――――――――――――― 🔊 55-①

I saw a girl | swim across a river | . （僕は少女が川を泳いで渡るのを見た）
S V   O   C

We didn't notice her | leave the room | . （我々は彼女が部屋を出るのに気づかなかった）
S ⓥ   V   O   C

I heard Tom | call my name | . （私はトムが私の名前を呼ぶのを聞いた）
S V   O   C

OC の部分は、元は文です。文に戻してみましょう。

A girl swam across a river.　※across は前置詞

She left the room.

Tom called my name.

　いずれも過去の話なので、動詞は過去形に戻しました。そしてこの文の内容を、前方の SV と結びつければ全体の訳が完成します。

　V が他の動詞である例も見ましょう。まずは make の例を扱います（前ページのリスト参照）。

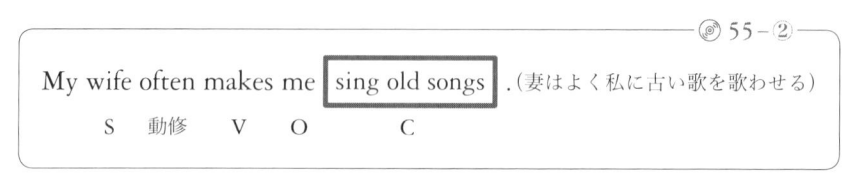

◎ 55 - ②

My wife often makes me |sing old songs|.（妻はよく私に古い歌を歌わせる）
　S　　動修　　V　　O　　　C

　この文の OC の部分には I sing old songs. という文が隠れています。

　make は第 5 文型パターン②で用いられると、「〜させる」という意味になります。よって文の訳は上のようになるのです。

　make の例をもう 1 つ見ましょう。文中の smart は「頭が良い」という意味です。この文は少し難しいかもしれません。

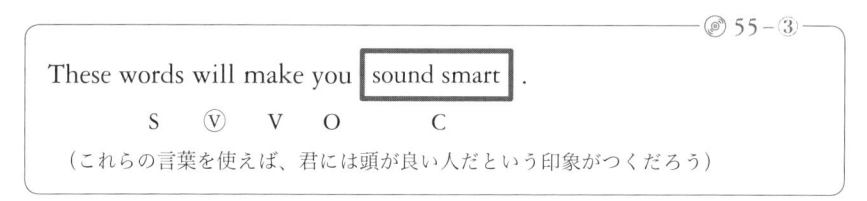

◎ 55 - ③

These words will make you |sound smart|.
　　　S　　　　Ⓥ　V　O　　　　C

（これらの言葉を使えば、君には頭が良い人だという印象がつくだろう）

　OC から生まれる文は、You sound smart. です。

　この sound は p.43 で扱ったものです。「〜のような印象である」という意味です。よって文全体は「これらの言葉は、君が頭の良い人だという印象にさせるだろう」という意味です。ここから工夫して上のように訳します。

　let に移ります。

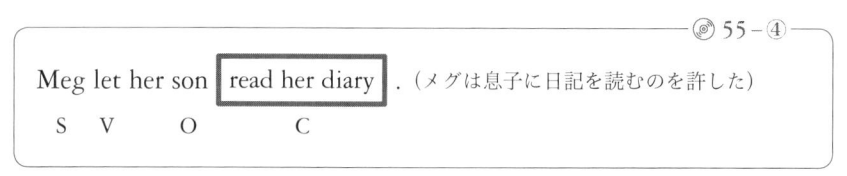

◎ 55 - ④

Meg let her son |read her diary|.（メグは息子に日記を読むのを許した）
　S　　V　　O　　　　C

　OC の部分から生まれる文は、Her son read her diary. となります。let は「〜させてやる」「許可する」という意味です。よってこのような訳になります。なお

Meg lets となっていないので、上の let は過去形です（let は原形も過去形も let なのです）。

　最後は have です。これは非常に訳が面倒です。have の基本の意味は、「持つ」「かかわる」ですが、どのように OC の状況を持つに至ったかによって、訳が異なるのです。次の通りです。

- 自分が命令できる立場にいて、OC の状態を作り出した場合
 → 「〜させる」
- 依頼して OC の状態を作り出した場合 → 「〜してもらう」
- 望んでもないのに OC の状況が生み出された場合 → 「〜される」

これが訳し方の目安です。例を見ましょう。

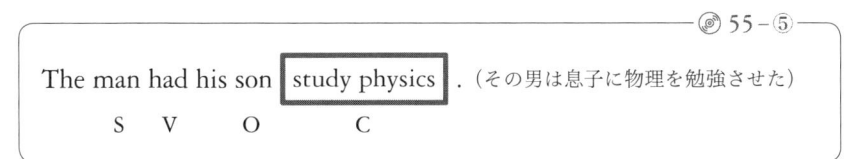

＠ 55 – ⑤

The man had his son study physics . （その男は息子に物理を勉強させた）
　S　 V　　 O　　　　　 C

OC からは His son studied physics. という文が生まれます。父親は息子に命令できる立場なので、この文の have は「させる」と訳すのが適切です。

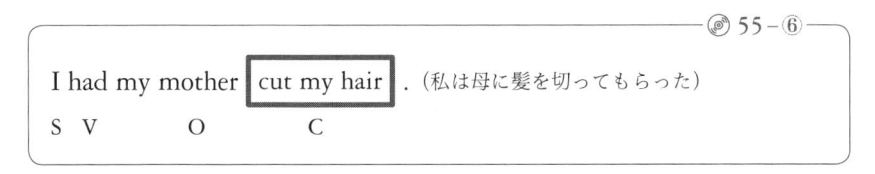

＠ 55 – ⑥

I had my mother cut my hair . （私は母に髪を切ってもらった）
S V　　 O　　　　 C

OC からは My mother cut my hair. という文が生まれます。子どもが親に命令するのはおかしいので、この文の had は「してもらう」と訳します。

＠ 55 – ⑦

I had John break my desk . （私はジョンに机を壊された）
S V　 O　　　　 C

OC からは John broke my desk. という文が生まれます。これは望ましい出来事ではありません。よってこの had は「〜される」と訳します。なお、この状況は My desk was broken by John. と表現したほうが自然なものとなります。

E-1 SVOC の C としてはたらく toV 句

次は第5文型のパターン③です。まずはイメージ図を示します。

```
S V O  | to V ... | .
          C
```

C が toV 句です。この toV 句が p.165 の一覧表の E-1 です（必ず一覧表で確認してください）。このパターン③で用いられる動詞は、p.189 のリストの通り、get, leave, set、加えて「他多数」となっています。このパターンだけ、一番右が「他多数」なのです。

この「他多数」については次のことを知っておいてください。

> ほとんどのものが「何かをするように促す」という意味を持つ。

代表例を見ましょう。それぞれの語が知っているものかどうか、チェックをしてみてください。

> ask（頼む）、advise（助言する）、allow（許す）、beg（頼む）、cause（引き起こす）、command（命じる）、compel（させる）、drive（駆り立てる）、enable（可能にする）、encourage（励ます、促す）、force（させる）、help（助ける）、incline（する気にさせる）、induce（仕向ける）、intend（意図する）、oblige（義務づける）、order（命令する）、permit（許す）、persuade（説得する）、request（要求する）、require（要求する）、teach（教える）、tell（言う）、urge（促す）、warn（警告する）

例文を見ます。

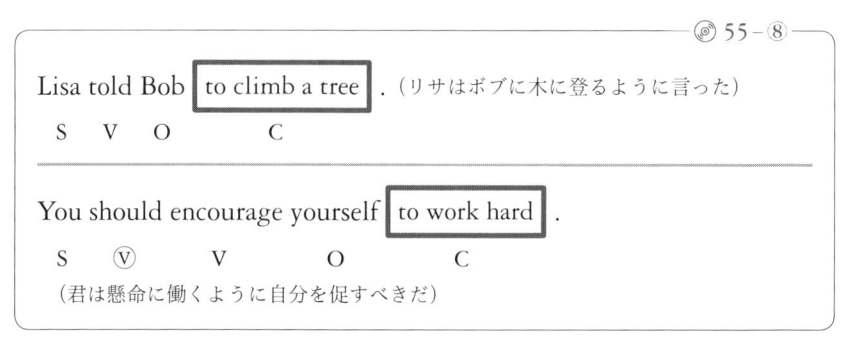

───── 55-⑧ ─────

Lisa told Bob | to climb a tree | .　（リサはボブに木に登るように言った）
　S　　V　　O　　　　C

You should encourage yourself | to work hard | .
　S　　Ⓥ　　　V　　　　　O　　　　C
（君は懸命に働くように自分を促すべきだ）

> 55 – ⑨
>
> We asked the teacher │to speak slowly│.
> S   V   O   C
> （我々はその先生にゆっくりしゃべるように頼んだ）

OC の部分に隠れている文は、次の通りです。

　Bob climbed a tree.

　You work hard.

　The teacher spoke slowly.

O が yourself である場合は、文に戻す際にはこれを you にします。他の -self、-selves で終わる語も同じです。たとえば myself は I に戻り、themselves は they に戻ります。

これらの文の意味を SV の部分につなげば、文全体の訳が完成します。

引き続きパターン③の例を見ましょう。p.189 の表の残りの動詞のうち、get, set の例を見ます。まずは get の例です。

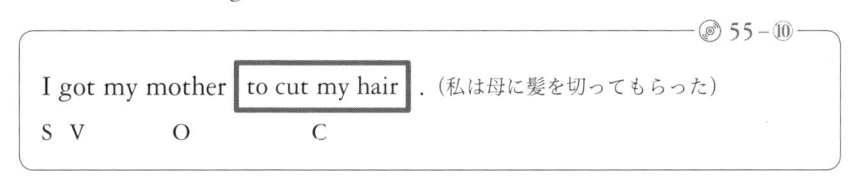

> 55 – ⑩
>
> I got my mother │to cut my hair│. （私は母に髪を切ってもらった）
> S V   O   C

第 5 文型パターン③で用いられる get は「（主に頼んで）～させる、～してもらう」という意味です。OC の部分に隠れている My mother cut my hair. という文の意味を考慮に入れ、文全体は上のような訳になります。

次は set です。

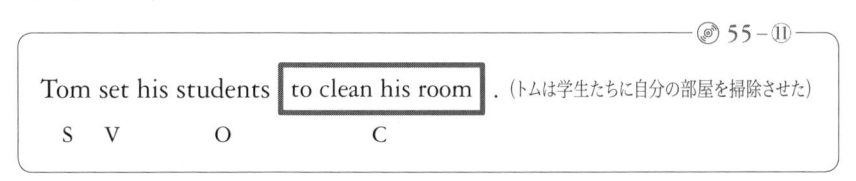

> 55 – ⑪
>
> Tom set his students │to clean his room│. （トムは学生たちに自分の部屋を掃除させた）
> S   V   O   C

パターン③で用いられる set は「～させる」という意味です。OC に隠れている His students cleaned his room. という文の意味をふまえ、文全体は上の訳になります。

193

E-2 SVOC の C としてはたらく Ving 句

第5文型のパターン④に入ります。まずはイメージ図を示します。

```
S V O [Ving …] .
        C
```

C の部分が、ing 形の動詞からはじまるまとまりです（ing 形の動詞 1 語である場合もあります）。この Ving 句が、一覧表の E-2 です（p.165 参照）。

パターン④で用いられる動詞は、p.189 のリストの通り、知覚動詞、have, get, leave, set, keep、その他少数です。まずは知覚動詞の例を見ましょう。

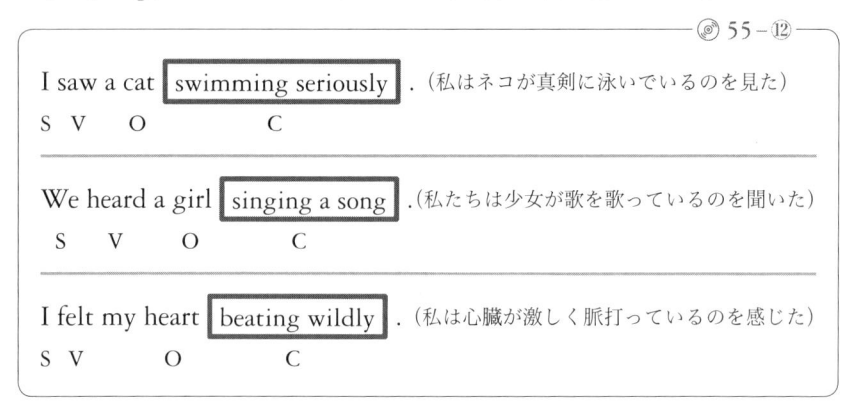

◎ 55-⑫

I saw a cat [swimming seriously]. （私はネコが真剣に泳いでいるのを見た）
S V   O   C

We heard a girl [singing a song]. （私たちは少女が歌を歌っているのを聞いた）
S   V   O   C

I felt my heart [beating wildly]. （私は心臓が激しく脈打っているのを感じた）
S V   O   C

p.188 の図において、上段の文が第2文型の場合は、下段の文に組み込まれる際に be 動詞が消えるのでした（p.33 の図参照）。これと同様に、上段の文が進行形である場合も be 動詞が消えます。次のイメージ図の通りです。

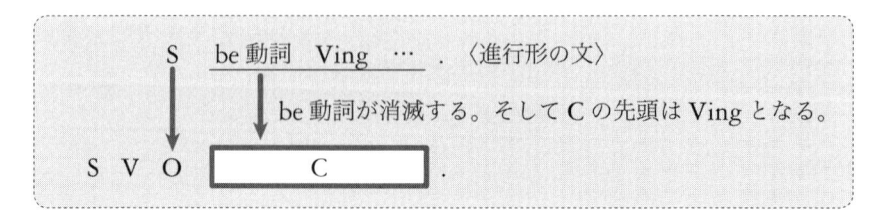

```
S   be動詞  Ving … .  〈進行形の文〉
    ↓
           be 動詞が消滅する。そして C の先頭は Ving となる。
S V O [      C       ] .
```

この結果、OC の部分は「be 動詞の消えた進行形の文」になります。このようなものが第5文型パターン④なのです。

よって第5文型パターン④においては、O と C の間に be 動詞を補えば進行形の文が成立します。上の文の OC から生まれる文は、次の通りです。

A cat was swimming seriously.

A girl was singing a song.

My heart was beating wildly.

この文の訳を SV の部分とつなげば、全体の訳が完成します。

なお、知覚動詞はパターン②でも用いられますが、パターン②では「出来事が完結するのを知覚した（見た、聞いたなど）」というニュアンスになり、パターン④では、OC の部分に埋め込まれている進行形の意味内容を反映して「出来事が起こっているその瞬間を知覚した」という意味合いが強くなります。

次に p.189 のリストの残りの動詞のうち、keep と leave の例を見ましょう。パターン④で用いられた場合、これらの動詞の訳はいずれも「〜しておく」となりますが、keep が「〜している状態を保っておく」という意味であり、leave は「〜している状態のまま放っておく」という意味です。

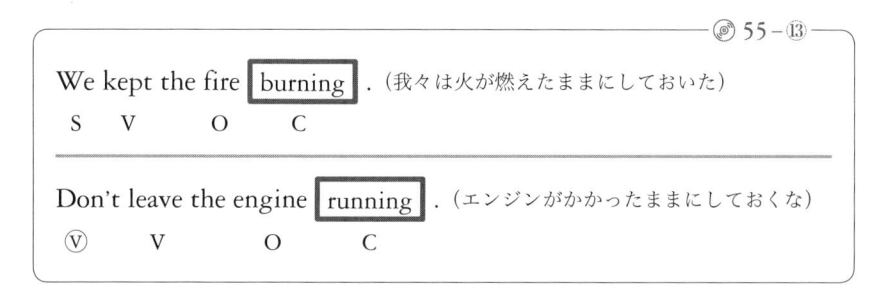

⊚ 55 - ⑬

We kept the fire burning . （我々は火が燃えたままにしておいた）
　S　 V　　O　　　C

Don't leave the engine running . （エンジンがかかったままにしておくな）
　Ⓥ　　V　　　O　　　C

疑問文や命令文で用いられる do, does, did は助動詞なので、下にⓋを置いてあります。OC から生まれる文は、それぞれ次の通りです。

The fire was burning.

The engine is running.

これらの文の意味を SV の部分とつなげば、全体の訳が完成します。ちなみに、最初の文は「我々は火を燃やし続けた」とも訳せます。

E-3 SVOC の C としてはたらく Ved 句

最後はパターン⑤です。やはりまずはイメージ図を見ましょう。

S　V　O　 Ved ⋯ .
　　　　　　C

Cの部分が、過去分詞形の動詞からはじまるひとまとまりです（過去分詞形の動詞1語である場合もあります）。このVed句が一覧表のE‐3です（p.165参照）。

このパターン⑤で用いられる動詞は、p.189のリストの通り、知覚動詞と、have, make, get, leave, keep、他少数です。

まずは知覚動詞の例から見ていきましょう。

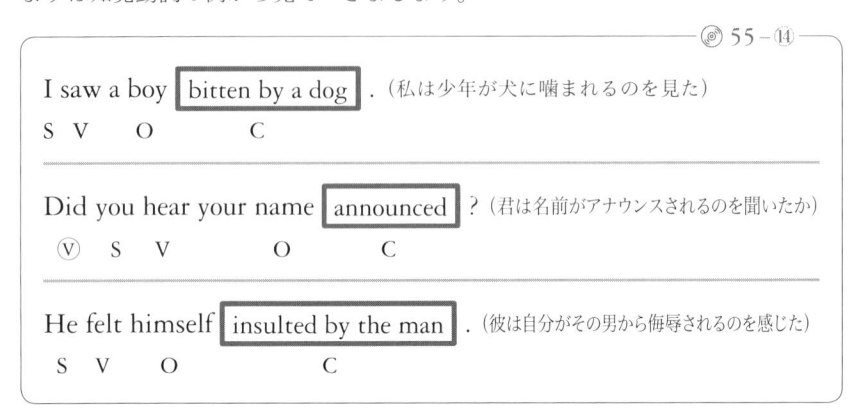

◎ 55 – ⑭

I saw a boy ｜bitten by a dog｜．（私は少年が犬に噛まれるのを見た）
S V　　O　　　　C

Did you hear your name ｜announced｜？（君は名前がアナウンスされるのを聞いたか）
Ⓥ　　S　V　　　O　　　　C

He felt himself ｜insulted by the man｜．（彼は自分がその男から侮辱されるのを感じた）
S　V　　O　　　　　　C

---

p.188の図において、上段の文が受動態である場合は、下段の文に組み込まれる際にbe動詞が消えます。次のイメージ図の通りです。

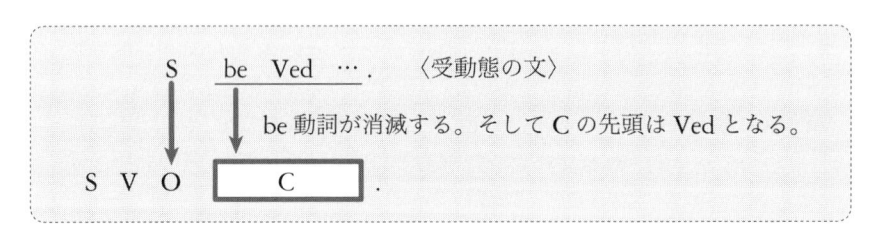

S　be Ved …．〈受動態の文〉
↓　↓
　　　be動詞が消滅する。そしてCの先頭はVedとなる。

S V O　｜　C　｜．

この結果、OCの部分は「be動詞の消えた受動態の文」となります。このようなものが第5文型パターン⑤です。よって、第5文型パターン⑤において、OCの部分を元の文に戻すには、OとCの間にbe動詞を補います。

上の文のOCからは、次の文が生まれます。

A boy was bitten by a dog.

Your name was announced.

He was insulted by the man.

この文の意味を前方のSVとつなげば、全体の訳が完成します。

次に p.189 の表の残りの動詞のうち、まずは make, leave, keep の例を見ましょう。make が用いられた文は「O が C された状態を作り出す」という意味になります。leave, keep が用いられた文は、「O が C された状態にしておく」です。やはりここでも keep は「保っておく」であり、leave は「放っておく」という違いがあります。

例文を見ましょう。まずは make の例です。

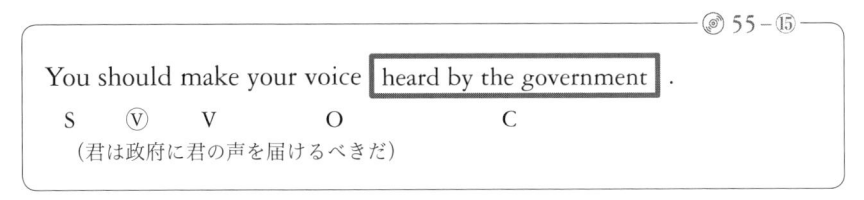

◎ 55 - ⑮

You should make your voice heard by the government .
S   Ⓥ   V   O   C
（君は政府に君の声を届けるべきだ）

OC からは、次の文が生まれます。

　Your voice is heard by the government.

この文の意味を、SV の部分とつなぎます。すると文全体は「君は君の声が政府に聞かれる状態を作るべきだ」という意味だとわかります。ここから工夫して、上のような訳にします。

keep, leave の例を見ましょう。

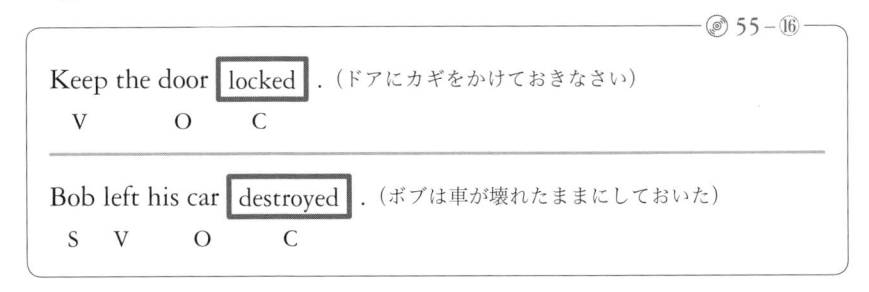

◎ 55 - ⑯

Keep the door locked .（ドアにカギをかけておきなさい）
　V   O   C

Bob left his car destroyed .（ボブは車が壊れたままにしておいた）
S　V　 O 　　C

OC からは、それぞれ次の文が生まれます。

　The door is locked.

　His car was destroyed.

最初の文の訳は「ドアがカギがかけられたままにしておきなさい」だと不自然なので、上のようにしました。

最後は p.189 のリストの残り、つまり get と have です。この 2 つの単語は、パターン⑤では意味がほぼ同じなので、まとめて処理します。パターン⑤の get, have は「OC の状態を得る、持つ」というのが根本の意味なのですが、どのような経緯でその状態を手に入れたかによって、訳語が異なります。パターン②で扱った have

の場合と同じです（p.191 参照）。

訳の目安は次の通りです。

> - 自分がその状態を作り出した場合 →「〜する」「〜してしまう」
> - 自分が命じて、他人がその状況を作り出した場合 →「〜させる」
> - 依頼した場合 →「〜してもらう」
> - 望んでもないのに OC の状況が生み出された場合 →「〜される」

具体例を見ましょう。

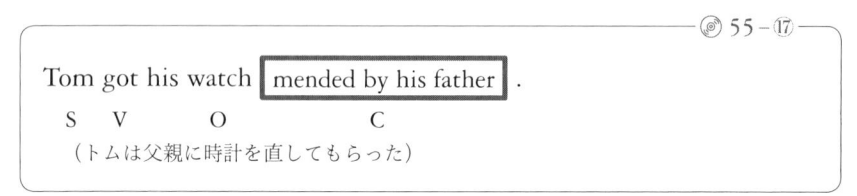

───── 55 – ⑰ ─────
Tom got his watch │mended by his father│.
S   V   O   C
（トムは父親に時計を直してもらった）

OC からは His watch was mended by his father. という文が生まれます。
この文の訳は「彼の時計は父親に修理された」です。これを SV とつなぐと「トムは、自分の時計が父親に直された状態を得た」となります。修理を頼んだのでしょうから、最終的には上のように「もらう」という訳語にします。

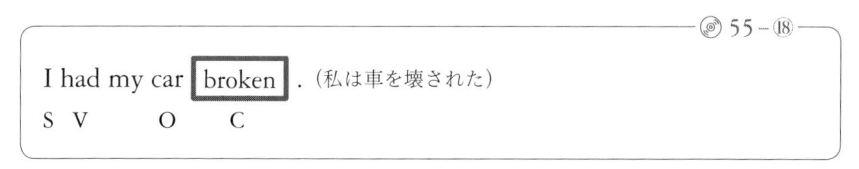

───── 55 – ⑱ ─────
I had my car │broken│. （私は車を壊された）
S V   O   C

OC からは My car was broken. (私の車が壊された）が成立します。これを SV とつなげると「私は車が壊された状態を持った」となります。頼んでもないのに壊されたのでしょうから、上のように「される」と訳すことになります。

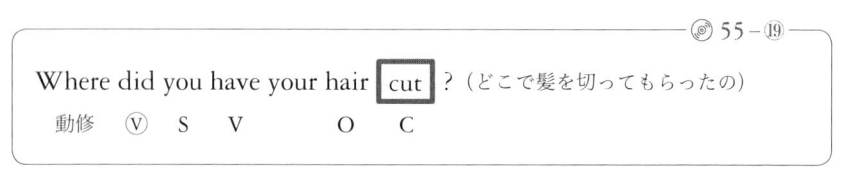

───── 55 – ⑲ ─────
Where did you have your hair │cut│? （どこで髪を切ってもらったの）
 動修   Ⓥ   S   V   O   C

OC からは Your hair was cut. という文が生まれます（cut は過去分詞形が原形と同じ形です）。頼んで散髪したのでしょうから「もらう」という訳語を用います。

```
                                               55-⑳
 I will have the work │finished by ten│.  (仕事を10時までにしてしまうつもりだ)
 S    Ⓥ     V            O          C
```

OC からは The work is finished by ten.(仕事が 10 時までになされる) という文が生まれます。仕事がなされる状態は自分で作り出すのでしょうから「する」「してしまう」という訳語を選びます。

次が最後の例です。

```
                                               55-㉑
 He got the draft │typed by his secretary│.  (彼はその下書きを秘書にタイプさせた)
 S    V      O              C
```

OC からは The draft was typed by his secretary.(その下書きは彼の秘書によってタイプされた) という文が生まれます。秘書に命じてタイプさせたのでしょうから「させる」という訳語を選びます。

⑥ S be Ved C の C としてはたらく準動詞句

第 5 文型の受動態は p.38 〜 p.39、p.41 で扱いましたが、それはあくまでパターン①の受動態です。ここではパターン②、パターン③、パターン④、パターン⑤の文が受動態になるようすを見ていきます。

まずは第 5 文型の文が受動態になるイメージ図を見ます。

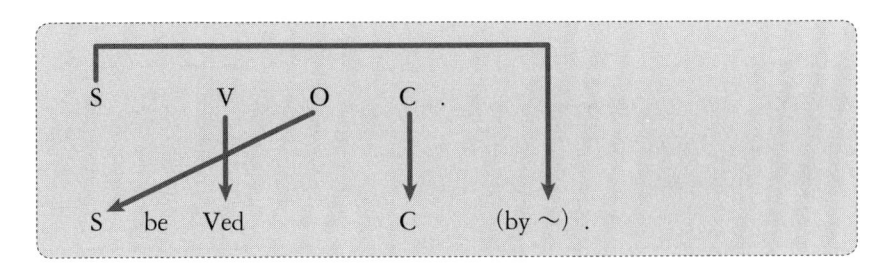

```
      S       V      O      C .

      S   be  Ved           C    (by 〜).
```

「by 〜」の両端のカッコは、「この部分は存在しないこともある」ということを示すのでした。p.36 で述べた通りです。

ではパターン②より順に受動態にしていきましょう。

199

パターン②の受動態

次の文を受動態にします。

　Lisa saw Tom kick a door.（リサはトムがドアを蹴るのを見た）

先ほどの図式の通りにすれば、完成する文は次のようになります。

> Tom was seen [kick a door] by Lisa.
> 　S　be Ved　　C　　　動詞修飾語

ところが、この文は正しい文ではないのです。第5文型のうちパターン②だけは、受動態にする際に、Cの動詞の形を変えなくてはなりません。
原形を to 不定詞形にしなくてはならないのです。
正しい受動態の文は次のものです。

　Tom was seen to kick a door by Lisa.（トムはドアを蹴るのをリサに見られた）

他の例も見ましょう。次の2文を受動態にしてみてください。

　They heard me murmur her name.
　（彼らは僕が彼女の名前をつぶやくのを聞いた）
　Meg made Bob buy a car.（メグはボブに車を買わせた）

次の文が完成します。

　I was heard to murmur her name by them.
　（僕は彼女の名前をつぶやくのを彼らに聞かれた）
　Bob was made to buy a car by Meg.（ボブはメグに車を買わされた）

なお、これらの「be＋知覚動詞（過去分詞形）＋ to V」「be made to V」という連なりは、あまり用いられる表現ではありません。別の表現を用いたほうが、より自然な文になります。それについては、次の「パターン③の受動態」と、その次の「パターン④の受動態」のところで述べます。

パターン③の受動態

次の文を受動態にしましょう。第5文型パターン③の文です。

　Lisa told me to dance.（リサは私に踊るように言った）

完成する文は以下の通りです。

　I was told to dance by Lisa.（私はリサから踊るよう言われた）

他の例も見ましょう。次の3文を受動態にしてみてください。なお、いずれの述語動詞も、p.192のリストにあるものです。

He asked me to help with his work.
（彼は私に仕事を手伝ってくれるよう頼んだ）
Bob forced Meg to drink milk.（ボブはメグに牛乳を飲ませた）
They warned us to leave the port.
（彼らは私たちにその港を去るよう警告した）

受動態は以下の通りです。

◎ 55 - ㉒

I was asked **to help with his work** by him.
　（私は彼から仕事を手伝ってくれるよう頼まれた）
Meg was forced **to drink milk** by Bob.
　（メグはボブから牛乳を飲むよう強制された）
We were warned **to leave the port** by them.
　（私たちは彼らからその港を去るよう警告された）

さて、前のページで「be made to V」という表現はあまり用いられるものではないということを述べましたが、上の「be forced to V」という表現は頻繁に見られるものです。よって「〜させられた」という内容は、仮に能動態で用いられている動詞が make でも、受動態にする際に動詞を force に変えて表現すると、より自然な文になります。

このパターン③の受動態に関しては、次のことに注意をしてください。

> say, think, believe は、第5文型パターン③で用いられることはほとんどないが、受動態で用いられることは多い。

特に say に関しては、能動態は存在しないといえます。つまり、以下のような文は、実際には見られません。

　People say Lisa to live in this town.

この文は「人々はリサがこの町に住んでいると言っている」という意味のつもりで書いた文ですが、正しい文ではないのです。ところが、この文を受動態にした次の文は正しい文となります（by 以下は省略します）。

　Lisa is said to live in this town.（リサはこの町に住んでいると言われている）

類例を見ましょう。

> ⓢ 55-㉓
>
> Tom **is said to** love Lisa.（トムはリサのことを好きだと言われている）
> He **is thought to** own a ship.（彼は船を所有していると思われている）
> Bob **was believed to** hate the manager.
> 　（ボブはその監督を嫌っていると信じられていた）

これらに関しては、次のまとまりで記憶してください。

> be said to V（Vすると言われている）
> be thought to V（Vすると思われている）
> be believed to V（Vすると信じられている）

パターン④の受動態

次の文を受動態にしましょう。第5文型パターン④の文です。

　They saw her sleeping on a bench.
　（彼らは彼女がベンチで寝ているのを見た）

完成する受動態は次の通りです。

　She was seen sleeping on a bench by them.
　（彼女はベンチで寝ているのを彼らに見られた）

他にも3例を見ましょう。以下の文を受動態にしてみてください。

　Tom saw me dancing in the rain.（トムは私が雨の中で踊っているのを見た）
　He heard her shouting.（彼は彼女が叫んでいるのを聞いた）
　My husband kept me waiting for five hours.（夫は私を5時間待たせた）

それぞれの受動態は次の通りです。

> ⓢ 55-㉔
>
> I was seen **dancing in the rain** by Tom.
> 　（私は雨の中で踊っているのをトムに見られた）
> She was heard **shouting** by him.（彼女は叫んでいるのを彼に聞かれた）
> I was kept **waiting for five hours** by my husband.
> 　（私は夫に5時間待たされた）

さて、p.200 で「be ＋知覚動詞（過去分詞形）＋ to V」はあまり用いられる表現ではないということを述べましたが、これに関しては次の記述が参考になります。『ルミナス英和辞典』（研究社 2001 年 p.1188）からの引用です。

> We noticed the man enter her room.〈V ＋ O ＋ C（原形）〉
> （わたしたちはその男が彼女の部屋に入るのを見た。）
> 語法 上の文を受身の意味にすると次のように原形の代わりに to 不定詞を用いて The man was noticed to enter her room. となるが、むしろ The man was noticed entering her room. の方が普通。

つまり、知覚動詞を用いたパターン②の文を受動態にする際には、パターン③にするのではなく、パターン④を用いたほうが普通の文になるということです。このことはぜひ頭に入れておいてください。

このように英和辞典には文法知識も記載されているのです。辞書の素晴らしさについては「結の巻」の最後に、改めてじっくりと述べます。

パターン⑤の受動態

次の文を受動態にすることを考えましょう。第 5 文型パターン⑤の文です。

　Tom saw me punched by Yumi.（トムは私がユミに殴られるのを見た）

これを型通りに受動態にすると、次のようになります。

　I was seen punched by Yumi by Tom.

「by ～」が連続するので変な感じがするかもしれません。実際にこのような文はまず存在しないものだといえます。

但し、by が存在しない文は見られます。次のようなものです。

ⓓ 55-㉕

> His vehicle was seen **abandoned near the river**.
> （彼の車は川の近くに捨てられているのが目撃された）

以上でついに《準動詞句の一覧表》も終わりました。

第 18 講ここまで

CHAPTER 2 準動詞句の主体

第2章では「準動詞句の主体」について考えます。

なぜ主体について考えなくてはならないかということは、準動詞句を従属節（従位接続詞＋文のこと。p.161 参照）と比較してみれば明らかになります。

次の2つの図を見てください。それぞれ、従属節と準動詞句のイメージ図です。

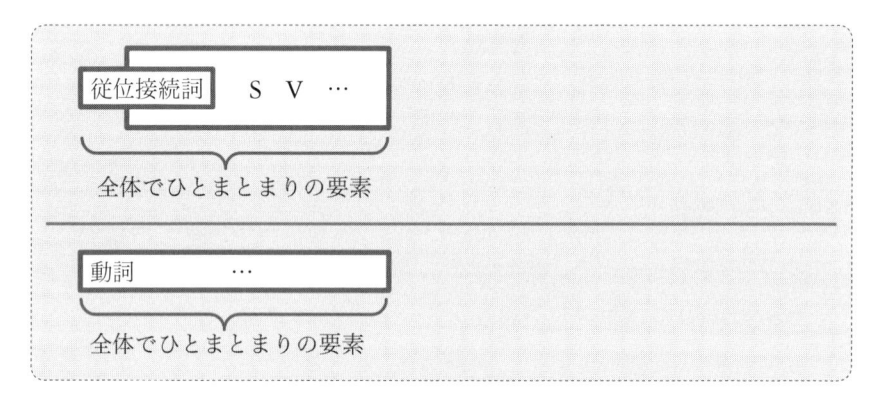

```
┌─────────────────────────────┐
│  ┌─────────┐                │
│  │ 従位接続詞 │  S  V  …      │
│  └─────────┘                │
│      └──────┬──────┘        │
│       全体でひとまとまりの要素    │
│  ─────────────────────────  │
│  ┌─────┐                    │
│  │ 動詞 │   …                │
│  └─────┘                    │
│      └──────┬──────┘        │
│       全体でひとまとまりの要素    │
└─────────────────────────────┘
```

準動詞句は上のような構造なので、次の点に注意しなくてはなりません。

> 準動詞句の内側には主語（S）が存在しない。準動詞句の主体は読み手［聞き手］が自力で判断する。

たとえば、次の2文は同じ to help me という toV 句が含まれていますが、主体は異なります。それぞれの主体を考えてみてください。

　　He came here to help me.（彼は私を助けるためにここに来た）
　　I need a man to help me.（私は助けてくれる人を必要としている）

最初の文の to help の主体は主語の He であり、2番目では to help の主体は目的語の a man です（それぞれの to V 句は《準動詞句の一覧表》の C-1 と B-1 の「主格」）。

このように準動詞句の主体は、受け手が判断しなくてはならないのですが、準動詞句の主体を示す語を加えることもできます。

これより主体の加え方を学びますが、ここでは次のように、場合分けをして話を進めます。なお加わる主体は「意味上の主語」と呼ばれます。

> [準動詞句に対する意味上の主語の付加]
> 1 toV 句に対する付加
> 2 Ving 句に対する付加
>   ① 動名詞
>   (1) 主体が名詞である場合
>   (2) 主体が代名詞である場合
>   ② 分詞構文
> 3 Ved 句に対する付加

それぞれを見ていきましょう。

1 toV 句に対する意味上の主語の付加

toV 句には、次のような方法で意味上の主語を加えます。

> toV 句の直前に for ＋名詞を置く。

例文を見ましょう。

ⓢ 58-①

> There are several contracts **for Tom** to sign.
> （トムがサインすべき契約書がいくつかある）
>
> I stopped my car **for the lady** to cross the road.
> （その女性が道を横切れるように、私は車を止めた）

最初の toV 句は名詞修飾語です。contracts を修飾しています。sign の O が欠けているので、《準動詞句の一覧表》の B-1 の「目的格の toV 句」です（p.174 参照）。2 番目の toV 句は stopped を修飾しています。一覧表の C-1 です（p.179 参照）。

toV 句に意味上の主語を加える際に、「for ＋名詞」ではなく「of ＋名詞」という形にするべき場合があります。この場合は、次のような「型」として覚えてください。

205

> It is 〜 of X to V（V するとは［なんて］X は〜だ）
> ※「〜」の位置には、人の性格、性質を示す形容詞が置かれる。

例文を見ましょう。

---- ⓐ 58 - ②

> It is foolish **of you** to praise Tom.
> 　（トムをほめるなんて君は愚かだ）
>
> It was wise **of your husband** to reject the offer.
> 　（その提案を断るとは旦那さんは賢明だった）
>
> It's bold **of you** to speak to the President.
> 　（大統領に声をかけるなんて君は大胆だ）

②- Ving 句に対する意味上の主語の付加

　次に、Ving 句に意味上の主語を加える方法を示します。p.165 の表の 2 の行のうち、意味上の主語が加わることがあるのは、A‐2（動名詞）と C‐2（分詞構文）なのですが、加え方が異なります。動名詞に加える方法は次の通りです。

> (1) 名詞 → 所有格かそのままの形で加える。
> (2) 代名詞 → 所有格か目的格にして加える。

　名詞の所有格は p.48 で扱いました。「-'s」という形です。
　代名詞の所有格とは、my, our, your, his, her, their, its です（これらは「所有形容詞」とも呼ばれます）。
　代名詞の目的格とは、me, us, you, him, her, them, it です。
　では例を見ましょう。まずは (1) です。

---- ⓐ 58 - ③

> I don't remember **Tom's** drinking milk.
> 　（私にはトムが牛乳を飲んだ記憶はない）
>
> My son often complains about **his room** being too small.
> 　（息子は自分の部屋が小さすぎることについてよく文句を言っている）

　最初の例では、drinking milk が remember の O です。そして Tom が所有格となり、意味上の主語として加わっています。

2番目の例では、being too small が前置詞 about の O です。そして his room が そのままの形で意味上の主語として加わっています。

次に (2) の例を見ましょう。

🔊 58 - ④

Do you mind **my** smoking here?
（君は私がここで喫煙することを気にするか→ここで喫煙してもいいか）

My husband hates **me** dancing in his study room.
（夫は私が彼の勉強部屋で踊るのを嫌がっている）

最初の例では、smoking here が mind（気にする、嫌だと思う）の O です。そしてここに、代名詞 I の所有格 my が、意味上の主語として加わっています。

2番目の例では、dancing in his study room が動詞 hates の O です。そしてここに、代名詞 I の目的格 me が、意味上の主語として加わっています。

次は分詞構文に意味上の主語を加える方法ですが、これは簡単です。
「そのままの形で加える」のです。

例文を見ましょう。

🔊 58 - ⑤

My wife having a cellphone, I was able to call my mother.
（妻が携帯電話を持っていたので、私は母に電話をすることができた）

---

my wife が意味上の主語です。なお、このような「意味上の主語＋Ving 句（分詞構文）」は、かなり堅い表現です。以下のような文のほうが、特に会話では、ずっと自然なものとなります。

My wife had a cellphone, so I was able to call my mother.
Because my wife had a cellphone, I was able to call my mother.

３ ― Ved 句に対する意味上の主語の付加

p.165 の表において、Ved 句は 3 ヵ所にありますが、意味上の主語が加わるのは C-3 のみです。この C-3 は、C-2 と同じく分詞構文です（p.181 の下のワクの中参照）。そして C-2 と同じように、意味上の主語はそのままの形で加えます。例を見ましょう。

> **My work** done, I went to the bar.
> （自分の仕事が終えられて→自分の仕事を終えて、私はそのバーに行った）
>
> **The windows** cleaned, my mother had a coffee.
> （窓が洗われて→窓を洗い終えて、母はコーヒーを飲んだ）

done, cleaned の前に意味上の主語が加わっています。

以上で第3部の準動詞句が終わりました。さて、p.163 で準動詞句を富士山にたとえましたが「奥の深さ」という点で、準動詞句は、まさに富士山のようなものです。富士山は世界の高峰と比べれば、それほど高い山ではありません。また、形も複雑怪奇とはいえません。ところがシンプルな形の山ながら、眺める角度、時間、天気、季節ごとに見せる多彩な姿、汲めども尽きぬ情趣、迫力、美しさは圧倒的です。準動詞句は種類が少なく（p.164 からわかるように、4種類しかありません）、複雑な形でもなく（p.204 の2つの図を比べるとよくわかります）、一見すると、従属節よりもはるかに簡単なものです。ところが同じ形のままで、いろいろな意味になり、いろいろな文法上の役割を果たし、主体も文ごとに様々です。シンプルながら、実に奥の深い表現なのです。ある著名な言語学者が「構造の簡単さは必ずしも熟達を容易にするものではない。入門は易しくても熟達はかえってその反対であることが多い」という旨のことを述べていますが、準動詞句は、まさにこの言葉の正しさが実感できる項目です。

従属節と準動詞句の難しさについては、次のようにまとめることができます。

> - 従属節は従位接続詞の数が多く、また長い表現なので、一見すると難しいが、一度理解して覚えてしまえば、後は楽なものである。
> - 準動詞句は種類が少なく、また短く、一見簡単でとっつき易いが、後々まで難しさを引きずる。

ケガにたとえれば、従属節は骨折で、準動詞句はねんざのようなものです。骨折は大ケガですが、一度治れば痛みは消えます。ねんざは骨折ほどの重傷ではないのですが、いつまでも痛みが残ることが多いものです。

以上でついに「起の巻」が終了です。ここまでの話は次のように整理することができます。

> 語と語が結びつき、8種類の文が成立する
>
> → 平叙文が命令文、疑問文、感嘆文に変形する。
> → 肯定文が否定文に変形する。
>
> ↓
>
> 等位接続詞が文と文を結びつける。
> 従位接続詞が従属節を形成し、これが他の文中ではたらく。その結果、文と文が結びつく。
>
> ↓
>
> 従属節に類似の準動詞句というものが存在する。

ちなみに、日本でこれまでに発売されてきたほぼ全ての英文法書では「文型→準動詞句→従属節」という順序での記載になっていますが（文法書をお持ちの方はチェックしてみてください）、多くの準動詞句は、従属節の省略表現と考えることによって、理解が格段に容易になります。したがって「文型→従属節→準動詞句」という順序で学んだほうが、はるかに効率の良い学習となります。また、準動詞句の奥の深さが実感できます。ゆえに本書では、準動詞句よりも先に従属節を扱ったのです。

最後にp.20の「英文法の全体像Ⅰ」を見て、ここまでの流れをより細かく確認してください。

さて、p.14で「長い文というのは、その中でいくつもの文法規則がからみあい、複雑な構造を持っています」と述べましたが、以下の文からそのことがよくわかります。この文の読解に挑戦してみてください。20世紀の英国首相であり、文筆家でもあった（ノーベル文学賞の受賞者です）、ウィンストン・チャーチルに関する文です（realize：認識［意識］する、politician：政治家）。ここまでに学んだ知識のみで構成されている文ですが、難しいと感じたら、その下のヒントを参照してください。

> Churchill is special in that when I think about him, I never realize that he was a politician or a writer or that he spoke English.

> ［ヒント］　in that → p.91

では解説をします。まずChurchill is specialで、「チャーチルは特別だ」となり

ます。そしてどういう点で特別だったのかということが、in ～の部分で述べられています。in は前置詞であり、「～という点で、～において」という意味です。

この文が面倒なのは、前置詞 in の目的語が名詞 1 語ではなく、that 節だということです。この that は《従位接続詞の一覧表》の A‐0 です。類例を p.91 で扱いました。確認してください。

この文の出だしは、次のような構造になっています。

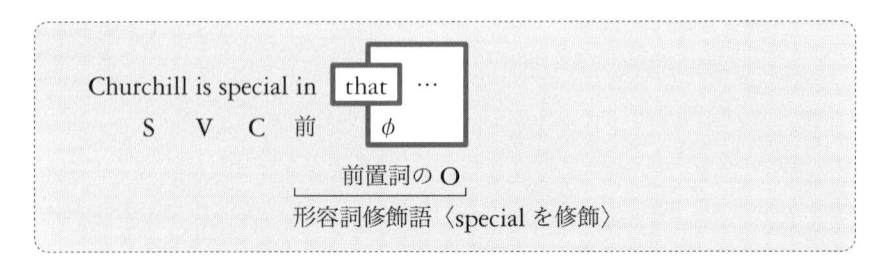

```
Churchill is special in  that  …
    S    V   C    前     φ
                  前置詞のO
              形容詞修飾語〈special を修飾〉
```

次に that 節の内側を見ましょう。この that 節においては、that の直後に when があり、変な感じがします。that の直後に SV が存在するのではなく、when 節が置かれているのです。

この when は《従位接続詞の一覧表》の C‐3 であり、when 節はその後ろの SV の V を修飾しています。つまりこの that 節は、シンプルな

```
that  S V …
 φ
```

という構造ではなく、次のような構造なのです。

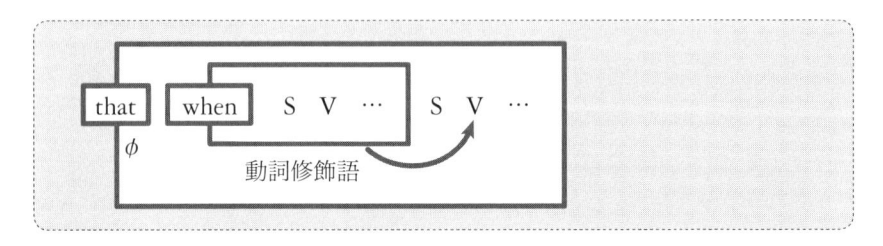

```
that  when  S V …   S V …
 φ
         動詞修飾語
```

従属節の内部に、別の従属節が存在しているのです。

次に when 節の後ろの SV に目を移しましょう。I never realize の目的語に注意をしてください。目的語は that 節なのですが、2 つあります。

that 節の内側の構造は次の通りです。

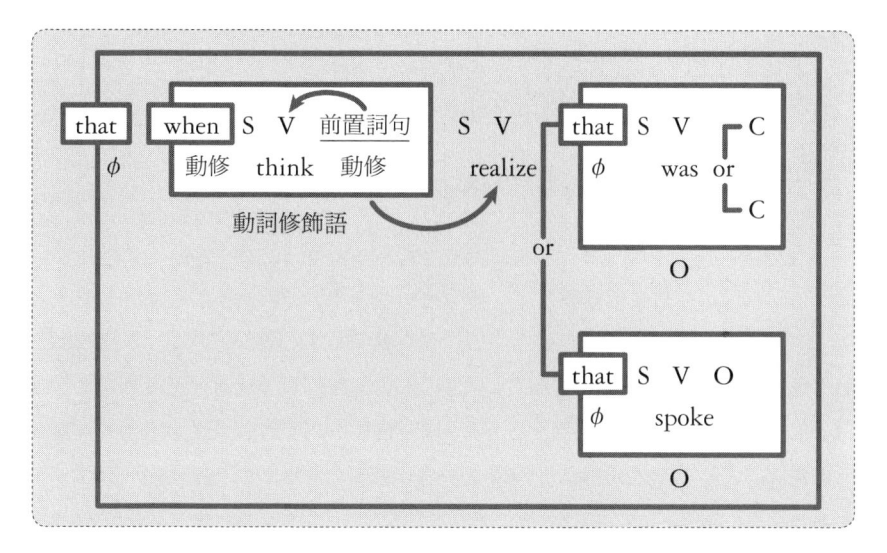

```
[that]  [when] S V 前置詞句    S V       [that] S V ┌ C
  φ           動修 think 動修  realize     φ   was or
                  動詞修飾語           or            └ C
                                                        O
                                       [that] S V O
                                         φ  spoke
                                                        O
```

文の最後までが that 節です。that 節の中に 4 つの SV が存在しているのです。

1 つ目の or は、a politician と a writer をつないでいます。C と C を結んでいるのです。

この that 節の内部の訳は、「私が彼について考える時に、私が、彼が政治家だったということや文筆家だったということ、あるいは彼が英語をしゃべったということを決して意識しない」となります。

that 節全体は前置詞 in の目的語なので、上の内容全体が「〜という点で」の「〜」にあたります。そして「〜という点で」が、形容詞 special を修飾します。

文全体の訳は次のようになります。

> チャーチルは、私が彼について考える時に、私が、彼が政治家だったということや文筆家だったということ、あるいは彼が英語をしゃべったということを決して意識しないという点で特別だ。

この訳では、やや内容が伝わりにくいので改めます。

> 私がチャーチルについて考える時に、彼が政治家だったということや文筆家だったということ、あるいは彼が英語をしゃべったということを決して意識しないという点で、彼は特別だ。

さて、この文は簡単な内容でありながら、多くの文法項目がからみあった複雑な構造を持っています。このような文は、理詰めで分析して、文法構造を正確に見抜くことによってのみ、正しい解釈が可能になります。

次のことをしっかりと認識してください。

> 文の意味を理解するには、文法構造が見抜けなければならない。

ここで扱ったような文は、英字新聞や英書を読んでいれば、普通に見られるレベルのものです。これより複雑な文も無数にあります。このように複雑な文をフィーリングに頼って理解することは不可能です。初学者は、理詰めで考え、文法構造を正しく見抜いてはじめて理解できる文に頻繁に出会うのです。そしてそのような文から逃げずに、構造を考え、解説を受けるという演習を数多く行うことで、ようやく「辞書さえあればほぼ全ての文が理解できる」という中級者になれます。演習を行うためには、もちろんその前提として、構造分析の道具である文法理論を大量に学ぶ必要があります。

引き続き、丁寧に文法学習を進めていきましょう。

以上で「起の巻」が終わりました。

第 19 講ここまで

承の巻 ―― 形の変化

皆さんが会話、会話と騒いだところで、しょせんはその会話とて、文法という骨格のうえにしか成立しえないものなのです。

―― 里中哲彦（河合塾講師）

第1部　時制 ─ 動詞・助動詞の形の変化

　この第1部では、動詞、助動詞の形が変わり、組み合わさることによって、文の意味がどのように変化するのかということを見ていきます。

　最初に次の4つを扱います。

　　第1章　基本形（助動詞が存在しない文）
　　第2章　進行形（助動詞 be が存在する文）
　　第3章　完了形（助動詞 have が存在する文）
　　第4章　法助動詞が存在する文

この4章が第1部の土台となります。まずはこれを固めましょう。

　さて、上で「動詞、助動詞の形が変わり」と述べましたが、ここで、動詞、助動詞の形を確認しておきます（p.50 より転載）。

現在形	原形の語尾に -s を加えた形
過去形	原形の語尾に -ed を加えた形
原形	動詞の元の形（辞書に見出し語として記載されている形）
to 不定詞形	原形の前に to を加えた形　※to は離して置く
ing 形	原形の語尾に -ing を加えた形
過去分詞形	原形の語尾に -ed や -en を加えた形

では、第1章に入っていきましょう。

CHAPTER 1 基本形

助動詞が存在しない文を、本書では「基本形」と呼ぶのでした（p.50 参照）。基本形の文は、述語の先頭の形を基準にすれば、次の 2 つに分けられます。

1　述語の先頭が現在形の文
2　述語の先頭が過去形の文

それぞれを見ていきましょう。

1 述語の先頭が現在形の文

述語の先頭が現在形のものは、文字通り、現在のことを表します。

―― 61-①

My mother was thin when she was young, but she **is** heavy now.
（母は若い頃はやせていたが、今は太っている）

I **remember** his name now, but someday I will forget it.
（今は彼の名前を覚えているが、いつかは忘れるだろう）

最初の文の She is heavy の部分は、過去と比べたうえで、現在のことを述べています。2 番目の文の I remember his name の部分は、未来との対比における現在の状況を表しています。is も remember も、現在を表しているといえます。

現在形には、特に「現在」という意味を持たない例も数多くあります。次のような例です。

―― 61-②

We **live** in Shimane Prefecture.（我々は島根県に住んでいる）

I **study** French before breakfast every day.
（私は毎日、朝食の前にフランス語を勉強する）

Light **travels** fast.（光は高速で進む）

これらの文の内容は、特に現在に限った話ではありません。「現在」というよりも「現実」、あるいは「事実」「真実」を述べる用法です。こちらの用例のほうが多いといえます。

現在形に関する他の用法として、新聞や雑誌の見出しが挙げられます。過去の出来事を述べる際に、現在形が用いられるのです。例を見ましょう。

61-③

Japan **blasts** U.S. trade policy（日本、米国の通商政策を非難）
Bush **signs** orders to streamline bureaucracy
　（ブッシュ大統領、官僚合理化命令に署名）

動詞は blast も sign も現在形で用いられています。なお、2番目の文中の toV 句は orders を修飾します。「同格の toV 句」です（p.171 参照）。

② 述語の先頭が過去形の文

次は述語の先頭が過去形のものです。このような文は、内容が過去のことだということを示します。

61-④

We **went** to Warsaw last year.（我々は去年ワルシャワに行った）
My wife **was** bitten by a coyote yesterday.（妻は昨日コヨーテに噛まれた）

過去の1点のみについて述べるのではなく、過去の繰り返しの出来事や、時間の幅を持つことについて述べる場合もあります。

61-⑤

I *often* **ate** pasta when I lived in Milan.
　（ミラノに住んでいた時、よくパスタを食べた）
We **owned** a cruiser *for five years*.（我々は5年間クルーザーを所有した）

現在形には「現在」に加えて、「現実」を表す用法もありましたが、過去形には「過去」に加えて、「非現実」、あるいは「現実味の低さ」を表す用法があります。
この用法の典型的な用例は、第4章の「法助動詞」と第6章の「仮定法」で見ますが、ここでも1つだけ見ておきましょう。

61-⑥

Mr. White, I **wanted** to confess something to you.
　（ホワイトさん、私はあなたに打ち明けたいことがございます）

この wanted は、「望んだ」という過去の意味ではありません。現在形の want ではダイレクトすぎて、失礼であると判断し、過去形の wanted を用いることによっ

て現実味を減らし、結果として丁寧なニュアンスとなっているのです。

　現在形と過去形の 2 つの意味は、次のように対比でとらえてください。

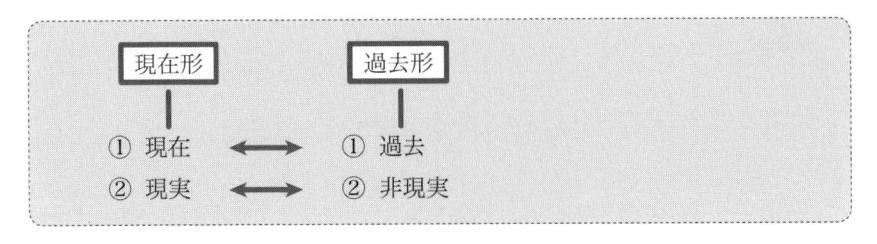

```
        現在形              過去形
         │                  │
    ① 現在    ⟷    ① 過去
    ② 現実    ⟷    ② 非現実
```

CHAPTER 2 進行形

　進行形とは、基本形の述語の前に助動詞の be が置かれ、その直後の動詞が ing 形になったものです。まずはイメージ図を見ましょう。5 文型と受動態に分けて示します。

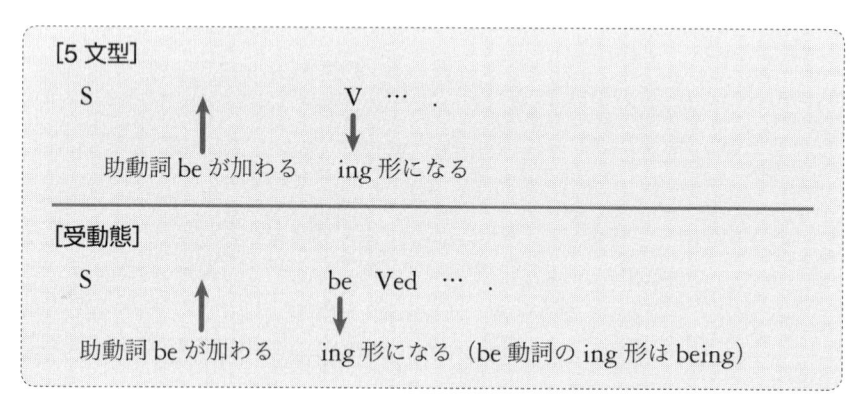

```
[5 文型]
    S    ↑        V ↓ … .
      助動詞 be が加わる   ing 形になる
─────────────────────────────────
[受動態]
    S    ↑        be Ved … .
                    ↓
      助動詞 be が加わる   ing 形になる（be 動詞の ing 形は being）
```

　進行形には、be 動詞が現在形である「現在進行形」と、be 動詞が過去形の「過去進行形」があるので、分けて見ていきましょう。

1 現在進行形

　現在進行形の基本の意味が、「今、この瞬間〜している」という「進行」の例を見ましょう。

─────────────── ⓢ 61-⑦ ───
Meg is *sleeping* now.（メグは今、寝ている）
Your grandmother is *chasing* a beautiful butterfly.
　（君のおばあちゃんがきれいなチョウチョを追いかけている）
My ship is *being* painted now.（僕の船が今、塗装されている）
─────────────────────────

　最初の文は、第 1 文型の文が進行形になったもので、2 番目の文は第 3 文型の文が進行形になったものです。3 番目の文は、第 3 文型の受動態の文が進行形になったものです。これは読みにくいはずです。受動態の進行形は、慣れるまでに時間がかかります。

218

進行形には「予定」「意志」の意味もあります。次のようなものです。

---- 61-⑧ ----

We **are** *visiting* Thailand next week.（我々は来週、タイを訪れる予定だ）

I **am** *meeting* Meg tonight.（今晩メグに会う予定だ）

I'm *going* home.（家に帰ろう）

2 過去進行形

過去進行形にも、現在進行形と同じように「進行」の意味と、「予定」「意志」の意味があります。まずは前者の例を見ましょう。

---- 61-⑨ ----

At the moment of the earthquake, I **was** *dancing* on the stage.
（その地震の瞬間、僕はステージの上で踊っていた）

While I **was** *sleeping*, my wife sold my watch to Tom.
（僕が寝ている間に、妻はトムに僕の時計を売った）

When you rang the bell, I **was** *being* scolded by my father.
（君がベルを鳴らした時、僕は親父に怒られていた）

3番目の文は、受動態（第3文型の受動態）が進行形になった文なので、やはり読みにくいはずです。なお、2番目の文中のwhileは従位接続詞です。p.136のリストの⑤にあります。

次に「予定」「意志」の例を見ましょう。

---- 61-⑩ ----

We **were** *visiting* the company the next day.
（我々は翌日、その会社を訪問する予定だった）

I **was** *quitting* my job the next week.
（私は翌週、仕事を辞めるつもりだった）

3 準動詞句への変化

まずは次の文を見てください。助動詞の加わっていない基本形の文です。

I work hard.

I clean my room.

さて、これらの文を toV 句にするとどうなるでしょうか（主語に関する情報は削除してください）。

それぞれ次のようになります。

 to work hard

 to clean my room

起の巻で《準動詞句の一覧表》を利用しながら多くの toV 句を見ましたが、登場した toV 句は、いずれもこのような「基本形の文が toV 句になったもの」でした。

ところが基本形のみならず、進行形の文も toV 句になることができるのです。次の2文を toV 句にしてみてください（ここでも主語はカットしてください）。

 I am working hard.

 I am cleaning my room.

次のようになります。

 to be working hard

 to be cleaning my room

進行形の文を toV 句にすると、「to be ing 形」という形になるのです。

では、これらが文中で用いられているようすを見ましょう。文中の pretend という動詞は「～を装う」「～のふりをする」という意味です。

◎ 61 - ⑪

Tom often pretends **to be working hard**.
（トムは、しばしば懸命に働いているふりをする）

When my mother came home, I pretended **to be cleaning my room**.
（母が帰宅した時、私は部屋の掃除をしているふりをした）

注意しなくてはならないのは、この「to be ing 形」は、現在進行形に相当するものもあれば、過去進行形に相当するものもあるということです。述語動詞の形から、どちらなのかを判断します。

上の2文のうち、最初の文は述語動詞が現在形の pretends なので、to be working hard は現在進行形に相当します。2番目の文は述語が過去形の pretended なので、to be cleaning my room は過去進行形に相当します。

以上で進行形に関する話を終えますが、最後に補足として、「助動詞 be ＋ to 不定詞形の動詞」を見ておきます。

④ be to 不定詞

基本形の文に助動詞 be が加わった場合は、直後の動詞が ing 形になる進行形だけでなく、to 不定詞形になるものもあります。まずはイメージ図を見ます。

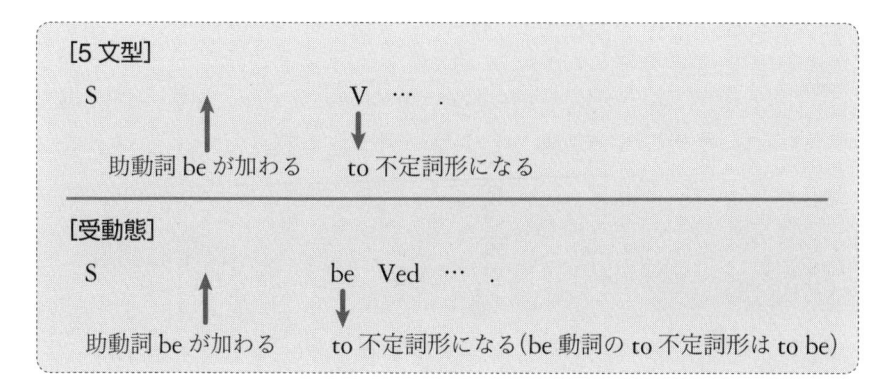

```
[5文型]
  S              V  … .
  ↑              ↓
 助動詞 be が加わる    to 不定詞形になる
─────────────────────────────────────
[受動態]
  S              be Ved … .
  ↑              ↓
 助動詞 be が加わる    to 不定詞形になる（be 動詞の to 不定詞形は to be）
```

この表現は、「義務」「意志」「予定」「可能」「運命」などの意味を表します（ちなみに、これらの意味は「カギ用意」というフレーズで簡単に覚えられます。ゴロが嫌いでなければこの言葉で攻略してしまってください）。

p.172 で「予定」と「意志」の例を見ましたが、ここでは全ての例を見ましょう。

─────────── ◎ 61-⑫ ───────────

I **am** *to meet* Meg at 5p.m. tomorrow.
　（私は、明日の午後 5 時にメグに会う予定になっている）

What **am** I *to do* next?　（私は次に何をするべきだろうか）

You should start training now, if you **are** *to win* the game.
　（もしその試合に勝ちたいのなら、もうトレーニングをはじめたほうがいい）

The star **is** *to be* seen early in the evening.
　（その星は、夕方の早い時間に見られる）

Ted **was** not *to return* to his hometown.
　（テッドは故郷に戻らない運命にあった）

4 番目の文は、受動態の文に be 動詞が加わっています。やや読みにくいはずです。それぞれの to の意味は、「予定」「義務」「意志」「可能」「運命」です。

なお、複数の意味が感じられる例も少なくありません。その場合はどれかに絞ります。

4 番目の文中の in the evening は副詞 early を修飾します。類例を p.46 で扱いました。early in the morning という表現です。

CHAPTER 3 完了形

　完了形とは、基本形の述語の前に助動詞の have が置かれ、先頭の述語が過去分詞形になったものです。まずはイメージ図を見ましょう。

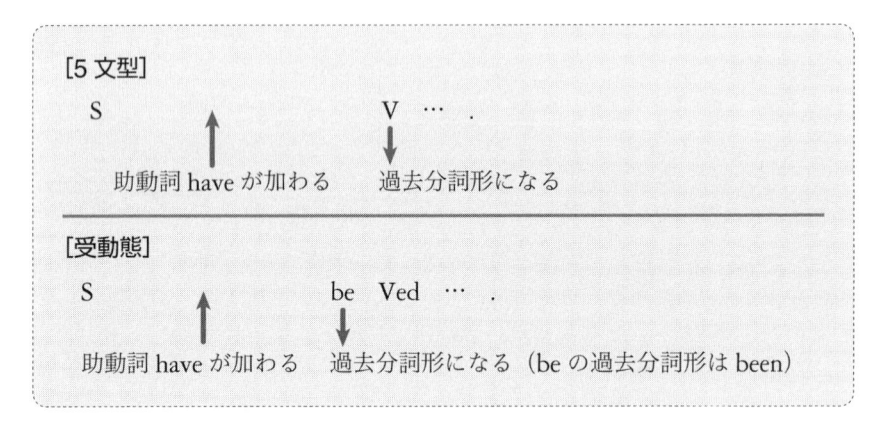

```
[5文型]
  S           ↑              V  …  .
              ↓
      助動詞 have が加わる   過去分詞形になる
─────────────────────────────────────────
[受動態]
  S           ↑          be   Ved  …  .
              ↓
      助動詞 have が加わる   過去分詞形になる（be の過去分詞形は been）
```

完了形には「現在完了形」と「過去完了形」の2つがあります。
完了形は苦手としている人が非常に多いので、じっくり解説していきます。

①- 現在完了形

　完了形の意味は、動詞ごとに分けて考える必要があります。動詞が表す様相ごとに、完了形の意味が異なるからです。よってまずはここで、動詞の分類に関する話をします。
　動詞は次の3種類に分けることができます。

```
  動作動詞     状態変化動詞     状態動詞
```

　動作動詞とは、walk（歩く）、swim（泳ぐ）、kick（蹴る）など、動きを表すものです。
　状態変化動詞とは、open（開く）、melt（融ける）、stop（止まる）など、状態の変化を表すものです。
　状態動詞は、know（知っている）、have（持っている）などのように、状態を表

すものです。

　この 3 つのうち、「動作動詞」と「状態変化動詞」はまとめて「出来事動詞」ととらえることができます。動作も状態変化も「出来事」だといえるからです。

```
┌─────────────────────────────────────────┐
│  [動作動詞]  [状態変化動詞]  [状態動詞]   │
│     └──────┬──────┘                      │
│        [出来事動詞]                       │
└─────────────────────────────────────────┘
```

　これをふまえたうえで、現在完了形の意味を説明します。現在完了形において、用いられている動詞が出来事動詞の場合は、「過去の出来事の結果、現在、何らかの事態が存在する」という意味になります。

　これがどういうことか、まずは日本語の例で説明します。次の 2 文を見てください。

　　A　去年、ついに我が家にもドラえもんがやってきた。
　　B　あっ、むこうからドラえもんがやってきた。

　A も B も、述語動詞は同じ「やってきた」ですが、この 2 つでは意味が異なります。A の「やってきた」は、過去のある時点のことのみを述べていて、現在については触れられていません。ドラえもんはすぐに未来に帰ったのかもしれませんし、今も一緒に暮らしているのかもしれませんし、故障したのでポケット以外は捨てたのかもしれません。

　一方、B の「やってきた」は、単に過去のことを述べているのではありません。たしかに過去のある時点にドラえもんがやってきたのですが、その結果を受けて「今、すぐ近くにドラえもんがいる」という事態があるという意味を含みます。これが「過去の出来事の結果、現在、何らかの事態が存在する」の具体例です。

　さて、現代日本語では、単に過去の出来事について述べる場合も、過去の出来事の結果が現在に及んでいる場合も、「〜た」と表現できますが、英語では表現が分かれます。

　A の状況は過去形で表現します。一方、B の状況は「have ＋過去分詞形の動詞」で表現します。これを「現在完了形」といいます。

　現在完了形の具体例を 2 つほど見てみましょう。

───────────────────────────── 61-⑬ ─

My father **has** *mended* my watch.（父が僕の時計を修理した）
The snow **has** *stopped*.（雪が降りやんだ）

最初の文では、過去のある時点に父が僕の時計を修理したという出来事の結果、「今、時計は直っている」という事態が存在するということが述べられています。仮に過去形を用いて My father mended my watch. と表現すると、現在はどうなっているのかわかりません。また壊れてしまったのかもしれないのです。

2番目の文は、過去の時点に降雪が終わった結果、「今、雪は降っていない」という事態があるということを示しています。これも過去形で The snow stopped. と表現したのでは、その後、また降り出した可能性もあるということになります。

このように現在完了形は、過去のことを、現在とかかわるものとしてとらえているのです。これが過去形と現在完了形の大きな違いです。

さて、この「過去の出来事の結果、現在、何らかの事態が存在する」という意味内容は、通常は短く「結果」という言葉で表されます。出来事動詞が用いられた現在完了形の意味は、「結果」なのです。

なお、存在している事態は、「完了」や「経験」という言葉でとらえられるものが多いということも知っておいてください。これらの具体例を見ましょう。まずは「完了」からです。

> 61 - ⑭
>
> Tom **has** already *posted* the letter.（トムはすでにその手紙を投函した）
> We **have** just *solved* the problem.
> 　（我々はちょうどその問題を解決したところだ）

それぞれ、「投函は完了した」「問題解決は完了した」という意味が感じられます。上のように、文中に already（すでに）、just（ちょうど）などがある場合に、完了の意味が感じられるのです。

次に「経験」の例を見ましょう。

> 61 - ⑮
>
> My wife **has** *caught* a mole twice.（妻はモグラを2回捕獲したことがある）
> I **have** *eaten* frogs several times.（カエルを食べたことが数回ある）
> **Have** you ever *traveled* by plane?（今まで、飛行機で旅行をしたことがあるかい）

文中に次のような言葉がある場合は、経験の意味が感じられます。

> ever（〈疑問文で〉かつて）、never（一度も～ない）、once（一度、かつて）、twice（2回）、～ times（～回）

以上のことから、出来事動詞が用いられた現在完了形の意味は、次のようにまとめられます。

> 結果（＋完了/経験）

これは次のことを表します。

> 過去の出来事の結果、現在、何らかの事態が存在する。
> そして、その事態は、完了または経験と表現できる場合がある。

次に、用いられている動詞が状態動詞の場合に移りましょう。現在完了形において、動詞が状態動詞の場合は「過去の状態を、現在も have している」ということで、「過去の状態が現在まで続いている」という「継続」の意味になります。

具体例を見ましょう。

---- ⓔ 61-⑯ ----
My brother **has** *been* in Canada for ten years.（兄貴は10年間カナダにいる）
My son **has** *been* sick since yesterday.（息子は昨日から病気だ）
We **have** *known* each other since we were young.
（我々は、若かった頃からお互いを知っている）
How long **have** you *lived* in Japan?（どれくらい日本に住んでいるの）

最初の文の been は「いる」という意味の状態動詞です。2番目の文の been は「～である」という意味の状態動詞です。know, live も「知っている」「住んでいる」という意味の状態動詞です。よっていずれの例も、継続の意味になります。

なお、継続の意味の場合、期間の長さや、始点が示されることが多いものです。期間は「for ～」で示され、始点は「since ～」で示されるのが一般的です。

ちなみに since は前置詞であり従位接続詞でもあるので（従位接続詞の since は p.136 の⑤にあります）、後ろに名詞が置かれることも、SV が置かれることもあります。このことは上の例からもわかります。2番目の文では、since の後ろが yesterday という名詞であり、3番目の文では since の後ろが we were young という SVC です。

ではここで、現在完了形が表す意味を図示します。図中の□はある出来事を表し、☆はその結果として存在する事態を表します。○はある状態を表します。

[出来事動詞が用いられた例]	[状態動詞が用いられた例]
□ ─→ ☆　　　　　[現在] 過去の出来事の 結果 、現在、何らかの事態が存在する。 ※その事態は 完了 、 経験 と表現できる場合がある。	○━━━○　　　　　[現在] 過去の状態が現在まで 継続 している。

　完了形の意味はあくまでも「結果」か「継続」です。「完了」と「経験」はオプションにすぎないのです。

②- 現在完了進行形

　以上のように、出来事動詞が用いられた現在完了形の意味は「結果（＋完了/経験）」であり、状態動詞が用いられた場合は「継続」なのですが、では「出来事の継続」を表すにはどうすればいいのでしょうか。
　「出来事の継続」とは、次のようなものです。

　　トムは2時間走り続けている。
　　その機械は昨晩から動き続けている。

　これらは「現在完了進行形」と呼ばれる形によって表されます。現在完了進行形とは「S has [have] been Ving」という連なりの表現です。例を見ましょう。

───── ◎ 61 – ⑰ ─

Tom **has been running** for two hours. （トムは2時間走り続けている）
The machine **has been working** since last night.
　　（その機械は昨晩から動き続けている）
How long **have you been watching** TV?
　　（どれくらいの間、テレビを見続けているのか）

　現在完了進行形のイメージ図は次の通りです。■は進行状態の出来事を表します。

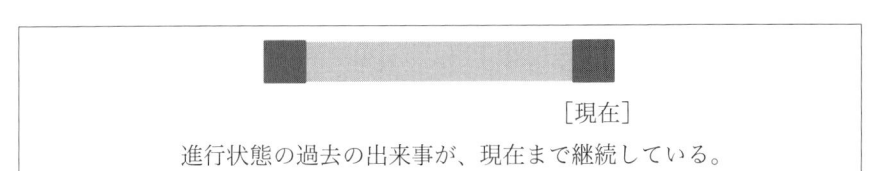

　　　　　　　　　　　　　　　　　　　[現在]
　　進行状態の過去の出来事が、現在まで継続している。

3 過去完了形

過去完了形とは、助動詞 have が過去形の had で用いられる完了形です。

過去完了形は、現在完了形と同じように理解できます。基準となる時点が過去にズレるだけのものだからです。すぐにイメージ図を見ましょう。

[出来事動詞が用いられた例]	[状態動詞が用いられた例]
□ → ☆　　●	○━━━○　　●
[過去]　[現在]	[過去]　[現在]
基準となる時点	基準となる時点

左の図は「過去のある時点を基準にして、それ以前の出来事の結果が、その基準時に及んでいる。そして何らかの事態が存在する」という状況を表します。この過去完了形でも、その事態は「完了」「経験」という言葉で表される場合が多いものです。

一方、右の図は「過去のある時点を基準にして、それ以前の状態が、その基準時まで継続している」という状況を表します。

例文を見ましょう。それぞれの文の基準時を考えてください。また、それぞれが「結果」なのか「継続」なのか、そして「結果」の場合は、存在する事態が「完了」や「経験」といえるものなのかということも考えてください。

───── ◎ 61-⑱ ─────

When I arrived at the hall, the concert **had** already *started*.
（私がホールに着いた時には、コンサートはすでにはじまっていた）

I **had** never *talked* with Lisa until Bob held the party.
（ボブがそのパーティーを開くまで、私はリサと話したことは一度もなかった）

Yesterday, I took my son to Tokyo Dome, as he **had** long *wanted* to visit it.
（息子が長いこと行きたがっていたので、昨日私は彼を東京ドームに連れて行ってやった）

最初の文において、基準となる過去の時点は I arrived at the hall の時点です。start が出来事動詞なので、この完了形の意味は上の図の左の状況、つまり「結果」です。「すでにコンサートが行われているという事態があった」という意味を持ちます。

2番目の文では、Bob held the party の時点が基準時です。否定文であり、この時点までは話した経験がなかった、ということを述べています。

最後の語は yesterday（あるいは took の時点）が過去の基準時です。want は「望

んでいる」という意味の状態動詞なので、この過去完了は「継続」です。なお、この long は「長い」という意味の形容詞ではなく、「長く」という意味の副詞です。この語が期間を表しています。「同じ単語でありながら複数の品詞になる」ということは、英語の大きな特徴なのでした（p.139 参照）。

④ 過去完了進行形

「現在完了進行形」のみならず、「過去完了進行形」というものもあります。現在完了進行形は「S has [have] been Ving」という形でしたが、過去完了進行形は「S had been Ving」です。

現在完了進行形は、「現在までの出来事の継続」を表しましたが、過去完了進行形は、これを過去にスライドさせたものです。つまり「過去のある時点までの出来事の継続」を表すのです。例を見ましょう。

--- 61 – ⑲ ---

I had been waiting for thirty minutes before the bus came.
（バスが来るまでに私は 30 分待ち続けていた）

Everything was white because it had been snowing for two days.
（2 日間雪が降り続いたので、全てが真っ白だった）

基準となる過去の時点は、それぞれ the bus came の時点、Everything was white の時点です。その時点までの出来事の継続について述べられています。

さて、過去完了形に関するものとしては、過去完了進行形に加えて、「大過去」というものも知らなくてはなりません。次にこれを見ることにしましょう。

⑤ 大過去

過去完了形とは、現在完了形の基準時が過去にスライドしたものでした。よって、意味は現在完了形と同じです。つまり「結果（＋完了 / 経験）」または「継続」でした。このことは p.226 の図と p.227 の図を比較すれば明らかです。

ところが過去完了形の中には、これらのいずれの意味でもない例があるのです。これについては、まずは次の 4 文を英訳することを考えます。

　　A　私はメグがケンを好きだと知っている。
　　B　私はメグがケンを好きだったことを知っている。
　　C　私はメグがケンを好きだと知っていた。

D　私はメグが（それ以前に）ケンを好きだったことを知っていた。

これらの状況は、次のように図示できます。

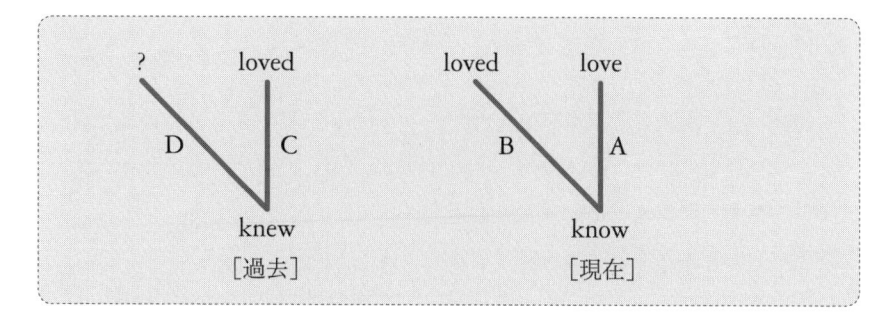

```
   ?      loved          loved    love
     D    C                B      A
        knew                    know
        [過去]                   [現在]
```

このうち、A〜Cの訳出は容易です。次の通りです。

　A　I know that Meg loves Ken.
　B　I know that Meg loved Ken.
　C　I knew that Meg loved Ken.

　Dの訳が問題となります。「?」の時点も過去なので、やはり過去形のlovedを用いたいのです。ところがこうすると、文は次のようになってしまいます。

　I knew that Meg loved Ken.

Cと同じになってしまうのです。

　Dを表すのにこの表現を用いることも場合によっては不可能ではないのですが、はっきりと「好きだったのは、knewの時点よりも更に過去のことだ」と示したいとします。

　そのための「過去への時間のズレ」を表す道具として、助動詞のhaveが用いられます（過去形のhadを用います）。つまり、Dの状況を明示する文は次のようになるのです。

　I knew that Meg had loved Ken.

　hadを置いた結果、that節の内部の述語は「had＋過去分詞形の動詞」という形（＝過去完了形）になりましたが、この過去完了形には、完了形本来の意味はありません。つまり、「結果（＋完了/経験）」や「継続」といった意味はないのです。「ある時点から過去にズレている」ということを表すために用いられている完了形なのです。このような過去完了形を「大過去」といいます。

　大過去の存在を考慮に入れると、過去完了形の用法は、次のように2つに分かれるということになります。

> [過去完了形]
> ① 現在完了形が過去に移動したもの
>   →「結果（＋完了/経験）」「継続」の意味を持つ
> ② 大過去
>   →「過去の時点から更に過去へのズレ」を表す

①は「本来の過去完了形」だといえます。

大過去の例をもう1つ見ましょう。

＠ 61-⑳

On the day before the exam, Lisa gave her son a pen that she **had** *used* when she was young.
（その試験の前日に、リサは若い頃に使っていたペンを息子にあげた）

この文の状況を図示します。

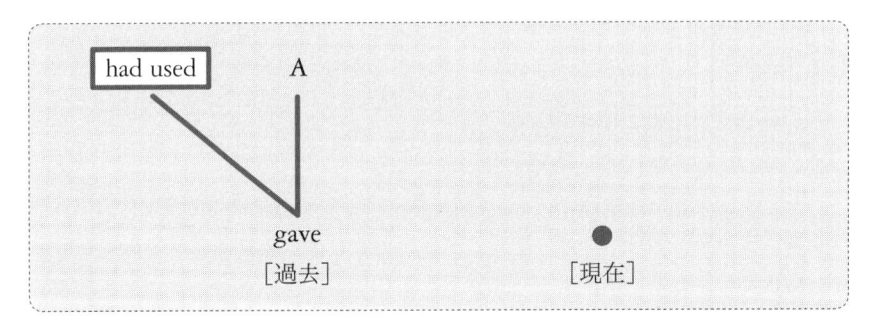

ペンを使っていたのは gave と同時の A の時点ではなく、それよりも前のことだということを明示するために、had が用いられているのです。

以上で現在完了形、過去完了形と、それぞれにかかわる表現を一通り見終えました。この第3章の最後に、完了形の文が準動詞句に変化するようすを見ます。なおここはやや難しいので、読んでみて苦しければ、とりあえず飛ばして構いません。

6 — 準動詞句への変化

第2章で、進行形の文が toV 句になる例を見ましたが、完了形の文も toV 句になります。また Ving 句にもなります。それぞれの形を示します。

> 完了形の文が toV 句になったもの
> 　　to have V（過去分詞形）
>
> 完了形の文が Ving 句になったもの
> 　　having V（過去分詞形）

　注意しなくてはならないのは、いずれにおいても、現在完了に相当するものと、過去完了に相当するものがあるということです。
　具体例を見ましょう。まずは toV 句の例です。文中の「to have 過去分詞形」が、現在完了と過去完了のいずれに相当するかを考えてください。

───── ⓐ 61 - ㉑ ─────

I am satisfied **to have finished the task smoothly**.
（その仕事を円滑に終えて満足している）

My wife pretended **to have seen the movie several times**.
（妻はその映画を何回か観たことがあるかのようにふるまった）

　最初の例は am の部分からわかる通り、現在の話です。よって to have finished は現在完了に相当します。なお satisfied は「満足している」という意味の、感情に関する形容詞です。ゆえに to have finished the task smoothly は、この形容詞を修飾するものです。つまり《準動詞句の一覧表》の D‐1 です（p.182 〜 p.183 参照）。
　2 番目の例は、過去形の pretended の時点が基準時である文です。よって to have seen the movie several times は過去完了に相当します。この toV 句は pretended の O です。
　次に「having V（過去分詞形）」が用いられた文を見ましょう。それぞれの文の「having ＋過去分詞形」が、現在完了と過去完了のどちらに相当するかを考えてください。なお、いずれの having 句も《準動詞句の一覧表》の C‐2（分詞構文）です。

───── ⓐ 61 - ㉒ ─────

Having visited the city twice, I know the beauty of it.
（2 度訪れたことがあり、その都市の美しさを知っている）

Having visited the city twice, I knew the beauty of it.
（2 度訪れたことがあり、その都市の美しさを知っていた）

　最初の例では、現在形の know の時点が基準時であり、having visited は現在完了に相当します。現在の経験について述べています。

2番目の例では、過去形の knew の時点が基準時であり、having visited は過去完了に相当します。過去の時点での経験について述べています。

ここまでの内容は、次のようにまとめられます。

> [to have V（過去分詞形）、having V（過去分詞形）]
> ① 現在完了に相当するもの
> ② 過去完了に相当するもの

さて実は、これらに加えて「③」もあるのです。それは、大過去に相当するものです。つまり「過去へのズレ」を表します。

まずは toV 句の例を見ましょう（2番目の文中の appear to は p.168 で扱いました）。

--- 61-㉓ ---

At the party, Lisa pretended **to have lived** in Paris when she was young.
（そのパーティーで、リサは若い頃パリに住んでいたふりをした）

My son appeared **to have stayed** at Meg's house on the previous night.
（息子は前の晩、メグの家に滞在していたようだった）

最初の文は、次の状況を示します。それよりも過去のことについて「ふりをした」のです。

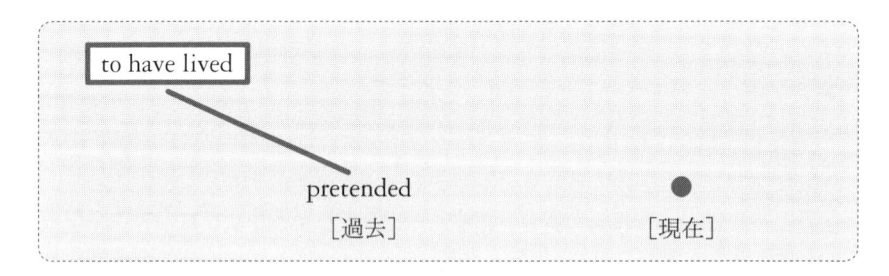

```
to have lived
         ＼
          pretended            ●
          ［過去］             ［現在］
```

pretended to live とせずに、pretended to have lived とすることにより、パリ在住が pretended の時点よりも過去だということを明示します。まさに大過去の発想です。

2番目の例は、次の状況を表します。

```
         to have stayed

                    appeared              ●
                    [過去]                [現在]
```

appeared to stay とせずに、appeared to have stayed とすることにより、appeared の時点よりも過去にズラしています。

　注意しなくてはならないのは、この「ズレを表す用法」は、上のような「過去から更に過去へのズレ」を表すもののみならず、「現在から過去へのズレ」を表す例もあるということです。この点、大過去よりも用途が広くなります。例を見ましょう。

───── ◎ 61-㉔ ─────

My husband often pretends **to have been poor when he was a university student**.
（夫はよく、大学生時代に貧乏だったふりをする）

この例は、現在の時点から、過去のことに対して「ふりをする」という状況です。次の図のように表せます。

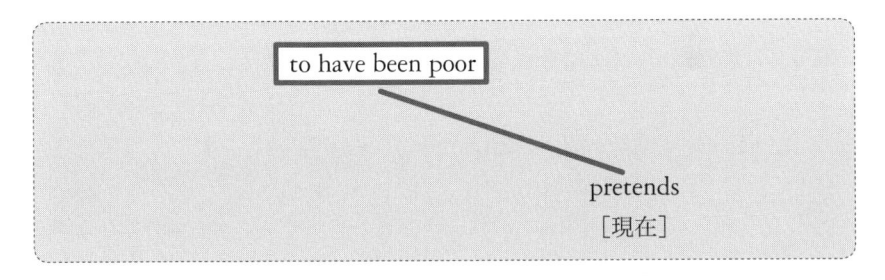

```
              to have been poor

                              pretends
                              [現在]
```

次に「having 過去分詞形」がズレを表す例に移りましょう。これにもやはり、「過去から更に過去へのズレ」を表す用法と、「現在から過去へのズレ」を表す用法の 2 つがあります。それぞれの例を見ます。

───── ◎ 61-㉕ ─────

This morning, my husband admitted **having met Meg last night**.
（今朝、夫は昨日の夜メグに会ったことを認めた）
You should admit **having been with Lisa when I called you**.
（あなたは、私が電話した時にリサと一緒にいたことを認めるべきだ）

最初の例は、次のイメージでとらえられます。

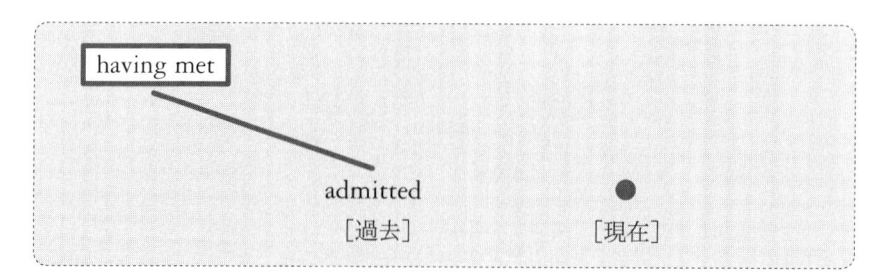

```
having met
         ＼
          admitted              ●
          ［過去］            ［現在］
```

基準となる時点は this morning という過去の時点です。「過去から更に過去へのズレ」なので、大過去と同じです。

2番目の文の状況は次のように示されます。過去のことについて今、問いつめています。having 句は「現在から過去へのズレ」を示すのです。

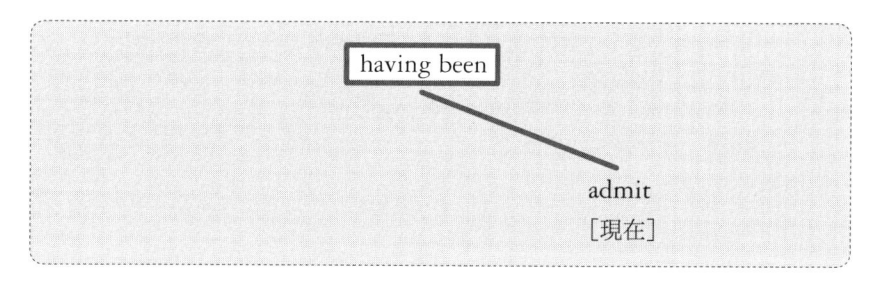

```
              having been
                        ＼
                         admit
                        ［現在］
```

最後に、準動詞句になった完了形についてまとめます。

> [to have V（過去分詞形）、having V（過去分詞形）]
> ① 現在完了に相当するもの
> ② 過去完了に相当するもの（＝「本来の過去完了」に相当するもの）
> ③ 過去へのズレを表すもの
>   ※大過去に類するものだが、大過去とは異なり「現在から過去へのズレ」をも表す。

以上で第3章が終わりました。

第 20 講ここまで

CHAPTER 4 法助動詞

　法助動詞とは、多くの人が「助動詞」という言葉で真っ先に連想するもの、つまり will, can, may などのことです（「法助動詞」という言葉については p.51 参照）。文に法助動詞が加わると、直後の動詞は原形になります。

　さて、第 1 章で述べたことですが、過去形には「非現実」「丁寧・控えめ」を表す用法があるのでした（p.216 〜 p.217 参照）。法助動詞においては、丁寧・控えめを表す例が多く見られます。このことをふまえつつ、それぞれの法助動詞の用法を見ていくことにしましょう。

1 各法助動詞の意味

　まずはじめに、will, would, can, could, may, might, must, should という、最も大切な 8 つの法助動詞を見ていきます。

　would は will の過去形、could は can の過去形、might は may の過去形です。must は現在形ですが、過去形を持ちません。should は shall の過去形なのですが、「過去形だ」ということを意識する必要はありません。shall はあまり用いられないものなので、後回しにします。

　まずは will, would のペアから見ていきましょう。これらの意味は、「意志」（〜するつもりだ）、「推量」（〜だろう）、「予定」（〜する予定だ）、「習慣・習性」（〜する習慣・習性がある）です。

　例文を見ましょう。まずは「意志」からです。

───── 64 - ① ─────
I will *send* this watch to Tom.（この時計をトムに送るつもりだ）
I will *go*, whatever you say.（君が何を言おうと、僕は行くよ）

　2 番目の文中の whatever は《従位接続詞の一覧表》の C - 1' です。whatever 自体の要素は say の O で、whatever 節の要素は動詞修飾語です。

　次に「推量」の例を見ましょう。

> 64-②
>
> I think that he **will** *be* a Japanese.（私は彼は日本人だろうと思う）
> That **would** *be* a wolf.（あれはオオカミだろう）

2番目の文中のwouldは過去形ですが、「過去のこと」を表しているのではありません。willと同様に、現在の時点での推量を表します。ただ、wouldのほうが丁寧・控えめなのです。

次は「予定」です。

> 64-③
>
> I **will** *be* in Bern tomorrow.（明日はベルンにいる予定だ）
> **Will** you *be* free tonight?（今晩はヒマですか）

「習慣・習性」に進みます。

> 64-④
>
> Tom **will** often *watch* TV all night.（トムはよく一晩中テレビを観る）
> My father **will** *smoke* after supper.（父は夕食の後、タバコを吸う）

will, wouldは、相手の意志を尋ねるところから発展して、「依頼」の意味を持つものがあります。

> 64-⑤
>
> **Will** you *lend* me this pen?
> 　（君はこのペンを僕に貸す意志があるか→このペンを僕に貸してくれるか）
> **Would** you *give* me this note?
> 　（君はこのメモを私に与える意志はありますか→このメモを頂けますか）

wouldを用いたほうが丁寧・控えめになります。

次はcan, couldのペアです。これらの意味は「可能」（～できる）、「可能性」（～し得る）です。

> 64-⑥
>
> This animal **can** *sleep* in the water.（この動物は水中で眠ることができる）
> **Can** you *speak* Bengali?（ベンガル語がしゃべれるか）
> Where **can** my watch *be*?（僕の時計はどこにあり得るか）
> His story **can't** *be* true.（彼の話は本当ではあり得ない）

断定するのではなく、控えめに「可能だろう」「可能性があるだろう」と述べる場合は could を用います。推量が加わったニュアンスになります。例を見ましょう。

🔊 64-⑦

Meg **could** *solve* this problem now.（今やメグはこの問題が解けるだろう）

I think that it **could** *be* true.（私はそれは本当のことであり得ると思う）

いずれの could も、過去を表すのではないということに注意をしてください。

また、「可能」から発展して、「許可」の意味で使われる場合もあります。「君は〜することが可能だ→君は〜してもいい」というように、「可能」は「許可」になり得るのです。

🔊 64-⑧

You **can** *use* my car.（僕の車を使っていいよ）

Can I *go*?（行っていいかな）

Could I *go*?（行っていいでしょうか）

---

could を用いると丁寧・控えめになります。

更に「可能」は、「申し出」（〜しましょうか）や「依頼」（〜してくれるか）にも発展します。

🔊 64-⑨

Can I *help* you?（私は君を助けることが可能か→何か力になろうか）

Can you *open* the door?（ドアを開けることが可能か→ドアを開けてくれるか）

Could you *sing* this song?
（この歌を歌うことが可能ですか→この歌を歌っていただけますか）

やはり could を用いると丁寧・控えめになります。

may, might のペアに進みましょう。この2つは「推量」（〜かもしれない）、「許可」（〜してよい）が主な意味です。

まずは「推量」から見ます。

🔊 64-⑩

It **may** *rain* tomorrow.（明日雨が降るかもしれない）

We **may** *discover* the treasure someday.（我々はいつかその宝を発見するかもしれない）

It **might** *rain* tomorrow.（明日雨が降るかもしれない）

His shop **might** *be* closed now.（彼の店は今はもう閉まっているかもしれない）

やはり might のほうが丁寧・控えめになります。次は「許可」です。

> 64-⑪
>
> You **may** *leave* the room.（退室してよい）
>
> **May** I *see* you for a few minutes?（2、3分会えますか）
>
> **Might** I *see* you for a few minutes?（2、3分お会いできますか）

may よりも might のほうが丁寧・控えめです。

「許可」は「申し出」の意味に発展します。

> 64-⑫
>
> **May** I *help* you?（私にあなたを助けさせてもらえるか→何かしようか）
>
> **Might** I *help* you?（私にあなたを助けさせてもらえますか→何かいたしましょうか）

もちろん might のほうが丁寧・控えめになります。

次は must です。must の意味は「義務」（～しなくてはならない）と「推量」（～にちがいない）です。

> 64-⑬
>
> You **must** *meet* Meg.（君はメグに会わなければならない）
>
> You **must** not *use* my car.（君は僕の車を使ってはならない）
>
> His wife **must** *be* a witch.（彼の奥さまは魔女にちがいない）

2番目の文は否定文です。「禁止」の意味になっています。なお must には過去形はありません。

最後は should です。should の意味は、「義務」（～べきだ）、「推量」（～はずだ）です。

> 64-⑭
>
> You **should** *obey* your parents.（ご両親に従うべきだ）
>
> You **should** *go* to the new hotel.（その新しいホテルに行ってみてごらん）
>
> You **should**n't *dance* here.（ここでは踊るべきではない）
>
> Meg **should** *be* home now.（メグは今は家にいるはずだ）
>
> He **should** *arrive* there by noon.（彼は正午までにそこに着くはずだ）

should は「義務」というよりも、より軽い「勧誘」ともいえる意味で用いられることも非常に多いものです。2番目がその例です。

ここまでに見た法助動詞の意味をまとめましょう。

will, would	「意志」（〜するつもりだ）
	→「依頼」（〜してくれるか）　※疑問文で用いる
	「推量」（〜だろう）
	「予定」（〜する予定だ）
	「習慣・習性」（〜する習慣・習性がある）
can, could	「可能」（〜できる）
	→「許可」（〜してよい）
	→「申し出」（〜しようか）　※疑問文で用いる
	→「依頼」（〜してくれるか）　※疑問文で用いる
	「可能性」（〜し得る）
may, might	「推量」（〜かもしれない）
	「許可」（〜してよい）
	→「申し出」（〜しようか）　※疑問文で用いる
must	「義務」（〜しなくてはならない）
	「推量」（〜にちがいない）
should	「義務」（〜べきだ）
	「推量」（〜はずだ）

　ここまでに見た用例のうち、過去形の法助動詞は全て、基準時が現在のままで、丁寧・控えめを表すものでしたが、これについては注意点があります。それは「過去形の法助動詞＝時間は現在のままで、丁寧・控えめを表す」と決めつけてはならないということです。なぜなら、各法助動詞の全ての意味にこの用法があるわけではないからです。この用法が適用されるのは、推量や意志など、話し手の判断を述べる場合や、依頼、申し出など、聞き手の判断をあおぐ場合です。

　更に、このような「判断」に関する法助動詞の過去形でも、丁寧・控えめを表すとは限りません。これについて次の **2** で検討していきます。

2 過去の文脈で用いられる過去形の法助動詞

　1 で知った通り、過去形の法助動詞には、現在時のままで、丁寧・控えめを表す用法があります。ただ、過去について語っている文脈の中で用いられた法助動詞の過去形は、意味が何であれ、単に「過去だ」ということを表します。丁寧・控え

めとは関係ないのです。具体例を見ましょう。

> 64-⑮
>
> I thought that Lisa **would** *be* a Canadian.
> 　（僕はリサはカナダ人だろうと思った）
>
> My father told me that the man **might** *be* a spy.
> 　（父は私にその男はスパイかもしれないと言った）

　推量の would、推量の might はいずれも過去形ですが、これらは「現在の時点の丁寧・控えめな推量」を表すのではありません。これらの文では、主節の動詞が過去形の thought, told です。話の舞台は過去です。そして過去の話であるがゆえに、従属節の法助動詞も過去形を用いているというだけのことです（「主節」と「従属節」の区別については p.161 参照）。

　つまり、この would, might の過去形は、「過去の時点での推量だ」ということを表しているのです。ただそれだけのことです。「丁寧・控えめ」とは何の関係もないのです。

　過去形の法助動詞が主節部分にある例も見ましょう。

> 64-⑯
>
> When we were students, we **would** often *sing* for hours.
> 　（我々が学生だった頃は、しばしば何時間も歌ったものだった）
>
> I **could** *play* the violin when I was a child.
> 　（私は子どもの頃はバイオリンを弾くことができた）
>
> We **could**n't *open* the door, however hard we tried.
> 　（どんなに一生懸命挑戦しても、我々にはそのドアは開けられなかった）

　いずれも過去の話なので、従属節（when 節、when 節、however 節）も主節も、述語の先頭は過去形です。「過去のことだから過去形を用いる」という単純な原則に従っているまでのことです。これらの would, could, could も「丁寧・控えめ」とは何の関係もありません。なお、上の would の意味は「習慣」です。過去の習慣を表すのです。could はいずれも「可能」です。

　SV どうしが等位接続詞によって結ばれている文の中にある例も見ましょう。

> 64-⑰
>
> I told him to go to the park, but he **would**n't *leave* his room.
> 　（私は彼にその公園に行くように言ったが、彼は自室を出ようとしなかった）

過去に関することなので、tell も will も過去形で用いています。この would の意味は「意志」です。なお、前半の文は第 5 文型パターン③です。

③ 他の法助動詞、法助動詞に相当する表現

①-②- で扱っていない法助動詞の代表例として、shall, ought, had better の 3 つが挙げられます。

また、法助動詞に類する表現である have to と used to についても、ここで扱います。

まずは shall からです。法助動詞 shall は、主に次の 2 つの形で用いられます。

> Shall I 〜?（〜しましょうか）
> Shall we 〜?（〜しませんか）

具体例を見ましょう。

> **Shall I** *open* the door?（ドアを開けましょうか）
> **Shall we** *swim* here?（ここで泳ぎませんか）

これ以外の用法としては、主語が一人称であり、意志を表す例を知っておいてください。will よりも強い意志を表します。

> I **shall** *return*.（私は戻ってくる）
> I **shall** *marry* you.（お前と結婚するつもりだ）

次は ought です。ought の意味は、義務（〜べきだ）、推量（〜はずだ）です。should とほぼ同じです（p.239 参照）。

ought の用い方は、次の点に注意してください。

> 直後の V が、原形ではなく、to 不定詞形になる。

例文を見ましょう。

> 64-⑳
> You **ought** *to obey* the rule.（君はその規則に従うべきだ）
> John **ought** *to be* punished.（ジョンは罰せられるべきだ）
> Meg **ought** *to know* that.（メグはそのことを知っているはずだ）

ought を用いた否定文、疑問文も見ましょう。

> 64-㉑
> You **ought** not *to leave* here.（君はここを去るべきではない）
> **Ought** I *to go* there?（私はそこに行くべきか）

否定文においては、他の法助動詞と同じように、直後に not が置かれます。この結果、「ought not to V」という連なりになります。疑問文においては、法助動詞 ought が S の前に出ます。これも他の法助動詞と同じです。その結果「Ought S to V…?」という連なりになります。

次は had better（〜したほうがよい）です。これは 2 語で 1 つの法助動詞だと考えられるものです。この had better に関しては、命令に近い、非常に強い意味だという説がかなり広まっているのですが、『日本人の英文法　完全治療クリニック』（アルク）の中で、著者の T.D. ミントン氏は、上のことをふまえたうえで「通常の用法での had better は、命令形とはほど遠いものです」と指摘しています。そして had better の基本用法として「特定の状況下で何をすべきか（最善の行動方針）について、意見を述べるために使われます」と述べています。ぜひこのことを知ってください。

例文を見ましょう。

> 64-㉒
> You **had better** *write* a letter to Bob.（ボブに手紙を書いたほうがよい）
> We **had better** *go*.（行ったほうがいい）

否定文では、やはり直後に not が置かれ、had better not という連なりになります。

> 64-㉓
> You **had better** not *use* this pen.（このペンは使わないほうがいい）

had better と同じように、2 語のセットでとらえるものとして、次の 2 つがあります。

> have to（〜しなくてはならない）　※過去形は had to
> used to（〜したものだった）

まずは have to と had to の例文を見ましょう。

You **have to** *read* this book.（君はこの本を読まねばならない）
Lisa **has to** *meet* Bob.（リサはボブに会わなくてはならない）
I **had to** *read* the book twice.（私はその本を2回読まねばならなかった）
We **had to** *stay* there.（我々はそこに滞在しなくてはならなかった）

---

have to は、法助動詞 must の「義務」の意味に近いのですが、形のうえでは純粋な法助動詞とは異質のものだといえます。法助動詞の現在形は、主語が何であろうと同じ形ですが、have to にはこのことがあてはまらないからです。一般動詞の have を用いる場合と同じように、主語ごとに形が異なります。上でも、you が主語の場合は have であり、Lisa が主語の場合は has となっています。

また、法助動詞が用いられた文を疑問文にする場合は、法助動詞自体を文頭に移動させますが、have to, has to, had to の場合は、do, does, did を用いた形になります。次の通りです。

Do we **have to** *buy* a hat?（我々は帽子を買わなくてはならないか）
Does she **have to** *quit* her job?（彼女は仕事を辞めなくてはならないだろうか）
Did I **have to** *go* there?（私はそこに行かなければならなかったのか）

否定文も、法助動詞が用いられた文とは異なる形になります。法助動詞を用いた文の否定文は、法助動詞の直後に not が置かれるのでしたが、ここでは don't + have to, doesn't + have to, didn't + have to となります。

You **don't have to** *cook*.（君は料理をする必要はない）
Your son **doesn't have to** *come* here.（息子さんがここに来る必要はない）
You **didn't have to** *sing*.（君が歌う必要はなかった）

以上のように have to は、形の上では法助動詞と違いがあるので、正式な法助動詞ではなく、「法助動詞相当表現」だといえます。

なお、否定文の意味に注意をする必要があります。must（〜しなくてはならない）の否定形（must not）は、「〜してはならない」という「禁止」の意味でしたが（p.238 参照）、have to の否定形は、「〜する必要はない」という「不必要」の意味になります（先ほどの例文も参照のこと）。

次に used to に進みます。これは「かつては〜したものだった」という意味です。これについては「平叙文で肯定文」を扱うのみで十分です。

---

64 – ㉗

I **used to** *drink* a lot.（昔は大酒飲みだった）

There **used to** *be* a large park here ten years ago.
　（10 年前、ここに大きな公園があった）

---

④ 法助動詞＋進行形

ここまでに見た法助動詞は全て、基本形に加わっていました。ところが法助動詞は、進行形に加わることもあります。

例を見ましょう。

---

64 – ㉘

Tom **would** *be sleeping* now.（トムは今、眠っているだろう）

My husband **can't** *be swimming* now.（夫が今、泳いでいるはずはない）

直後の be 動詞は原形の be になります。

2 番目の文の can の意味は「可能性」です（p.239 参照）。可能性を否定しているので「はずがない」と訳されています。

上の 2 文は、現在に関することを述べていますが、未来の事柄について述べている例もあります。

---

64 – ㉙

Lisa **would** *be singing* with me about this time tomorrow.
　（明日の今頃、リサは僕と歌っているだろう）

Meg **may** *be staying* at this hotel tonight.
　（今晩メグは、このホテルに滞在しているかもしれない）

このように、「法助動詞＋進行形」においては、進行形の部分は、現在進行形か、未来の時点の進行形に相当します。まとめましょう。

> S 法助動詞 be（原形） V（ing 形） … ．
> 　　　　　　現在か未来の進行を表す

どちらなのかは文脈から判断します。

5 — 法助動詞＋完了形

　法助動詞は完了形にも加わります。この場合も、法助動詞の後ろの部分の基準時は、現在である場合と、未来の時点である場合があります。
　まずは前者の例を見ましょう。

🔊 64-㉚

My son **may** *have read* this book several times.
（息子はこの本を何回か読んだことがあるかもしれない）

Tom **should** *have finished* the work now.
（トムは、今はその仕事を終えているはずだ）

Meg **must** *have been* happy since she came here.
（メグはここに来て以来、ずっと幸せにちがいない）

　これらの完了形はいずれも、基準時が現在です。つまり、現在完了に相当するものです。そして、これに対して法助動詞で推量を加えています。
　なお、それぞれの完了形の意味ですが、最初のものは「結果＋経験」、2番目は「結果＋完了」、3番目は「継続」です。
　完了形の部分の基準時が、未来である例も見ましょう。

🔊 64-㉛

They **would** *have finished* this work by the end of this week.
（今週末までには、彼らはこの仕事を終えているだろう）

　この文が表す状況は次の通りです。

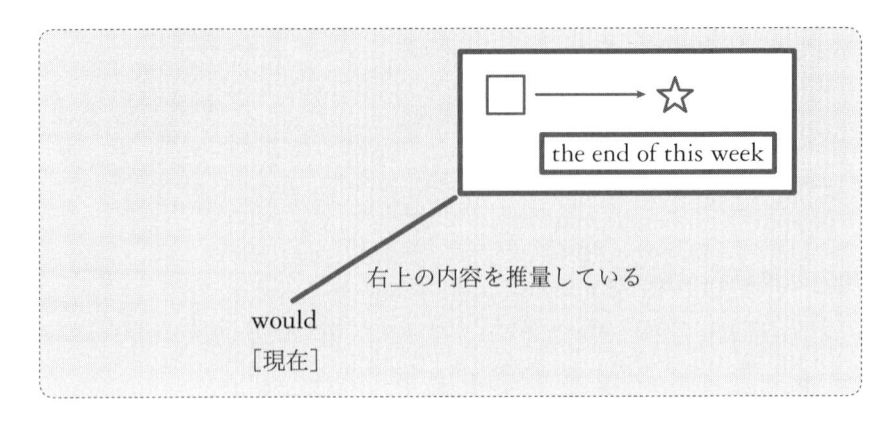

```
          □ ─────→ ☆
                 the end of this week


              右上の内容を推量している
   would
   [現在]
```

今週末（the end of this week）という未来時を基準にして、「この時点では、仕事は完了しているだろう」と推量しているのです。

「法助動詞＋完了形」においては、更に次のような例もあります。

> 🔊 64-㉜
> When I called Meg, she **may** have already *read* my letter.
> （私がメグに電話をした時には、彼女はすでに私の手紙を読んでいたのかもしれない）

この文の状況は次のように表されます。

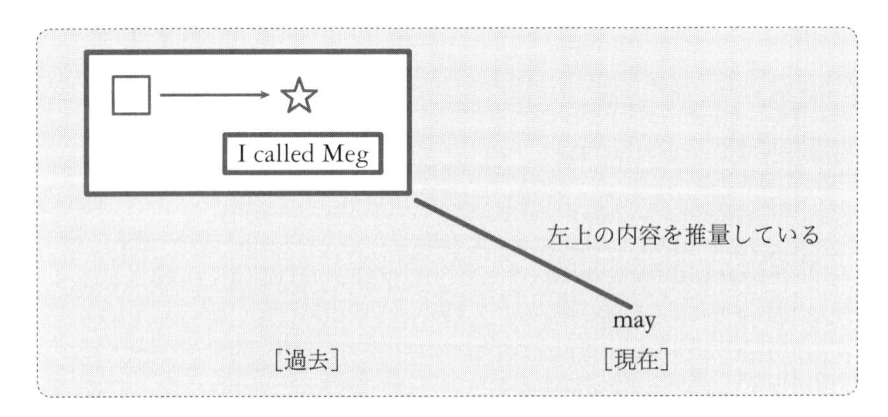

```
   □ ─────→ ☆
            I called Meg

                        左上の内容を推量している

                                may
   [過去]                       [現在]
```

I called Meg という過去の時点が、完了形の基準時です。よってこの文の完了形は、過去完了と同じ時間を表すということになります。そしてその内容に対して、現時点から may で推量をしています。

もう1つ例を見ましょう。

> She **would** *have been* busy until you helped her.
> （君が彼女を助けるまで、彼女はずっと忙しかったのだろう）

この文も、同じように基準時が過去です。基準時は you helped her の時点です。よって have been は過去完了に相当します。

状態動詞の be が用いられているので、意味は「継続」です。you helped her の時点までの継続を表すのです。そしてこの内容に対して、現時点から would で推量をしています。

これもイメージ図にしましょう。

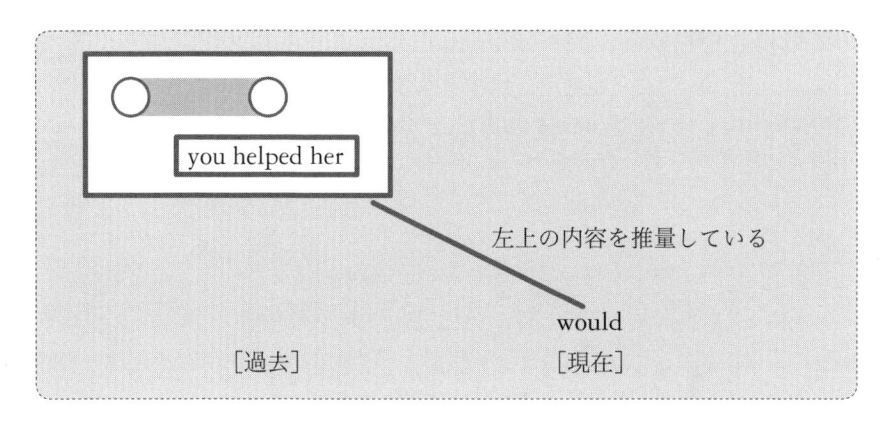

以上からわかることは、法助動詞の後ろの完了形は、現在完了に相当する場合と、未来の時点の完了形に相当する場合と、過去完了に相当する場合の3通りがあるということです。まとめます。

> S　法助動詞　have（原形）　V（過去分詞形）　….
> 　　　　過去か現在か未来を基準にした完了を表す

そして更に、この完了形が、大過去と同様の機能を持つ場合もあります。

大過去は p.228～p.229 で扱いました。形の上では過去完了形でありながら、「結果（+経験/完了）」「継続」といった、完了形本来の意味を持つのではなく、ある時点から過去へのズレを表すものでした。

法助動詞の後ろの完了形が、大過去に相当する例を見ましょう。文頭の as は p.160 で扱ったものです。

> As I talked with Tom three days ago, I thought that he **would** *have used* my bicycle on the previous day.
> （私は3日前にトムと話していて、その前の日に彼が私の自転車を使ったのだと思った）

この文の have used は「使った結果、thought の時点に何らかの事態がある」という完了形本来の意味はありません。使ったという出来事があったのが、thought の時点よりも前だということを明確に示すためのものなのです。次の図でとらえてください。

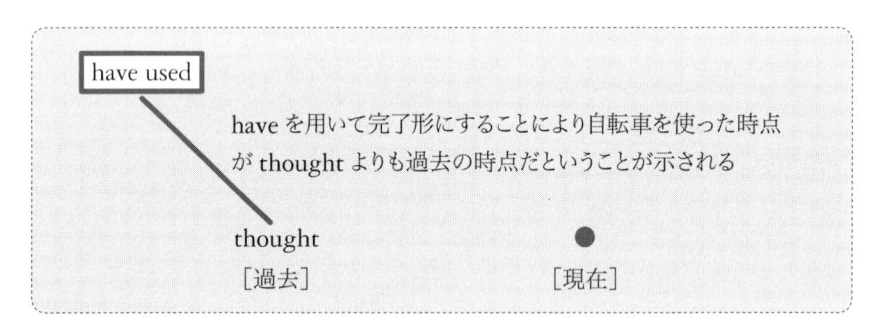

```
have used
          have を用いて完了形にすることにより自転車を使った時点
          が thought よりも過去の時点だということが示される

    thought                              ●
    ［過去］                           ［現在］
```

まさに、大過去が表す状況と同じです。過去の時点を基準にして、そこから更に過去へのズレを表しているのです（大過去についての知識があやふやになっていたら、必ず戻って復習をしてください）。

この「法助動詞＋完了形」には、これに加えて「現在から過去へのズレ」を表す例もあります。

以下が具体例です。どのような状況を表しているか考えてみてください。

> It **must** *have rained* yesterday.（昨日、雨が降ったにちがいない）
> You **shouldn't** *have delivered* a speech at the party.
>   （そのパーティーで、君はスピーチをするべきではなかった）
> Tom **can't** *have called* you last night.
>   （昨日の夜、トムが君に電話をしたはずはない）
> Bob **ought** *to have met* Meg here last week.
>   （ボブは先週、ここでメグに会ったはずだ）

全て現在の時点から、過去のことに関して推量をしています。法助動詞の後ろは、表面上は完了形ですが、これらの完了形は「過去の出来事の結果を受けて、現在、

何らかの事態が存在する」という意味のもの、つまり完了形本来の意味を持つものではありません。「現在から過去へのズレ」を表すための完了形なのです。

この4文が表す状況も図にしておきます。

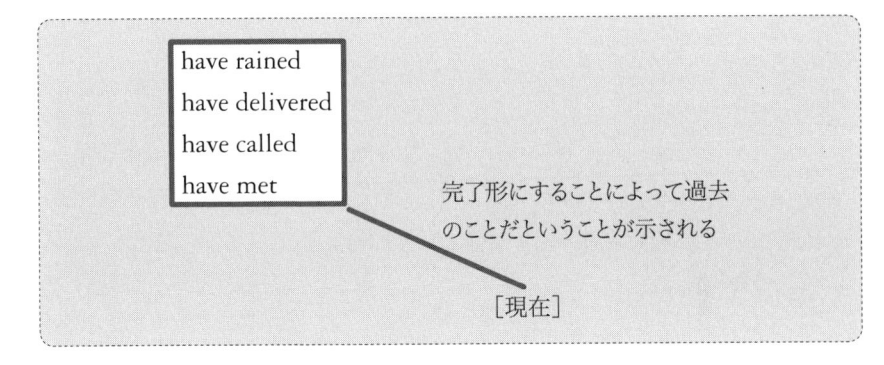

```
have rained
have delivered
have called
have met
```
完了形にすることによって過去のことだということが示される

［現在］

次のことをしっかり記憶してください。

> 過去のことに対して推量をする場合は、「法助動詞＋ have ＋過去分詞形」という形を用いる。

この知識は、後の第6章の「仮定法」で生きてくることになります。

「法助動詞＋完了形」の用法をまとめます。

> S　法助動詞　have（原形）　V（過去分詞形）　….
> ① 過去か現在か未来時を基準にした完了を表す
> ②「過去へのズレ」を表す
> ※ 大過去に類するものだが、大過去とは異なり、「現在から過去へのズレ」をも表す。

以上で第4章の法助動詞が終わり、p.214で示した4つの形、つまり「基本形」「進行形」「完了形」「法助動詞が存在する文」を全て見終えました。「承の巻」の第1部も、残るは2章のみとなりました。

さて、英語の動詞の形には「現在形」と「過去形」はありますが、「未来形」はありません。すると「未来のことはどう表すのか」という問題が生じます。これを次の第5章で見ていきます。そして最後の第6章で「仮定法」というものを扱います。p.20でこの第1部の内容を確認してください。

CHAPTER 5　未来を表す表現

　未来に何が起こるか、未来がどのような状態になるかは、誰にもわかりません。よって英語では、神ならぬ人間が未来について語る時、多くはあくまでも現在の「予定」として、あるいは現在の「意志」として、あるいは現在抱えている「義務」「運命」として、または現在から「推量」して述べます。
　ただ、場合によっては、そのような「予定」「意志」「義務」「推量」「運命」を伴わずに、未来について述べることもあります。
　それぞれの未来の表し方を見ていきましょう。

① 予定、意志、義務、推量、運命の未来

　未来のことは、予定、意志、義務、推量、運命を表す言葉を伴って述べられることが多いものです。英語では、これらの言葉は動詞の前に置かれます。
　具体的には、主に次のような形で「現在の予定、意志、義務、推量、運命＋未来のこと」が表されます。

```
［現在の予定、意志、義務、推量、運命］　　　［未来のこと］
　① 法助動詞
　② 助動詞 be　　　　　　　　　　　＋　　 動詞
　③ be 形容詞 to
　④ be going to、be about to
```

　それぞれを見ていきましょう。

① 法助動詞

　「法助動詞＋動詞」が「現在の予定、意志、義務、推量、運命＋未来のこと」を表すことがありますが、この例は、第4章で見た文の中に含まれています。いくつか類例を挙げましょう。太字が予定、意志、義務、推量の意味を持つ助動詞で、斜体の動詞が未来のことを表します。

> I **will** *be* there tomorrow.（明日、そこに行く予定です）
> I **shall** *return* to this town someday.（いつかこの街に戻って来るつもりだ）
> You **should** *meet* Meg tonight.（君は今晩、メグに会うべきだ）
> Bob **may** *come* here tomorrow morning.（ボブは明日の朝、ここに来るかもしれない）

全て未来のことが述べられています。
　なお最初の文のように、be 動詞には「行く」と訳す例があります。また「来る」という訳語があるということも知っておいてください。

② 助動詞 be

予定や意志は、助動詞 be によって表されることもあります。

> I **am** *visiting* Tom's house tonight.（今晩、トムの家を訪問する予定だ）
> I **am** *going* home soon.（そろそろ帰ろう）

いずれも進行形の文です。be 動詞が「現在の予定」「現在の意志」を表し、その後ろの ing 形の動詞が未来のことを表すと考えられます。この「予定」「意志」の進行形は p.219 で扱いました。
　同じ助動詞 be でも、後ろが to 不定詞形になるものもありました。これもまた、予定、意志、義務、運命などを表すことができるのでした。詳しくは p.221 で扱いましたが、ここでは 2 例ほど見ましょう。

> I **am** *to meet* Lisa tonight.（今晩、リサに会う予定だ）
> If you **are** *to succeed*, you must read this book.
> （成功したければ、この本を読まなくてはならない）

最初の例では am が現在の予定を表し、to meet が未来のことを表します。
2 番目の文では are が現在の意志を表し、to succeed が未来のことを表します。

③ be 形容詞 to

《準動詞句の一覧表》の D‑1 は、形容詞修飾語としてはたらく toV 句でしたが、そのうちの④は「be 動詞 形容詞 to」をひとまとまりの助動詞としてとらえること

ができるものでした (p.184 参照)。これらのうちの多くのものが、「予定」「意志」「義務」「推量」「運命」といった意味を持ちます。(p.185 のリスト参照)。そして、その後ろの動詞が未来のことを表します。例を見ましょう。

◎ 64-㊴

Nick **is due to** *be promoted* soon. (ニックはじきに昇進する予定だ)
Bob **is eager to** *climb* Mt. Fuji. (ボブはしきりに富士山に登りたがっている)
I **am bound to** *tell* Bob the fact. (私はボブにその事実を告げる義務がある)
Meg **is sure to** *praise* you. (メグはきっと君のことをほめるよ)
You **are destined to** *succeed*. (君は成功する運命にある)

---

is due to は「予定」、is eager to は「意志」、am bound to は「義務」、is sure to は「推量」、are destined to は「運命」です。そして、これらの後ろの動詞が未来のことを表します。

④ be going to、be about to

③の「be 形容詞 to」と似た形のものとして、次の2つがあります。これらの表現も未来のことを述べる際に用いられます。

---
be going to (〜する予定だ、〜するつもりだ、〜するだろう)
be about to (まさに〜しようとしている)

まずは前者の例を見ましょう。

◎ 64-㊵

We **are going to** *visit* Yemen next month. (我々は来月イエメンを訪れる予定だ)
Where **are** you **going to** *go* this spring? (この春はどこに行くつもりですか)
It **is going to** *rain* tonight. (今晩は雨が降りそうだ)

後者に移ります。

◎ 64-㊶

The sun **is about to** *set*. (太陽はまさに沈もうとしている)
The train **is about to** *leave*. (列車は発車するところだ)

---

❷ 予定、意志、義務、推量、運命でない未来

❶の「予定、意志、義務、推量、運命の未来」とは異なり、未来のことに言及していながら、予定という意識もなく、また、現在から未来に向けての意志や義務もなく、推量もしておらず、運命として語っていない場合もあります。主に2通りあります。それぞれを見ていきましょう。

① 確定しているという意識がはたらくもの

未来のことでも、確定していることだととらえられる場合があります。カレンダーや時刻表に関することなどが典型例です。たとえば「明日は日曜日だ」を英訳することを考えます。たしかにこれは、未来のことについて言及しているのですが、動かしようのない現実・事実について述べているので、予定、意志、義務、推量、運命を表す言葉を置く余地はありません。そして、「現実」「事実」は現在形で表現されるので（p.215参照）、未来のことを、現在形を用いて Tomorrow is Sunday. と表現することになります。

類例を見ましょう。

―――――― ⓢ 64-㊷ ――――――
Tomorrow **is** Friday.（明日は金曜日だ）
The last train **leaves** at 11:50p.m.（終電は11時50分に出る）

加えて、公のスケジュールも現在形で述べられることが多いものです。やはり「確定している」という意識が強いからです。

―――――― ⓢ 64-㊸ ――――――
The Prime Minister **comes** to this town tonight.（総理が今晩この町に来る）
The ceremony **ends** at three o'clock.（その式典は3時に終わる）

この2文は、あくまでも予定として述べることもできます。その場合はたとえば The Prime Minister is scheduled to come to this town tonight. などとすればいいのです（be scheduled to は p.185 で扱いました）。また、上の「終電」の文も、仮に推量して、「出るはずだ」などと述べる場合は、述語部分は should leave となります。

② 時や条件を表す副詞節の内部

まずは次の文を見てください。

　When Lisa comes here next week, I would be in Kyoto.
　（リサが来週ここに来る時、私は京都にいるだろう）

リサがここに来るのも、私が京都にいるのも未来のことです。ところが述語部分の表現方法が異なっています。主節の述語は「推量を表す法助動詞 would ＋原形の動詞」ですが、従属節（when 節）の述語は、現在形の comes です。なぜこちらは、未来のことなのに現在形で表現されているのでしょうか。

上の when 節で表したいことは、「リサが来週ここに来る予定の時」というように、「予定だ」と意識しているわけではありません。また「来るだろう」と推量しているわけでもありません。「リサは来週来たい」という意志を述べているわけではなく、また「来なくてはならない」という義務について語っているのでもありません。「来る運命だ」と述べているわけでもありません。

つまり、未来のことに言及しているものの、予定、意志、義務、推量、運命といった意味が含まれないのです。

すると未来のことであれ、単に、言いたい事柄を述べればいいだけだということになります。単に事柄を述べるということは、単に事実を述べるということです。事実を述べるための表現は現在形です。ゆえに、上のように現在形が用いられているのです。

この when 節のように、時を表す副詞節の中においては、未来のことでありながら、予定、意志、義務、推量、運命などの意識がないため、これらを表す言葉を用いることなく、現在形で述べるのが原則なのです。

類例を見ましょう。

── ⊚ 64-㊹ ──

When Bob **comes** here, I'll hit him.
　（ボブがここに来た時には、彼を叩いてやる）

I won't help Lisa *until* she **apologizes** to me.
　（リサが謝ってくるまでは、僕は手助けをするつもりはない）

I will leave here *after* Meg **calls** me.
　（メグが電話してきた後に、私はここを去る）

2番目、3番目の文で用いられている接続詞の until と after は、いずれも《従位接続詞の一覧表》の C‒5 です（p.136 にあります）。

「時」の意味のみならず、「条件」の意味を持つ従位接続詞によって形成される副詞節においても、同様の現象が見られます。以下の if 節、provided that 節の内部が現在形であることを確認してください。

> *If* it **rains** tonight, I'll stay at home.
> （今晩雨が降ったら、家にいるつもりだ）
>
> I'll give you anything *provided that* you **accept** this offer.
> （君がもしこの申し出を受けてくれるのなら、君に何でもあげよう）

　if は《従位接続詞の一覧表》の C‐0 です。provided that は C‐5 です（p.135 の③にあります）。

　なお、この「時や条件を表す副詞節の内部の現在形」も、あくまで原則にすぎません。たとえば「もし君が明日ここに来るつもりなら」というように、意志を伴って未来のことを述べる場合もあります。この表現の英訳は If you will come here tomorrow などとなります。will が用いられるのです。あるいは、if you are to come here tomorrow とすることも可能です。この are は、p.221 で扱った助動詞です。

　以上で第5章が終了しました。

第 21 講ここまで

CHAPTER 6 仮定法

　過去形には、過去を表すだけでなく、「非現実」を表したり、現実味を低めて丁寧・控えめに述べたりする用法もあるのでした。p.217 の図の通りです。具体例は p.216 と p.236 〜 p.238 などで見ました。
　それらに加えて if 節の中においても、この「非現実、丁寧・控えめの過去形」は用いられます。この章ではこれを見ていきます。

①　仮定法過去

　まずは次の文を英訳することを考えましょう。

　　もし彼が彼女の名前を知っているなら、彼はそれを私に教えてくれるだろう。

「もし〜」は、従位接続詞の if を用いて表現するので、次のような文が完成します。

　If he knows her name, he will tell it to me.

さてここで、「もし〜」の部分の現実味を低くして、控えめに言いたいとしましょう。つまり「たぶん知らないだろうけど」「ひょっとして知っていたら」というニュアンスを出したいのです。あるいは「現実には、彼は彼女の名前を知らないのだが、仮に知っている場合は」というような「非現実」の意味にしたいとします。
　このような場合は、if 節の内部を次のようにします。

　If he knew her name

動詞を過去形にするのです。この knew は過去を示すのではありません。非現実を表すもの、または、現実味の低さを示すことによって、丁寧・控えめに述べているものです。
　主節に関しては次のことに注意してください。

> if 節の中の動詞を過去形で用いる場合は、主節の法助動詞も過去形で用いる。

つまり次のものが、求められる意味の文なのです。

If he knew her name, he would tell it to me.

過去形の法助動詞 would は、過去のことを表すのではありません。現在の時点の控えめな推量です。p.236で扱った内容です。

次に、以下の文を見てください。

If Meg comes here tonight, she will praise me.
（もし今晩メグがここに来たら、彼女は僕のことをほめるだろう）

第5章で扱ったばかりのことですが、副詞節の if 節においては、内部が未来のことであっても、「S + V (現在形)」で表現するのが原則でした（p.254～p.255参照）。この例でも Meg comes となっているということをまずは確認してください。

さて、この文を控えめ、あるいは非現実なものにしたいとします。つまり「ひょっとして来たら」「来ないことになっているけれど仮に来たら」といった意味にしたいのです。どうすればいいでしょうか。

ここでもやはり過去形を用います。完成するのは次の文です。

If Meg came here tonight, she would praise me.

この came は過去形ですが、未来のことを表します。

以上のような控えめ、非現実を表す過去形が用いられた if 節が存在する文は「仮定法過去」と呼ばれます。

なお if 節を「条件節」、主節を「帰結節」といいます。

仮定法過去の類例を見ましょう。

🎧 67-①

If I **were** handsome, I **might speak** to that girl.
（もし僕がハンサムなら、あの女の子に話しかけるかもしれない）

If you **won** the lottery, **would** you **buy** a car?
（もし宝くじにあたったら、君は車を買うか）

If I **knew** her phone number, I **could call** her.
（彼女の電話番号を知っていたら、彼女に電話ができるのになあ）

最初の文中の were に注意してください。本来は was を用いる場合に、仮定法過去においては、were を用いることが多いのです。

仮定法過去の形をまとめます。

```
If   S    V   … ,   S   法助動詞    V   … .
    〈過去形〉        〈過去形〉〈原形〉
```

なお if 節は副詞節なので、主節の後ろに置かれることもあります（p.131 参照）。例を見ましょう。

◎ 67 - ②

My parents **could live** with me *if* I **had** a big house.
（もし僕が大きな家を持っていたら、両親は僕と一緒に暮らせるだろう）

What **would you do** *if* the typhoon **hit** our town?
（もしその台風がうちの街を直撃したら君はどうするか）

---

② 仮定法過去完了

次に、以下の文を英訳することを考えます。

　　もし彼が彼女の名前を知っていたのなら、彼は私にそれを教えてくれただろう。

①で扱った内容は、「現在、または未来に対する仮定」でしたが、ここで扱うのは「過去に対する仮定」です。

上の文を英訳すると次のようになります。

　　If he had known her name, he would have told it to me.

なぜこのような形になるか説明しましょう。まず条件節（if 節）ですが、非現実を表すための形は過去形なので、ここでも If he knew としたいところです。しかしこうすると、仮定法過去との区別がつかなくなります。よって「同じ仮定でも、時間が過去にズレている」ということを示すために have の力を借りるのです。これはまさに大過去と同じ発想です。なお、この have も過去形の had で用います。上の通りです。

一方、帰結節の「S ＋法助動詞＋ have ＋過去分詞形」という形は、実は既習事項です。「彼はそれを私に教えてくれただろう」という内容は、過去のことに対する推量です。過去のことを推量するには、「S ＋法助動詞＋ have ＋過去分詞形」という形を用いるのでした。p.249 の中央にあるワクの中で述べたことです。そこでの予告通り、その知識がここに生きてくるのです。

なお、この表現を仮定法の帰結節で用いる場合は、次の点に注意をしてください。

法助動詞を過去形で用いる。

上でも will ではなく would が用いられています。

このように、「あの時〜だったら、…だっただろう」という内容は、次のような

形で表されるのです。

> If S had V … , S 法助動詞 have V … .
> 　〈過去分詞形〉　　　　〈過去形〉〈原形〉〈過去分詞形〉

if節は主節の後ろに置かれることもあります。

このような、if節の内部が過去完了形であるものを「仮定法過去完了」といいます。類例を見ましょう。

◎ 67-③

If you **had participated** in the race, you **could have won** a medal.
（君がそのレースに参加していたら、メダルを獲得できていただろう）

If he **had** not **been** busy, he **would have helped** me.
（もし彼が忙しくなかったら、彼は僕を助けてくれただろう）

Tom **might have bought** the car *if* I **had shown** him this catalog.
（もし私がこのカタログを見せていたらトムはその車を買ったかもしれない）

I couldn't **have recognized** Bob *if* he **hadn't called** to me.
（もしボブが僕を呼んでいなかったら僕は彼に気づけなかっただろう）

後半の2例では、if節が主節の後ろに置かれています。

さて、この第5章でここまでに扱った内容は、以下の図のAとBです。

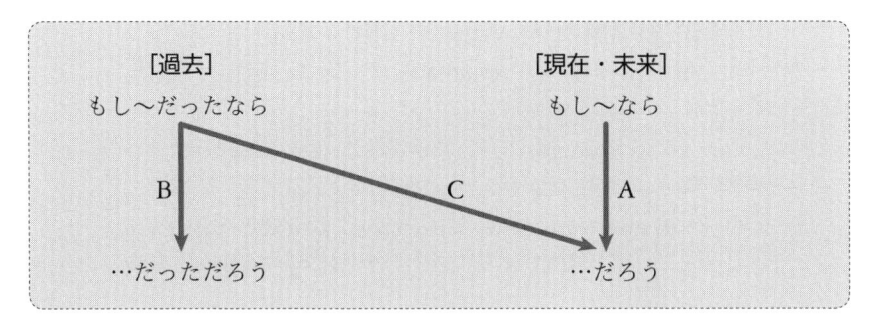

```
　　　　［過去］　　　　　　　　　［現在・未来］
　　もし〜だったなら　　　　　　　もし〜なら
　　　　　│　　　　　　　　　　　　　│
　　　　　│　　　　　　　　　　　　　│
　　　　　B　　　　　　　C　　　　　　A
　　　　　│　　　　　　　　　　　　　│
　　　　　↓　　　　　　　　　　　　　↓
　　…だっただろう　　　　　　　　…だろう
```

つまり、「現在あるいは未来のことに対する仮定と、その帰結」（A）と、「過去のことに対する仮定と、その帰結」（B）を扱ったのです。

ところが「仮定が過去で、帰結が現在」という、Cのような状況もあり得ます。この状況を表すには、条件節をBと同じ形にして、帰結節をAと同じ形にします。例を見ましょう。

> 📢 67-④
>
> *If* you **had accepted** my advice last year, you **would be** rich now.
> 　（去年もし君が私の助言を受け入れていたら、君は今、金持ちだろう）
>
> *If* she **had taken** the first train, she **would be** here now.
> 　（もし始発電車に乗っていたら、彼女は今頃ここにいるだろう）

以上のA、B、Cが、仮定法の基礎だといえます。次の **③** では、**①** の仮定法過去に対する補足として、2種類の表現を見ることにします。

③ 可能性が低い場合、望ましくないことである場合の表現

主に未来のことを述べる際に、より低い可能性を表すため、あるいは、可能性の高い低いに関係なく、起こるのが望ましくないことを述べるために用いられるものとして、次の2つの表現があります。

　　If　S　should　V…，S V….
　　If　S　were to　V…，S V….

具体例を見ましょう。2番目の文ではifを「もし〜ても」と訳しています。この訳についてはp.134で述べました。

> 📢 67-⑤
>
> *If* a big earthquake **should** hit our town, what could we do?
> 　（もしこの町を大地震が直撃したら、我々に何ができるだろうか）
>
> *If* I **should** fail, I would try again.
> 　（もし失敗しても、私は再び挑戦します）
>
> *If* I **were to** be born again, I would choose to be a bird.
> 　（生まれ変わるようなことがあったら、鳥になることを選ぶだろう）
>
> *If* it **were to** rain tomorrow, the festival would be canceled.
> 　（明日雨が降ったら、そのフェスティバルは中止になるだろう）

可能性の低さが感じられる文では、should, were to を「万一」「ひょっとして」と訳しても構いません。

④ as if 節、as though 節の内部の形

ここまで扱ってきたifは《従位接続詞の一覧表》のC-0のものでしたが（p.88参照）、一覧表のCの列には、C-5にas ifという従位接続詞があります

(p.137 の⑦参照)。この as if は「(あたかも) 〜のように」という意味の副詞節を形成するのですが、通常は現実ではない場合、または、現実味が低い場合に用いられます。そして次の4つのパターンで用いられます。

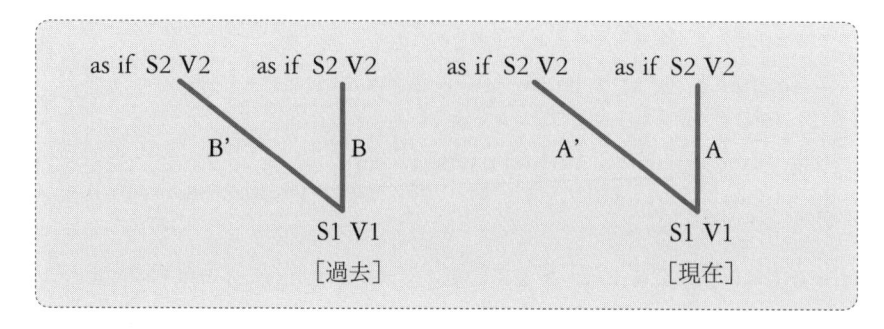

```
as if S2 V2    as if S2 V2        as if S2 V2    as if S2 V2
      B'             B                  A'             A
                     ↓                                 ↓
                   S1 V1                             S1 V1
                   [過去]                            [現在]
```

この図だけではわかりにくいかもしれないので、まずは日本語で例を見ます。

A　彼はよく、車を所有しているかのようにふるまう。
A'　彼はよく、車を所有していたかのようにふるまう。
B　彼はよく、車を所有しているかのようにふるまった。
B'　彼はよく、(それ以前に) 車を所有していたかのようにふるまった。

全て、「本当は所有していないのに、ふりをする [した]」という、非現実に関する内容です。

これらの文を英訳する際に、as if 節の内部の動詞をどのような形にするのかということが問題となります。

非現実のことは過去形で表されるので、全てを過去形で表現したいところです。つまり全て as if he <u>owned</u> a car としたいのです。

しかしそうすると、A と A'、B と B' の区別がつかなくなってしまいます。区別をつけるために、A' と B' に関しては、「ふりをする [した] 時点から過去にズレている」ということを示さなくてはなりません。どうすればいいのでしょうか。

やはりここでも大過去と同じように、had を用います。A、A'、B、B' の訳は次のようになります。

> 67-⑥
>
> He often acts *as if* he **owned** a car.
> 　（彼はよく、車を所有しているかのようにふるまう）
>
> He often acts *as if* he **had owned** a car.
> 　（彼はよく、車を所有していたかのようにふるまう）
>
> He often acted *as if* he **owned** a car.
> 　（彼はよく、車を所有しているかのようにふるまった）
>
> He often acted *as if* he **had owned** a car.
> 　（彼はよく、（それ以前に）車を所有していたかのようにふるまった）

　as if とほぼ同じ意味を持つ従位接続詞として、as though というものがあります（p.137 の⑦参照）。as though 節の内部の形も、同じように考えることができます。2 つほど例を見ましょう。A 〜 B' のいずれの状況かを考えてみてください。

> 67-⑦
>
> Bob often talks *as though* he **knew** everything.
> 　（ボブはしばしば、自分が何でも知っているかのようにしゃべる）
>
> I behaved *as though* I **were** a doctor.
> 　（僕はあたかも自分が医者であるかのようにふるまった）

それぞれ A、B の例です。

⑤ 名詞節における応用表現

　ここまでに扱った仮定法は、「副詞節の if 節（あるいは as if 節、as though 節）の内部で、過去形や過去完了形が用いられる」というものでしたが、副詞節以外の節の内部においても、同じような過去形、過去完了形が用いられることがあります。

　ここでは名詞節の例を見ることにします。具体的には次の表現の、that 節の内部において用いられる例を見ていきます（この that 節は wish の O です）。

> S1 wish that S2 V2 …．（S1 が、S2 が V2 であることを願う）

　この表現に関しては、動詞の形を次の 4 パターンに分けて考える必要があります。

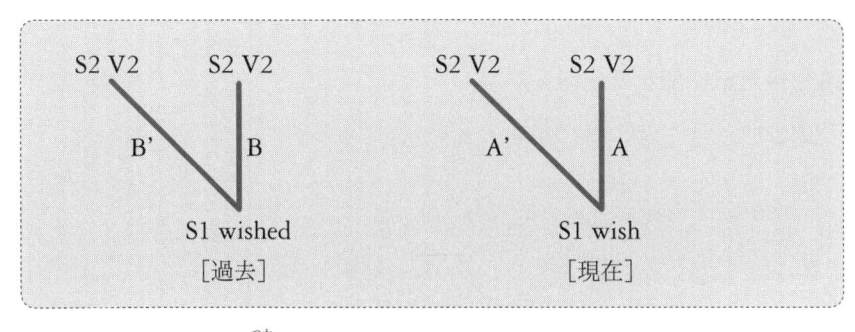

```
    S2 V2    S2 V2          S2 V2    S2 V2
       B'      B                A'      A
          S1 wished                S1 wish
           ［過去］                  ［現在］
```

それぞれのイメージを掴むために、まずは日本語の例を示します。

　A　　いま手元に魔法の杖があればなあ。
　A'　 大学入学前に車の免許を取っておくんだった。
　B　　昨日のパーティーの時、電子辞書を持っていればと思った。
　B'　 昨日の夜、ふと、学生時代に一度くらいはヒッチハイクをしておけばよかったと思った。

このA～B'の状況を英訳することを考えます。

その際に注意しなくてはならないのは、wish は「はかない願い」を表す言葉だということです。よって that 節の内側は、現実味の低さ、非現実性を表す形でなくてはなりません。過去形の出番です。上の図の V2 は全て過去形にしたいのです。

ところが、全てを過去形にすると、A と A'、B と B' の区別がつかなくなります。やはり、ズレを表すために A' と B' では had を用い、過去完了形にします。

では A、A'、B、B' の具体例を順に見ましょう。なお「転の巻」で扱うことですが、O としてはたらく that 節の that は頻繁に省略されるので、ここでも省きます。

───────────────────────────────── 67-⑧ ─

I wish I **were** rich.（自分が金持ちならなあ）

I wish I **had visited** London last year.
　（昨年、ロンドンを訪れておけばよかった）

At the party last night, *I wished* I **carried** a camera.
　（昨晩そのパーティーの時、カメラを持っていればなあと思った）

This morning, *I wished* I **had washed** the car last night.
　（今朝私は、昨日の夜に車を洗っておけばよかったと思った）

最初の文では、I was とならずに I were となっています。この形については p.257 で述べました。

6 仮定法に関する成句

仮定法に関する大切な成句があります。次の2つです。

> If it were not for ～ （～がなければ、～がいなければ）
> If it had not been for ～ （～がなかったなら、～がいなかったなら）

最初のものは仮定法過去の一種です。現在・未来に対する仮定です。2番目のものは仮定法過去完了の一種であり、過去に対する仮定です。一見すると複雑な形ですが、以下の例文の音声を聴き、何度も音読・筆写をすることによって攻略できます。

🎧 67-⑨

If it were not for exam, we would be happy.
　（試験がなければ、俺たちは幸せだろうに）
If it were not for you, I couldn't live.
　（あなたがいなければ、私は生きられないだろう）
If it had not been for your help, I could never have finished the job.
　（君の助けがなかったら、私は決してその仕事を終えられなかっただろう）
If it had not been for the concert, I wouldn't have met Meg.
　（そのコンサートがなければ、私はメグに出会っていなかっただろう）

以上で「承の巻」の「第1部　時制」が終わりました。最後にp.20を見て、この第1部で扱った内容を復習してください。

この「承の巻」の内容は「形の変化」です。第2章では、形容詞、副詞の形の変化を見ていきます。

第22講ここまで

第2部　比較 ― 形容詞・副詞の形の変化

動詞は6つの形を持ちましたが、形容詞と副詞は、以下の4つの形を持ちます。「― 形」ではなく「― 級」という名前になります。

原級	形容詞・副詞の元の形（辞書に見出し語として記載されている形）
等級	形容詞・副詞の前に as を加えた形　※ 離して加える
比較級	形容詞・副詞の前に more を加えた形　※ 離して加える
	形容詞・副詞の後ろに -er を加えた形　※ 離さずに加える
最上級	形容詞・副詞の前に most を加えた形　※ 離して加える
	形容詞・副詞の後ろに -est を加えた形　※ 離さずに加える

等級、比較級、最上級の意味は、それぞれ次の通りです。

等級	同じくらい〜
比較級	より〜
最上級	最も〜

これらの形を用いれば、他のものとの比較をすることが可能になります。

それぞれの形について、少し説明を加えます。

等級は必ず「as　形容詞」「as　副詞」となりますが、比較級、最上級は2種類あります。どちらの形になるかについては、次のことを記憶してください。

> 1音節（発音する母音の数が1つ）の単語には -er, -est を加える。
> 3音節以上の単語には more, most を加える。
> 2音節の単語は、前者のパターンと後者のパターンに分かれるが、どちらの形もとるものもある。

いくつか具体例を見ましょう。上から「原級 ― 比較級 ― 最上級」の順に並べます。等級は必ず「as 〜」となるので記載しません。

	1音節	2音節		3音節
原級	tall	happy	famous	expensive
比較級	taller	happier	more famous	more expensive
最上級	tallest	happiest	most famous	most expensive

　happy の比較級と最上級は、y を i に変えていることに注意をしてください。このように、少しだけ変則的な形になるものもあります。

　なお -er 型、-est 型となる語や、上のように少し変則的な形になるものは、英和辞典にその形が記載されています。また、原級からは想像もつかない形になるもの（たとえば good の比較級は better であり、最上級は best）についても、辞書に記されています。

　比較級、最上級に関して、特に注意が必要な単語があります。その代表例は many と much です。これらの比較級、最上級は次の通りです。

> many 〈原級〉 — more 〈比較級〉 — most 〈最上級〉
> much 〈原級〉 — more 〈比較級〉 — most 〈最上級〉

これらは次の 2 点において面倒だといえます。

> ● 比較級、最上級が、原則とは全く異なる形になる。
> ● 元の形が異なるのに、比較級、最上級が同じ形になる。

　many は「多くの」という意味の形容詞です。個としてとらえられる名詞（一般には「可算名詞」と呼ばれます）の前に置かれます。many boys, many books というように用いられます。名詞は複数形で用います。

　一方の much という形容詞も「多くの」という意味です。こちらは、個としてとらえられない名詞（一般には「不可算名詞」と呼ばれます）の前に置かれます。much air, much water というように用いられます。名詞は辞書に記載されている形のままで用います。

　上のように many と much は比較級、最上級が同じなので、文中で more, most に出会ったら、元が many なのか much なのかを考えなくてはなりません。

　many と much の反対の意味を持つ単語についても述べておきます。many の反意語は few であり、much の反意語は little です。これらの比較級、最上級は次の通りです。

> few〈原級〉— fewer〈比較級〉— fewest〈最上級〉
> little〈原級〉— less〈比較級〉— least〈最上級〉

　few の比較級、最上級は原則通りです。一方、little の比較級、最上級は、原則から外れます。

　最後に、「等級」という言葉について説明しておきます。これは、ほとんど本書でのみ用いられる用語です。一般的には形容詞、副詞の形は、原級と比較級と最上級の 3 つだとされ、「as 形容詞」「as 副詞」は、「等級」という形ではなく、「as ＋ 原級」だと考えられます。つまりこの形は、形容詞、副詞の変化形の 1 つとは考えないのです。ところが本書では、「as 形容詞」「as 副詞」も、独立した 1 つの形だと考えて「等級」と呼びます。

　こう考えることにより、「more 形容詞」「more 副詞」を「比較級」と呼び、「most 形容詞」「most 副詞」を「最上級」と呼ぶこととの整合性がとれます（本書以外でも「同等比較級」という言葉で、1 つの形としてカウントする立場もあります）。

　では第 1 章に入りましょう。この第 2 部では、全体をとらえやすくするために、次のような [比較の全体像] を用いて話を進めていきます。この表を左上から順に、ヨコに見ていきます。

[比較の全体像]

	等級	比較級	最上級
第 1 章	基本表現	基本表現	基本表現
第 2 章	応用表現		
第 3 章	修飾語	修飾語	修飾語
第 4 章	補足	補足	補足
第 5 章	more, most, less, least の多様性		

CHAPTER 1 | 基本表現

　第1章では、等級を用いて「同じくらい〜である」、比較級を用いて「より〜である」、最上級を用いて「最も〜である」という内容を表現していきます。比較に関する最も初歩的な事柄を扱います。

①　等級の基本表現

　等級を用いることにより、「A は B と同じくらい〜だ」ということを表すことができます。たとえば「トムはケンと同じくらい忙しい」ということを述べるとします。そのためには、最初に次の 2 文を用意します。

> ① Tom is busy.（トムは忙しい）
> ② Ken is busy.（ケンは忙しい）

　上段にトムに関する文を用意し、下段にケンに関する文を用意しました。このペアの比較対象語は、Tom と Ken です。そして、忙しさを基準にしてこの 2 者を比較します。busy は「比較の基準となる語」だといえます。
　このペアから「トムはケンと同じくらい忙しい」という内容の文を作るには、まず①の busy を等級に変化させます。そして、②の文頭に as を置きます。
　これらのプロセスを図示しましょう。

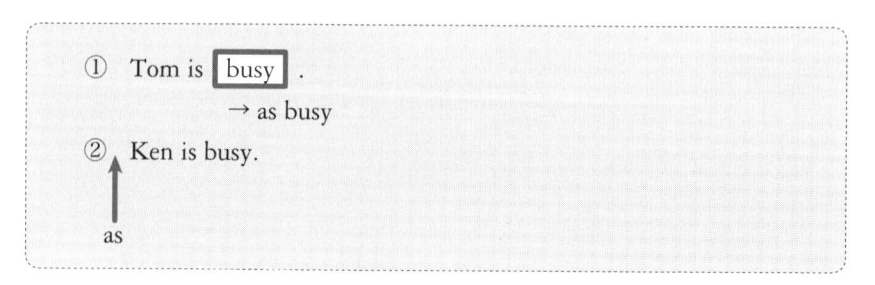

> ① Tom is ｜busy｜.
> 　　　　　→ as busy
> ② Ken is busy.
> 　↑
> 　as

　次に、②の中にある、比較の基準となる語（busy）を消去します。
　②の中にある、①の文との共通の語である is は、消去してもしなくても構いません。

これらのプロセスも図示しましょう。

> ① Tom is as busy.
> ② as Ken (is) busy. (busyに×)

「消しても消さなくてもいい」という意味で、is にはカッコを加えました。なお当然のことですが、比較対象語（Tom, Ken）は、いずれも残します。

以上のプロセスを経たうえで、①の後ろに②を結びつけます。すると次の文が完成します。

　　Tom is as busy as Ken (is).

これが求められる意味の文なのです。

次に、形容詞の要素が C ではなく、名詞修飾語である例も見ましょう。

以下のペアの比較対象語と、比較の基準となる語を考えてみてください。

> ① I have many pens.（私は多くのペンを持っている）
> ② Bob has many pens.（ボブは多くのペンを持っている）

比較対象語は I と Bob です。比較の基準となる語は、形容詞 many です。many は名詞修飾語としてはたらいています（pens を修飾しています）。このペアから「私はボブと同じくらい多くのペンを持っている」という意味の文を作ることを考えましょう。

まず①の many を等級の as many として、次に②の文の前に as を置きます。注意しなくてはならないのは、②の文の消去すべき箇所です。次のことを知っておいてください。

> 比較の基準となる語が、名詞修飾語としてはたらく形容詞である場合は、②の文の消去する語は「形容詞＋名詞」の 2 語となる。

上の②では「many + pens」を消去するのです。

完成する文は、次のようになります。

　　I have as many pens as Bob (has).

②の文における、①の文との共通部分である has は、やはり残しても消しても構いません。カッコでくくってある通りです。

much を用いた類例も見ましょう。

> ① I drank much wine.（私は多くのワインを飲んだ）
> ② My son drank much wine.（息子は多くのワインを飲んだ）

　比較対象語は I と my son、比較の基準となる語は形容詞 much で、これは名詞修飾語としてはたらいています（wine を修飾しています）。このペアから「私は息子と同じくらい多くのワインを飲んだ」という等級の文を作るには、①の much を as much にしたうえで、②の文中の much wine を消去します。much は名詞修飾語なので、その直後の名詞も消すのです。

　求められる意味の文は次のものです。

　　I drank as much wine as my son (drank).

　今度は、比較の基準となる語が形容詞ではなく、副詞である例を見ましょう。以下のペアから「メグはリサと同じくらいゆっくり泳いだ」という文を作ります。

> ① Meg swam slowly.（メグはゆっくり泳いだ）
> ② Lisa swam slowly.（リサはゆっくり泳いだ）

　メグに関する文と、リサに関する文を用意しました。このペアにおいて、比較対象語は Meg と Lisa であり、比較の基準となる語は副詞 slowly です。

　では求められる文を作りましょう。まずは①の slowly を等級に変化させ、②の文頭に as を置きます。そして、②の中にある比較の基準となる語（slowly）は必ず消去します。②の中における①との共通の語（swam）は、やはり消去してもしなくても構いません。この過程を図示します。

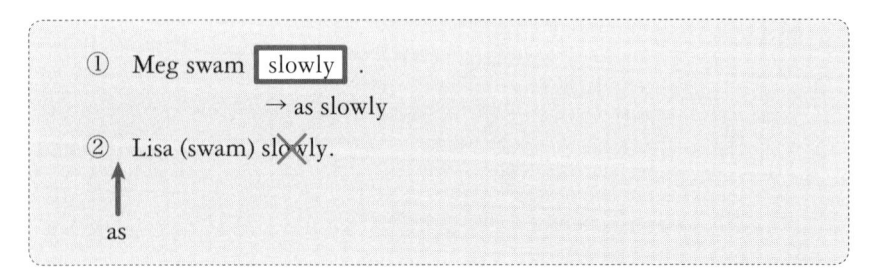

> ①　Meg swam slowly.
> 　　　　　→ as slowly
> ②　Lisa (swam) sl~~o~~wly.
> 　　↑
> 　　as

　このプロセスを経て、①の後ろに②を置くと、求められる文が完成します。

　　Meg swam as slowly as Lisa (swam).

　等級の文の作り方をまとめます。

手順1	比較対象語と、比較の基準となる語が存在する文①と文②を用意する。
手順2	①の中の、比較の基準となる語を等級にする。
手順3	②の文頭に as を置く。
手順4	②の中の、比較の基準となる語を消去する。

＊比較の基準となる語が形容詞で、名詞修飾語としてはたらいている場合は、直後の名詞も消去する。

| 手順5 | ①の後ろに②をつなげる。 |

ここでも品詞の知識と要素の知識が不可欠だということがわかります。
ここまでに作った文をまとめて見ましょう。

― 70-① ―

Tom is **as busy** *as Ken*. (トムはケンと同じくらい忙しい)

I have **as many** pens *as Bob*. (私はボブと同じくらい多くのペンを持っている)

I drank **as much** wine *as my son*. (私は息子と同じくらい多くのワインを飲んだ)

Meg swam **as slowly** *as Lisa*. (メグはリサと同じくらいゆっくり泳いだ)

否定文も見ておきましょう。否定文においては特に、最初の as の位置に so が用いられることがあります。

― 70-② ―

I'm *not* **so active** *as you are*. (僕は君ほどには活動的でない)

My camera is *not* **as expensive** *as yours*. (僕のカメラは君のほどは高くない)

I do*n't* drink **as much** milk *as you*. (僕は君ほどは牛乳を飲まない)

The man did*n't* work **as hard** *as his boss*.
(その男は、上司ほどは懸命に働かなかった)

②― 比較級の基本表現

比較級に入ります。p.267 の［比較の全体像］の 1 段目の中央です。比較級を用いることにより、「A は B より〜だ」という内容を表すことができます。

具体的に話を進めましょう。「トムはケンよりも忙しい」という文を作ることを考えます。この場合、まずは次の 2 文を用意します。

```
① Tom is busy.
② Ken is busy.
```

比較対象語は Tom と Ken であり、比較の基準となる語は形容詞 busy です。次に、①の busy を比較級の busier にして、②の文の前に than を置きます。

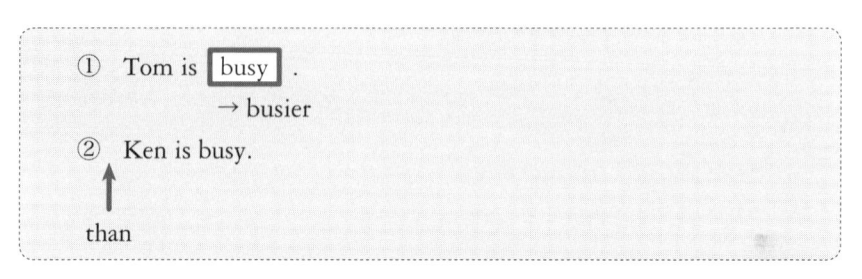

```
① Tom is  busy .
          → busier
② Ken is busy.
   ↑
  than
```

あとは等級の場合と同じです。つまり、②の中にある比較の基準となる語 (busy) を消去し、共通部分は消去してもしなくても構いません。

　　Tom is busier than Ken (is).

次に、比較の基準となる語が形容詞で、これが名詞修飾語としてはたらいている例を見ましょう。この場合は、比較級においてもやはり「②の文中の、形容詞の直後の名詞も消去する」という規則があてはまります。

具体例で説明します。次のペアを見てください。

```
① I have many pens.（私は多くのペンを持っている）
② Tom has many pens.（トムは多くのペンを持っている）
```

このペアから「私はトムよりも多くのペンを持っている」という内容の文を作りましょう。まずは①の many を比較級にして (many の比較級は more です。p.266 参照)、次に②の前に than を置き、②の many pens を消去します。

完成するのは次の文です。

　　I have more pens than Tom (has).

次に、比較の基準となる語が副詞である例に移ります。以下のペアから「メグはリサよりもゆっくり泳いだ」という意味の文を作ります。

```
① Meg swam slowly.（メグはゆっくり泳いだ）
② Lisa swam slowly.（リサはゆっくり泳いだ）
```

比較対象語は Meg と Lisa であり、比較の基準となる語は副詞 slowly です。求められる文を作るには、①の中の slowly を比較級（more slowly）にして、②の文頭に than を置き、②の slowly は消去します。完成するのは次の文です。

Meg swam more slowly than Lisa (swam).

さて、ここまでのペアでは、比較対象語は全て主語でした。「主語と主語の比較」だったのですが、他の要素どうしの比較もあり得ます。これを見ていきましょう。まずは「目的語と目的語の比較」です。

> ① I mastered French easily.（私はフランス語を容易に習得した）
> ② I mastered Arabic easily.（私はアラビア語を容易に習得した）

比較対象語は French と Arabic です。いずれも O です。比較の基準となる語は副詞 easily です。

このペアから、「私はフランス語をアラビア語よりも容易に習得した」という内容の文を作ってみてください。比較対象語が O どうしでも、作り方は同じです。

完成する文は次のようになります。

I mastered French more easily than (I mastered) Arabic.

①の副詞 easily を比較級の more easily にして、②の文頭に than を置き、②の easily を消したうえで、①と②をつないだのです。共通部分の I mastered は残しても消しても構いません。

次に進みます。以下のペアに関してはまず、比較の基準となる語と、比較対象語を考えてみてください。

> ① He is young.（彼は若い）
> ② He looks young.（彼は若く見える）

比較の基準となる語は、もちろん形容詞 young です。比較対象語は is と look です。「述語と述語」の比較なのです。is は「現実」を表します（現在形が現実を表し得るということは、p.215 で述べました。p.217 の図も参照してください）。looks は「見かけ」を表します。現実と見かけの比較なのです。なお、②の文は一般動詞を用いた第 2 文型です（p.43 参照）。

では、現実と見かけを比較して「現実のほうが若い」ということを述べる文を作りましょう。完成する文は次のようになります。

He is younger than he looks.

共通部分の he を消すと、than の直後が動詞 looks のみになってしまいます。「as, than の後ろに述語 1 語だけ」という形は、通常は避けます。

次はやや難しいかもしれません。ここでもまずは、比較の基準となる語と、比較対象語を考えてみてください。

> ① The sun sets early in winter.（太陽は冬に早く沈む）
> ② The sun sets early in spring.（太陽は春に早く沈む）

比較の基準となる語は副詞 early（早く）です。そして in winter と in spring が比較対象語です。前置詞句どうしの比較なのです（前置詞句とは、「前置詞＋前置詞の O」のことです。p.40 参照）。比較対象語は、前置詞の O である winter と spring ではないということに注意をしてください。前置詞の O どうしが比較対象語になることは、原則としてないと考えてください。前置詞も比較対象語に含まれるのです。

では、このペアをもとに「太陽は春よりも冬に早く沈む」という内容の文を作りましょう。次の文が完成します。

The sun sets earlier in winter than in spring.

than 以下の共通部分（the sun sets）は消去しました。

もう 1 つ、前置詞に関連するものを見ましょう。次のペアの比較対象語は何でしょうか。

> ① The population of Cairo is large.（カイロの人口は多い）
> ② The population of Tunis is large.（チュニスの人口は多い）

Cairo と Tunis ではありません。また、of Cairo と of Tunis でもありません。上のように、比較したい言葉を含む前置詞句が、名詞修飾語としてはたらいている場合は、その名詞までもが比較対象語です。つまり、the population of Cairo（カイロの人口）と、the population of Tunis（チュニスの人口）が比較対象語なのです。

このペアから「カイロの人口は、チュニスの人口より多い」という文を作ることを考えます。完成する文は次の通りです。

The population of Cairo is larger than the population of Tunis.

than 以下の共通部分（is）は消去しました。

なお、このような例においては、同じ名詞の繰り返しを避けるために代名詞の that が用いられることが多いので、ここでも than の直後の the population を that に代えましょう。

The population of Cairo is larger than that of Tunis.

比較級の文の作り方をまとめます。

> 手順1　比較対象語と、比較の基準となる語が存在する文①と文②を用意する。
> 手順2　①の中の、比較の基準となる語を比較級にする。
> 手順3　②の文頭に than を置く。
> 手順4　②の中の、比較の基準となる語を消去する。
> 　　　＊比較の基準となる語が形容詞で、名詞修飾語としてはたらいている場合は、直後の名詞も消去する。
> 手順5　①の後ろに②をつなげる。

ここで作った比較級の文をまとめて見ましょう。

――― ◎ 70-③ ―――

Tom is **busier** *than Ken*.（トムはケンよりも忙しい）

I have **more pens** *than Tom*.（私はトムよりも多くのペンを持っている）

Meg swam **more slowly** *than Lisa*.（メグはリサよりもゆっくり泳いだ）

I mastered French **more easily** *than Arabic*.
（私はフランス語をアラビア語よりも容易に習得した）

He is **younger** *than he looks*.（彼は見た目より若い）

The sun sets **earlier** in winter *than in spring*.（太陽は春よりも冬に早く沈む）

The population of Cairo is **larger** *than that of Tunis*.
（カイロの人口はチュニスの人口よりも多い）

否定文の例も見ましょう。

――― ◎ 70-④ ―――

My watch is *not* **more beautiful** *than this*.
（私の時計は、これほどは美しくない）

Bob did*n't* speak **faster** *than Lisa*.
（ボブは、リサほどには早口でしゃべらなかった）

比較級に関しては、「less 形容詞」「less 副詞」という表現も知ってください。形容詞、副詞の前に less を加えることにより、「より〜でない」という意味を表すことができます。このようなものを「劣等比較級」といいます。

具体例を示しましょう。

　　less smart（より頭が良くない）
　　less difficult（より難しくない）
　　less often（より頻繁でない）

例文の中でこれらを見てみましょう。

⊚ 70-⑤

Ken is **less smart** *than his wife*.（ケンは奥さんほどは頭が良くない）
This task is **less difficult** *than it looks*.
　　（この課題は見かけほどは難しくない）
I play baseball **less often** *than soccer*.
　　（僕はサッカーをするほどには頻繁に野球をしない）

以上で比較級の基本を終えます。次は最上級ですが、これに入る前に、as と than の品詞について述べておきます。ここで扱う知識は、比較の文（特に難しい文）をより深く理解する際に必要になります。

まずは次の文を見てください。

　　Tom is as strong as Ken is.（トムはケンと同じくらい強い）

この文において、2番目の as は文法上、どのような機能を果たしているでしょうか。品詞は何だと考えられるでしょうか。

この文は、Tom is as strong までの部分で、「トムは同じくらい強い」という意味ですが、ここまでを読むと「誰と同じくらいなのか？」という疑問が生じます。それに対する答えとして、as Ken is の部分で、「ケンと同じくらい」と説明します。次のイメージでとらえてください。

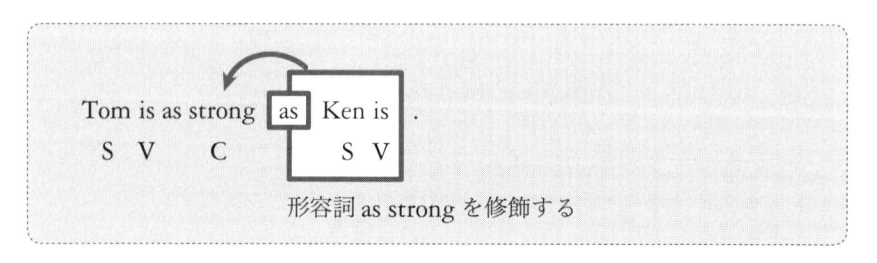

```
Tom is as strong  as  Ken is .
  S V    C            S V
              形容詞 as strong を修飾する
```

as Ken is が、形容詞の as strong を修飾しています。2番目の as は、後ろの SV をまとめ、形容詞修飾語としてはたらかせているのです（仮に as strong の部分が副詞であれば、2番目の as は、副詞修飾語としてはたらくまとまりを作るというこ

とになります)。

　文をまとめて 1 つの要素にしているということは、この as は、従位接続詞だということになります。形容詞修飾語または副詞修飾語としてはたらく節を形成する従位接続詞なのです。

　よって先ほどの文においては、前半が主節であり、後半（2 つ目の as 以下）が従属節だということになります。

　than も同様に従位接続詞です。具体例で確認しましょう。まずは次の文を見てください。

　　He is younger than he looks.（彼は見た目よりも若い）

この文の構造は次の通りです。

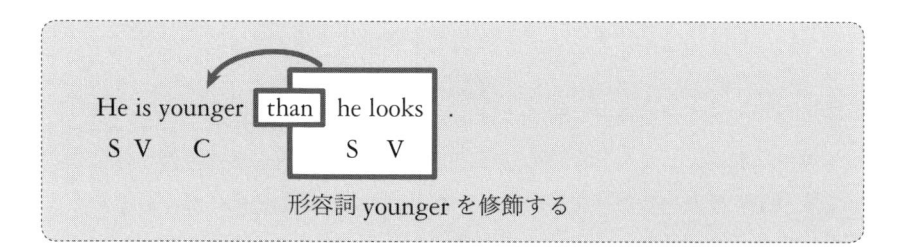

> He is younger [than he looks].
> S V C   S V
> 形容詞 younger を修飾する

　仮に比較級の単語が副詞であれば、than 節は副詞修飾語になります。

　なお、これまでに見てきたように、as, than の後ろが名詞（あるいは代名詞）1 語のみである例も多いものです。2 例ほど挙げます。

　　Meg is as tall as Ken.（メグはケンと同じくらい背が高い）

　　I worked harder than him.（私は彼よりも懸命に働いた）

　これらの as, than は、従位接続詞ではなく、前置詞であると考えられます。その証拠に、as, than の後ろが代名詞である場合は、これが目的格となる例が多く見られます。上の例でも、than he とならずに、than him となっていることを確認してください。

　以上の内容は次のようにまとめられます。

> 比較で用いられる as, than は原則として接続詞だが、前置詞であることもある。

③ 最上級の基本表現

p.267 の［比較の全体像］の 1 段目の右端に入ります。次の文を見てください。

　This train is fast.（この電車は速い）

さて、この文を「この電車が最も速い」という内容に変えたいとします。どうすればいいでしょうか。

fast を最上級にするのです。文は次のようになります。

　This train is fastest.

次に、fastest の前に the を加えるのですが、これについては、とりあえずは次のように記憶してください。

> 形容詞の最上級 → 前に the を置くことが多い。
> 副詞の最上級 → 前に the を置かないことが多い。

本書では原則として、形容詞の前には the を置き、副詞の前には置かないことにします（やや細かい知識ですが、アメリカ英語では、副詞の前に置かれることも多いということもぜひ知っておいてください）。

上の文の fastest の前に the を加えましょう。

　This train is the fastest.（この電車が最も速い）

これで完成なのですが、この文は少し不自然です。というのも「最も〜だ」「一番〜だ」と言うのなら、「どの範囲で一番なのか」ということが示されるべきです。範囲は、次のような表現によって示されます。

> in 〜（〜で）　※「〜」は場所、所属集団など
> of 〜（〜で）　※「〜」は the ＋数、all など
> that S V（S が V した中で）

では上の文に、範囲を示す語句を加えてみましょう。

───────────────── ⓓ 70-⑥ ─

> This train is the **fastest** *in Japan*.（この電車が日本で最も速い）
> This train is the **fastest** *that I have ever seen*.
> 　（この電車が私が今まで見た中で最も速い）

次に、以下の文を最上級にしてみましょう。

278

Tom walked slowly.（トムはゆっくり歩いた）

求められる文は次のようになります。

Tom walked most slowly.（トムが最もゆっくり歩いた）

この文にも、範囲を示す表現を加えましょう。

🎧 70-⑦

Tom walked **most slowly** *in this group*.
（このグループの中で、トムが最もゆっくり歩いた）

Tom walked **most slowly** *of the five*.
（その5人の中で、トムが最もゆっくり歩いた）

Tom walked **most slowly** *of all*.
（全員の中で、トムが最もゆっくり歩いた）

最上級の文の作り方をまとめます。

| 手順1 | 形容詞、副詞が存在する文を用意する。
| 手順2 | 形容詞、副詞を最上級にする。
　　　　　最上級の前に the を置く（主に形容詞の場合）。
| 手順3 | 範囲を示す語句を置く。

最上級の最後に「least 形容詞」「least 副詞」を扱います。

「less ～（～は形容詞、副詞）」は、「より～でない」という意味でしたが（p.276参照）、この表現の最上級は「least ～」で、「最も～でない」という意味を持ちます。例を見ましょう。

least interesting（最も面白くない）

least often（最も頻度が少ない）

例文も見ましょう。

🎧 70-⑧

This story is the **least interesting** *of the nine*.
（その9つの中で、この話が一番面白くない）

This type of storm occurs **least often** *in January*.
（このタイプの嵐は1月に起こることが一番少ない）

第23講ここまで

第24講スタート　　　予習 71　復習 72　例文朗読 73 ①〜⑮

CHAPTER 2　応用表現

　第2章では、第1章の内容から一歩進めた話をしていきます。ここでは等級と比較級をまとめて扱うので、[比較の全体像]の2段目には、等級と比較級の間に線がありません。また、最上級については扱わないので、最上級のところは空白です。p.267で確認してください。

① 比較対象語の要素にズレがある例

　次のペアを元に、比較級の文を作ることを考えましょう（②の think の後ろには、従位接続詞の that が省略されています）。

> ① She is kind.（彼女は親切だ）
> ② You think she is kind.（君は彼女が親切だと思っている）

　このペアにおいて、比較の基準となる語は何でしょうか。また比較対象語は何でしょうか。
　基準となる語は、もちろん形容詞 kind です。問題は比較対象語なのです。これまでの例では、比較対象語は「主語と主語」「目的語と目的語」「述語と述語」というように、要素が同じでした。ところが上のペアでは同じではありません。
　比較対象語は、she is（彼女の現実）と、you think she is（君が思っている彼女の現実）だと考えることができます。she is は「主語＋述語」であり、you think she is は「主語＋述語＋主語＋述語」です。比較対象語の要素にズレがあるのです。
　このように、比較対象語の要素が同じでない場合でも、比較対象語の処理のしかたはこれまでと同じです。つまり「比較対象語は残す」という規則がここでも生きます。
　では、このペアから「彼女は君が思っているよりも親切だ」という意味の比較級の文を作ることにしましょう。

①の kind を kinder として、②の文頭に than を置き、②の kind は消去します。比較対象語は残すものなので、②の you think she is はそのままにして、次の文が完成します。

She is kinder than you think she is.
（彼女は君が思っているよりも親切だ）

さて、think の後ろの she is は、比較対象語とはいえ、前半の繰り返しになっているので、実は消去することも可能です。消去すると次のようになります。

────────────────────────── ⓭ 73-①──

She is **kinder** *than you think*.（彼女は君が思っているよりも親切だ）

もう1つ例を見ましょう。次のペアを元に、今度は等級の文を作ってみてください。そして、完成した文の訳を考えてみてください。

① We sent them much milk.（我々は彼らに多くのミルクを送った）
② They needed much milk.（彼らは多くのミルクを必要としていた）

このペアは、「我々が彼らに送ったミルクの量」と「彼らが必要としていたミルクの量」の比較なので、比較対象語は We sent them と they needed です。「主語＋述語＋目的語」と、「主語＋述語」の比較です。やはり要素がズレています。比較の基準となる語は、もちろん形容詞 much です。これは名詞修飾語としてはたらいています。

このペアから等級の文を作ります。まずは①の much を等級の as much にして、②の文頭に as を置き、②の much + milk を消します。完成する文は次の通りです。

────────────────────────── ⓭ 73-②──

We sent them **as much** milk as *they needed*.
（我々は彼らが必要としているだけのミルクを送った）

訳は少し工夫してあります。「我々は、彼らが必要としているのと同じくらい多くの量のミルクを彼らに送った」とすると、ぎこちないので修正を施しました。

② 比較対象語が複数ある例

次のペアを見てください。

> ① Bob swam fast.（ボブは速く泳いだ）
> ② Ken ran fast.（ケンは速く走った）

これを元に、等級の文と比較級の文を作ることにします。このペアの比較の基準となる語は何でしょうか。また、比較対象語は何でしょうか。

基準となる語は、もちろん副詞 fast です。問題は比較対象語です。このペアにおいては、比較対象となる部分が 2 ヵ所あります。Bob と Ken、そして swam と ran です。

このペアから、まずは等級の文を作ってみましょう。①の fast を等級の as fast にして、②の文頭に as を置き、②の fast は消去します。比較対象語は、当然、全て残します。最後に②を①の後ろにつないで完成です。

─────────────── 73-③ ───────────────
Bob swam **as fast** *as Ken ran*.（ボブはケンが走ったのと同じくらい速く泳いだ）

上のペアから比較級の文も作りましょう。次の文が完成します。

─────────────── 73-④ ───────────────
Bob swam **faster** *than Ken ran*.（ボブはケンが走ったよりも速く泳いだ）

他の例も見ましょう。

─────────────── 73-⑤ ───────────────
Tom plays the piano **as well** *as Meg plays the violin*.
（メグがバイオリンを弾くのと同じくらい上手にトムはピアノを弾く）

Lisa speaks Japanese **more fluently** *than I speak English*.
（僕が英語をしゃべるよりも流暢にリサは日本語をしゃべる）

ここで見た例では、比較対象語は 2 ヵ所でしたが、理論上は無限にあり得ます。これは日本語の例からもわかります。次の例では比較対象語は何ヵ所あるでしょうか。

　　きのう父が河口湖で釣ったヤマメの数は、おととい母が富士山麓で捕まえたタヌキの数と同じだ。

「きのう」と「おととい」、「父が」と「母が」、「河口湖で」と「富士山麓で」、「釣った」と「捕まえた」、「ヤマメの数」と「タヌキの数」、全部で5ヵ所なのです。

③ as, than 以下に省略が見られる例

　等級の文において、接続詞/前置詞の as（2つ目の as）と、それ以下が省略されることがあります。また比較級の文においても、「than ＋それ以下」が省略されることがあります。

　まずは等級の例を見ましょう。どこに何が省略されているかを考えてください。

────────────────── 🎧 73-⑥ ──

Tom is very handsome, and his son is **as handsome**.
　（トムはとてもハンサムだ。そして息子さんも同じくらいハンサムだ）

省略される前の文は次の通りです。本来は下線部が存在していたのです。

　Tom is very handsome, and his son is as handsome as Tom (is).

次に、比較級の例を見ましょう。

────────────────── 🎧 73-⑦ ──

Lisa is very elegant, and her mother is **more elegant**.
　（リサはとても上品だ。そしてお母さんはもっと上品だ）

省略されているのは以下の下線部です。

　Lisa is very elegant, and her mother is more elegant than Lisa (is).

　日本語であれ英語であれ、それを述べなくても文意が通じるものは省略される傾向があります。この「as, than 以下の省略」はとても頻繁に見られる現象です。

　以上で第2章「応用表現」が終わりました。

CHAPTER 3 修飾語

p.267 の［比較の全体像］の 3 段目に入ります。等級、比較級、最上級の前に加わる修飾語について見ていきます。

1 等級に対する修飾語

等級の前には、次のような修飾語が加わります。

- 数に関するもの
- その他

それぞれを見ていきましょう。

まずは数に関するものからです。等級には「倍」に関する修飾語が加わることがあります。これは次のようなものです。

> 半分 … half
> 2 倍 … twice
> 3 倍以上 … X times （例：3 倍 → three times）

英語においては、「〜倍」ということを表現する際には、まずは等級の文を作り、そのうえで、等級の前に「〜倍」という言葉を置きます。やや面倒な表現方法となります。

例文を見ましょう。太字部分が修飾語です。

> 73-⑧
>
> My village is **three times** *as large* as this city.
> 　（僕の村はこの都市の 3 倍の大きさだ）
>
> My wife has **twice** *as many* books as I have.
> 　（妻は私が持っている 2 倍の数の本を持っている）
>
> This desk is **six times** *as long* as that sofa.
> 　（この机はあのソファーの 6 倍の長さがある）

その他のものとして、等級には次のような修飾語が加わります。

> about（だいたい）
> almost, nearly（ほとんど）
> just（ちょうど）

例文を見ましょう。

> 🔊 73-⑨
>
> Lisa is **about** *as tall* as the waist of the guy.
> 　（リサはだいたいあの男の腰くらいの背の高さだ）
>
> My boss is **almost** *as handsome* as the actor.
> 　（私の上司はその俳優とほとんど同じくらいハンサムだ）
>
> For me, pens are **just** *as important* as air.
> 　（僕には、ペンはちょうど空気と同じくらい大切だ）

②- 比較級に対する修飾語

　比較級に加わる修飾表現も、等級と同じく「数に関するもの」と「その他」の2種類です。順に見ていきましょう。

　比較級に加わる数は、「差を示す数値」です。比較級の前に数字を置くことによって、比較対象との差を具体的に示すことができます。

> 🔊 73-⑩
>
> My father is **twenty years** *older* than my mother.
> 　（父は母より20歳年上だ）
>
> My father is **twenty centimeters** *taller* than my mother.
> 　（父は母より20センチ背が高い）

　他には次のような語句が、比較級の前に加わります。

> much（はるかに）
> far（はるかに）
> even（いっそう）
> still（いっそう）
> a little（少し）
> any（いくらかは、少しでも）
> no（全く〜ない）

いくつか例文を見ましょう。

> 🔊 73-⑪
> I am **much** *busier* than you are.（僕は君よりもはるかに忙しい）
> Lisa is very rich, but Bob is **even** *richer*.
> 　（リサはとても金持ちだが、ボブはいっそう金持ちだ）
> John is **a little** *more beautiful* than Tom.（ジョンはトムより少し美しい）
> The singer didn't look **any** *taller* than me.
> 　（その歌手は私と比べて少しも背が高いように見えなかった）

2番目の文は、文末に than Lisa (is) が省略されています。p.283 で扱った知識です。先ほどのリストの最後にある no については注意が必要なので、じっくり扱います。まずは no の意味を説明します。「no A」は「A がない」という意味です。次のイメージでとらえてください。

ここから、「無になる」「元に戻る」というニュアンスが生まれます。このことをふまえたうえで次の文を見てください。比較級の語が、no によって修飾されている文です。

　Tom is no more beautiful than Bob.

この文の、no more の部分の意味について考えてみましょう。more は「より〜だ」という増加分を表す単語です。そして no は上で述べた通り、「〜がない」という意味なので、「no more」は「増加分がない」ということになります。次のように図示できます。

「増加分がない」ということは、トムの美しさは、ボブの美しさと比べてプラス分は無しです。プラスゼロということはイコールです。よってこの文は、「トムは、ボブと美しさが同じだ」ということになります。

さて、この文は本当に、単に「同じだ」ということを述べたい文なのでしょうか。

「同じだ」ということだけを言いたいのなら、等級を用いたり、same という単語を用いて表現すればいいはずです。わざわざ「no ＋比較級」を用いている以上、「単に同じ」に加えて、何らかの意味があるはずです。

実はこの文は、「ボブは美しくないのだが、トムも同様に美しくない」という意味なのです。ボブは、美しくない例として引き合いに出されているのです。no more beautiful には、「同じくらい美しくない」という否定的なニュアンスがあるのです。

では、なぜこの文は「単にイコール」という意味ではなく、「同様に美しくない」という否定の意味になるのでしょうか。

先ほどの図の通り「no more」は、「いったん上に行くと思いきや、ゼロになる。元に戻る」という意味です。つまり、ゼロはゼロでも、期待させておいて落とすため、否定的な意味合いが生じるのです。よって no more beautiful は、単に「ボブと同じ」ではなく、「なんだ、結局はボブと同じか……」というニュアンスになるのです。

この話の流れでは、ボブは美しくないということになります。そして、文中の no more beautiful は、「同じくらい美しくない」という否定の意味になるのです。

類例を見ましょう。

―― 73-⑫ ――

You are **no** *more elegant* than I am.
（君だって僕と同様に上品じゃないよ）

My mother is **no** *more prudent* than my father.
（母は父と同様、思慮深くない）

最初の文では、I は「上品ではない人の例」として用いられています。そして no more elegant は、「同じように上品ではない」となります。

2 番目の例では、my father は「思慮深くない人の例」として用いられています。そして no more prudent は「同じように思慮深くない」となります。

この no に関しては、「no ＋劣等比較級」の例も見ましょう（劣等比較級については p.276 参照）。

次の文の意味を考えてください。

　Yumi is no less honest than Mary.

まず、no less の部分の意味を考えましょう。no less の意味は、no more の正反対です。次の 2 つの図を参照してください。

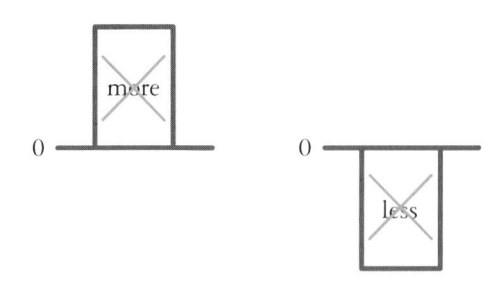

no more は「増加分なし」ということでした。期待させておいてゼロに戻ったので、否定の意味が生じるのでした。反対に no less は「減少分なし」ということです。「減ると思わせておきながら、一切減らない」ということで、肯定のニュアンスが宿ります。「なんだよ、脅かしておきながら、ちゃんと同じだけあるではないか」という感じになるのです。

よって Yumi is no less honest than Mary. という文の表面上の意味は「ユミはメアリーに比べて、正直さの度合いは減らない」「正直さの程度は同じだ」ですが、単に同じだということを述べているのではなく、メアリーは正直な人の例として用いられています。つまり no less honest は、「正直さで一歩も引けをとらない」「同様に正直者だ」という意味なのです。

このように、「no less 形容詞」「no less 副詞」は「負けず劣らず〜」という意味になるのです。

類例を見ましょう。

───────── ⓓ 73 - ⑬ ─────────
Our teacher is **no** *less beautiful* than the actress.
　（私たちの先生は、その女優に負けず劣らず美しい）

Meg is **no** *less talented* than you are.（メグは君と同様に才能がある）

最初の例では、the actress は beautiful である例として挙げられています。そして no less beautiful は、「同じように美しい」という意味になります。2番目の文では、you が talented である人の例として用いられています。そして no less talented は、「同じように才能がある」という意味になります。

③ 最上級に対する修飾語

最上級に対する修飾語も、やはり「数」と「その他」の2種類です。順に見ていきましょう。

288

まずは数に関するものです。英語においては「〜番目」を意味する表現は、「the＋序数詞＋最上級」となります（序数詞とは、first, second, third のように「〜番目」を表す言葉です）。日本語では「〜番目に最も…だ」というような言い方はしないので、少し違和感のある表現かもしれません。

具体例を見ましょう。

---- 🎧 73-⑭ ----

This is the **second** *largest* stadium in Chicago.
　（これはシカゴで 2 番目に大きな球場だ）

What is the **third** *deepest* lake in Japan?
　（日本で 3 番目に深い湖はどれでしょうか）

序数詞の位置に注意してください。the と最上級の間にはさみます。

数値以外では、「飛びぬけて」「ずばぬけて」という意味を持つ very, by far などの語句が最上級の前に加わります。この 2 つに関しても、置く位置に注意が必要です。まずは例文を見ます。

---- 🎧 73-⑮ ----

This is the **very** *best* book for me.
　（これは私にとって、ずばぬけて最高の本だ）

You are **by far** the *most attractive* of all.
　（全員の中で、君が飛びぬけて一番魅力的だね）

---

very は序数詞と同様に、the と最上級の間に置かれます。by far は the の前に置かれます。整理しましょう。

```
the 序数詞 最上級
the very 最上級
by far the 最上級
```

これが覚えにくければ、何度も上の例文を音読して丸暗記することで攻略できます。「理解したうえで、繰り返して暗記」という発想を常に忘れないようにしてください。これが語学における最も大切な作業の 1 つなのです。

以上で第 3 章も終わりました。

第 24 講ここまで

CHAPTER 4 補足

p.267 の［比較の全体像］の 4 段目に入ります。補足事項です。

① 等級に関する補足

この項目を理解するための準備として、等級「as ～」の意味について述べておきます。まずは以下を見てください。

X is as ～ as Y.

この型の文は、次の 2 つの意味があり得ます。

(1) X の～の程度は、Y と同じだ。
(2) X は Y と同じくらい～だ。

(1) では、X と Y の程度が同じだと述べているだけであって、本当に「～」で示されている意味があるとは限りません。つまり、たとえば「～」の部分が tall なら、(1) では「高さが同じ」と述べているだけです。背が高いか低いかはわかりません。一方の (2) では「X は Y と同じくらい背が高い」となり、X も Y も実際に背が高いのです。等級の文は、原則として (2) の意味を持ちます。

さて、「as ～ as」の後ろに数値が置かれることがあるのですが、この場合は、原則通り、実際に「～」で示される意味があります。たとえば「as many as ＋数値」という表現においては、「多い」という意味があります。このことを知ったうえで、次の英文と和訳を見てください。

My wife broke **as many as** *four* bicycles yesterday.
　（妻は昨日、4 台もの自転車を壊してしまった）

My wife spent **as much as** *five million* yen yesterday.
　（妻は昨日、500 万円も使った）

My wife kept me waiting **as long as** *eight* hours last night.
　（昨晩、妻は私に 8 時間も待たせた）

最後の文の文型は、第 5 文型パターン④です。p.194 〜 p.195 で扱いました。

さて、これらの文においては、「as 〜 as」の部分を実質的にひとまとまりの修飾語としてとらえます。

具体例で説明しましょう。たとえば最初の文は、次のように分析できます。

> My wife broke as many as four bicycles yesterday.
> 　S　　V　　　four を修飾　　名修　　O　　　動修

つまり as many as は、four という語に対して、「これは多いのだ」と説明、修飾しているものだと考えられます。

これらの文は、形のうえでは等級を用いた比較の文ですが、何かと何かの比較をしているというような文ではないのです。

② 比較級に関する補足

比較級に関しても、同様の文があります。

―― ⑧ 76-② ――
Bob has **more than** *fifty* pens.（ボブはペンを 50 本以上持っている）
The bag was **less than** *4* kilograms.（そのバッグは 4 キロ以下だった）
The population of my village is **fewer than** *50*.
（うちの村の人口は 50 人以下だ）

これらは、形のうえでは比較級の文ですが、何かと何かを比較している文ではありません。たとえば最初の文は、実質的には次のように理解します。

> Bob has more than fifty pens.
> 　S　　V　 fifty を修飾　名修　O

ボブと 50 本のペンを比較しているのではないのです。文の中心は Bob has fifty pens の部分です。そして fifty に対して、「それ以上」という意味の more than が、実質上の修飾語として加わっていると考えるのです。

③ 最上級に関する補足

　ここまでに扱った最上級の文は、他のものと比較したうえで「…が最も〜だ」という内容でした。ところが中には、同じものにおいて比較をする場合もあります。次のような例です。

　　この湖はここが一番深い。
　　この街は冬が一番美しい。
　　僕はネコたちと遊んでいる時が、一番幸せだ。

最初の例では、「この湖」をいろいろな湖と比べているわけではありません。2番目も、「この街」と他の街を比べているのではありません。3番目も「いろんな人たちの中で、僕が一番幸せだ」ということを述べているのではありません。

上の3文を英訳すると次のようになります。

───────────────────────────── ◎76-③ ──

This lake is **deepest** *here*. (この湖はここが一番深い)
This town is **most beautiful** *in winter*. (この街は冬が一番美しい)
I am **happiest** *when I'm playing with cats*.
　(僕はネコたちと遊んでいる時が、一番幸せだ)

───────────────────────────────

このような文に関する大切な注意点があります。それは次のことです。

> 同一物の比較においては、最上級に the を加えない。

上の文で確認してください。いずれの文にも the がありません(実は the が加わることもあるのですが、上のことを原則として知っておいてください)。

第4章が終わりました。次が最後の章です(p.267の全体像を再度参照してください)。

CHAPTER 5 | more, most, less, least の多様性

　more と most には注意が必要だということを p.266 で述べましたが、この第 5 章では具体例とともに、これらの語がいかに厄介なものかということを検証します。また、併せて less と least についても扱います。
　この章は、やや理屈っぽく感じるかもしれませんが、ここで培うような理詰めの思考こそが、難解な英文を理解する際の強力な武器になります。これについては、この章の最後に実証します。

１─ more の元の姿

　ここではまず、「比較級の文をペアに戻す」という作業をします。次の 2 文を見てください。

　　A　Ken is more handsome than Bob.
　　B　Ken has more CDs than Bob.

さて、これらの文はどのようなペアに戻るでしょうか。考えてみてください。解答はぜひ紙に書いてください。
　A は次のペアに戻ります。

> ① Ken is handsome.（ケンはハンサムだ）
> ② Bob is handsome.（ボブはハンサムだ）

　A の文中の more は、形容詞 handsome を比較級にしたものの一部です。よってペアに戻した場合は、上のように more は消えます。
　一方、B の文の more は、many という形容詞自体が変化したものです。よってペアに戻した場合は、more は many に戻ります。次の通りです。

> ① Ken has many CDs.（ケンは多くの CD を持っている）
> ② Bob has many CDs.（ボブは多くの CD を持っている）

次に、以下の文を見てください。

C　Ken drank more than Bob.（ケンはボブよりたくさん飲んだ）
　D　Ken cried more than Bob.（ケンはボブよりたくさん泣いた）

いずれも「XはYよりもたくさんV」という内容です。Cの元は、次のペアです。

> ①　Ken drank much.（ケンはたくさん飲んだ）
> ②　Bob drank much.（ボブはたくさん飲んだ）

これらの文の文型は何でしょうか。

第3文型です。muchは目的語としてはたらいています。このmuchは「たくさんの」という意味の形容詞ではなく、「たくさんの量」という意味の名詞なのです（辞書にも名詞のmuchが記載されています）。

この名詞muchが比較級になったものが、Cのmoreなのです。

Dの文は次のペアに戻ります。

> ①　Ken cried much.（ケンはたくさん泣いた）
> ②　Bob cried much.（ボブはたくさん泣いた）

これらのmuchも目的語でしょうか。cryはdrinkとは異なり、目的語をとる動詞ではありません。よってmuchをOだと考えることはできないのです。ではmuchの要素は何なのでしょうか。

動詞修飾語です。「たくさん」という意味で、動詞criedを修飾しているのです。これらのmuchは副詞です。Dのmoreは、副詞muchが比較級に変化したものなのです。

このように、同じmoreにも色々なものがあるのです。moreは全部で次の種類のものがあります。

> ①　形容詞、副詞 → 比較級：more 形容詞、more 副詞（より〜）
> ②　形容詞 many（多くの）→ 比較級：more（より多くの）
> ③　形容詞 much（多くの）→ 比較級：more（より多くの）
> ④　名詞 many（多くの数）→ 比較級：more（より多くの数）
> ⑤　名詞 much（多くの量）→ 比較級：more（より多くの量）
> ⑥　副詞 much（多く）→ 比較級：more（より多く）

これだけの種類の more があるので、文中で more に出会ったら、元の姿を見抜き、文構造を見抜き、more の意味や文全体の意味を正確に見抜かなくてはなりません。

それぞれの more を例文の中で見ることにしましょう。

◎ 76 - ④

① You are **more beautiful** *than the princess.*
(君はその王女様よりも美しい)

My father speaks **more slowly** *than my mother.*
(父は母よりもゆっくりしゃべる)

② I've read **more** books *than the scholar.*
(僕はその学者より多くの本を読んできている)

③ My wife drank **more** whisky *than me.*
(妻は私より多くのウィスキーを飲んだ)

④ Tom wrote three books this year, and he will write **more** next year.
(今年トムは3冊の本を書いたが、来年はより多くを書くだろう)

⑤ My wife drank **more** *than me.* (妻は僕よりも多くの量を飲んだ)

⑥ Nick shouted **more** *than Bob.* (ニックはボブ以上に叫んだ)

④の文末には than this year が省略されています。than 以下の省略は p.283 で扱いました。

2 most の元の姿

more には6種類ありましたが、most にも次の6つがあります。

① 形容詞、副詞 → 最上級：most 形容詞、most 副詞（最も〜）
② 形容詞 many（多くの）→ 最上級：most（最も多くの）
③ 形容詞 much（多くの）→ 最上級：most（最も多くの）
④ 名詞 many（多くの数）→ 最上級：most（最も多くの数）
⑤ 名詞 much（多くの量）→ 最上級：most（最も多くの量）
⑥ 副詞 much（多く）→ 最上級：most（最も多く）

それぞれを例文の中で見ましょう。

> 76-⑤

① My husband is the **most handsome** man *in Paris*.
(私の夫はパリで一番ハンサムな男です)

My grandmother drives **most slowly** *in my family*.
(うちの家族の中で祖母が最もゆっくり運転する)

② Lisa has read the **most** books *in this class*.
(このクラスの中では、リサが一番多くの本を読んできている)

③ Last month, Tom made the **most** profit *in our company*.
(先月は、トムがうちの会社で一番多くの利益を生み出した)

④ The **most** that this stadium can accommodate is 80,000 people.
(このスタジアムが収容できる最大の数は 8 万人だ)

⑤ 2000 yen is the **most** that I can give you now.
(2000 円が、今、私が君にあげられる最大の量だ → 最大の金額だ)

⑥ Meg respected Mr. Smith **most** *in the prison*.
(メグはその刑務所の中で、スミス氏を最も尊敬していた)

④の文中の that は目的格の関係代名詞です。⑤の that も同じですが、こちらは SVO の O ではなく give の O₂ です。関係代名詞節の内側が第 4 文型である例は p.120 で扱いました。

最後の文を「最も多く尊敬していた」とするとややぎこちないので、「多く」はカットしました。

③ less の元の姿

more と同様に、less にも複数の種類のものがあります。次の 4 種類です。①の「劣等比較級」は p.276 で扱いました。

> ① 形容詞、副詞 → 劣等比較級：less 形容詞、less 副詞（より〜でない）
> ② 形容詞 little（少ない）→ 比較級：less（より少ない）
> ③ 名詞 little（少ない量）→ 比較級：less（より少ない量）
> ④ 副詞 little（少なく）→ 比較級：less（より少なく）

many も much も比較級にすると more になるので、more には 6 種類もありました。しかし many と much の反意語である few と little は、比較級が異なります（p.267 参照）。よって less の種類は、more の種類よりも少なくなります。

それぞれの less を例文の中で見てみましょう。

① This watch is **less expensive** *than your pen.*
(この時計は、君のペンほどは高くない)

I swim **less frequently** *than my wife.*
(僕は妻より泳ぐ頻度は低い)

② I need **less** alcohol *than you.*　※ less は名詞 alcohol を修飾する
(僕は君より少ない酒を必要とする→僕は君ほど酒は必要ない)

③ Meg ate **less** *than Bob.*　※ less は動詞 ate の O
(メグはボブより少ない量を食べた→メグはボブほどは食べなかった)

④ I shouted **less** *than John.*　※ less は動詞 shouted を修飾する
(私はジョンより少なく叫んだ→私はジョンほどは叫ばなかった)

4 — least の元の姿

less と同様に、least も 4 種類です。①は p.279 で扱ったものです。

① 形容詞、副詞 → least 形容詞、least 副詞（最も〜でない）
② 形容詞 little（少ない）→ 最上級：least（最も少ない）
③ 名詞 little（少ない量）→ 最上級：least（最も少ない量）
④ 副詞 little（少なく）→ 最上級：least（最も少なく）

ここで改めて英語の品詞の柔軟性を確認しましょう。上の通り、little は形容詞であり、名詞であり、副詞でもあるのです。p.139 で示した引用部分を再度、読んでみてください。

では、それぞれの least を例文の中で見てみます。

> 76-⑦
>
> ① I am the **least tall** *in this team*.
>   (このチームで、僕が一番背が高くない)
>
>   Clear days occur **least frequently** *in December* here.
>   (当地では 12 月に晴天が<u>最も少なく起こる</u>→最も少ない)
>
> ② *In which month* do Americans drink the **least** milk?
>   (アメリカ人はどの月に最も少ない牛乳を飲むか→アメリカ人の牛乳の消費量が最も少ない月は何月か) ※ least は名詞 milk を修飾する
>
> ③ Meg ate **least** *of all*. ※ least は動詞 ate の O
>   (全員の中でメグが最も少ない<u>量</u>を食べた→メグが一番食べなかった)
>
> ④ Who cried **least** *of the three*? ※ least は動詞 cried を修飾する
>   (その 3 人のうち<u>誰が最も少なく泣いたの</u>→誰が一番泣かなかったの)

②の文は、文頭が「前置詞＋疑問詞形容詞＋名詞」です。同じ型は p.66 で 2 例扱いました。必ず確認してください。

以上のように、more のみならず most も less も least も、文中で出会った場合は、6 種類（または 4 種類）のうちのどれなのかを突き止めたうえで、文構造を正確に見抜かなくてはならないのです。

さて、この章では more, most, less, least には多くの種類のものがあるということを知りました。また、この第 2 部の「比較」においては、2 つの文が合成されて、等級の文、比較級になるようすをいくつも見ました。このように学習を進めたことにより、逆に、等級、比較級の文を、元の 2 文に戻すことができます。戻すことができれば、理解が困難な文に出会った際に、これを 2 つに解きほぐすことにより、読み解くことができるのです。

このことを、次の文を用いて実証します。まずはこの文の読解に挑んでください。和訳を考えるだけでなく、元のペアに戻してみてください（その際には no は取り払って考えてください）。辞書は用いて構いません (right：権利、act upon ～：～に作用する、each other：お互い)。

> A grammarian has no more right to say how people should talk than a chemist has to say how molecules should act upon each other.

では解説に入ります。かなり難しい文ですが、上で述べた通り、等級、比較級の文は、2 文に戻すことによって解決の糸口が見えることが多いものです。

この文は次のペアに戻ります。②の下線部は、復元した共通部分です。

> ① A grammarian has much right to say how people should talk.
> （文法学者は、人がどうしゃべるべきかを語る多くの権利がある）
> ② A chemist has <u>much right</u> to say how molecules should act upon each other.
> （化学者は、分子が互いにどう作用するべきかを語る多くの権利がある）

　more の元の姿は、「多くの」という意味の形容詞 much です。right は複数形の rights になっていないので、個としてとらえられないもの（不可算名詞）だということがわかります。よって、この more は many ではなく much に戻るのです。なお、more の元の姿の候補について改めて確認したい場合は、p.294 の表と p.295 の例文を参照してください。

　このペアにおいては、比較対象語は 2 ヵ所です（比較対象語が 1 ヵ所だけとは限らないということについては、p.282 で述べました）。1 ヵ所目は、主語の a grammarian と a chemist で、もう 1 ヵ所は to say how people should talk と、to say how molecules should act upon each other です。

　これらの toV 句は、p.165 の《準動詞句の一覧表》の B-1 の「同格の toV 句」です。right からは「何をする権利？」という疑問が生じます。toV 句がこれの答えになっています（「同格の toV 句」を復習したい場合は p.171 を再読してください）。

　なお、how はいずれも p.88 の《従位接続詞の一覧表》の A-3 のものです。how 節は say の O としてはたらいています。

　以上のように、このペアは「S と S の比較」かつ「名詞修飾語と名詞修飾語の比較」です。そして、比較の基準となる語は形容詞 much です。この much は名詞修飾語としてはたらいています。

　では、このペアから比較級の文を作りましょう。次の 3 つの手順を踏みます。

- ①の much を比較級の more にする。
- ②の前に than を置く。
- ②の much right を消去する。

この結果、次の文が得られます。

> A grammarian has more right to say how people should talk than a chemist has to say how molecules should act upon each other.
> （化学者が、分子が互いにどう作用するべきかを語る権利がある以上に、文法学者は人がどうしゃべるべきかを語る権利がある）

そして、この文の more の前に no を加えたものが、与えられた文なのです。

p.286〜p.287 で述べた通り、A is no more X than B. は「B と同様に A は X ではない」という意味の表現でした。than 以下の B は、「そうではないもの」の例なのでした。たしかに化学者には、分子の作用についてとやかく言う権利など、ありません。この文の訳は次のようになります。

> 化学者が、分子が互いにどう作用するべきか口出しする権利がないのと同様に、文法学者は人がどうしゃべるべきかについて、とやかく言う権利はない。

1つ目の「語る」は、少し工夫をして「口出しする」としました。また2つ目の「語る」は「とやかく言う」としました。

さて、この文には相当の難しさを感じたはずです。理解できないのが普通です。比較対象語が見抜きにくく、また、後半の has to の部分を、「〜しなくてはならない」という意味の「法助動詞相当表現」(p.243 参照) と勘違いしてしまう可能性が非常に高いのです。

ところが no を取り払ったうえで2文に戻せば、どのような意味の文が元にあったのかがはっきりします。has to は、has much right to から much right が消去され、結果として has と to が隣接しているものだということも理解できます。法助動詞相当表現の has to ではないということが明確にわかるのです。

2文に戻せるようになるためには、その前提として「2文を元にして、等級、比較級の文を作る」という理詰めの作業を行っておかなくてはなりません。そのためにも本書では、等級と比較級の文に関して、2文から1文を作るという作業を行ったのです。回り道のようですが、このような理詰めのプロセスを経ているからこそ、難解な文に対処するための手段を得ることができるのです。まさに「急がば回れ」なのです。

なお、この文の大まかな構造は次の通りです。

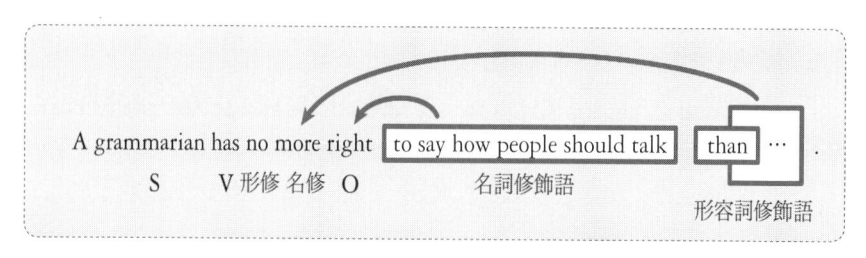

```
A grammarian has no more right  to say how people should talk    than  … .
    S       V 形修 名修   O         名詞修飾語                         
                                                              形容詞修飾語
```

than は従位接続詞であり、than 以下は more を修飾します（than が従位接続詞であるということは p.277 で述べました）。

　複雑で難しい文ですが、全体は第 3 文型に修飾語が加わったものにすぎないということがわかります。

　この文はわずか 2 行の長さです。また、文全体は第 3 文型にいくつかの修飾語が加わっただけのものです。ところが、2 文に分解しながら構造を緻密に分析することによって、はじめて理解に至ることができました。

　p.212 で述べた次のことを確認します。

> 文の意味を理解するには、文法構造が見抜けなければならない。

　常にこの事実を忘れないようにしてください。そしてこれも繰り返しになりますが、文法構造を見抜けるようになるためには、数多くの文法理論を習得したうえで、莫大な量の読解演習をしなくてはならないのです（なお、全ての文法項目を学び終えた時に、「文法構造を見抜く」ということの、より具体的な意味について説明します）。

　ちなみに、学んだ文法知識をもとに英文を緻密に分析しながら読み解くという作業は、重厚な知の悦びをもたらしてくれる源です。少しでも多くの方に、この知的快楽を味わってほしいと願っています。上級者に至り、英語を使いこなせるようになると嬉しいものですが、それ以前の修業の段階においても、実は大きな悦びが感じられるのです。本書の内容をマスターすれば、その知的快楽を味わうための最初の準備が整います。

　引き続き丁寧に読み進めてください。「承の巻」を終えます。

第 25 講ここまで

転の巻 ── 特殊事項

> 異質の言葉に接し、それをわかりたいと思うときに文法が必要となり、その助けを借りることによってしかその言葉を身につける方法はないのです。
> ── 鬼塚幹彦（代々木ゼミナール講師）

第 1 部　特殊な修飾語

　ここまでに登場した修飾語は全て、原則として、1 語に対するものでした。たとえば、Hirosaki is a beautiful city.（弘前は美しい都市だ）という文においては、形容詞 beautiful は修飾語ですが、これは city という名詞 1 語を修飾しています。また、Bob suddenly shouted.（ボブは突然叫んだ）という文では、副詞の suddenly が、1 語の動詞 shouted を修飾しています。
　ところが句（2 語以上のまとまり）や節（内側に SV が存在するまとまり）、文全体に対する修飾語というものも存在します。それぞれを見ましょう。

CHAPTER 1 句・節に対する修飾語

① 句に対する修飾語

前置詞句に対する修飾語というものが存在します。イメージ図を見ましょう。

```
修飾語    前置詞   前置詞の O

    前置詞句全体を修飾
```

例文を見ます。

🔊 79-①

These cars are sold **only** *in Madrid*.
　（これらの車はマドリードだけで売られている）
I met him **three days** *before his death*.
　（彼の死の3日前に→彼が死ぬ3日前に僕は彼に会った）
Bob left Japan **long** *after the festival*.
　（ボブはそのお祭りのずっと後に日本を去った）
This watch is **just** *for you*. （この時計はまさに君向けだ）

群前置詞句（p.52〜p.53参照）にも同様の修飾語が加わります。

🔊 79-②

I saw Jabit **right** *in front of Tokyo Dome*.
　（私は東京ドームの真ん前でジャビットくんを見た）
Saints live **only** *for the sake of others*.
　（聖者は他人のためだけに生きている）

最初の例では、「in front of〜」に right が加わることにより、「〜の前で」が「〜の真ん前で」という意味になっています。

さて、句は句でも、準動詞句に対する修飾語も存在します。この修飾語も、やはり句の前に置かれます。次の図の通りです。

```
  修飾語 → 準動詞句
     準動詞句全体を修飾
```

準動詞句に対する修飾語が含まれた文を見ることにしましょう．

――― ⑨ 79 - ③ ―――
Meg came to Japan **only** *to meet me*.
（メグは私に会うためだけに日本に来た）

Bob asked me the difficult question **merely** *to puzzle me*.
（単に私を困らせるためだけに、ボブは私にその難題を訊いてきた）

only も merely も、toV 句を修飾しています。この toV 句は《準動詞句の一覧表》の C‐1 です。

② 節に対する修飾語

まずは次の文を見てください。文中の as は「として」という意味の前置詞です。

Meg chose Tom as her husband because he is handsome.
（メグは、トムがハンサムなので、彼を夫として選んだ）

because は《従位接続詞の一覧表》の C‐5 です（p.137 の⑥参照）。because 節は、動詞 chose を修飾しています。

さて、メグがトムを選んだ理由ですが、彼が裕福だから、彼が親切だから、以前から彼と親しかったからなど、他にもいくつかあるかもしれません。

ところが、メグは無類の面食いで、顔だけでトムを選んだとしましょう。そしてこの内容を、上記の文をもとに表現すると、次のようになります。

Meg chose Tom as her husband <u>only</u> because he is handsome.

because の前に only が置かれました。この only は、because 節全体に対して、「これが唯一の理由だ」と示しているので、because 節全体を修飾しているといえます。つまりこの only は、従属節に対する修飾語なのです。

このように、従属節に対する修飾語というものがあり、これは従属節の直前に置かれるのです。次のイメージ図の通りです。

```
 修飾語    従位接続詞   S  V   …

         従属節全体を修飾
```

類例を見ます。

🎧 79-④

> I feel happy **only** *when I'm singing here.*
> （私はここで歌っている時だけ幸せだと感じる）
>
> Meg left me **mainly** *because I'm too lazy.*
> （僕があまりにも怠惰だというのが主な原因で、メグは僕のもとを去った）
>
> I'm working with him **partly** *because his voice is beautiful.*
> （彼の声が美しいという理由もあって、私は彼と一緒に働いている）
>
> They got out of the tunnel **two hours** *before it collapsed.*
> （彼らはそのトンネルが崩落する2時間前にそこを抜け出した）
>
> We danced **just** *as she did.*（我々はちょうど彼女が踊るように踊った）

　3番目のpartlyは、because以下について、「これが理由のうちの1つだ」ということを示しています。よって上のように訳されます。なお、partlyと同様の意味を持つ表現として in part を知っておいてください。in part because〜という連なりもよく見られるものです。

　4番目の文中の out of は群前置詞です。p.53 のリストにあります。

CHAPTER 2 文修飾語

句や節のみならず、文全体に対する修飾語というものも存在します。これもイメージ図を示しましょう。

```
  ●    S V … .
       ↑
  文全体を修飾
```

この「●」にはいろいろな種類のものがあるのですが、ここでは語であるものと、準動詞句であるものを見ます。なお文に対する修飾語は、文中や文末に置かれることもあります。

①- 語による文修飾

まずは次の文を見てください。

　　Surprisingly, Ikura-chan spoke German fluently.
　　(驚いたことに、イクラちゃんがドイツ語を流暢にしゃべった)

この文の先頭にある surprisingly はどの部分を修飾しているでしょうか。spoke という動詞の部分でしょうか。ドイツ人がドイツ語をしゃべっても誰も驚きはしません。ところが、日本語習得もままならないイクラちゃんが流暢にドイツ語をしゃべったからこそ「驚くべきことだ」と判断しているわけです。よって surprisingly は、主語も含んだ「イクラちゃんがドイツ語を流暢にしゃべった」という文全体を修飾しているといえます。

このように、文全体に対する修飾語というものが存在するのですが、そのうちの多くは、上のように文全体に判断、評価を下すものです。そして多くの文修飾語は、文頭に置かれます。他の例も見ましょう。

> 🔊 79-⑤
>
> **Unfortunately,** *my house was destroyed by the typhoon.*
> （不幸なことに、私の家がその台風によって破壊された）
>
> **Happily,** *my father is a lawyer.*（幸いなことに、父は弁護士だ）
>
> *My son will* **probably** *be at home now.*（たぶん息子は今は家にいるだろう）

最後の文では、文修飾語が述語の内側にあります。

文修飾語には、文の述べ方について説明するものもあります。

> 🔊 79-⑥
>
> **Honestly,** *I don't want to work with you.*（正直に言えば、君とは働きたくない）
>
> **Frankly,** *we can't trust them.*（率直に言えば、我々は彼らを信用できない）

ちなみに文修飾語としてはたらく語は、大半の英和辞典において「文修飾」「文全体を修飾して」といった表記とともに意味が記載されています。ぜひ手持ちの辞書で unfortunately や honestly などを引いてみてください。英和辞典には、単に発音、アクセントと和訳、例文が記載されているだけでなく、各種の文法事項も記載されているのです。

なお英和辞典には、5文型に関する情報も記されています。これについては本書の最後に扱い、英和辞典の素晴らしさと、5文型（＋3つの受動態）という分類の大切さを実証します。

❷ 句による文修飾

文修飾語には、これまでに見たような1語のものに加えて、toV句や Ving 句であるものもあります。まずは前者の代表例を示します。

> strange to say（奇妙なことに）
> needless to say（言うまでもなく）
> to make matters worse（更に悪いことに）
> to be sure（たしかに）
> to be brief（手短に言えば）
> to be honest（正直に言えば）
> to be frank with you（率直に言えば）
> to tell the truth（実を言うと）

やはり判断を下すものや、言い方に関するものです。いくつか例文を見ましょう。

🔊 79-⑦

Strange to say, *the man was recently seen in Tokyo.*
（奇妙なことに、その男は最近東京で目撃された）

Needless to say, *Japan is a great country.*
（言うまでもなく、日本は偉大な国だ）

To be brief, *you are a genius.* （簡潔に言えば、君は天才だ）

To tell the truth, *I am a spy.* （実は僕はスパイです）

なお、これらの toV 句については、《準動詞句の一覧表》の中のどこかに位置づけて考える必要はありません。成句としてとらえてください。

次に、文修飾としてはたらく Ving 句の代表例を見ましょう。

---
briefly speaking （簡潔に言えば）
judging from 〜 （〜から判断すると）
frankly speaking （率直に言えば）
generally speaking （一般的に言えば）
roughly speaking （大ざっぱに言えば）
strictly speaking （厳密に言えば）

やはり、判断を下すものや、言い方に関するものです。これらも成句として処理してください。いくつか例文を見ましょう。

🔊 79-⑧

Frankly speaking, *your son is selfish.*
（率直に言えば、息子さんはわがままです）

Judging from the look of the sky, *it may start raining soon.*
（空模様から判断すると、まもなく雨が降り出すかもしれない）

Generally speaking, *the climate of Japan is mild.*
（一般的に言えば、日本の気候は穏やかだ）

Strictly speaking, *spiders are not insects.*
（厳密に言えば、クモは昆虫ではない）

なお、これらの speaking は頻繁に省略され、副詞が単独で用いられます。

第26講ここまで

< 第27講スタート > 予習 80　復習 81　例文朗読 82 ①〜⑦

第2部　特殊な従属節・準動詞句

　「起の巻」の第2部・第2章で従位接続詞を扱い、第3部で準動詞句を扱いました（p.20参照）。この2つの内容こそが、英文法の全ての項目の中のクライマックスといえる部分です。ゆえに《従位接続詞の一覧表》と《準動詞句の一覧表》に整理しながら、丁寧に見てきました。ここでは、これらに関する特殊な用例を見ていきます。

CHAPTER 1 要素にならない従属節

「起の巻」で扱った従属節は、全て何らかの要素になりました。これは p.87 の上の図からも明らかです。「従位接続詞＋文」は、S、C、O、前置詞の O、名詞修飾語、動詞修飾語、形容詞修飾語のいずれかになるのです。

ところが、要素になっているとは考えられない「従位接続詞＋文」もあります。「要素ではない従属節」ともいえる、特殊な従属節があるのです。ここではそれを見ていきます。

1 when

まずは次の文と訳を見てください。

　　I went to Kyoto when I was young.（私は若い頃、京都に行った）

この when は《従位接続詞の一覧表》の C‑3 です。when 節は動詞 went を修飾するので、先に when 節を訳し、次に主節を訳します。簡単な文です。

ところがこの C‑3 の when は、ある条件が満たされた場合に、then（その時）のニュアンスが生じ、訳し下します。

その条件とは、「主節＋ when 節」の順に記述されていて、そこに時間の流れがある場合です。この場合の多くは、主節の述語部分に次のいずれかの形があります。

> ● 進行形
> ● be about to（意味は「まさに〜しようとしている」。p.252 参照）

例を見ましょう。

───── ⓢ 82‑①

I *was walking* in the forest, **when I found a baby tiger**.
　（森の中を歩いていたら、赤ちゃんトラを見つけた）

We *were singing* on the stage, **when a man threw a bottle at me**.
　（我々がステージで歌っていたら、男が私にビンを投げつけた）

I *was about to* sing the song, **when Meg took the mike from me**.
　（その歌を歌おうとしたら、その時メグが私からマイクを取り上げた）

whenはあえて「その時」と訳さなくても構いません。

② so that, until, till

先ほどの when 節のような「主節の後ろにあり、時間の流れがあるので訳し下す副詞節」は、《従位接続詞の一覧表》のC‐0のso thatや、C‐5のuntil, till が形成する節においても見られます。次のようなものです。

> S1 V1, so that S2 V2.（S1V1 して、その結果 S2V2）
> S1 V1, until [till] S2 V2.（S1V1 して、ついに S2V2）

例文を見ましょう。なお、2番目の文中の keep Ving は、「V し続ける」という意味です。

◎ 82‐②

> The cat ran very fast, so that I couldn't catch it.
> （そのネコはとても速く走った。その結果、私は捕まえることができなかった）
> I kept speaking for three hours, until I was hoarse.
> （僕は3時間しゃべり続け、ついに声がかれてしまった）
> We waited three hours, till the ship left the port.
> （我々は3時間待ち、ついにその船は港を出た）

なおC‐0のthat が、通常は so that という形で用いられるということは p.132 で述べました。忘れていたら確認してください。

③ while, whereas

「訳し下す副詞節」としては、他にも「while + SV」「whereas + SV」が挙げられます。

まずは次の文を見てください。

> You must not speak while you are in this room.
> （この部屋にいる間はしゃべってはいけない）

この while は《従位接続詞の一覧表》のC‐5の⑤です（p.136 参照）。「～間」という意味です。while 節は主節の動詞 speak を修飾するので、訳し上げています。

次に以下の文を見てください。どのような意味でしょうか。

I like dogs while my wife likes cats.

この while を「〜間」と訳すと、文の訳は「妻がネコを好きな間、私は犬が好きだ」となり意味不明です。この while は「〜間」という意味ではなく、2つの文を対比させるためのものなのです。訳は次の通りです。

　　私は犬が好きだが、妻はネコが好きだ。

while 節を訳し下すのです。「一方」という言葉を用いて、「私は犬が好きだ。一方、妻はネコが好きだ」としても構いません。こうすれば、はっきりと対比のニュアンスが出ます。「だが一方」という訳も可能です。

2つほど類例を見ましょう。

---
　82 − ③

John sang, **while I danced**.（ジョンが歌い、僕が踊った）
I am poor at English, **while my husband is a fluent speaker**.
　　（私は英語が苦手だが、一方、夫は流暢にしゃべります）

2番目の文は単なる対比ではなく、逆接のニュアンスが感じられます。

この「対比・逆接の while」と類似の意味を持つ従位接続詞に whereas があります。これは《従位接続詞の一覧表》のC − 5の②にあります（p.135 参照）。

この whereas 節が主節の後ろにある場合は、ほぼ必ず「だが」「一方」「だが一方」と訳し下します。例を見ましょう。

---
　82 − ④

My son likes books, **whereas my daughter likes sports**.
　　（息子は本好きだが、娘は運動好きだ）
My mother is tall, **whereas my father is short**.
　　（母は背が高いのだが、父は背が低い）

最後に、ここで登場した従位接続詞とその訳をまとめます。

---
when：その時
so that：その結果
until：ついに
till：ついに
while：だが、一方、だが一方
whereas：だが、一方、だが一方

CHAPTER 2 要素にならない準動詞句

「要素にならない従属節」だけでなく、「要素にならない準動詞句」もあります。準動詞句には p.164 の図の通り、4 種類の形がありますが、ここではそのうちの、toV 句と Ving 句に関する「要素にならないもの」を見ていきます。

① toV 句

「SV…＋ toV 句」という連なりの文で、2 つの V の間に時間の流れがあり、訳し下すべきパターンがあります。

> 82 - ⑤
>
> I awoke **to find that it was still dark outside**.
> （私は目を覚まし、外がまだ暗いことがわかった）
>
> Carp beat Yokohama **to extend its winning streak to ten games**.
> （カープが横浜を下し、連勝を10に伸ばした）

これらの例においても、toV 句は、ひとまとまりの S や O や動詞修飾語など、何らかの要素としてはたらいていません。to 以下は、and が用いられた文と同じように訳し下しています。

このような toV 句において、to の前に only や never が置かれることがあります。

> 82 - ⑥
>
> Our boss went to the forest, **never to return**.
> （私たちの上司はその森に行き、二度と戻って来なかった）
>
> We tried again, **only to fail**.
> （我々は再挑戦したが、結局失敗しただけだった）
>
> We finally opened the safe, **only to find that there was nothing in it**.
> （我々はついにその金庫を開けたが、何もないとわかっただけだった）

never to V は「二度と V しなかった」と訳します。only to V は「結局 V に終わった」「V しただけだった」と訳します。

なお only to V という連なりは、p.306 の例文の中にもありました。その例文で

は「Vするためだけに」と訳し上げています。ところが、先ほどの文を「失敗するためだけに再挑戦した」「何もないとわかるためだけに金庫を開けた」と訳すのは不自然です。このような場合には、「結局〜」と訳し下すのです。

② Ving 句

「SV…＋toV句」と同様に「SV…＋Ving句」も、時間の流れがあり、訳し下すべきものがあります。

> 🎧 82 - ⑦
>
> A hurricane hit this town, **destroying several houses.**
> （ハリケーンがこの町を襲い、いくつかの家を破壊した）
>
> Meg left the room **shutting the door.**
> （メグは部屋を出て、ドアを閉めた）
>
> We left Kokura early in the morning, **arriving in Kyoto late at night.**
> （我々は朝早くに小倉を出て、夜遅くに京都に着いた）

- - -

第27講ここまで

第3部　特殊な結びつき

　この「転の巻」で扱う特殊事項のうち、とりわけ注意が必要なのが「特殊な結びつき」です。オーソドックスな結びつき方とは異なった方法で単語が並べられた文に対しては、初期の段階では特に難しさを感じるものです。この第3部では、これをじっくり見ていきます。

　この部で扱う内容は、大きく4つに分かれます。

　まず、原則とされている語順が転倒するものを見ます。これは「倒置」という項目です。

　次に、文の途中に他のものが割り込んでくるという結びつきを扱います。これは「挿入」と呼ばれる項目です。その次に「挿入」の逆の現象だといえる「省略」を扱います。

　最後に「同格」というものを扱います。

CHAPTER 1 倒置

ここでは4種類の倒置を扱います。

① CVS

第2文型（SVC）において、Cが先頭に出ることがあります。そしてこの際にはSとVも入れ替わり、「CVS」という型の文となります。

具体例を見ましょう。それぞれ、元の文の語順を考えてみてください。最初の文のthoseは「人々」という意味です。

> 🔊 85 - ①
> **Happy** *are* those who love flowers.（花を愛する人々は幸せだ）
> **Great** *was* the delight of his parents when he won the prize.
> 　（彼がその賞をとった時、彼の両親の喜びは大きかった）

元の文は次の通りです。

　Those who love flowers are happy.
　The delight of his parents was great when he won the prize.

② OSV

SVOがOSVとなることがあります。SVCはCVSとなりましたが、SVOはOVSではなくOSVです。Oが文頭に出るだけで、SとVは入れ替わらないのです。

具体例を見ましょう。ここでも元の文の形を考えてみてください。

> 🔊 85 - ②
> **This picture** I really love.（この絵が私は本当に好きなのです）
> **What happened next,** I don't know.（次に何が起こったかを、私は知らない）

それぞれの元の文は、次の通りです。

　I really love this picture.
　I don't know what happened next.

やはり倒置された文は難しいと感じるのではないでしょうか。

3 動詞修飾語＋VS

　動詞修飾語としてはたらく単語が文頭に出ることがあります。この場合は、**1**の「CVS」と同じように、SとVが入れ替わり、VSとなります。
　この型の倒置になるためには条件があります。原則として、次の2つを同時に満たす必要があります。

- 動詞修飾語が場所に関するものである。
- 修飾されるVが存在、出現、往来に関するものである。

具体例を見ましょう。倒置になる前の文を考えてみてください。

> **Here** *is* your bag.（ここにあなたのバッグがある）
> **Down** *came* the rain.（雨が降ってきた）
> **Under the table** *was* a white tiger.（テーブルの下に白いトラがいた）
> **On her left** *sat* her father.（彼女の左に彼女のお父さんが座った）
> **In front of the gate** *was* a big tree.（その門の前には大きな木があった）

　文頭に出ている動詞修飾語は、それぞれ副詞 here、副詞 down、前置詞句 under the table、前置詞句 on her left、群前置詞句 in front of the gate です（「群前置詞」について忘れていたら p.52 〜 p.53 で確認してください）。
　元の文は次の通りです。

> Your bag is here.
> The rain came down.
> A white tiger was under the table.
> Her father sat on her left.
> A big tree was in front of the gate.

　ちなみに、「〜がある」「〜がいる」という意味を持つ「There be 動詞 名詞」という表現は、この倒置の一種だと考えることができます。

4 so ＋真偽疑問文の語順

ここではまず、「A は X であり、B も X だ」という内容の文を英訳することを考えます。次の 2 文を英訳しましょう。

トムは医者であり、メグも医者だ。
トムは犬が好きであり、メグも犬が好きだ。

訳は次のようになります。

Tom is a doctor and Meg is a doctor, too.
Tom likes dogs and Meg likes dogs, too.

「も」にあたる単語は too であり、多くは文末に置かれます（なお「も」は、also という語を用いて表すこともできます）。

さて、これと同じ内容を、too を用いずに表現することができます。and の後ろに so を置き、後半の文を真偽疑問文の語順にするのです。つまり、それぞれを次のようにします。

Tom is a doctor and so is Meg a doctor.
Tom likes dogs and so does Meg like dogs.

これでいいのですが、後半の部分は、必要な情報が出た段階で省略してしまって構いません。最初の文では、is Meg で止めても言いたいことは伝わります。日本語でも同じです。「トムは医者だ。メグもだ」で伝わるのです。2 番目の文でもやはり、Meg の後ろは省略可能です。省略すると、それぞれの文は次のようになります。

Tom is a doctor and so is Meg. （トムは医者だ。メグもだ）
Tom likes dogs and so does Meg. （トムは犬が好きだ。メグもだ）

類例を見ましょう。

---- 85-④ ----

Lisa is beautiful and **so** *is* her daughter. （リサは美しいが、娘さんも美しい）
"I'm happy." "**So** *am* I." （「幸せです」「僕も」）
I like Candies. ── **So** *do* I. （私はキャンディーズが好き ── 僕もだ）

---

2 番目、3 番目の例では、2 文に分かれています。

以上に加えて、重要な倒置としては、他に「否定に関する倒置」もあるのですが、これは「結の巻」第 2 部の「否定」の中で扱います。

320

CHAPTER 2 挿入

　文の流れを一度切り、補足的に情報を加えることがあります。これを「挿入」といいます。挿入部分の前後には、挿入の印としてカンマが置かれます。つまり「A, X, B C.」という形になるのです。挿入部分をカッコでくくるケースもあります。また「A ─ X ─ B C.」という形もあります。
　挿入されるものは、1語の単語である場合もあれば、単語のまとまりである句、あるいは節（節とは、SVを含むまとまりのことです）であることもあります。
　それぞれの例を見ていきましょう。

1 語の挿入

　まずは語が挿入されている例を見ます。2番目の文中のhoweverは、《従位接続詞の一覧表》の後半にあるもの（p.144参照）ではなく、p.85で扱った等位接続副詞です。

◎ 85 - ⑤

Your son is, **indeed,** a bright boy.
　（息子さんは、実に賢い少年だ）

Bob said that he was right. Later, **however,** he admitted his mistake.
　（ボブは自分が正しいと言った。しかし後に自分の誤りを認めた）

　2番目の文では、「後に、しかし、自分の…」とせずに、howeverの訳は文頭に移動させました。こちらのほうが日本語として自然だからです。

2 句の挿入

次に句の挿入を見ます。

> ⓐ 85 - ⑥
>
> The man is, **in fact**, a genius. (その男は、事実、天才だ)
>
> Her success, **after all**, is due to her parents.
> （彼女の成功は、結局、彼女の両親のおかげだ）
>
> I'll send these chairs, **made by my husband**, to Cambodia.
> （私は夫によって作られたこれらのイスを、カンボジアに送るつもりだ）

最初の文では前置詞句の in fact（事実）が挿入されています。

2番目の文では前置詞句 after all（結局）が挿入されています。この文の中にある due to は、p.53 のリストに記載されています。

最後の文では、挿入されているものは Ved 句です。これは《準動詞句の一覧表》の B - 3 です。挿入されていますが、あくまでも名詞修飾語なので、訳し上げてあります。なお、B - 3 を復習したい場合は、p.177 〜 p.178 を再読してください。

3 節の挿入

節の挿入に関しては、次の3つに分けて見ていきます。

　主節の挿入
　従属節の挿入（形容詞節）
　従属節の挿入（副詞節）

主節の挿入

ここはすぐに例文から入ります。以下の文は、変形の結果です。元がどのような形だったかを考えてみてください。

> ⓐ 85 - ⑦
>
> Tom is, **I suppose**, telling a lie.
> （トムは、私が思うに、嘘をついている）
>
> John and Bob, **I believe**, would help me.
> （私はジョンとボブが助けてくれるだろうと信じている）
>
> The situation, **I'm sure**, will be improved.
> （私は、事態は改善されるだろうと確信している）

元の形は次の通りです。

　I suppose that Tom is telling a lie.
　I believe that John and Bob would help me.
　I'm sure that the situation will be improved.

これらの that 節の要素は、最初の 2 例では O です。3 番目の例では形容詞 sure を修飾しているので形容詞修飾語です（p.139 〜 p.140 参照）。

これらの that 節が存在する文においては、that 節の内部が表面に出て、主節である SV が付け足しのように挿入されることがあるのです。その際には接続詞の that が消えるという点にも注意してください。

なお挿入部分は、最初の例ではそのままの位置で訳し、2 番目、3 番目の例では、元の文と同じ順序で訳しました。文ごとに柔軟に対処してください。複数の訳が可能な例も多いものです。

従属節の挿入（形容詞節）

次に従属節の挿入に移ります。形容詞節から扱います。まずは次の 4 つの英文と和訳を見比べてください。

◎ 85 - ⑧

My wife, **who likes the Tigers**, often watches baseball on TV.
　（タイガースが好きな妻は、よくテレビで野球を観る）

Meg, **about whom we talked last night**, is actually my cousin.
　（昨日の夜に我々が話題にしたメグは、実は僕のいとこだ）

The first train, **which should leave at 5**, is late.
　（5 時に発車するはずの始発列車が遅れている）

Caracas, **where I live**, is the capital of Venezuela.
　（私が住んでいるカラカスは、ベネズエラの首都です）

挿入されていても関係詞節はあくまで形容詞節であり、名詞修飾語です。よって、挿入の形式となっていない場合と同じように、訳し上げるのが原則です。前のページで扱った、挿入されている名詞修飾語の Ved 句と同じです。

中には、挿入されているという点を尊重して、訳し下しても構わないものもあります。たとえば、最初の文と 3 番目の文は、次のように訳し下しても問題ありません。

　妻は、タイガースが好きで、よくテレビで野球を観る。
　始発列車は、5 時発のはずだが、遅れている。

しかし、訳し下すと不自然になる例も少なくありません。たとえば2番目の文の形容詞節を訳し下すと、全文訳は次のようになります。

　　メグは、昨日の夜に我々が話題にして、実は僕のいとこだ。

明らかにおかしな訳です。

関係詞節はあくまでも名詞修飾語であり、たとえ挿入されていても、訳し上げるのが原則なのです。

従属節の挿入（副詞節）

　次に副詞節が挿入される例に移ります。まずは副詞節が置かれる位置を確認します。副詞節は、主節の前か後ろに置かれるのでした（p.131の図参照）。

ところが次のように、主節の内部に挿入される場合もあります。

🔊 85 - ⑨

Nick, **as far as I know**, is still single.
　（僕の知る限りでは、ニックはまだ独身だ）

My son never **(unless he needs money)** calls me.
　（うちの息子は、お金が必要な場合以外は、決して電話をよこさない）

---

as far as 節、unless 節が、主節の内側に挿入されています。as far as も unless も、《従位接続詞の一覧表》のC‐5です（p.136参照）。

　2番目の例では、挿入部分の両端がカンマではなく、カッコになっています。カッコは日本語の文章では多用される形式ですが、英語でも用いられます。

　なお最初の文では、挿入された副詞節を文頭に移動させて訳し、2番目の文では挿入されたままの位置で訳しました。

以上で「節の挿入」も終わり、第2章が終了です。

第28講ここまで

CHAPTER 3 省略

この章では5つの項目を扱います。

① 共通部分の省略

同じ表現が連続する場合には、しばしば共通部分が省略されます。例を見ましょう。

88-①

I have five watches, and my father has ten watches.
→ I have five watches, and my father has ten.
（僕は5つの時計を、父は10個の時計を持っている）

Tom said that he would come, but he didn't come.
→ Tom said that he would come, but he didn't.
（トムは来ると言ったが、来なかった）

We didn't want to go, but we had to go.
→ We didn't want to go, but we had to.
（我々は行きたくなかったが、行かなければならなかった）

なお、共通部分の省略という現象は、第2部の「比較」のところで多くの例を見ました。①の文と②の文のペアにおいて、②の共通部分を削除したことを思い出してください。また、この第3部・第1章の「倒置」の ❹ においても、共通部分の省略は見られました（p.320 参照）。

② 従位接続詞の省略

「起の巻」の第2部で、一覧表を利用して約70個の従位接続詞を見ましたが、このうちの that は省略されることがあります。that は《従位接続詞の一覧表》において、全部で5ヵ所にあります。まずは p.88 を見て、どこに that があるかを確かめてください。

A‐0、B‐0、C‐0、D‐0、B‐1です。それぞれが省略されるようすを見ていきましょう。

A‐0 の that の省略

A‐0 の that が形成する節は、S、C、O、前置詞の O としてはたらくのでした（p.89 参照）。このうち C、O である場合は、that が頻繁に省略されます。例を見ましょう。

◎ 88‐②

The fact is **that** I am a singer.
→ The fact is, I am a singer.（実は私は歌手なのだ）

I think **that** Meg will come here.
→ I think Meg will come here.（私はメグはここに来ると思う）

Ted told me **that** he was busy.
→ Ted told me he was busy.（テッドは私に忙しいと告げた）

C としてはたらく that 節の that を省略する場合は、省略した that の位置にカンマが置かれることが多いものです。上の例でもカンマが置かれています。確認してください。

B‐0 の that の省略

B‐0 の that は、「同格の that」または「関係副詞の that」でした（p.110〜p.116 参照）。このうち、関係副詞の that は頻繁に省略されます。

同格の that が省略されることはあまり多くはないので（極端に珍しいわけでもありません）、ここでは関係副詞の that の省略のみを見ましょう。

◎ 88‐③

Suggest a good place **that** we can play tennis.
→ Suggest a good place we can play tennis.
（我々がテニスをすることができる良い場所を提案してくれ）

That was the first time **that** I talked with Lisa.
→ That was the first time I talked with Lisa.
（それが、私がリサとお話しした最初の時だった）

> Tell me the reason **that** you sold my car.
> → Tell me the reason you sold my car.
> （俺の車を売り払った理由を言え）
>
> The way **that** Tom opened the door was very funny.
> → The way Tom opened the door was very funny.
> （トムがドアを開けた方法はとてもおかしかった）

place を修飾する that 節の that は、ほぼ必ず省略されます。よって place に関しては、省略された下段の表現を標準のものと考えてください。area に関しても同じです。他の例においても、省略されるほうが圧倒的に多いといえます。

時に関する名詞は、time 以外にも多くのものが that 節によって修飾されるのでした（p.114、p.130 の図参照）。これらの that も省略が可能です。

> ⓓ 88-④
> March is the only month **that** I can go abroad.
> → March is the only month I can go abroad.
> （3月は、私が海外に行ける唯一の月だ）
>
> My father died in the year **that** Einstein came to Japan.
> → My father died in the year Einstein came to Japan.
> （親父はアインシュタインが日本に来た年に死んだ）

C-0 の that の省略

C-0 の that は、通常は so that という形で用いられるのでした（p.132 参照）。そしてしばしば、この that が省略されて so だけになります。次の通りです。

> ⓓ 88-⑤
> You should study harder so **that** you can follow your friends.
> → You should study harder so you can follow your friends.
> （友達についていけるように、もっと懸命に勉強するべきだ）

なお、C-5 の従位接続詞のうち、多くのものに that が含まれていますが（p.135〜p.137 参照）、これらの that も頻繁に省略されます。

D-0 の that の省略

D-0 の that は「省略されることのほうが圧倒的に多い」といえるほどの頻度で省略されます。

────────────── ⓓ 88-⑥ ──

I am surprised **that** Tom solved the problem.
→ I am surprised Tom solved the problem.
（私はトムがその問題を解いて驚いている）

I'm lucky **that** my tutor is extremely handsome.
→ I'm lucky my tutor is extremely handsome.
（家庭教師がとびきりのハンサムだなんてラッキーです）

B-1 の that の省略

最後は関係代名詞の that です。関係代名詞の that は、目的格が頻繁に省略されます。動詞の O である例と、前置詞の O である例のそれぞれを見ましょう。

────────────── ⓓ 88-⑦ ──

The picture **that** I painted was stolen.
→ The picture I painted was stolen.
（僕の描いた絵が盗まれてしまった）

That is the car **that** I talked about the other day.
→ That is the car I talked about the other day.
（あれが、僕が先日話題にした車だ）

if の省略

that 以外の従位接続詞のうち、省略されるものの代表例として、if を挙げることができます。

《従位接続詞の一覧表》にある 2 つの if (p.88 参照) のうち、C-0 が省略されます。C-0 の if は、次のような文の中にある場合に、省略されることがあるのです。

- 仮定法過去の文で、if 節の述語の先頭が be 動詞であるもの
- 仮定法過去完了の文
- If S should V …, S V …. という型の文

仮定法過去、仮定法過去完了、そしてこの should の文について忘れていたら、p.256 〜 p.260 を再読してください。

この省略に関しては、次の点に注意をしてください。

> if が省略されるのと同時に、それぞれ be 動詞、had、should が文頭に出る。

つまり「倒置を伴った省略」なのです。

例を見ましょう。なお、2 番目の文中の if it were not for 〜と、4 番目の文中の if it had not been for 〜は p.264 で扱いました。

──── 88-⑧ ────

If I *were* you, I would help Tom.
→ *Were* I you, I would help Tom.（僕が君ならトムを助けるだろう）

If it *were* not for exams, we would be happy.
→ *Were* it not for exams, we would be happy.
（試験がなければ、俺たちは幸せだろうに）

If I *had* had good teachers, I would have passed the exam.
→ *Had* I had good teachers, I would have passed the exam.
（良い教師たちがいたなら、僕はその試験を突破していただろう）

If it *had* not been for your support, I might have gone crazy.
→ *Had* it not been for your support, I might have gone crazy.
（君の支えがなければ、僕はおかしくなっていたかもしれない）

If it *should* snow, the festival would be canceled.
→ *Should* it snow, the festival would be canceled.
（雪が降ったら、そのフェスティバルは中止になるだろう）

③ 従属節内部の省略

従位接続詞自体ではなく、従属節の内部が省略されることもあります。

ここでは先に省略された表現を見ます。以下の文において、どこに何が省略されているかを考えてみてください。

　A　You should visit Paris while young.

元の形は次の通りです。

A' You should visit Paris while you are young.
　　（若いうちにパリを訪れるべきだ）

while の後ろに you are があったのです。

　原則として次の４つの条件が満たされた場合に、このような「主語＋be 動詞の省略」が起こり得ます。

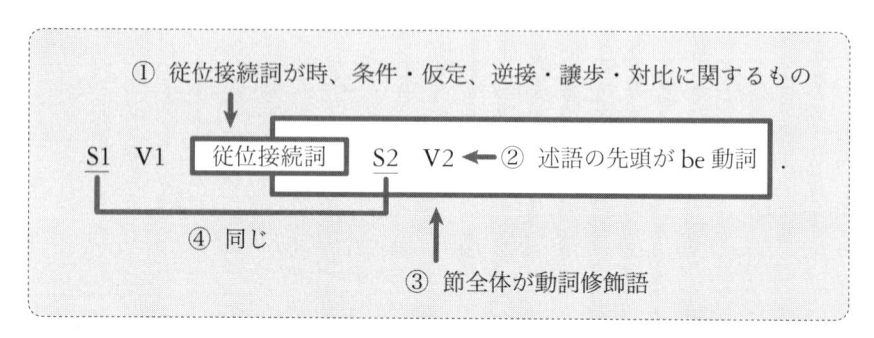

---

① 従位接続詞が時、条件・仮定・逆接・譲歩・対比に関するもの

S1　V1　[従位接続詞　S2　V2　← ② 述語の先頭が be 動詞]．

　　　　　　④ 同じ
　　　　　　　　　③ 節全体が動詞修飾語

A'においても、これが満たされています。確認しましょう。

① 従位接続詞の while が時に関するものである。
② 従属節の述語の先頭が be 動詞の are である。
③ while 節全体の要素が動詞修飾語である（while は《従位接続詞の一覧表》のＣ-５にあるので節全体は動詞修飾語となる）。
④ 主節の主語（you）＝ 従属節の主語（you）である。

この４つが満たされているがゆえに、A' は A になり得るのです。
他の例も見ましょう。どこに何が省略されているかを考えてください。

　　　　　　　　　　　　　　　　　　　　　　　88-⑨

When sleeping on a bench, I was punched by cats.
　（ベンチで寝ていた時、ネコたちにパンチされた）
Though tired, he did the work.（疲れていたが、彼はその仕事をした）

元の文は、次の通りです。

　When I was sleeping on a bench, I was punched by cats.
　Though he was tired, he did the work.

when は時、though は逆接の意味を持つ従位接続詞です。

330

④ toV 句の to の省略

toV 句の to が落ちることがあります。ここでは次の 3 種類の例を見ます。

toV 句が SVC の C である場合
toV 句が SVO の O である場合
toV 句が SVOC の C である場合

toV 句が SVC の C である場合

toV 句が SVC の C としてはたらいている場合に、to はしばしば省略されます。

The first thing that you should do is **to** sell this house.
→ The first thing that you should do is sell this house.
（君がすべき最初のことは、この家を売ることだ）

All that I have to do is **to** write good stories.
→ All that I have to do is write good stories.
（僕がしなくてはならない全てのことは、良い物語を書くことだ）

文中にある that は、いずれも目的格の関係代名詞です。

toV 句が SVO の O である場合

toV 句が O としてはたらいていて、述語動詞が help である場合に、to がしばしば省略されます。

We helped **to** push the car.
→ We helped push the car. （我々は車を押すのを手伝った）

省略された結果、動詞が連続するので（help push）、かなり奇妙に感じると思います。

類例を見ましょう。なお 2 番目の文の help は「〜を助ける」ではなく「〜するのに役立つ」という意味です。

> 88-⑫
> Please help open this door. (このドアを開けるのを手伝ってください)
> This book will help decide which car to buy.
> 　(この本はどの車を買うべきかを決めるのに役立つだろう)

2番目の文中の which car to buy の部分は、p.168 〜 p.169 で扱った「wh 語＋toV 句」の例です。

toV 句が SVOC の C である場合

次の文の文型を考えてください。

　I helped my son to make a chair.

help が用いられた文ですが、第 3 文型ではありません。my son 以下から、My son made a chair. という文が成立します。よってこの文の文型は、第 5 文型なのです（パターンは③）。help が p.192 のリストにあることを確認してください（第 5 文型パターン③を復習したい場合は p.192 〜 p.193 を再読してください）。

さて、このように第 5 文型パターン③で、述語動詞が help である場合は、to は頻繁に省略されます。上の文は次のようになることが多いのです。

　I helped my son make a chair.

類例を見ましょう。

> 88-⑬
> John helped his son catch a cat.
> 　(ジョンは息子がネコを捕まえるのを手伝った)
> I'll help you write the report.
> 　(お前がそのレポートを書くのを手伝ってやるよ)

5 - 見出しの be 動詞の省略

新聞・雑誌などの見出しにおいては、通常、be 動詞は省略されます。以下が具体例です。元の文を考えてみてください。少し難しいかもしれません。

> 88-⑭
> Girls arrested for stealing cars （自動車窃盗で少女ら逮捕される）
> Bush keen to visit Kyoto （ブッシュ大統領、京都訪問を切望）
> Government to liberalize fuel imports （政府、燃料輸入を自由化へ）

それぞれ、元の形に戻します。

　　Girls were arrested for stealing cars.
　　Bush is keen to visit Kyoto.
　　Government is to liberalize fuel imports.

　最初の文は受動態です。for は「〜のために」という理由を表します。その後ろの stealing cars は動名詞です。「前置詞＋動名詞」という連なりは p.170 で扱いました。

　2 番目の例の is keen to の部分は「be 動詞＋形容詞＋ to」のセットでとらえる表現の一例です。p.185 のリストにあります。

　3 番目の例で補った is は助動詞です。新聞の見出しにおいては、未来の出来事を予定として述べる際に、p.221 で扱った「be to 不定詞」が用いられることが多いのです。そして、その be 動詞は消えます。

CHAPTER 4 同格

特殊な結びつきの最後、同格に入ります。本書では同格を次の3つに分類します。

1　本来の同格
2　広い意味での同格
3　その他の同格

それぞれを見ていきましょう。

1 本来の同格

まずは次の文を見てください。

This picture was painted by Seison Maeda.
（この絵は前田青邨によって描かれた）

この文は、文法的には何の問題もない文です。ところが読み手が前田青邨を知らないかもしれません。そこで、「有名な画家だ」という説明を加えたいとします。その場合は、たとえば次のようにします。

This picture was painted by Seison Maeda, a famous painter.
（この絵は有名な画家の前田青邨によって描かれた）

つまり、説明をしたい語の後ろに説明語句を置くのです。

このうち、説明される部分（上の文では Seison Maeda）は「主要語」と呼ばれ、具体的な説明の部分（上の文では a famous painter）は「同格語」と呼ばれます。この2つは、意味の上でイコールの関係にあるので、これを「同格の関係」といいます。

類例を見ましょう。主要語は太字にして、同格語は斜体にします。

───── 88-⑮ ─────

Meg, *my favorite singer*, was born in London in 1962.
（僕の好きな歌手であるメグは1962年にロンドンで生まれた）

When I was a child, I loved **the monthly magazine** *Koro Koro Comic*.
（僕は子どもの頃、月刊誌の『コロコロコミック』が大好きでした）

Megの説明をするために、後ろにmy favorite singerという句を置いています。同様にthe monthly magazineの具体例として後ろにKoro Koro Comicを置いています。

同格語を訳す位置ですが、主要語の前に移動させて訳すこともあれば、その位置のままで訳すこともあります。

さて、同格語は意味の上で、主要語とイコールの関係にあると述べましたが、文法上の要素という点においてもイコールの関係にあります。このことは先ほどの文でも確認できます。Megとmy favorite singerはともにSですし、the monthly magazineとKoro Koro Comicはいずれも O です。

同格語が主要語を説明しているのではなく、一種の強調ともいえる役割をしているパターンもあります。

─────────────────────── 88-⑯ ───
They *all* praised my song.（彼らは皆、僕の歌をほめてくれた）
The king *himself* wrote the letter.（王様自身がその手紙を書いた）

このパターンでは、しばしば主要語と同格語が離れます。

─────────────────────── 88-⑰ ───
They were *all* very tall.（彼らは皆、とても背が高かった）
You should make coffee *yourself*.（自分自身でコーヒーを淹れるべきだ）

❷ 広い意味での同格

「同格」はすでに、「起の巻」で 2 ヵ所に登場しています。「同格の that 節」と「同格の toV 句」です。

1 例ずつ抜粋します（詳しく復習をしたい場合は、それぞれ p.110～p.111 と p.171 を再読してください）。

A　The news that Meg was arrested is shocking to me.
　　（メグが逮捕されたというニュースは、私には衝撃的だ）
B　Lisa has a desire to become a librarian.
　　（リサには司書になりたいという願望がある）

これらの that 節や toV 句は、実は、厳密な意味での同格ではありません。❶で見た例のようなものこそが、本来の同格なのです。

これがどういうことかを説明します。A の文においては、たしかに「the news ＝

that 節」です。意味の上ではイコールです。よって、この点においては「同格」だといえます。ところが、文法上の関係はイコールではありません。that 節は news に対する修飾語です。that 節は、news に寄りかかって存在しているのです。この点においては、news のほうが that 節よりも格上だといえます。格が同じではないのです。

B でも、意味の上では「a desire = toV 句」であり、この点においては「同格」なのですが、やはり toV 句が desire に対する修飾語なので、desire のほうが格上です。文法上はイコールの関係ではないのです。

これらの that 節、toV 句は、純粋な同格とは異なる、あくまでも広い意味での同格語にすぎないものなのです。

広い意味の同格語には、主に次のようなものがあります。

> that 節、toV 句
> ―――――――――――――――
> of wh 節
> of Ving 句
> of 名詞

これらのうち、ここでは「起の巻」では扱っていないもの、つまり of が用いられたものを扱います。

まずは次の文を見てください。

    There is a rumor.（噂がある）

噂には内容があります。仮にその噂の内容が、Bob has ten cars. だとします。そしてこの文を rumor に対する修飾語にして、「ボブは車を 10 台持っているという噂がある」という内容の文を作りたいとします。どうすればいいでしょうか。

文を that 節にして rumor の後ろに置きます。完成する文は次のようになります。

    There is a rumor that Bob has ten cars.

この that は A の文の that と同じもの、つまり同格の that です。

次に、以下の文を見てください。

    Tom has a question.（トムは疑問を抱いている）

rumor と同様に、question という名詞も内容を持ちます。そしてその内容が、Why does Meg hate cats?（なぜメグはネコを嫌っているのか）という疑問詞疑問文だとします。

さて、この疑問詞疑問文を question に対する修飾語にして、「トムは、なぜメグがネコを嫌っているのかという疑問を抱いている」という意味の表現を作りたいとします。どうすればいいでしょうか。

「疑問文を、名詞に対する修飾語にする」という話は、ここではじめて扱います。あてずっぽうでいいので、自分で作ってみてから次に進んでください。

完成する文は次のようになります．

　　Tom has a question <u>of why Meg hates cats</u>.

question の後ろに前置詞 of を置き、その後ろに、Why does Meg hate cat? を、why Meg hates cats という形にして置くのです。この文の構造は次の通りです。

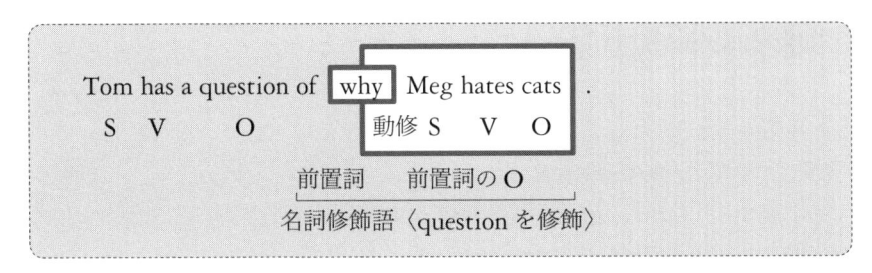

```
Tom has a question of  why  Meg hates cats  .
 S   V      O          動修  S    V    O
                  前置詞    前置詞のO
                  名詞修飾語〈question を修飾〉
```

why から cats までは前置詞の O としてはたらいています。よってこの部分は名詞節だということになります。たしかに、この why Meg hates cats という表現は、Why does Meg hate cats? という疑問詞疑問文を名詞節にしたものです（疑問詞疑問文を名詞節にする手順を忘れていたら p.93 〜 p.95 を再読してください）。

類例を見ましょう。

---- 88-⑱ ----

Meg has **a question** *of where Bob lives*.
（メグはボブがどこに住んでいるのかという疑問を抱いている）

Do you have any **information** *of when the tower was built*?
（そのタワーがいつ建てられたかに関する何らかの情報を持っているか）

この of を「同格の of」といいます。

次は of + Ving 句です（前のページの表参照）。まずは次の文を見てください。

　　Bob has a plan to meet Lisa.（ボブにはリサに会う計画がある）

plan は「どうする？」という疑問が生じる名詞であり、toV 句が plan の内容です。toV 句は名詞修飾語としてはたらいています。もちろんこれは「同格の toV 句」です。p.335 の B の例文の類例です。

次に以下の文を見てください。

　Bob has a habit.（ボブには癖がある）

この habit もまた、「どうする？」という疑問が生じる名詞です。そして、その癖が bite his fingers（指を噛む）だとします。

さて、この bite his fingers を、habit に対する修飾語にして、「ボブには指を噛む癖がある」という意味の文を作りたいとします。ここまでの知識を元に考えれば、完成する文は次のようになりそうです。

　Bob has a habit to bite his fingers.

ところが、これは許されない表現なのです。次のようにしなくてはなりません。

　Bob has a habit of biting his fingers.

つまり、名詞の後ろに前置詞 of を置き、その後ろに bite his fingers を Ving 句にして置くのです。この of も、内容説明のために用いられている同格の of です。

さて、これは非常に面倒な話です。つまり、同じ「どうする？」という疑問が生じる名詞でありながら、plan の後ろには toV 句を置かねばならず、habit の後ろには of ＋ Ving 句を置かねばならないのです。

どの名詞にどちらの形が後続するのかということは、多少の基準はありますが、結局は１つ１つ覚えていくしかありません。

では「of ＋ Ving 句」の例を他にも見ましょう。

---

88 - ⑲

They talked about **the danger** *of trusting Lisa*.
　（彼らはリサを信用することの危険について語った）

Your **style** *of reading books* is eccentric.
　（君の読書の流儀は異常だ）

The students discussed **the possibility** *of finding a good job*.
　（その学生たちは良い仕事を見つける可能性について議論した）

同格の of の最後、「of ＋ 名詞」に入ります。これはすぐに例を見ましょう。

---

88 - ⑳

Last year, we went to **the city** *of Tsuwano*.
　（去年、我々は津和野という都市に行った）

The news *of Tom's death* was surprising to me.
　（トム死亡のニュースは、私には驚きだった）

同格語の of 句（of Tsuwano, of Tom's death）は、意味の上では主要語の city, news の具体的な説明になっています。文法上は名詞修飾語です。直前の名詞を修飾しているのです。

3 その他の同格

同格関係の中には、ここまでに見た「名詞と名詞」（本来の同格）、「名詞と名詞修飾語」（広い意味での同格）とは異なる関係にあるものもあります。たとえば次のようなものです

🔊 88 - ㉑

Bob is dancing **up** *on the fifth floor.* （ボブは上の 5 階で踊っている）
Julie threw his hat from the stage and I caught it ── *the best memory in my life.*
（ジュリーがステージから帽子を投げ、私がそれを取った ── 人生最高の思い出だ）

最初の文では、まず up（上で）と述べ、次に、より具体的に on the fifth floor（5 階で）と述べています。動詞修飾語どうしの同格です。品詞でいえば副詞と前置詞句の同格です。なお「上で 5 階で」と訳すと不自然な日本語になってしまうので、「上の 5 階で」と訳してあります。

2 番目の例では、文全体と名詞 memory（前後に修飾語が加わっている）が同格関係にあります。

以上で転の巻も全てが終わりました。

第 29 講ここまで

結の巻

――まとめと補足

人間の思考活動に特有な性質として、あらゆる新しい現象、印象に対して、《なぜ》、《どうして》と反応する点があげられます。言語においては、この問いにその《非論理性》にもかかわらず、文法規則が答えてくれるのです。ですから、言語において文法を無視することは、科学において化学や物理学、数学や生物学の法則を無視するに等しい致命的誤りなのです。

――カトー・ロンブ（通訳者、翻訳者）

第1部　英文法の全体像Ⅱ

ここまでの全ての内容は、次のようにまとめることができます。

[英文法の全体像Ⅱ]

```
┌─────────────────────────┐
│  平叙文［肯・否］          │
│                          │    変形
│  基本8文型（＋修飾語）    │ ─────→ 疑問文［肯・否］
│  • V［be Ved］の前には    │
│    助動詞が加わり得る。   │    変形
│  • S、C、O、修飾語は、    │ ─────→ 感嘆文［肯］
│    従属節や準動詞句、前   │
│    置詞句である場合も     │    変形
│    ある。                │ ─────→ 命令文［肯・否］
└─────────────────────────┘
```

- 語、句、文を結ぶ等位接続詞が存在し得る。
- 倒置、挿入、省略、同格などの特殊な結びつきが存在し得る。
- 構文に変形する可能性がある。

- 動詞と助動詞は、現在形、過去形、原形、to 不定詞形、ing 形、過去分詞形という6つの形を持つ。但し、法助動詞は現在形と過去形のみを持つ。
- 形容詞、副詞は、原級、等級、比較級、最上級という4つの形を持つ。

上から順に内容を確認しましょう。

まずは「平叙文［肯・否］」のワクの中の1行目です。「起の巻」第1部・第1章で学んだ通り、文は全部で8つの型、つまり「5文型＋3つの受動態」に分類できるのでした。これが基本8文型です。文には修飾語が加わっている場合もあれば、加わっていない場合もありました。上の（＋修飾語）は、このことを示しています。

平叙文は、疑問文、感嘆文、命令文に変形します。右への矢印がこのことを示します。

この4種類の文は、肯定文である場合と、否定文である場合があるのですが、感嘆文の否定文はまず見られないものです（p.79 参照）。ゆえに、感嘆文の右には［肯］とのみ記載されています。

「平叙文［肯・否］」のワクの中に戻ります。基本文型は8種類ですが、シンプルな形とは限らないということに注意をしてください。そのことがワクの中で示されています。述語の数は、5文型では動詞1語、受動態では動詞2語ですが、助動詞が加わることにより、述語の数が増える可能性もあります。

また、主語、補語、目的語、修飾語は、従属節や準動詞句、前置詞句でもあり得ます。

グレーのワクの下にある3行に目を移します。

等位接続詞の存在により、語、句、文の重なりが生じます。

例外的な結びつきも存在します。文は原則通りの結びつきで存在している場合のみならず、倒置が起こっていたり、挿入されている語句や節があったり、また、本来あるべきものが省略されていたりする場合もあります。同格関係にも注意をしなくてはなりません。

そして、文は「形式主語 ― 真主語の構文」など、構文という名のものに変形することもあります。

線の下の内容は、文構造に関連することではなく、単語の形に関することです。動詞、助動詞の6つの形、形容詞、副詞の4つの形を確実に記憶してください。

さて、この全体像をふまえたうえで、本書の残りの内容について説明します。

平叙文、疑問文、命令文の横には［肯・否］とあります。これは「肯定文である場合も、否定文である場合もある」ということです。

否定文のうち、最も典型的なものは、次のような文です。

    He is not tall.

    He doesn't know me.

    He never smiles.

つまり、not, never が動詞、助動詞と結びつくものです。

ところが、このような形ではない否定文もあります。次の第2部で、各種の否定文を見ていきましょう。

そして第3部で「構文」を扱います。p.90、p.167で「形式主語 ― 真主語の構文」について言及しましたが、具体例は見ておらず、また、他の構文についても扱っていません。ここで構文の代表的なものを見ることにします。

そして最後の第4部で、最初に築いた「基本8文型」という大前提に戻り、これの不完全性と、極めて高い有用性を実証します。

第 2 部　否定

　「起の巻」第 1 部・第 5 章で見た否定文で用いられた否定語は、not と never のみでしたが、否定語は他にもあります。
　ここではまず第 1 章で、各否定語を見ます。そして第 2 章で、否定に関する注意すべき表現を 3 つ扱います。

CHAPTER 1 各否定語の用法

ここでは全部で15の否定語を見ます。これらは、次の2つのグループに分けられます。

> [1 完全否定語]
> not, never, no, neither, nor, nobody, nothing, none, nowhere
>
> [2 準否定語]
> scarcely, hardly, seldom, rarely, little, few

完全否定語は100%の否定を表すのに対し、準否定語は主に「ほとんどない」「めったにない」といった意味を持つものです。純粋な否定語とはいえず、ゆえに「準」という言葉がつくのです。

1 完全否定語

not

notは用法が多いので、次の3つに分けて話を進めます。

① 述語と結びつくnot
② 述語以外のものと結びつくnot
③ 成句の中でとらえるnot

① 述語と結びつくnot

notの最も基本的な用法は、述語と結びつくものです。例を見ましょう。notを太字にして、notと結びつく述語を斜体にします。

───── ⓐ 91-① ─────
I *am* **not** a dentist.（僕は歯医者ではありません）
My father *does***n't** speak in the morning.（父は朝はしゃべらない）

② 述語以外のものと結びつく not

not は述語以外のものと結びつくこともあります。結びつく語を斜体にします。

◎ 91-②

I have used **not** *much* flour in this recipe.
（このレシピでは小麦粉は多くは使わなかった）

Not *a* man was to be seen on the ground.
（グラウンドには一人も見当たらなかった）

2番目の例は、受動態の文に助動詞の was が加わったものです。この was は「可能」の意味です。類例を p.221 で扱いました。

③ 成句の中でとらえる not

not に関する成句として、次の2つを知っておいてください。

---
not A but B（AではなくB）
not only A but also B（AだけでなくB）

前者の例を見ましょう。

◎ 91-③

My favorite university is **not** *Yale* but *Stanford*.
（私のお気に入りの大学はエールではなくスタンフォードです）

The shy lady sang **not** *on the stage* but *under the table*.
（そのシャイな女性は、ステージの上でなくテーブルの下で歌った）

最初の例では、A、Bにあたるものが名詞です。いずれもSVCのCとしてはたらいています。2番目の例では、A、Bにあたるものが前置詞句です。いずれも動詞修飾語としてはたらいています。

次に後者の例を見ましょう。なお also は省略されることもあります。

◎ 91-④

I like **not only** *the writer's works* **but also** *his handwriting*.
（私はその作家の作品だけでなく筆跡も好きだ）

Not only *my son* **but also** *my wife* climbed the tree.
（息子だけではなく妻もその木に登った）

---

never

never は述語動詞と結びつきます。

> My son has **never** *seen* the sea.（息子は一度も海を見たことがない）
> **Never** *use* my pens.（決して俺のペンを使うな）

2番目の文は命令文です。「命令文で否定文」なのです。

no

no は次の3つに分けて話を進めます。

① no ＋名詞
② X is no（形容詞）名詞
③ no ＋比較級

① no ＋名詞

no の典型的な用法は、「no ＋名詞」という形で用いられるものです。この「no ＋名詞」は、あえて訳せば「無の名詞」「ない名詞」ですが、このような表現は日本語には存在しないので、訳出の際には工夫をする必要があります。

> There is **no** *water* in the pot.（鍋には水が全くない）
> **No** *student* was able to answer the question.
> （どの学生もその質問に答えられなかった）

① X is no（形容詞）名詞

第2文型の補語の前に no が置かれると、文全体は「X は～なんかではない（それどころか反対だ）」という意味になります。

> I am **no** *fool*.（僕は愚か者なんかじゃない）
> He is **no** *scholar*.（彼は学者なんかじゃない）
> It is **no** *small wonder*.（それは小さな驚異なんかじゃない）

② **no ＋比較級**

これは「承の巻」第 2 部の復習となります。詳しくは p.286 〜 p.287 を参照してください。1 つだけ例を見ます。

◎ 91-⑧

I am no *more famous* than you are. （あなた同様、私は有名ではありません）

---

neither

neither は次の 3 つに分けます。

① 形容詞の neither
② 名詞の neither
③ 成句の中でとらえる neither

これより各例を見ていきますが、前もって both という単語の用法と意味を知っておけば、上の①〜③に対する理解が容易になるので、まずはこの語について説明します。次の文を見てください。

◎ 91-⑨

Both *teachers* praised me. （両方の先生が私をほめてくれた）

この both は「両方の」という意味の形容詞で、teachers を修飾します。
次の both は名詞です。

◎ 91-⑩

Both praised me. （両者が私をほめてくれた）
I want **both**. （私は両方がほしいです）

最初の例では、both は S としてはたらいており、2 番目の例では O としてはたらいています。
both には更に、次のような用法もあります。

◎ 91-⑪

Both *Meg* and *her daughter* are beautiful. （メグも娘さんも美しい）

---

both A and B で、「A も B も」という意味です。これは成句としてとらえてください。この both の品詞については深く追究する必要はありません。

以上をふまえたうえで、neither のそれぞれの用法を見ていきます。

① 形容詞の neither

形容詞の both は「両方の」という意味でしたが、この both の否定語が neither です。例を見ましょう。

> 🔊 91-⑫
> **Neither** *case* is true.（どちらのケースも本当ではない）
> I met **neither** *man*.（私はどちらの男にも会わなかった）

これらの neither は直後の名詞を修飾しています。

② 名詞の neither

both と同様に、neither にも名詞としての用法があります。

> 🔊 91-⑬
> I have two watches, but **neither** has a band.
> （腕時計を2つ持っているが、両方にバンドがない）
> I like **neither** of them.（私は彼らの両者とも好きではない）

最初の neither は S として、2番目は O としてはたらいています。

③ 成句の中でとらえる neither

both A and B という表現は、「A も B も」という意味でしたが、これの否定にあたる表現が neither A nor B です。「A も B も〜ない」という訳になります。例を見ましょう。

> 🔊 91-⑭
> **Neither** *Bob* **nor** *his wife* can speak French.
> （ボブも奥さんもフランス語がしゃべれない）
> This story is **neither** *interesting* **nor** *beautiful*.
> （この物語は面白くもないし美しくもない）

both A and B の both と同様に、この neither も品詞については考える必要はありません。

これらの①〜③に加えて、neither にはもう1つ重要な用法があるのですが、これについては第2章で扱います。

nor

nor の主な用法は 2 つです。1 つは、先ほど見たばかりの neither A nor B という成句で用いられるものです。もう 1 つについては第 2 章で扱います。

nobody

nobody は名詞です。この語をあえて訳せば「無の人」ですが、これではおかしいので、訳す際に工夫が必要になります。

───── ⓢ 91 – ⑮ ─────

Nobody cried.（誰も泣かなかった）

The devil loves **nobody**.（その悪魔は誰も愛していない）

nobody と同様の意味を持つ表現として、「no one」というものがあります。no と one は離すということに注意をしてください。

───── ⓢ 91 – ⑯ ─────

No one knows who I am.（誰も僕が誰かを知らない）

No one is home.（誰も家にいない）

nothing

nothing は、nobody, no one の「物バージョン」です。これも、もちろん名詞です。例を見ましょう。

───── ⓢ 91 – ⑰ ─────

Nothing happened last night.（昨晩は何も起こらなかった）

I want **nothing**.（何もほしくない）

none

nobody, no one, nothing よりも広い意味を持つ名詞の否定語として、none があります。この語は、人を表すことも物を表すこともあります。

───── ⓢ 91 – ⑱ ─────

None can predict the future.（誰も未来を予言できない）

In the shop, I liked **none** of the bags.
　（その店では、気に入ったバッグは何もなかった）

最初の文の none は人を指します。S としてはたらいています。2番目の文の none は物を指します。O としてはたらいています。

nowhere

nowhere は副詞です。「どこにも〜ない」という意味です。例文を見ましょう。

---------- ⓔ 91 – ⑲ ----------
I want to *go* **nowhere**.（どこにも行きたくないんだ）
He was **nowhere** *to be seen*.（彼はどこにも見つからなかった）

nowhere は、それぞれ go, to be seen を修飾しています。2番目の文の was は助動詞で、可能の意味です（p.221 参照）。受動態に助動詞 be が加わった文は p.346 でも扱ったばかりですが、やはり読みにくいはずです。

nowhere は名詞でもあります。「無の場所」という意味ですが、和訳の際には工夫をします。

---------- ⓔ 91 – ⑳ ----------
The man came from **nowhere**.（その男はどこからともなく現れた）
There is **nowhere** to sleep.（寝るための場所がない）

最初の文では nowhere が前置詞の O としてはたらいています。
2番目の文では「there be 動詞 〜」という型の文（p.46 参照）の、「〜」の位置に置かれています。to sleep は「関係副詞の toV 句」です。nowhere からは「何をする場所？」という疑問が生じます（p.171 〜 p.172 参照）。「ための」という訳語についても p.172 で触れてあります。

完全否定語が終わりました。準否定語に入ります。

②- 準否定語

ここでは 6 つの語を扱います。scarcely, hardly, seldom, rarely, little, few の 6 つです。

rarely, seldom

まずは rarely と seldom をまとめて見ましょう。これらは「めったに〜ない」という意味です。頻度の少なさを表します。

例を見ます。これらの語によって修飾される部分を斜体にします。

> 91-㉑
>
> My son **rarely** *speaks*. (うちの息子はめったにしゃべらない)
>
> It **rarely** *snows* in this country. (この国ではめったに雪が降らない)
>
> I can **seldom** *find* time for reading. (私は読書時間がめったにとれない)
>
> Dreams *are* **seldom** *realized*.
> (夢はめったに実現されない→夢はめったに叶わない)

hardly, scarcely

rarely と seldom は頻度の少なさを表しました。「頻度」とは「時間の流れの中において、出来事、状態が存在する程度」だといえますが、hardly と scarcely は、より広く、いろいろな程度の少なさに関して用いられます。

例を見ましょう。

> 91-㉒
>
> I can **hardly** *swim*. (僕はほとんど泳げない)
>
> To solve the problem is **hardly** *possible*.
> (その問題を解くことはほとんど可能でない→ほとんど不可能だ)
>
> We can **scarcely** *believe* what Tom said.
> (私たちにはトムの言ったことがほとんど信じられない)
>
> I **scarcely** *know* him. (私は彼のことをほとんど知らない)

数や量の少なさを表す場合は、「hardly any 〜」「scarcely any 〜」という形で表現します。

> 91-㉓
>
> There is **hardly** *any* chance that Tom will help us.
> (トムが我々のことを助けてくれる見込みはほとんどない)
>
> **Scarcely** *anybody* read the report. (ほとんど誰もそのレポートを読まなかった)
>
> I gained **scarcely** *anything* there. (僕はそこではほとんど何も得られなかった)

最初の文中の that は同格の that です。

little

little については比較のところで扱いました。p.296、p.297 の表を見ればわかる通り、この単語は形容詞、名詞、副詞であり得るのですが、いずれの場合も「ほと

んどない」という意味が根本にあります。

形容詞、名詞、副詞の順に例文を 2 つずつ見ましょう。

> I have **little** *information* about the man.
> 　（私にはその男についての情報はほとんどない）
> There is **little** *hope*, but I'll try. （望みはほとんどないが僕は挑戦する）
> My grandmother ate **little**. （ばあさんはほとんど食べなかった）
> **Little** is known about the fish. （その魚についてはほとんど知られていない）
> That doctor *is* **little** *respected*. （あの医者はほとんど尊敬されていない）
> This town has *changed* **little** since I was a child.
> 　（この街は私が子どもの頃からほとんど変わっていない）

最初の 2 例では、little はそれぞれ information, hope を修飾しています。

3 番目の little は ate の O で、4 番目の little は S としてはたらいているので、これらの little は名詞です。

5 番目の little は動詞 is respected を修飾しています。最後の文の little は動詞 changed を修飾しています。動詞修飾語なので、これらの little は副詞です。

little に関しては、次の点に注意をしてください。

> **a little** という形で用いられた場合は、「少しある」という肯定の意味になる。

例文を見ましょう。

> I have **a little** *knowledge* of Poland.
> 　（私はポーランドについて少しばかり知識がある）
> There is **a little** *oil* in the bottle. （ビンの中に少し油がある）
> My wife speaks Japanese **a little**. （妻は少し日本語を話す）

few

few は little とは異なり、可算名詞（個としてとらえられる名詞）を修飾します。

little は形容詞のみならず、名詞、副詞でもあるのでしたが、few は「形容詞かつ名詞」です。副詞ではないのです。

形容詞、名詞の順に 2 つずつ見ましょう。

> 91-㉖

I have **few** *friends*.（僕にはほとんど友達がいない）

Few *tourists* go to that temple.（あの寺に行く観光客はほとんどいない）

Few of the students liked math.
（その学生たちのうち、数学が好きな人はほとんどいなかった）

In the village, **few** were able to drive a car.
（その村では、ほとんどの人が車を運転できなかった）

few も little と同様に、次の点に注意をしてください。

> a few という形で用いられた場合は、「少しある」という肯定の意味になる。

例文を見ましょう。

> 91-㉗

We have **a few** *friends* in London.
（私たちにはロンドンに少し友達がいる）

I'll show you **a few** of my watches.
（私の時計のうち何個かをあなたにお見せしよう）

2番目の文は第4文型です。a few は O_2 なのです。

CHAPTER 2 部分否定、二重否定、倒置

否定語の後ろに all や always など、「100%」「全部」といった意味を持つ語が存在する場合は、文の意味に注意が必要になります。

また、否定語が存在する文中に、もう1つ別の否定語がある場合も注意事項があります。

以上の2つと、「否定語に関する倒置」がこの第2章の内容です。

① 部分否定

否定語の後ろに、「100%」「全部」を意味する言葉が続いた場合、「100% ではない」「全部ではない」という意味になります。

否定されるのはあくまでも一部分だけなので、このようなものは「一部否定」「部分否定」などと呼ばれます（後者のほうが多く用いられます）。

具体例を見ましょう。

> **Not** *every* horse can run fast.（全ての馬が速く走れるわけではない）
> I haven't read *all* of these books.（これらの本の全てを読んだわけではない）
> I don't know *both* of them.（彼らの両方を知っているわけではない）

② 二重否定

否定語が2つ重なったり、「否定語＋否定の意味を持つ語」が連なると、「〜でない…はない」という意味になり、結果的に肯定の意味になります。このようなものを「二重否定」といいます。

> There is **no** mother who doesn**'t** love her own child.
> 　（自分自身の子どもを愛さない母親はいない）
> Few skyscrapers were **not** destroyed by the monster.
> 　（その怪物に破壊されなかった超高層ビルはほとんどなかった）

③ 倒置

文中、文末にある否定語は、しばしば文頭に出ます。ここではまず not と no の例を見ることにします。

以下が倒置された文です。元の文と、その意味を考えてみてください。

 A Not once have I visited Athens.

この文の元は、次の通りです。

 A' I have not once visited Athens.（私は一度もアテネを訪れたことがない）

この文の not が once とともに文頭に出て、更に、文が真偽疑問文の語順になっているのが A の文です。

not が倒置される際には、他のものを引き連れて前に出るということ、そして疑問文の語順になるということに注意をしてください。

改めて A の例を見ます。類例も示します。

> ⓢ 91-㉚
> **Not** *once* have I visited Athens.（私は一度もアテネを訪れたことがない）
> **Not** *once* have we seen the picture.（我々は一度もその絵を見たことがない）

次に「not + until 節」「not + until 句」が文頭に出ている例を見ましょう。

> ⓢ 91-㉛
> **Not** *until I read the newspaper* did I learn the big news.
> 　（新聞を読んではじめて、私はその大ニュースを知った）
> **Not** *until the third day of the festival* did I go to my booth.
> 　（フェスティバルの3日目になってようやく、僕は自分のブースに行った）

元の文は、次の通りです。

 I did not learn the big news until I read the newspaper.
 （新聞を読むまで、私はその大ニュースを知らなかった）
 I did not go to my booth until the third day of the festival.
 （フェスティバルの3日目まで、僕は自分のブースに行かなかった）

これらの下線部が文頭に出て、更に、did が I の前に出たのです。倒置された文は「～になってはじめて［ようやく / やっと］……」と訳すようにしてください。

なお、until は従位接続詞かつ前置詞なので、後ろに SV が置かれることも、名詞が置かれることもあります。上の2文で確認してください。ちなみに従位接続詞

の until は《従位接続詞の一覧表》の C - 5 の⑤です（p.136 参照）。

次に no の例に進みます。

> 🔊 91-㉜
> Last month, **no** *book* did I read.（先月は、私は 1 冊も本を読まなかった）
> **No** *answer* have we received about it.
> 　（それについては我々は何の答えも受け取っていない）

元の文は次の通りです。

　Last month, I read <u>no book</u>.

　We have received <u>no answer</u> about it.

これらの文では、目的語が no によって修飾されています。このような「no ＋目的語」は、文頭に移動させることが可能なのです。その際には、やはり真偽疑問文の語順にします。その結果の文が上のものです。

次に not と no 以外の否定語が倒置された例も見ましょう。ここでもやはり、真偽疑問文の語順になっています。

> 🔊 91-㉝
> **Never** *have* I seen a ship.（私は船を見たことが一度もない）
> **Seldom** *does* my husband complain about my cooking.
> 　（夫は私の料理についてめったに不平を言わない）

元の文は、それぞれ次のものです。

　I have <u>never</u> seen a ship.

　My husband <u>seldom</u> complains about my cooking.

これらの never, seldom が単独で文頭に出ています。否定語の倒置については次のことを知っておいてください。

> not や no が用いられた文のように、他の語句とともに文頭に移動する場合もあれば、否定語が単独で移動する場合もある。

否定語に関する倒置としては、他にも「否定文＋ neither［nor］＋疑問文の語順の文」があります。これについてはまず、次の文を英訳することからスタートします。

　トムは詩人ではないし、メグも詩人ではない。

　トムは踊れないし、メグも踊れない。

それぞれの訳は次のようになります。

　Tom isn't a poet and Meg isn't a poet, either.
　Tom can't dance and Meg can't dance, either.

否定文においては、「も」にあたる単語として、too や also ではなく either が用いられます。

さて肯定文では、後半の文を too を用いずに「so ＋真偽疑問文」で表すことができるのでしたが（p.320 参照）、否定文でも、either を用いない表現があります。上の文をその表現に書き換えると、次のようになります。

　Tom isn't a poet and neither [nor] is Meg a poet.
　Tom can't dance and neither [nor] can Meg dance.

and の後ろを「neither または nor ＋真偽疑問文」という形にするのです。

元の文にあった2つ目の not が消えていることを確認してください。neither [nor] は否定語なので、後半の not は消えます。否定語は2つも要らないのです。

なお、これらの文においてもやはり、後半は必要な情報で切ることが可能です。

　Tom isn't a poet and neither [nor] is Meg.
　　（トムは詩人ではないし、メグも違う）
　Tom can't dance and neither [nor] can Meg.
　　（トムは踊れないし、メグもだ）

類例を見ましょう。後半の2つの文のように、and がカットされる例もあります。

───────────────── ⊗91-㉞ ─────

My wife can't speak French, and **neither** *can* I.
　（妻はフランス語がしゃべれないが、私もだ）
You won't lie, and **neither** *will* I.
　（君は嘘をつくつもりはないだろうし、僕もそのつもりはない）
My husband doesn't have a watch, **nor** *do* I.
　（夫は腕時計を持っていないが、私も持っていない）
I don't know his name, **nor** *do* I want to know it.
　（彼の名前を知らないし、知りたいとも思わない）

2番目の文中にある won't は will not の縮約形です。

nor と neither には、p.348 〜 p.350 で見た用法に加えて、このような用法もあるのです。

CHAPTER 3 否定語ではじまる準動詞句

まずは次の4文を見てください。

Tom made me study French .（トムは僕にフランス語を勉強させた）
To play baseball is fun.（野球をすることは楽しい）
I like sitting on this chair .（僕はこのイスに座るのが好きだ）
This is a book written by Meg .（これはメグによって書かれた本だ）

これらのワクはいずれも準動詞句で、上から順に、原形からはじまるまとまり、toV句、Ving句、Ved句です。

これらのワクの内容は、いずれも肯定の内容を持ちます。ところが準動詞句の中には、否定の内容を持ったものも存在するのです。ここでは、toV句とVing句に関するものを見ることにしましょう。

1 not + toV 句、never + toV 句

次の文を見てください。

Tom tried to laugh.（トムは笑うことを試みた→トムは笑おうとした）

to laughは、triedのOとしてはたらいています。さて、この文を「トムは笑わないようにした」という内容に変えたいとします。つまり、toV句を、否定文の内容を持ったものにしたいのです。

このような場合は、文を次のようにします。

Tom tried not to laugh.（トムは笑わないようにした）

notではなくneverが置かれるものもあります。

Tom tried never to laugh.（トムは決して笑わないようにした）

このように、「not + toV句」「never + toV句」という形の表現が存在するのです。他にも例を見ましょう。それぞれのtoV句の要素を考えてみてください。

> ⓐ 91-㉟
>
> I attempted **never** *to open my eyes in the room.*
> 　(僕はその部屋では決して目を開けないようにした)
>
> You are mad **not** *to accept his offer.*
> 　(彼の申し出を受け入れないなんて、君はどうかしている)
>
> My father ordered me **never** *to speak English in this town.*
> 　(父は私に、この街では決して英語をしゃべらないよう命じた)

　toV句の要素は、上から順に、O（attemptedのO）、形容詞修飾語（madを修飾）、SVOCのCです。最後の文は第5文型パターン③なのです。orderはp.192のリストにあります。それぞれ《準動詞句の一覧表》でいえば、A-1、D-1、E-1です。

②- not ＋ Ving 句、never ＋ Ving 句

　not, neverはVing句の前にも置かれます。例を見ましょう。それぞれのVing句の要素を考えてみてください。なお2番目のVing句は、完了形の文が元になっているものです（p.231 ～ p.234参照）。

> ⓐ 91-㊱
>
> My father doesn't mind **not** *having time for reading.*
> 　(うちの親父は読書時間がないことを気にしていない)
>
> Tom often boasts about **never** *having scolded his son.*
> 　(トムは息子を叱ったことがないことをしばしば自慢する)
>
> **Not** *knowing what to say,* I remained silent.
> 　(何を言うべきかわからなかったので、私は黙っていた)

　Ving句の要素は、上から順にO（mindのO）、前O（aboutのO）、動詞修飾語（remainedを修飾）です。《準動詞句の一覧表》でいえば、それぞれA-2、A-2、C-2です。つまり動名詞、動名詞、分詞構文なのです。

第30講ここまで

第3部　構文

　この第3部では構文を扱います。「構文」と呼ばれるものには数多くのものがありますが、ここでは次の2つを扱います。

　　従位接続詞に関するもの
　　準動詞句に関するもの

　それぞれが第1章、第2章です。

CHAPTER 1 従位接続詞に関する構文

ここでは 6 種類のものを扱います。

① 形式主語 — 真主語の構文

1 つ目は、「形式主語 — 真主語の構文」です。文の主語が節である文の多くにおいて、主語の位置に it を置き、元の主語を文末に移動させます。このように変形したものを「形式主語 — 真主語の構文」といいます。

では S が節である文を用意し、それがこの構文になるようすを見ましょう。

> ◎ 94-①
>
> **That Meg is a singer** is widely known. 〈that 節が S〉
> → **It** is widely known **that Meg is a singer**.
> (メグが歌手だということは広く知られている)
>
> **Where my grandfather was born** is a riddle. 〈where 節が S〉
> → **It** is a riddle **where my grandfather was born**.
> (祖父がどこで生まれたのかは謎だ)
>
> **Whether he is alive or dead** is not clear. 〈whether 節が S〉
> → **It** is not clear **whether he is alive or dead**.
> (彼が生きているのか死んでいるのかは明らかではない)

文頭に置いた it は「形式主語」(または「仮主語」)と呼ばれ、後ろに移動させた元の主語は「真主語」と呼ばれます。

② 形式目的語 — 真目的語の構文

第 5 文型で O が節である場合は、O の位置に it を置き、O を文尾に移動させます。このようなものを「形式目的語 — 真目的語の構文」といいます(なお、第 5 文型のパターンのそれぞれを忘れていたら p.188 を参照してください)。

具体例を見ましょう。

> 🎧 94-②
>
> I thought it strange **that Mary didn't drink wine.**
> 　（私はメアリーがワインを飲まないのを奇妙だと思った）
>
> You must make it clear **whether you will go or stay.**
> 　（行くか留まるかはっきりさせなきゃならないよ）

それぞれの元の文は次の通りです。下線部が O で、その後ろが C です。

　I thought that Mary didn't drink wine strange.

　You must make whether you will go or stay clear.

O の位置に置いた it は「形式目的語」（または「仮目的語」）と呼ばれ、後ろに移動させた元の目的語は「真目的語」と呼ばれます。

③ so … that ～ 構文

「so … that ～ 構文」と呼ばれるものがあります。次のようなものです。「～」の位置には SV が置かれます。

> so … that ～　［訳］① ～ほどに…　　② とても…なので～
> ※ … の位置には形容詞か副詞が置かれる。

訳し上げる場合（①）と、訳し下す場合（②）があります。どちらを選ぶかは文の内容から判断します。多くの例でどちらでも訳せます。例を見ましょう。

> 🎧 94-③
>
> I'm not so *tired* that I can't walk.
> 　（私は歩けないほどに疲れてはいない）
>
> The ice was so *thin* that we couldn't walk on it.
> 　（その氷はとても薄かったので、我々はその上を歩けなかった）
>
> The professor spoke so *fast* that I couldn't take notes.
> 　（その教授はとても速くしゃべったので私はメモがとれなかった）

「…」の部分に「形容詞＋名詞」が置かれる場合もあります。例を見ましょう。

> 🎧 94-④
>
> The king has so *much money* that he can buy anything he wants.
> 　（その王様はほしいものは何でも買えるほど多くのお金を持っている）
>
> The man has so *many watches* that he can open a watch museum.
> 　（その男性はとても多くの時計を持っているので時計博物館が開ける）

最初の文では、anything と he の間に目的格の関係代名詞 that が省略されています（p.328 参照）。

④ such … that 〜 構文

この構文の型と訳は次の通りです。

> such … that 〜　［訳］① 〜ほどに…　② とても…なので〜
> ※…の位置には「形容詞＋名詞」が置かれる。

やはり2通りの訳があります。両方で訳せる例も多いものです。例文を見ましょう。

⊚ 94-⑤

The sight gave him **such** *a great shock* **that** he couldn't utter a word.
　（その光景は彼に一言も発することができないほどの衝撃を与えた）

It was **such** *warm weather* **that** I didn't need a coat.
　（とても暖かい天気だったので、私にはコートは不要だった）

⑤ no sooner … than 〜 構文

次は比較級に関する構文です。

> S1 had no sooner V1 than S2 V2 … .（S1V1 するとすぐに、S2V2…）

前半が過去完了形で、後半が過去形というのが典型的な形です。具体例を見ましょう。

⊚ 94-⑥

The bell had **no sooner** rung **than** the students dashed to the playground.
　（ベルが鳴るとすぐに、学生たちは運動場に駆け出した）

I had **no sooner** left home **than** it began to rain.
　（私が家を出るやいなや、雨が降り出した）

この構文においては、しばしば no sooner が文頭に出ます。p.357 で見た「no の倒置」の例では、no は直後の語とともに前方に移動しましたが、ここでもやはり2語のセットが前に出るのです。また、真偽疑問文の語順になるという点も同じです。

これらの文が倒置文になったものは次の通りです。

> 94-⑦
>
> **No sooner** *had* the bell rung **than** the students dashed to the playground.
> （ベルが鳴るとすぐに、学生たちは運動場に駆け出した）
>
> **No sooner** *had* I left home **than** it began to rain.
> （私が家を出るやいなや、雨が降り出した）

なお、than は従位接続詞です（p.277 参照）。ゆえにこの構文は、この「第 1 章 従位接続詞に関する構文」で扱っているのです。

6 強調構文

強調構文とは、it ＋ be 動詞と that を用いて、平叙文の中の要素を強調するものです。この構文によって強調される要素は、S、O、動詞修飾語です（前置詞の O が強調されることもあります）。

ここでは、完成した文から見るのではなく、文が強調構文になるプロセスを辿っていくことにしましょう。

文を強調構文にする手順は次の通りです。

> 手順1 強調したい要素を it ＋ be 動詞と that ではさむ。
> 手順2 it から that までを文頭に移動させる。
>   但し、S を強調する場合は 手順1 のみ。
>   ※ 用いられる be 動詞は is。文の内容が過去のことである場合は was が用いられることもある。

では、以下の文の斜体部分を強調する強調構文を作りましょう。

> The lady kicked *my car*. （その女性が僕の車を蹴った）
> My son often dances *on the table*. （息子はよくテーブルの上で踊る）
> I married him *because his voice was beautiful*.
> 　（彼の声が美しかったので、私は彼と結婚した）
> *A boy* was driving a taxi. （少年がタクシーを運転していた）

強調したい部分の要素は、上から順に O、動詞修飾語（on the table は dances を

365

修飾)、動詞修飾語(because 節は married を修飾)、S です。

完成する強調構文は次のものです。was は is でも構いません。

◎ 94−⑧

It was *my car* that the lady kicked.
(その女性が蹴ったのは僕の車だった)

It is *on the table* that my son often dances.
(息子がよく踊るのはテーブルの上でだ)

It was *because his voice was beautiful* that I married him.
(私が彼と結婚したのは、彼の声が美しかったからだ)

It was *a boy* that was driving a taxi.
(タクシーを運転していたのは少年だった)

最後の例は S の強調なので、 手順1 のみとなります。

強調構文の訳し方については、次のことを記憶してください。

> 強調構文は「…のは〜だ」というように、強調されている部分(〜)を最後に訳すのが基本。

上の訳で確認してください。

他の例も見ましょう。強調されているものの要素を考えてみてください。

◎ 94−⑨

It was *my son* that stole my car. (私の車を盗んだのは息子だった)

It is *when I'm dancing* that I feel happy.
(私が幸せを感じるのは踊っている時だ)

It was *Jack* that I met last night.
(私が昨日の夜に会ったのはジャックだ)

It is *in front of the school gate* that I caught this fox.
(私がこのキツネを捕まえたのは校門の前でだ)

強調されているものの要素は、それぞれ S、動詞修飾語(when 節は feel を修飾)、O(Jack は met の O)、動詞修飾語(in front of 句は caught を修飾)。

なお、強調構文で用いられる that については、従位接続詞だと考える立場もあれば、そうでない立場もあるのですが、これについては深く追究する必要はありません。

従位接続詞に関する構文が終わりました。

CHAPTER 2 準動詞句に関する構文

ここでも6種類の構文を見ます。

① 形式主語 ― 真主語の構文

　従属節のみならず、準動詞句がSである文も、しばしば、形式主語 ― 真主語の構文に変化します。変化した結果の文を見ましょう。

> It is impossible **to open this box**.（この箱を開けるのは不可能だ）
>
> It would be difficult **to understand this theory**.
> 　（この理論を理解するのは難しいだろう）
>
> It is lonely **living without a dog**.（犬なしで暮らすのは寂しい）

元の文は次の通りです。

　<u>To open this box</u> is impossible.

　<u>To understand this theory</u> would be difficult.

　<u>Living without a dog</u> is lonely.

　下線部がSです。この位置にitを置いて、toV句、Ving句を文末に移動させたのが上のワクの中の文なのです。

② 形式目的語 ― 真目的語の構文

ここでもすぐに例文を見ましょう。

> We found it easy **to read the book**.
> 　（我々はその本を読むのは易しいと思った）
>
> I found it a lot of fun **talking with you**.
> 　（あなたとお話しするのは非常に楽しいと思った）

元の文は次の通りです。下線部がOで、その後ろがCです。

We found to read the book easy.

I found talking with you a lot of fun.

この find の意味は「発見する」ではありません。第 5 文型パターン①で用いられた場合の find は「思う」「わかる」なのです（p.32 参照）。

3 so … as to V 構文

p.363 で「so … that 〜 構文」を扱いましたが、類似のものとして「so … as to V 構文」があります。型と訳は次の通りです。

> so … as to V　　[訳] ① V ほどに…
> 　　　　　　　　　　② とても…なので V
> ※ … の位置には、形容詞または副詞が置かれる。

2 つの訳のうちどちらを選ぶかは、文の内容から判断します。多くの例でどちらでも訳せます。例を見ましょう。

> The man was so *tall* as to reach the ceiling.
> 　（その男は天井に手が届くほど背が高かった）
>
> My wife was so *angry* as to be unable to speak.
> 　（妻はとても怒っていたので、口がきけなかった）

2 番目の文の be unable to は、p.185 で扱いました。

4 … enough to V 構文

「so … as to V 構文」とほぼ同じ意味を持つものに、「… enough to V 構文」と呼ばれるものがあります。こちらのほうがはるかに多く用いられます。型と訳は次の通りです。

> … enough to V　　[訳] ① V するほどに…
> 　　　　　　　　　　② とても…なので V する
> ※ … の位置には、形容詞または副詞が置かれる。

enough については、次の点に注意をしてください。

368

> enough は形容詞、副詞の後ろに置かれる。

「形容詞＋ enough」「副詞＋ enough」という語順には、かなり長い間、違和感を覚えます。何度も音読・筆写をして早めに慣れてしまってください。

例文を見ましょう。

🔊 94-⑬

The weather was not *nice* **enough to enjoy swimming**.
（天気は水泳を楽しむほどには良くはなかった）

You are *old* **enough to understand this**.
（君はこのことが理解できるほどに歳をとっている→君はもうこれが理解できてもいい年頃だ）

I was *foolish* **enough to leave my son alone**.
（私はとてもうかつだったので息子を放っておいた→私はうかつにも息子を放っておいた）

最後の文の to leave my son alone は第 5 文型パターン①です（p.32 のリストに leave があります）。

enough が名詞を修飾する例もあります。この場合は「enough 名詞 toV」という語順になります。

🔊 94-⑭

Bob had **enough** *money* **to buy the picture**.
（ボブにはその絵を買うのに十分なお金があった）

---

⑤ too … to V 構文

この構文の意味は次の通りです。

---
too … to V　［訳］① V するにはあまりにも…
　　　　　　　　② …すぎて V できない
※ … の位置には、形容詞または副詞が置かれる。

両方の訳が可能な例も数多くあります。例文を見ましょう。

> ⓐ 94-⑮

My daughter is **too** *young* **to travel alone**.
　　（娘は一人で旅行をするには若すぎる）

My father is **too** *busy* **to play with me**.
　　（父はあまりにも忙しいので私と遊べない）

She was **too** *tired* **to walk**.
　　（彼女はあまりにも疲れていて歩けなかった）

6 付帯状況の with ＋名詞＋ Ving 句 / Ved 句

前置詞 with に関する準動詞句との結びつきとして、次のようなものがあります。

> with　名詞　Ving 句
> with　名詞　Ved 句

Ving 句、Ved 句ではなく、ing 形の動詞 1 語、過去分詞形の動詞 1 語である場合もあります。この表現の特徴、訳し方は次の通りです。

> - 名詞の後ろに be 動詞を置くと、名詞以下の部分から文が成立する。
> - 成立した文は、主に動詞修飾語としてはたらく。
>   動詞につなぐ際の訳語は「て・と・ら・ながら・ので、まま」。

つなぐ際の言葉は、p.160 で示した as の訳（て・と・ら・ながら・ので、まま・が・ように・つれて）とほぼ同じです。as とは異なり、「が・ように・つれて」と訳すことはありません。例を見ましょう。

> ⓐ 94-⑯

Tom left the car **with** *the engine* **running**.
　　（トムはエンジンをかけっぱなしにしたまま車を離れた）

The boy spoke to the singer **with** *his eyes* **shining**.
　　（その少年は目を輝かせてその歌手に話しかけた）

My son was standing on the stage **with** *his arms* **folded**.
　　（息子は腕を組んでステージの上に立っていた）

Meg was sitting on a sofa **with** *her face* **covered with her hands**.
　　（メグは手で顔を覆ってソファーに座っていた）

最初の文では、engine の後ろに be 動詞を置くと、次の文が成立します（内容が過去なので過去形の was を置きます）。

　The engine was running.（エンジンがかかっていた）

これを V に対する修飾語として訳します。つなぎの言葉は「まま」を選びました。
2 番目の文では、eyes の後ろに be 動詞を置くと、次の文が成立します。

　His eyes were shining.（彼の目が輝いていた）

これを V に対する修飾語として訳します。つなぎの言葉は「て」を選びました。
3 番目の文では、his arms の後ろに be 動詞を置くと、次の文が生まれます。

　His arms were folded.（彼の腕が組まれていた）

これを standing に修飾させて訳を完成させます。「彼の腕が組まれていて、彼はステージの上に立っていた」では不自然なので工夫しました。

最後の文では、her face の後ろに be 動詞を置くと、次の文が生まれます。

　Her face was covered with her hands.（彼女の顔が手で覆われていた）

これを sitting に修飾させて訳を完成させます。「彼女の顔が手で覆われていて、彼女はソファーに座っていた」では不自然なので工夫しました。

以上で、本書で学ぶべき文法事項が一通り出揃いました。

さて、ここまでずっと文法を学んできたのは、何よりもまず、文を理解できるようになるためにこそ、です。そして文を理解するには、その文の構造をとらえなくてはなりません。改めて、p.212 と p.301 で述べた以下のことを確認します。

> 文の意味を理解するには、文法構造が見抜けなければならない。

ここで p.301 の予告通り、このことばの後半部分の内容を、より具体的に説明します。

英文に関していえば、「文法構造が見抜ける」ということは、基本的には次のことがわかるということなのです（1 行目のⓋについては p.90 参照）。

> (1) 文中の各語が S, V（あるいは be Ved）、Ⓥ、C, O、前置詞の O、名詞修飾語、動詞修飾語、形容詞修飾語、副詞修飾語、句修飾語、節修飾語、文修飾語、意味上の主語のうちの、どの要素としてはたらいているかがわかる。
>   ※ 等位接続詞や、一部の従位接続詞（一覧表の 0 の行のもの）は、どの要素にもならない。
> (2) 文中に前置詞句、準動詞句、従属節などのまとまりが存在する場合は、その始点と終点がわかり、全体が S, C, O、前置詞の O、名詞修飾語、動詞修飾語、形容詞修飾語、副詞修飾語、句修飾語、節修飾語、文修飾語、意味上の主語のいずれとしてはたらいているかがわかる。
> (3) 文中に修飾語が存在する場合は、それがどの部分を修飾しているかがわかる。
> (4) 文中に等位接続詞が存在する場合は、それが何と何を結んでいるかがわかる。
> (5) 文中に構文が存在する場合は、その存在を見抜ける。

「英文解釈」「英文読解」とは、結局のところ、この作業を行うことだといえます。これらが見抜ければ、文は理解できるのです（リスニングの際には、この作業を一瞬で行う必要があります）。もちろん、文の内容に踏み込んだ、より深い意味での「解釈」もあり得ますが、「とりあえず和訳はできる」という意味での英文解釈、英文読解は、ほとんどがこの作業なのです。

事実、p.210〜p.211 と p.300 で文の構造を図示しましたが、次のような表記になっています。

> ● 各語の下には要素が表記されている。
> ● 前置詞句には線が引かれて、始点と終点が示されている。
> ● 準動詞句、従属節はワクで囲まれて、始点と終点が示されている。
> ● 前置詞句、準動詞句、従属節の下には要素が表記されている。
> ● 修飾語がどこを修飾するかが、文字や矢印で示されている。
> ● 等位接続詞が、何と何を結ぶかが線で示されている。

次の第 4 部では、複雑な構造を持つ文の読解に挑戦します。上の 2 つのワクの内容を頭に入れたうえで挑んでください。

第 4 部　基本 8 文型理論の不完全性と有用性

　冒頭の第 1 部・第 1 章で基本 8 文型を扱い、その後ずっと、この枠組みの中で話を進めてきました。これ以外の文型、たとえば「第 9 文型」や「第 10 文型」といったものは登場しませんでした。
　ところが、英文の中には次のようなものも存在します。

　（1）　He went out.（彼は外出した）
　（2）　She took off her hat.（彼女は帽子を脱いだ）
　（3）　I look up to Tom.（私はトムを尊敬している）

　（1）は「SV ＋動詞修飾語（out）」という構造の文ですが、実質的には「SV」としてとらえることが可能です。下線部でまとめて「外出する」という意味の 1 つの述語として考えることができるのです。
　（2）では、下線部の take off をまとめて「脱ぐ」ととらえることが可能です。
　（3）は、本来は「SV ＋動詞修飾語（up）＋動詞修飾語（to Tom）」ですが、下線部のように「動詞＋ 2 語」の部分を、「〜を尊敬する」という意味のひとまとまりの述語として考えることが可能です。そして、文全体は第 3 文型であるかのようにとらえることができます。
　このように、動詞の中には、後ろの語とセットでとらえるべき用法を持つものがあるのですが、これらのものは「基本 8 文型」の枠に、きれいには収まりきらないものです。
　動詞のみならず、形容詞に関しても、似たような問題が生じます。次の文を見てください。

　（4）　She is proud of him.（彼女は彼を誇りに思っている）

　この文の構造は次の通りです。

> She is proud of him.
> 　S 　V 　C 　　形容詞修飾語〈proud を修飾〉

ところが意味のうえでは、次のように理解することもできます。

> She is proud of him.
> 　S 　　V 　　　O

つまり「be 動詞＋形容詞＋前置詞」を「〜を誇りに思っている」という意味の、ひとまとまりの他動詞としてとらえ、その後ろの名詞をその目的語だと考えるのです。本来は「第 2 文型＋修飾語」という構造の文を、実質的には第 3 文型としてとらえます。

ここで見た 4 例のようなものは、非常に厄介な存在です。どのように処理するかも難しい問題です。単語学習の中で、個別の単語の用法として 1 つ 1 つ覚えていくという立場や、別個の文型としてとらえ、基本文型を補うものとして位置づける場合もありますが、多くのカリキュラムでは「熟語」あるいは「成句」として処理されます。

いずれにせよ、「基本 8 文型の理論は、極めて有効な分類だが、完璧なものではない」ということを知っておいてください。

ただ、ここで挙げた例も、やはり 5 文型のいずれかにあてはまることは間違いありません（(1) は第 1 文型、(2) は第 3 文型、(3) は第 1 文型、(4) は第 2 文型）。典型的なものからは少しズレた例があるからといって、5 文型という分類、そしてこれに 3 つの受動態を加えた基本 8 文型という分類の価値が減るということは断じてないのです。

最後に次の 2 つについて述べて、講義を終えることにします。

> ① 英文を理解する際の 5 文型理論の有用性
> ② 5 文型理論を採用しない場合に活用できなくなってしまう財産

まずは①です。これについては次の文の読解に挑んでください。ここまでに扱った文法項目のみで構成されている文です。ここまでの総決算として挑戦してみてください。辞書を用いて構いません。

> If you try to make yourself sound intelligent by using words that do not come naturally to you, the result will be the opposite of what you hoped.

では解説に入ります。まずはこの文の構造図を示します（カンマは略）。

```
┌─────────────────────────────────────────────────────────────┐
│  ┌─────────────────────────────────────────────────────┐    │
│  │ If  you try │ to make yourself │ sound intelligent │ │    │
│  │     φ S  V  │   V      O       │   V       C       │ │    │
│  │                                 └───────────────────┘ │    │
│  │                                         C             │    │
│  │                                                       │    │
│  │  ┌─────────────────────────────────────────────────┐ │    │
│  │  │ by │ using words │ that │ do not come naturally to you │
│  │  │ 前 │   V    O    │  S ⓥ │   V    動修    前 前 O │
│  │  │                                          動修     │    │
│  │  │                   名詞修飾語〈words を修飾〉        │    │
│  │  └─────────────────────────────────────────────────┘ │    │
│  │                          前 O                        │    │
│  │              動詞修飾語〈to make を修飾〉              │    │
│  │                           O                          │    │
│  │              動詞修飾語〈be を修飾〉                    │    │
│  └─────────────────────────────────────────────────────┘    │
│                                                              │
│   the result will be the opposite of │ what │ you hoped  .  │
│        S      ⓥ  V         C     前 │  O   │  S   V        │
│                                      前 O                   │
│                     名詞修飾語〈opposite を修飾〉              │
└─────────────────────────────────────────────────────────────┘
```

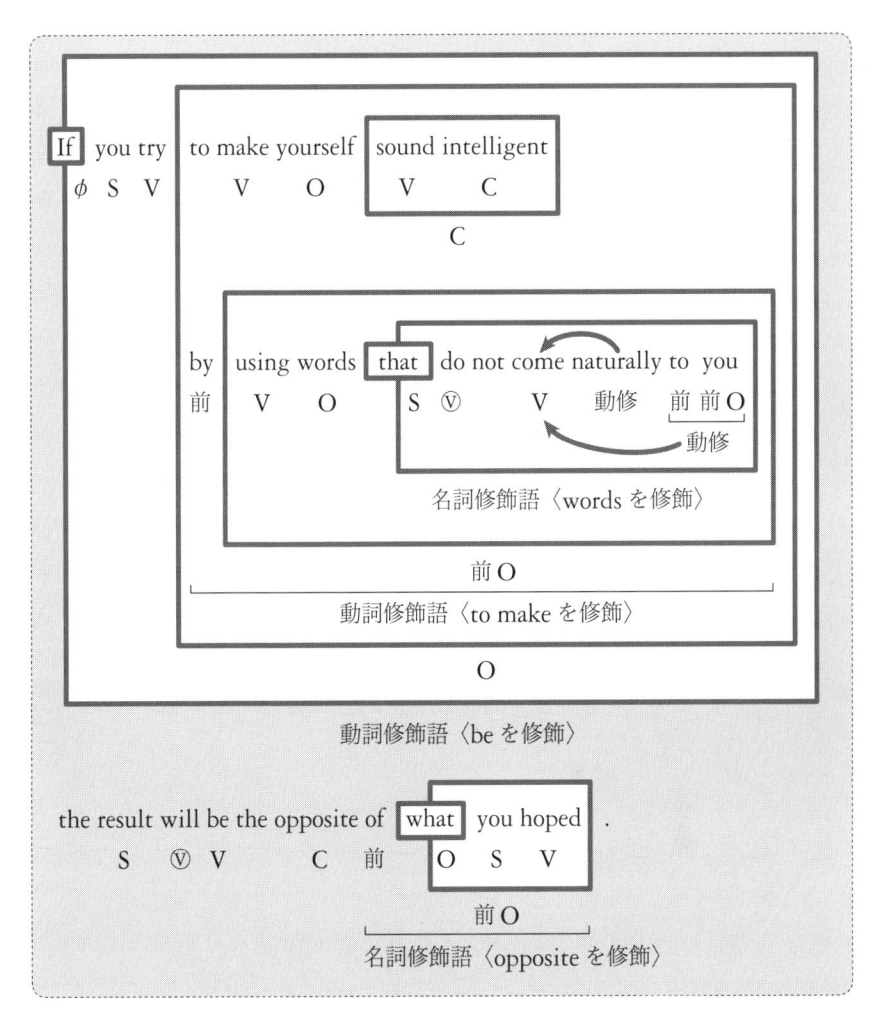

　if節に着目してください。全部で5つのまとまりから成り、4重の層も存在するという複雑な構造です。ところが各まとまりの内側は5文型のいずれかなのです。順に見ていきましょう。

　まず、if節の中の最も大きな流れであるyou try toV句の部分は、youがS、tryがV、toV句がOで第3文型です。

　このtoV句の内側は「to make (V) + yourself (O) + sound句（動詞soundの原形からはじまるまとまりで、要素はC）」という連なりで、第5文型パターン②です（by以下は修飾語です）。第5文型なので、OCから文が生まれます。生まれる文は「You (S) sound (V) intelligent (C).」という、一般動詞を用いた第2文

型です（yourself は you に戻します。p.192 ～ p.193 参照）。

　you sound intelligent の部分の訳は「あなたが知的な印象である」です。そして、この内容を to make と結びつければ「あなたが知的な印象であるようにする→あなたを知的に印象づける」となります。

　なお、make を用いた第 5 文型パターン②の文で、C の先頭が sound であるものは p.190 で扱いました。

　sound 句の内側の文型は、上で述べた通り第 2 文型です。sound が V で、intelligent が C です。

　その後ろにある by + using 句は to make を修飾しますが（try to make 全体を修飾していると考えたほうがしっくりくるかもしれません）、この using 句の内側は、using が V、words が O で第 3 文型です。

　words は主格の関係代名詞節によって修飾されており、この節の内側は第 1 文型です。それぞれのまとまりの文型を整理します。

> if 節 → 第 3 文型
> to make 句 → 第 5 文型パターン②
> sound 句 → 第 2 文型
> using 句 → 第 3 文型
> that 節 → 第 1 文型

　文末の what 節は前置詞 of の O ですが、内側は第 3 文型です。この what は「何」と訳すものではなく「もの」と訳すものです（p.101 ～ p.102 参照）。

　そして、この文全体の大きな流れは「動詞修飾語（if 節）＋ SVC ＋名詞修飾語（of + what 節）」であり、第 2 文型です。

　主節の be は become の意味です（p.166 参照）。

　全文訳は次のようになります。まずは直訳を示します。

> もしあなたが、あなたに自然に来たのではない言葉を使うことによってあなたを知的に印象づけようとしたら、結果はあなたが望んだものの反対になるだろう。

　この文は一般論です。一般論の you は訳さないのでした（p.160 参照）。省略しましょう。また、「自然に来たのではない言葉」は「自然に浮かんだのではない言葉」とします。「望んだものの反対」も少しぎこちないので修正します。最終的に

376

は、次のように訳します。

> 自然に浮かんだのではない言葉を使って自分を知的に印象づけようとしたら、結果は望んだものとは反対になってしまうだろう。

「印象づけようとしたら」は「印象づけようとしても」と訳してもいいでしょう。副詞節を形成する if には「もし〜なら」のみならず、「もし〜でも」という訳があるということについては p.134 で述べました。

さてこの文は、たしかにとても複雑な文法構造を持つ文です。ただ、それぞれのまとまり（従属節、準動詞句）は、5 文型のどれかにあてはまっており、また、文全体も第 2 文型です。つまり「各まとまりも、文全体も、5 文型のいずれかに収まっている」という状況なのです。そしてこれは、たまたまこの文だけに見られる現象ではありません。他の文においても同じようにあてはまることなのです（但し、受動態の存在も考慮に入れなくてはなりません）。英文の文型に関しては、次の事実があるのです。

> ・文全体は基本 8 文型（5 文型＋3 つの受動態）のいずれかである。
> ・文中に従属節、準動詞句が存在する場合、これらの内側の文型も、基本 8 文型のいずれかである。

p.46 で「文の種類：基本 8 文型（＋修飾語）」と述べましたが（下部のワクの中参照）、この事実は、複雑な文の各部分と全体においてもあてはまります。よって、従属節、準動詞句がたくさん存在する複雑な英文であっても、次の作業を行えば理解は進むのです。

> 〈1〉それぞれの従属節、準動詞句の始点と終点を見抜く。
> 〈2〉それぞれの従属節、準動詞句の全体の要素を見抜く。
> 〈3〉それぞれの従属節、準動詞句の内側の文型を見抜く。
> 〈4〉文全体の文型を見抜く。

〈3〉と〈4〉が見抜ければ訳も容易です。文型ごとに訳し方が決まっているので（p.42 参照。第 5 文型パターン②〜⑤は p.188 の下のワクの中参照）、見抜いた文型ごとの訳を、あてはめればいいだけです。

いかに「5 文型＋3 つの受動態」という知識が、英文理解のために不可欠なものかがわかります。

さてここで、改めて認識してほしいことがあります。それは「文を分析することの大切さ」です。シンプルな文であれば「辞書で単語の意味を調べ、あとは感覚的に判断して、それがたまたま正しい解釈だった」ということも起こり得ます。緻密な分析なしの「直感によるまぐれの正解」もあり得るのです。ところが一定以上の複雑さを持った文を前にすると、直感、フィーリングはたちどころに無力になります。草野球のピッチャーが相手なら、野球の素人でも、適当にバットを振ってたまたまホームランになるということもあるかもしれませんが、プロ野球投手の球をまぐれ当たりでホームランにすることのできる素人はいません。これと同じようなことです。

　和訳からわかる通り、p.209 の文も、p.298 の文も、ここで挑んだ文も、難しい内容ではありません。それなのに入り組んだ文法構造を持ちます。このような「日本語訳で読めば簡単な内容だが、複雑な文法構造を持つ」という英文は無数に存在します。そして、複雑な構造を持つ文を理解するには、大量の文法知識を駆使しながら、その構造を分析、解明する必要があります（p.212、p.301 のワクの中参照）。ということは、「簡単な内容でありながら、莫大な文法知識をもとに、その構造を見抜かなければ理解できない文」が無数にあるということです。英語という言語は、それほどまでに日本語話者には難しい言語なのです（p.24 の引用文参照）。

　文を分析、分解することの大切さについては、同時通訳者の大御所である國弘正雄氏が『國弘流 英語の話しかた』（たちばな出版 1999 年 p.127）の中で、「文を部分に分けて理解するということを否定したら、これはとんでもないことになります」と述べています。そして更に、次のことも指摘しています。

> 分解法の問題は、英文の理解だけにとどまりません。数学の問題も、難問は小部分に分けて解きます。西洋医学の発展の基礎にも、人体を要素に分けて理解する解剖学があります。それなしでは、臓器移植などは想像外でしょう。パソコンの部品を交換して、機能の拡張をはかれるのも、分解的な知識があるからです。画家はワンタッチずつ仕上げていき、作曲家も音符を一つひとつ積み上げて行きます。すべての基本に分解法があるのです。こうしたことは、ごく常識的なことで、誰でもちょっと視野を広げてみれば、思いつくことです。

理解のためには分解が必要なのです。「分ける」からこそ「分かる」のです。

　これには反論もあるかもしれません。たとえば「英文を読んだり聴いたりする時に、いちいち分析したり、構造図を書いたりなどしていられない。そんなことをし

ていたらコミュニケーションが円滑（えんかつ）に進まない」というような主張は正論です。もちろん、いずれは複雑で難解な文を、文法構造をほぼ意識しないまま、一瞬で理解できる能力が必要になります。そうでないとリスニングには対応できません。

ただ、そのような能力を身につけるには、まずは「型の世界」に入る必要があります。複雑な構造を持つ文を材料にして、それを部分に分け、それぞれの文の型（＝文型）と、文全体の文型を見抜くことによって意味をあぶり出すという練習を大量に行う必要があるのです。練習を重ねるうちに、やがては意識して型を考えることなく意味がとれるようになります。理解のスピードも少しずつ上がります。

國弘氏も、同じ経路を辿（たど）ったうえで、同時通訳ができるレベルにまで至ったはずです。型から入り、膨大な量の分析の演習を重ね、ついには瞬時に和訳が、更に英訳もできるようになったのでしょう。最初から型を否定してしまうと、いつまでも泥沼にはまったまま、永遠に初級のままです。

古来、各種の稽古事の世界で、理想の修業過程として「型から入って、型から離れる」「格より入り、格より出る」などということが言われてきましたが、皆さんがかかわっている世界でもこれは同じではないでしょうか。初心者、新入社員、新入部員に何かを指導をする際に、相手が勝手な型、気ままなスタイルで事を進めたら、やはり皆さんはストップをかけるはずです。

次に p.374 の② （5 文型理論を採用しない場合に活用できなくなってしまう財産）について説明します。これについては次のことを知ってください。

> - 多くの動詞が、複数の意味、訳語を持つ。
> - 英和辞典においては、5 文型の分類に基づいて、それぞれの意味、訳語が記載されている。

たとえば make という動詞は、「作る」「作ってやる」「させる」「なる」など数多くの意味を持ちますが、どのような場合にそれぞれの意味、訳になるのかがわからなければ、訳しようがありません。「この文の make は、どの訳語を選べばいいのだろう？」となってしまうのです。

ところが「この文型で用いられた場合、make はこの訳で訳す」「あの文型ならあの訳を選ぶ」という知識があれば、文型を見抜きさえすれば make は訳せます。つまり「この文の文型が見抜けた。第〜文型だ。この文型で用いられた場合、make は…という訳だ。だからこの訳を選ぼう」というように、滞（とどこお）りなく訳せるのです。

そして英和辞典では、このようなスムーズな和訳ができるように、5文型理論に基づいて和訳が記載されています。
　たとえば『ジーニアス英和辞典』（大修館書店）でmakeを引くと、次のように訳語が載っています。

- 「SVO」という記号とともに「作る」
- 「SVO₁O₂」いう記号とともに「作ってやる」
- 「SVOC」という記号とともに「する」
- 「SVC」という記号とともに「ふるまう」「なる」

　「ジーニアス」をお持ちの方は、ぜひ確認してみてください（ちなみに、この詳しい文型表示こそが、「ジーニアス」の人気の主因の1つだといえます）。また『ライトハウス英和辞典』（研究社）でも、「V＋O＋O」や「V＋O＋C」というような、5文型の記号とともに意味が記載されています。
　中には、要素のみならず品詞まで記載されている辞書もありますが、他の大半の辞書も、5文型理論に基づいた表記になっています。使用者、学習者が確実に文を理解し訳せるよう、辞書編集者はここまでの配慮をしながら辞書を作り上げてくれているのです。何とありがたいことかと思います。
　5文型理論を習得したうえでこの事実を知ると、辞書の引き方が変わります。今までは、動詞を引いて多くの意味が載っていた場合に「どの訳を選べばいいのだろう。これかな？　でもこれだと文の内容に合わないな。じゃあこれかな？　これもちょっとちがうな。それともこれかな？」というように1つ1つ探すしかなかったのが、今後は「この動詞は第4文型で用いられている。辞書にはたくさんの訳が載っているが今回はSVO₁O₂という記号のところにある訳を選べばいいのだ」というようになり、迷わなくなります。自ら「先回り」して訳をつかみとりに行けるのです。
　これは劇的な変化です。そして辞書を引いた時に、しばしば喜びの感情が生まれ、さらに「辞書ってすごいな‼」と感動さえします。感動すればいっそうの学習意欲がわきます。だからこそ、5文型理論は可能な限り早い段階で習得するべきものなのです。そうすれば、英語学習のごく初期から辞書を有効に、そして感動しながら用いることができます。英語に挫折する人、英語嫌いになる人の数も随分と減らせるはずです。
　このように、5文型を早期に習得させないのは極めて大きな問題であり、一刻も早く改善すべき、英語教育の最重要課題の1つだと思われるのですが、より深刻な問題があります。それは「非5文型理論」で英語学習を行うことです。

たとえば「3文型理論」や「6文型理論」といったような非5文型の理論で文型を学んでしまうと、英和辞典を引いた際に、いちいち自分の知識と矛盾が生じます。また、ほぼ全ての文法書、参考書も5文型理論で記述されているので、これらとも毎回ぶつかりあうことになります。すると学習者は混乱し、内容を十分に吸収できなくなります。そして当然の結果として、5文型理論で学んだ場合に比べて、英語力が劣ってしまいます。

　多少の不完全性は抱えているものの、そもそも5文型理論には欠点らしい欠点が見当たりません。そして、ここで挑んだ英文の解説を通じて明らかになったように、5文型理論を習得すれば、英文を理解するための決定的な武器が手に入り、また、既存の辞書、書物を有効に活用できるようになります。時に感動さえします。

　数々の英和辞典や英語関連書は、先人諸賢の英知の結晶であり、文化遺産ともいえるものですが、非5文型理論で学習を進めると、これらを有効に利用できる度合いが低くなり、無駄が生じ、混乱を招き、感動も得られなくなるという損失が生じます。また、非5文型理論に大きな利点は見当たりません。

　以上のことを考えると、あえて非5文型理論を採用する必然性は見い出せないのです。

　現在、いくつかの非5文系理論が提唱されています。また、今後も時おり新たな非5文型理論が出てくる可能性がありますが、試みそれ自体には深く敬意を表しつつも、新しさ、派手さに惑わされることなく、凛然と5文型を選び続けてください。

　日本における英語教育、英語学習は長い歴史を持ち、そこには多くの先人の尊い尽力によって形作られた得難い伝統があります。伝統ある世界に投げ入れるのなら、「伝統の尊厳を保ちつつ、新たな価値を加えることができるもの」でなくてはならないはずです。

　英語の文型理論に関しては、「5文型」に受動態を加えた「基本8文型（＝5文型＋3つの受動態）」が理想のものだといえます。この分類なら「5文型」が維持されるので、既存の辞書、書籍を存分に活用できます。伝統が守られるのです。そして同時に、従来の文型理論では立ち位置がぼやけ気味だった受動態を明確に位置づけることができ、よりはっきりと、そしてより確実に文を分析できるようになります。

　この「8文型理論」こそが、新しさと普遍性の両立を最大限に果たせる文型理論であり、「最大多数の最大幸福」につながるものだと私は確信しているのです。

　こうして最後に、スタート地点であるp.28で示した分類の意義、大切さを確認し、ついに全講義が終了しました。

第31講ここまで

講義を終えて

長年にわたる著者の英語教授の経験では、語学に弱い学生諸君は、例外なしに文法の知識があやふやであるようだ。文法がしっかりしていなければ、外国語のテクストを正確に読むことができないばかりか、外国語を書くことも、話すこともできないのである。

——安藤貞雄（広島大学名誉教授）

○ 3つの読解問題の結果

　ここまでに3つの文の読解に挑みました（p.209の文、p.298の文、p.374の文）。この3つの文が読解できたか、そして、解説が理解できたかを思い出してみてください。

　大半の人は、次のような結果だったはずです。

> ① 文の構造を見抜くことはできなかった（あるいは見抜けたが時間がかかった）。
> ② しかし解説は理解できた。

　まずは②の事実に目を向けてください。解説を読んで「なるほど、この部分には、あの知識が埋め込まれているのか」というように納得できるのは、本書をここまで読み、大量の文法の知識を蓄積してきたからこそです。

　本書を読む前と比べて、格段に進歩したのです。

　ただ、①のような事実も残ります。①からは次のことが明らかになります。

> 文法知識があるからといって、それを自由自在に応用できるとは限らない。

　では、どうすれば確実に応用できるようになるでしょうか。

　何よりも必要なのは演習です。複雑な文の文法構造を分析、解明し、意味を突き止めるという作業を重ねることによってこそ、手持ちの文法知識を応用する能力が身につき、ほぼ全ての文が理解できるようになるのです。そして演習を更に続けることにより、理解のスピードも増します。これらのことはp.379で述べたばかりです。

　とにかく莫大な量の、そして良質の演習を積まなければ、初級レベルから抜け出すことはできません。この冷厳な事実こそが現実です。かくも英語は難しいのです。だからこそ、安易な学習法を峻拒し、正攻法で正面突破に打って出るしかないのです。

○ 本書読了後に行うべき作業

　ただ、演習の前に行わなければならないことがあります。それは本書で学んだ知識を強固なものにするということです。

　文法知識を使いこなす練習は、たしかに必要ですが、その文法知識自体がグラグラしたものであれば、その練習もはかどりません。まずは本書の再読を行い、内容

を確実に吸収してください。

　本書の内容のうち、特に大切なのは、やはり《従位接続詞の一覧表》と《準動詞句の一覧表》です。先ほどの3題の構造図からも明らかなように、一定以上の長さを持つ文のほぼ全てのものには、従属節、準動詞句が含まれています（p.211、p.300、p.375 参照）。よって、英文を理解するという作業の多くの部分は、次の作業になります。

> A　文中の従属節、準動詞句の始点と終点はどこか（＝どこからどこまでをまとまりとして区切って理解すればよいか）を見抜く。
> B　その従属節、準動詞句は他の部分とどのような文法関係にあるか（＝まとまり全体の要素は何か）を見抜く。

　ちなみにこれらは、p.377で示した〈1〉と〈2〉の作業です（よってその後に〈3〉と〈4〉の作業も必要になります）。またp.372で「文法構造を見抜く」ということの具体的な意味として、5つの作業を挙げましたが、上のAとBは、そのうちの（2）とほぼ重なります（異なるのは、（2）では前置詞句の情報が含まれているという点です）。

　上のAとBの作業を正確に、そして速くこなすためには、従位接続詞と準動詞句に関する知識が万全なものでなくてはなりません。そのためにぜひ、p.88の《従位接続詞の一覧表》とp.165の《準動詞句の一覧表》を丸暗記してください。

　この2枚の表のうち《準動詞句の一覧表》はシンプルなので、丸暗記、つまり白紙に書ける状態にするのはそれほど難しくないと感じるのではないでしょうか。一方、《従位接続詞の一覧表》の丸暗記は不可能だと思われるかもしれません。

　ところが実は、《従位接続詞の一覧表》も暗記が可能なのです。なぜなら、「7つ以内の枝分かれ」によって組み立てられているものだからです。

　この表は、まずA〜Dの4つに分かれます。そこからの枝分かれも最多で7つです。各数字のところにある従位接続詞の数も、C-5を除けば最多で4つです。多くのものを記憶する際には分類が必要になりますが、それぞれの枝の数は7つ前後が限界なのでした（p.18参照）。この表は7つ以下の枝分かれです。よって十分に暗記が可能なものなのです。早めに丸暗記してしまってください（もちろんC-5は除きます）。

　加えて、ぜひp.130の表も暗記してください。名詞と、これを修飾する節の関係（《従位接続詞の一覧表》のBの列の知識です）は、大切な内容でありながら混乱し

がちです。ところがこの表を記憶すれば、どのような名詞が、どのような形容詞節によって修飾されるかを確実にとらえられます（「グループ1」は多いので、まずは5個ほどを選んで覚えてください）。

○「暗記」の尊さ

　暗記というのは尊いものです。しばしば、暗記という作業が悪いことのようにとらえられ、「暗記より理解」「丸暗記禁止」などというようなことが言われます。もちろんやみくもに暗記する前に、まずは理解する、あるいは整理するという作業が必要な場合が多いのは事実です。実際、本書でも従位接続詞や準動詞句のような特に大切な部分では、確実に理解してもらうために多くの説明を加えました。また、これらの2つをはじめ、複雑な内容が含まれる箇所の多くにおいて、内容を表に整理しました。

　ただ、これらは最終的な暗記に至るまでのプロセスにすぎません。「理解しただけ」「整理しただけ」で終わったのでは、不十分なのです。

　英文を理解するということは結局のところ、与えられた文を、自分が知っている知識やパターンに帰着させて納得することだともいえます（文に限らず、記憶にないものを理解することはまず不可能です。我々が笛を見て「笛だ」と理解できるのは、過去に笛を見て「このようなものが笛だ」と記憶したからです。はじめて笛を見る人はそれが何なのか見当がつかないはずです）。英文法に関する膨大な知識があり、大量の具体例が頭の中に貯蔵されていれば、より正確に、より速く英文が理解できるのです。

　自ら文を生み出す場合における「暗記」の重要性は言うまでもありません。述べたい語句、表現が頭に入っていなければ、いちいち和英辞典を引く必要が生じます。時間のかけられるライティングならともかく、スピーキングの場合は、その作業をするごとに会話が中断されてしまいます。

　ものを考える際にも「暗記」に頼ります。「知識を詰め込むよりも、思考力、発想力を鍛えよう」というような言葉をよく耳にしますが、そもそも、考える材料が頭の中になければ思考など不可能です。そして材料が豊富であればあるほど、多くのことを考えられます。ほとんど何もないところから多くのものを生み出すことのできる人など例外中の例外です。自由で豊かな発想というのは、莫大な量の知識のストックに支えられてはじめて可能になるのです。積極的に、そして根気強く暗記に努めてください。

●― 伝統文法の学習と読解力養成の大切さ

　ここで、伝統的な文法を学ぶことと読解力を養うことの大切さを確認し、これまでに述べてきた「英語学習法の指針」の総決算をします。ここではこれまでの内容から一歩進めて、各種の英語学習法の学問的背景について詳しく述べることにします。

　さて、現在いわゆる「伝統文法」(中学、高校でも習う最もオーソドックスなタイプの文法で「学校文法」とも呼ばれます)、そして「学校英語」は激しい批判にさらされています。ことあるごとに、各方面から次のような主張がなされているのです。

　「伝統的な文法の習得に多くの時間をかける学習法は、時代遅れだ」

　「日本人の英語力が低いのは、読解を重視する学校英語に原因がある」

　「与えられた文を理解することを目標としてきた従来型の受動的な英語では、これからの時代に対応できない」

　そして、新しい言語学の影響を受けた学習法がいろいろと提唱されています。

　ところが少し落ち着いて考えてみれば、上の主張は必ずしも正しいものではないということがわかります。どんなに文明が発達しようとも、どんなふうに世相が変わろうとも、人間が言語を用い、文字を使い続ける限り、相手が書いたものを読み、相手が話したことを聴き、自分が書き、話すことによって意思疎通を行うという事実は、まず変わりようがないはずです。そして一定以上の年齢の人が外国語に相対した場合、「読み」が最も基礎的な作業です。「講義の前に」で述べた通り、時間をかけて読んでわからないものが、聴いて一瞬でわかるはずなどあり得ません。また、理解できないものを自ら生み出すなど、いっそうあり得ない話です。

　ところがほぼ全ての人は、その「読み」ですら、とてつもなく大きな困難を感じています。英和辞典を用いても、英語の新聞、雑誌、書籍、ネットサイトの英文、いずれも自在に読みこなすことができないのです。このようにまだ「読み」の段階で大きくつまずいているのなら、何よりもまず読解力を養成しなくてはならないということは明らかです。

　しかもインターネットの登場、普及により、「画面から読み取る」という方法で情報を得ることが多くなりました。また、これまでは電話で伝達してきたことの多くを、Ｅメールでのやりとりに切り替えるようになりました。相手のメールを正確に理解できなければ適切な返信はできません。読解力の必要性、重要性は、今まで以上に増しているというのが現状です。

そして、文を正確に理解できるようになることを目的にして、気の遠くなるような長い時間をかけて構築されてきた知識の集積が伝統文法です。それならばこれを学び、そのうえで読解演習を積むということこそが、初学者が最優先すべき課題だということになります。

　ちなみに、p.12 で紹介した『英文法を撫でる』（渡部昇一著、PHP 新書 1996 年 p.156）の中に、次の記述があります。伝統文法の性質と、その歴史の長さがわかります。

> 　品詞分析から始まった西欧の文法学は、まだ読解できない文献を正確に読もうというところに起点がある。＜略＞
> 　西欧で今の品詞の原型となるような分析が行われたのは、紀元前 100 年頃のエジプトのアレキサンドリアにおいてである。

　このように、伝統文法は文字通り「伝統」ゆえ、そこに大量の貴重な蓄積があります。日本でもこれまでに多くの人たちが、この伝統文法の習得と読解演習を基礎にした学習を進めることで（というよりも「進めたからこそ」）、初級を抜け出し、中級者、上級者の仲間に加わってきました。

　渡部氏は別の書籍（『秘術としての文法』講談社学術文庫 1988 年 p.16）の中で、伝統文法と、20 世紀生まれの新しい言語学を次のように対比されています。

> 　新言語学は読解力の増進にはほとんど無関係である。新言語学は、構造言語学であれ、生成文法であれ、確実な意味がすでに研究者にわかっている文章のみを分析研究する。＜略＞
> 　これに反して、いわゆる伝統文法は、俗に言う実力をつける手段である。これをよくやれば今までよく意味の取れなかった文章を、自信を持って理解できるようになるし、複雑な思想をなんとか混乱させずに外国語で書けるようになる＜略＞。
> 　比喩（ひゆ）をもって言えば、新言語学は化学（かがく）であり伝統文法は薬学（やくがく）である。化学者は病人をなおせない。しかし薬学者は病人をなおす薬を提供する。したがって新言語学と伝統文法はお互いに軽蔑し合うべきものでもないし、いわんや憎み合うものでもない。相反するものでもない。適用の範囲が違うのだ。

ここで、新言語学の例として「構造言語学」と「生成文法」が挙げられていますが、現在は、より新しい「認知言語学」というものの影響を受けた「ネイティブスピーカーの感覚」「ネイティブのイメージ」といった観点から英語をとらえる書籍が流行しています。ところがこの種の本を中心にして英語学習に取り組んでも、残念ながら高度な英語力は、ほぼ間違いなく身につきません。長い文、複雑な文、難解な文が理解できるようになるということは期待しにくいのです。なぜなら新言語学はいずれも、伝統文法のような「文（長い文、複雑な文、難解な文も含む）を正確に理解できるようになるための学問」ではないからです。

　ちなみに、東京言語研究所の「2015年度　理論言語学講座要項」では、認知言語学は次のように定義されています。

> 　私たちは物質的な世界だけでなく、こころが創り出した世界に生きています。ことばを切り口として、こころの世界を探ろうとする試みが認知言語学です。

　定義の仕方は他にもあり得るはずですが、誰がどのような角度から定義しようと、伝統文法の定義とは遠くかけ離れたものになるということだけは間違いありません。そして、認知言語学の専門家が大学という場で日々行っている講義の主なものは、長く複雑な文、難解な文も含めた、文の構造の見抜き方を指導する「英文読解の授業」ではありません。「どのような指導をすれば、学生が英文の文法構造を正確に見抜き、長文であれ難文であれ、意味が取れるようになるか」ということは、認知言語学の主要なテーマとは大きく異なるのです。

　認知言語学がこのような性質のものであり、また、認知言語学者が英文の読解指導を徹底的に研究、実践している方ではない以上、認知言語学の多大な影響のもとに著されている、フィーリング重視、イメージ重視の英語学習書で取り組んでも、長く複雑な文、難しい文を理解できるようになることは見込みにくいのです。

　先ほどの渡部氏は、伝統文法と、認知言語学などの新言語学の違いを、次のようなフレーズで説明されています（『英文法を撫でる』PHP新書 1996年 p.162, 89 より）。

> 「ヨーロッパ語の文献を正確に読みたい人は伝統文法を、言葉の本質を考えたい人はいろいろ新しい言語学を」

このことに関して更に、次のようにも述べておられます。

> 私はlinguistics―新言語学―は極めて知的な快感を与えることを知っている。言語という人間しか持っていない不思議な能力を解明しようというのだから面白くないわけがない。
>
> しかしlinguisticsは本を正確に解釈する能力を増進させることには関係がないようである。実際にlinguisticsの分析材料になる文章は、英語で言えば日本の中学校の教科書ぐらいのレベルまでの例文と言ってほぼ差し支えないであろう。言語分析する場合も、その文章を訳したらどうなるか、などということはあまり問題にならない。というよりどう訳すべきかわからないような難しいものはlinguisticsの材料には普通ならないのだ。だからlinguisticsによって文献を正しく読む力をのばすということは期待しない方がよいであろう。

渡部氏は、英文法の歴史を圧倒的な深さで研究されてきた方です（世界史上、最も厚い英文法の歴史の本を書いたのはイギリス人でもアメリカ人でもなく、日本の上智大学の渡部先生なのです）。他のほとんど誰の発言よりも強い説得力のあるものとして、上の言葉を重く受け止めてください。

ただ、「各種の英語の試験も、英語の新聞、雑誌、書籍、論文も、ビジネス英語もネットの英語も、全て自分には関係ない。短く簡単な文のやりとりだけで十分だ」という場合は、新言語学の影響を受けた書籍を中心とした学習でも問題はありません。また、この種のものは中級、上級を目指す人にとっても有効にはたらく面があります。広い意味を持つ語（特に前置詞、基本動詞）を習得する場合などに効力を発揮するのです。イラスト、写真などを効果的に用いた好著も少なくありません。

このように、「ネイティブスピーカーの感覚」「ネイティブのイメージ」といった知識は、「文法構造を分析、解明し、文を理解するためのもの」というよりはむしろ（そういった面も皆無ではないのですが）、主に「単語や表現を学び、記憶する際に参考にするもの」だといえます。まさに伝統文法とは「適用の範囲が違う」のです。

化学と薬学が優劣関係にはないのと同じように、この2種類の知識も、どちらが優れている、劣っているという関係にはありません。ただ、「長く複雑な文、難文を含めた、ほぼ全ての英文を理解できるようになる」ということを目標にして英語を学ぶ場合、どちらがメインでどちらがサブか、という違いは生じるのです。目的

に合わせて上手に使い分ければ、理想的な共存ができるはずです。

　伝統的な文法学習と、読解力養成の大切さについては、以下の記述も参考にしてください。東京大学の菅原克也教授の『英語と日本語のあいだ』（講談社現代新書 2011 年 p.224）の一節です（この本は、英語学習の指針となる有益な助言に満ちている素晴らしい作品です。ご一読をお薦めします。なお、以下の 2 行目の「与しない」は「くみしない」です。この言葉をはじめて見たという方は国語辞典で「くみする」を引いてください）。

> 　「文法・訳読」は、あたかも日本の英語教育の元凶のように言われることがある。私は、この意見に与しない。英語の四技能「読む」「聞く」「書く」「話す」は、もちろんバランスよく身につけることが望ましい。だが、日本に暮らしていて英語を学ぶかぎり、これが（一時的に）いびつなかたちになるのは、やむをえないことだと思う。バランスをとろうとするがため、低きにつくことは好ましくない。簡単な「英会話」はできるようになっても、英語で本が読める力を培う場がなくなったら、とても困ったことになる。実際に社会に出て、英語で実務を取り仕切ってゆける層が、育たなくなるおそれがあるからである。現在の日本の教育体制のもとでは、文法の力、読む力を養うことを先行させておくのが賢明である。まずは、インプットの回路を確保できる力をつけておくべきである。話す力はそのあとでよい。その方が、長い目で見れば話す力も伸びてゆくはずである。

　現在、「コミュニケーション」という惹句のもとに会話型の学習法が人気を集めており、また「これからの時代は」というような言葉とともに、「話せる」「話すための」といったことを売りにしている書籍が書店に溢れていますが、まずは相手が語った言葉、相手が書いた文を正確に理解するということこそが、コミュニケーションの第一歩です。「コミュニケーション」というと、「話す」「しゃべる」ということばかりにスポットが当たりがちになりますが、これらはコミュニケーションの一部分にすぎないのです。

　相手の伝えたいことをよく理解しないまま一方的に発信したら、まともなコミュニケーションにはなりません。というよりも、相手の伝えたいことがわからなければ、何を発信すればいいかの見当などつきません。この事実に「今の時代」も「昔の時代」も関係ありません。いつの時代だって、"正しい発信"の前に"正しい受

信"あり"なのです。

　コミュニケーションのためにこそ、確かな読解力を身につける必要があるというのが実際のところです。まずは文法学習と読解演習に徹底的に取り組み、「ほぼ全ての文を読んで理解できる」という能力を養成すれば、「聴いて理解できる」ための前提が成り立ちます。そして聴く訓練を重ねて高いリスニング力をつければ、コミュニケーションの第一歩をクリアできます。また、そのようにして理解可能な文が増えるごとに、生み出せる文も増えていきます（自分が理解できない文など生み出せません。「文を理解する能力」は「文を生み出す能力」の大前提です）。

　このように、まずは「文法・訳読」に重点を置き、何よりも優先して高度な読解力を養成したほうが、他の学習法を選んだ場合よりも、最終的には高い総合力が獲得できます。このほうが「英会話」も、より正確に、より高いレベルで行うことができるようになるのです。「大は小を兼ねる」ならぬ「文法力と読解力は会話力を兼ねる（しかも高いレベルで）」なのです。

　英語教育は、日本だけに限っても長い歴史を持ちます。ゆえに、数多(あまた)の優れた先達が営々と築き上げてきた貴重な財産、目を向けて活用すべき知的財産が、すでに大量に存在しています。着実な上達のための方法論は、ほぼ確立されているのです。だからこそ、これまでにたくさんの英語達人が輩出されてきました。古くから行われてきたオーソドックスな方法こそが、最も無難で最も確実な方法であり、最も多くの人の役に立つのです。

　中級者、上級者への仲間入りを本気で目指すのであれば、ぜひ、伝統を尊重した正統派の教材を選び、文法学習と読解演習を大量に重ねるという学習姿勢を貫いてください。そして学生の皆さんは、どうか「学校英語」を大切にしてください。

○-「文法」と「読解」に残された課題

　このように、決定的に大切な伝統文法の学習と読解演習ですが、現在の日本において、英語の伝統文法を学び、英文の読解演習を行おうとする場合、それぞれにおいて解決すべき大きな問題点があるということもまた事実です。上で「着実な上達のための方法論は、ほぼ確立されているのです」と述べましたが、「完全に確立されているのです」とは言えない理由がここにあります。最後にこれを説明します。

　まず読解演習に関する問題点ですが、それは「理想的な読解演習を行える場が、

極めて少ない」という点です。

　たしかに学生であれば、学校でリーディングの授業が受けられますが、豊富な文法知識を駆使しながら文の構造を緻密に説明し、どのように英文を読み解けばいいかを指南する授業は、あまり多くはないようです。また、社会人向けの読解力養成機関も見当たりません。「英会話学校」はそこかしこにありますが、読解に特化した「英文読解学校」というものは聞いたことがないはずです。

　読解の参考書は豊富にあり、優れた作品も非常に多いのですが、一人でマスターするのが困難なものが多いこともまた事実です。読者の皆さんも、これまで英文読解の参考書に挫折してきた経験がおありではないでしょうか。読解、解釈の参考書を独力で仕上げたという経験を持っている方は極めて稀なのです。

　今後、より多くの人が、英語の契約書、論文、資料などを読みつつ実務をこなしていかなくてはならないという状況にありながら、高度な読解力を養成する場がほとんどないということは、やや大袈裟な言い方をすれば、日本という国が抱えている国家的な課題です。

　この問題を解決するために、私のホームページでは、英文を徹底的に精しく読み込むことにより、高度な読解力が養成できる講座を開設しています。クエスチョンを考えながらの学習なので、張りを保ちながら取り組むことができるかと思います。本書もそのまま利用することができますので、ぜひ挑戦してみてください。

　一方、伝統文法が抱えている最大の問題点の1つは、書籍に関していえば「優れた文法書が、辞書的なものに集中している」という点です。辞書的な文法書は、調べものをする際には非常に便利ですし、また中級者、上級者になった段階で、ぜひ1冊は通読してほしいのですが、初学者が通読用として用いるには不向きです。

　ちなみに英語関連書は、他のジャンルにおいても名著が目白押しです。語彙に関するもの、読解の参考書、和文英訳の教本、各種の辞典などに関しても、これまでに数多くの名作が生み出されてきました。これはまさに日本英学史の長さ、日本人の優秀さと芸の細かさ、日本の出版文化の高さ、日本人の学習意欲の高さといったものを裏付ける証拠に他なりません。ただここでもやはり、名著の大半は中級向け、上級向けなのです。

　さて、優れた文法書が辞書的なものに集中しているということは、裏を返せば、初学者にも取り組める、理想的な英文法の入門書が欠けているということです。理

想の入門書がないので、ほとんどの英語学習者が初級レベルで停滞しています。その結果、中級レベル、上級レベルの名著群や、辞書的な文法書を有効に利用できている人が、ごく一部に限られているというのが現状です。もったいないとしか言いようがありません。

　多くの人がそれらの書籍を主体的に利用できるようになるには、中級以上への道筋をつける理想の入門書が何としても必要になります。そのためにこそ、本書を制作しました。

　ここまで到達した皆さんは、今まさに飛躍への準備が整った状態にあるといえます。まずは本書を再読し、内容を吸収して、大きな手ごたえ、自信をつかんでください。そしてその勢いで、いっそうの文法学習と読解演習に進んでいってください。

　読者諸賢の御健闘、御活躍を衷心よりお祈りいたします。

索 引

日本語

[い]
意味上の主語……………………………… 205

[え]
英文法の全体像………………………… 20, 342

[か]
過去完了形………………………………… 227
過去完了進行形…………………………… 228
過去進行形………………………………… 219
仮定法……………………………………… 256
仮定法過去………………………………… 256
仮定法過去完了…………………………… 258
関係形容詞………………………………… 126
関係詞……………………………………… 130
関係代名詞………………………………… 122
関係副詞…………………………… 113, 127
感嘆文……………………………………… 75
完了形の文の準動詞句への変化…… 230

[き]
基本形……………………………………… 215
基本8文型………………………………… 29
基本8文型の一覧表……………………… 42
基本8文型理論の不完全性と有用性… 373
疑問詞……………………………………… 73
疑問詞疑問文……………………… 57, 93
疑問文……………………………………… 54
強調構文…………………………………… 365

[く]
句に対する修飾語………………………… 305
群前置詞…………………………………… 52

[け]
形式主語 ― 真主語の構文 …… 362, 367
形式目的語 ― 真目的語の構文 …… 362, 367
形容詞節を形成する従位接続詞…… 105
形容詞……………………………………… 47
形容詞的用法(toV句)…………………… 170
現在完了形………………………………… 222
現在完了進行形…………………………… 226
現在進行形………………………………… 218

[こ]
肯定文……………………………………… 77
構文………………………………………… 361
5文型……………………………………… 29

[さ]
最上級……………………………… 265, 288, 292

[し]
従位接続詞………………………………… 86
従位接続詞の一覧表(前半)…………… 88
従位接続詞の一覧表(後半)…………… 144
従属節……………………………… 161, 323
修飾語……………………………………… 44
受動態……………………………………… 35
準動詞句…………………………………… 163
準動詞句の一覧表………………………… 165
準動詞句の主体…………………………… 204

395

主格················· 122, 173
主節················· 161, 322
省略······················ 325
序数詞···················· 289
所有格····················· 48
真偽疑問文················· 55
進行形···················· 218
進行形の文の準動詞句への変化······ 219

[せ]
節に対する修飾語··········· 306
前置詞····················· 40
前置詞句················ 40, 47
前置詞の目的語············· 40
先行詞············ 122, 126, 129
選択疑問文················· 56

[そ]
挿入······················ 321

[た]
大過去···················· 228
第1文型···················· 29
第2文型···················· 30
第2文型
　（一般動詞が用いられたもの）······ 43
第3文型···················· 30
第3文型の受動態············ 37
第4文型···················· 31
第4文型の受動態············ 38
第5文型で用いられる動詞のリスト
　（パターン①）············ 32
第5文型で用いられる動詞のリスト
　（パターン②〜⑤）········ 189

第5文型で用いられる動詞のリスト
　（パターン③）············ 192
第5文型パターン①·········· 32
第5文型パターン①の受動態····· 38
第5文型パターン②········· 189
第5文型パターン②の受動態··· 200
第5文型パターン③········· 192
第5文型パターン③の受動態··· 200
第5文型パターン④········· 194
第5文型パターン④の受動態··· 202
第5文型パターン⑤········· 195
第5文型パターン⑤の受動態··· 203

[ち]
知覚動詞················· 189

[と]
等位接続詞················· 83
等位接続詞と従位接続詞の比較····· 161
等位接続副詞··············· 85
同格············ 110, 171, 334
等級········ 265, 268, 284, 290
動詞······················ 47
倒置················ 318, 356
動名詞··················· 169

[に]
二重否定················· 355

[ひ]
比較···················· 265
比較級········ 265, 271, 285, 291
否定···················· 344

否定語ではじまる準動詞句……… 359
品詞のまとめ………………… 47

[ふ]

副詞…………………………… 47
副詞節(動詞修飾語)を形成する
　　従位接続詞………………… 131
副詞節(形容詞修飾語)を形成する
　　従位接続詞………………… 139
副詞的用法(toV句、動詞修飾語)… 178
副詞的用法(toV句、形容詞修飾語)… 182
付帯状況……………………… 370
部分否定……………………… 355
分詞構文(Ving句)…………… 180
分詞構文(Ved句)…………… 181
文修飾語……………………… 308

[ほ]

法助動詞……………… 51, 235, 250
法助動詞に相当する表現……… 241
法助動詞＋進行形……………… 244
法助動詞＋完了形……………… 245

[み]

未来を表す表現………………… 250

[め]

名詞…………………………… 47
名詞節を形成する従位接続詞…… 89
名詞的用法(toV句)…………… 166
名詞と形容詞節の関係を示した図… 130
命令文………………………… 76

[も]

目的格………………… 122, 174

[よ]

要素にならない従属節………… 312
要素にならない準動詞句……… 315

英語

[A]

a little	285
about	285
acknowledge	32
advise	192
after	136
allow	192
almost	285
although	135
and	83
any	285
any time	136
anywhere	136
appear	43
appear to	168
as	34, 159
as far as	136
as if	137, 260
as long as	136, 290
as many as	290
as much as	290
as soon as	136
as though	137, 260
ask	192
assuming that	135

[B]

beg	192
be able to	185
be about to	252
be anxious to	185
be believed to	202
be bound to	185
be certain to	185
be destined to	185
be due to	185
be eager to	185
be going to	252
be keen to	185
be likely to	185
be ready to	185
be said to	202
be scheduled to	185
be sure to	185
be supposed to	185
be thought to	202
be to 不定詞	172, 221, 251
be unable to	185
be unlikely to	185
be unwilling to	185
be willing to	185
because	137
become	43
before	136
believe	32
besides	85
both	348
bother to	168
but	83
by far	289
by the time	136

[C]

call	33

can	236, 239	find	32
cause	192	for	83, 205
chance to	168	for fear that	135
come	43	force	192
come to	168		
command	192	**[G]**	
compel	192	get	43, 189
consider	32	get to	168
considering that	137	given that	135
could	236, 239	go	43
		granted that	136
[D]		granting that	136
directly	136	grow	43
drive	192	guess	32
[E]		**[H]**	
each time	136	had better	242
enable	192	had to	243
encourage	192	half	284
… enough to V 構文	368	happen to	168
even	285	hardly	352
even if	135	have	189
even though	135	have to	243
every time	136	help	192, 332
everywhere	136	how	68, 69, 71, 75, 99, 100, 101
		however	85, 156, 157
[F]			
fall	43	**[I]**	
far	285	if	89, 132, 257, 259, 328
feel	43	if it had not been for	264
few	267, 353	if it were not for	264
fewer	267	immediately	136
fewest	267	in	278

399

in case	136
in order that	132
incline	192
induce	192
instantly	136
intend	192
it	206, 362, 365, 367

[J]

just	285

[K]

keep	32, 43, 189

[L]

least	267, 279, 297
leave	32, 189
less	267, 276, 288, 291, 296
lest	135
let	189
lie	43
like	137
little	267, 296, 297, 352
look	43

[M]

make	32, 189
many	266, 294, 295
may	237, 239
might	237, 239
more	266, 294
most	266, 295
much	266, 285, 294, 295
must	238, 239

[N]

name	33
nearly	285
neither	348, 358
never	80, 347, 359, 360
nevertheless	85
no	285, 347, 357
no less	288
no more	286
no sooner … than 〜 構文	364
nobody	350
none	350
nor	349, 358
not	77, 345, 359, 360
now that	137
nowhere	351

[O]

oblige	192
of	206, 278, 336
on (the) condition that	136
on the ground that	137
once	136
or	83
order	192
otherwise	85
ought	241

[P]

permit	192
persuade	192

provided that ……………… 135
providing that ……………… 135

[R]

rarely ……………………… 351
recognize ……………………32
regard………………………32
remain ………………………43
request ……………………… 192
require ……………………… 192

[S]

scarcely ……………………… 352
seeing that ……………………… 137
seem …………………………43
seem to ……………………… 168
seldom ……………………… 351
set ……………………… 32, 189
shall ………………………… 241
should ……………… 238, 239, 260
since ………………………… 136
so………………………………85
so far as ……………………… 136
so long as ……………………… 136
so that ……………… 132, 313, 327
so … as to V 構文 ……………… 368
so … that 〜 構文 ……………… 363
sound …………………………43
stay ……………………………43
still ……………………… 85, 285
such … that 〜 構文 …………… 364
suppose that ……………………… 135
supposing that ……………………… 135

[T]

teach ………………………… 192
tell …………………………… 192
tend to ……………………… 168
that ……………… 89, 109, 117, 122, 132, 139, 278, 326
the first time ………………… 136
the instant…………………… 136
the last time ………………… 136
the minutes ………………… 136
the moment ………………… 136
the next time ………………… 136
the second …………………… 136
the way ……………………… 137
then ……………………………85
therefore ………………………85
think …………………………32
though ……………………… 135
thus……………………………85
till ……………………… 136, 313
times ………………………… 284
title……………………………33
to be …………………… 34, 39
toV 句…………… 164, 166, 170, 178, 182, 192, 200, 205, 219, 230, 251, 315, 331, 359, 367
too … to V 構文 ……………… 369
twice ………………………… 284

[U]

unless ……………………… 136
until ………………… 136, 313
urge ………………………… 192
used to ……………………… 243

[V]

Ved 句 ……………164, 177, 181, 195, 203, 207

very …………………………… 289

Ving 句 ……………164, 169, 176, 180, 186, 194, 202, 206, 230, 316, 360, 367

[W]

warn ……………………………… 192

were to …………………………… 260

wh 語＋toV 句 …………………… 168

what …… 58, 59, 61, 62, 66, 95, 97, 101

whatever ………… 145, 148, 151, 153

when … 68, 99, 101, 127, 129, 134, 312

where ……… 68, 99, 101, 127, 129, 134

whereas …………………… 135, 313

whether …………………… 89, 132

which …………58, 59, 61, 62, 65, 95, 97, 117, 122

whichever ……………145, 148, 151, 153

while ……………………… 135, 136, 313

who ……… 58, 59, 61, 62, 95, 117, 122

whoever ……………………… 145, 148

whom ……………………… 61, 62, 119, 122

whose …………………………… 65, 97

why …………………… 68, 99, 101, 127

will …………………………… 235, 239

wish ……………………………… 263

with ……………………………… 370

worth …………………………… 186

would ………………………… 235, 239

[Y]

yet ………………………………… 85

あとがき

　長文読解力が必ず身につく！ —— これは講談社現代新書版の『一生モノの英文法』の帯に記されている言葉です。
　ほぼ全ての英語学習者は、できることなら短い文のみならず長い文も理解できる力を身につけて、英字新聞、英文雑誌、英書を読みこなせるようになりたいという希望を持っていることと思います。また短い文のみならず、長い文も書いたり話したりできるようになることが最終的な目標ではないでしょうか。「ちょっとした会話だけできれば十分」「短文が理解できるだけでよい」という気持ちで英語を学習している人は、やはりごく一部であるはずです。
　冒頭でも述べた通り、長く複雑な文を理解できるようになるためには、その前提として、「単語と単語がどのように結びつき文となるか」「文と文がどのように結びつき、より複雑な文が生まれるか」「文はどのように変形するか」といった視点を持ちながら英文法を学習しなくてはなりません。ところが、そのような流れで記述された通読可能な英文法書は、特に社会人、大学生向けのものでは皆無ともいえる状況です。ゆえに長文を理解できているのは、語学の才能に特に恵まれた人か、高校時代が終わるまでに優れた教師や相性のよい参考書に出会えて本気で英語に取り組んだ人だけ、というのが現状のようです。この状況を打破すべく、私は講談社現代新書版の『一生モノの英文法』を上梓しました。
　現代新書版で目指したことは他にもいくつかあるのですが、その1つはネイティブスピーカーが宿命的に抱えている、教務能力上の限界を知ってもらうということです。
　世に数多くの英会話学校があり、ネイティブと対話をすることによる英語学習を推奨しています。大半の日本語話者は、自由自在に英語を使いこなすネイティブスピーカーに対して憧れともいえる感情を持っており、ネイティブに接したり、「ネイティブの発想」といったものを知ることこそが、英語上達のカギだと考えている方が非常に多いようです。ところが本書で繰り返し述べてきた通り、中級者、上級者の列に加わることを目指すのであれば、まずは「文法・訳読」に重点を置くのが理想なのです。
　現代新書版『一生モノの英文法』のSTAGE Ⅰでは、冒頭部分で「英会話型学習の限界」について説明しました。そしてSTAGE Ⅲで、ネイティブスピーカーをどの段階でどのように活用すれば最も効果的であるかを述べました。当然のことな

がら、ネイティブの存在、能力が英語学習に役立つ場面も大いにあるのです。ネイティブが高度な日本語力を有している場合は、活躍の場はより広くなります。また「ネイティブスピーカーの感覚」「ネイティブのイメージ」といったものの利点についても具体例を交えながら説明しました。

　そしてこのCOMPLETE版は、文法書の部分であるSTAGE IIに大幅な加筆・修正を加え、英文法のほぼ全範囲の基礎を1冊で習得できるようにしたものです。本書はそれぞれの文法理論に対する例文の数が多く、またこれに対する音声もありますので、ぜひ、理論をしっかりと理解したうえで、例文の聴き込み、音読・筆写を徹底的に励行してください。必ず大きな力になることをお約束いたします。

　末筆になりますが、本書発刊への糸口を作ってくださいました講談社現代新書出版部の田中浩史部長に心より御礼を申し上げます。

平成27年立夏
澤井　康佑

・・

　＜協力＞　五十音順、敬称略
　　　　　岡本礼子
　　　　　菊谷美奈子
　　　　　関谷光二
　　　　　土井原良次
　　　　　山本安彦

[引用文献一覧]

p.11　高梨健吉　『総解英文法』（美誠社、1970 年）i

p.27　伊藤和夫　『英文法教室』（研究社、2011 年）v

p.213　里中哲彦　『里中英語サテライト講義の実況中継＜文法篇＞』
　　　（語学春秋社、1997 年）p.6

p.303　鬼塚幹彦　『レベルアップ問題集　鬼塚の最強の英文法・語法 2
　　　── 入試基礎編』（学習研究社、2002 年）p.2

p.341　カトー・ロンブ（米原万里訳）『わたしの外国語学習法』
　　　（創樹社、1981 年）p.73

p.383　安藤貞雄　『基礎と完成　新英文法』改訂版（数研出版、1987 年）p.4

◯‐ 付属の **MP3 CD-ROM** について

※ご注意ください！

付属のディスクは MP3 データ CD-ROM です。一般的な音声・音楽 CD（CD-DA）ではないので、MP3 未対応の CD プレイヤー等では再生できません。パソコンまたは MP3 対応のプレイヤーにて再生してください。
※ 2015 年 6 月現在の使用方法です。
※ パソコン環境等によって異なることがあります。
※ iPod 等の MP3 携帯プレイヤーへのファイル転送方法、パソコン、ソフトなどの操作方法については、メーカー等にお問い合わせいただくか、取扱説明書をご参照ください。

【再生方法】

① パソコンの CD/DVD ドライブにディスクを挿入してください。
② Windows Media Player・iTunes 等で再生できます。
＊複数のソフトの選択が表示される場合は、画面に再生ソフト一覧が表示されるので使用したいソフトの「再生します」を選択してください。
＊音声・音楽 CD を挿入したときのように、自動的にソフトが立ち上がらない場合があります。その際は手動で再生ソフトを立ち上げてください。

【iTunes に取り込む場合】

※ MP3 CD-ROM は音声・音楽 CD（CD − DA）と違うため iTunes で通常音楽 CD 等を取り込む際の「インポート」では取り込むことができません。そのため、取り込むための設定が必要となります。お手数ですが下記手順にて設定をお願いします。
① パソコンにディスクを挿入してください。
② Windows Media Player 等が自動で立ち上がっている場合は終了させます。
③ iTunes を立ち上げます。
④ iTunes のウインドウ左上にある四角のボタンをクリックするとメニューバーが出ます。その下のほうにある「設定」を選択します。
⑤「一般環境設定」のウインドウが開いたら、上部に並ぶメニュー一番右の「詳細」をクリック、「詳細環境設定」のウインドウになります。
⑥ その中の「ライブラリへの追加時にファイルを [iTunes Media] フォルダーにコピーする」のところにあるボックスにチェックを入れて、さらに下の「OK」をクリックすると設定は完了です。これで、MP3 CD-ROM を取り込んだ時の保存場所が設定されます。（ここにチェックが入っていないと、正常に取り込むことができません）
⑦ 次に iTunes 左上、ツールバーの「ファイル」をクリックします。
⑧ その中の「ファイルをライブラリに追加」を選びます。
⑨ 別ウインドウで MP3 の音声ファイル一覧が表示されます。
　（音声ファイルが表示されない場合はディスクが入っているドライブ等の場所を選んで表示させてください）
⑩ MP3 ファイル全てを選択して「開く」をクリックすると保存が始まります。
　（ファイル数が多いため多少時間がかかると思います）

著者紹介

澤井 康佑（さわい こうすけ）
昭和47年神奈川県出身。慶應義塾大学文学部卒。元・東進ハイスクール講師。著書に『よくわかる英語の基本 基本文型・文と文の結びつき』（開拓社）、『一生モノの英文法』（講談社現代新書〈紙書籍版／電子書籍版〉）、『基礎がため 一生モノの英文法 BASIC』（ベレ出版）、『一生モノの英語力を身につけるたったひとつの学習法』（講談社＋α新書〈紙書籍版／電子書籍版〉）がある。
URL: http://sawai-kohsuke.com/

ナビゲーター

藤村 由紀子（ふじむら ゆきこ）・バイリンガルフリーアナウンサー
東京都生まれ。桜蔭高校、早稲田大学政経学部卒業。
宮城テレビ放送アナウンサーとして、ニュース、情報番組などを担当した後、フリーに。ハリウッドでのインターン、通訳学校での訓練を経て、バイリンガル司会者としての仕事をスタート。大統領や大臣などの通訳をはじめ、国際会議やイベントなどで日英司会をつとめる他、様々な企業、大学などの日英ナレーションも担当している。
英検1級　TOEIC 955点
ブログ「バイリンガル MC Yuki の Blog」

（MP3 CD-ROM の内容）
○時間…3 時間 15 分 48 秒
○ナレーション：藤村由紀子 / Howard Colefield

MP3 CD-ROM付き 一生モノの英文法（いっしょう）（えいぶんぽう）COMPLETE

2015年 6 月25日	初版発行
2022年 4 月27日	第 6 刷発行
著者	澤井　康佑（さわい　こうすけ）
カバーデザイン	竹内　雄二
DTP	WAVE 清水　康広

©Kohsuke Sawai 2015. Printed in Japan

発行者	内田　真介
発行・発売	ベレ出版 〒162-0832　東京都新宿区岩戸町12 レベッカビル TEL.03-5225-4790　FAX.03-5225-4795 ホームページ https://www.beret.co.jp/
印刷	株式会社文昇堂
製本	根本製本株式会社

落丁本・乱丁本は小社編集部あてにお送りください。送料小社負担にてお取り替えします。

ISBN 978-4-86064-439-0 C2082　　　　編集担当　新谷友佳子

発信型英語
類語使い分けマップ

植田一三／長谷川幸男／Michy 里中 著
A5 並製／本体価格 1900 円（税別）■ 336 頁
ISBN978-4-86064-425-3 C2082

日本人が英語のスピーキングやライティングをする時に、一番厄介なのが文脈に合った類語の使い分けです。日本語と英語の意味の幅がことなるので、文脈にあった正しい類語の使い分けができていないのが現状です。本書ではスピーキングと英作文で最重要な類語のグループ 100（動詞・形容詞・名詞）と次に重要な類語を補足として取り上げ、その使い分けやニュアンスを学びます。この一冊で英語の発信力を短期間で数ランクアップすることができます。英検、TOEIC、TOEFL iBT、IELT 対策としても効果的。

改訂合本 ネイティブの感覚で
前置詞が使える

ロス典子 著
A5 並製／本体価格 2400 円（税別）■ 704 頁
ISBN978-4-86064-275-4 C2082

1999 年に 1 作目を発刊し、45000 部の大ヒットとなった『ネイティブの感覚で前置詞が使える』3 部作を、よりわかりやすく順序や内容を全面的に改定し一冊にまとめました。600 頁を超えるすべての頁が絵で構成され、3500 枚を超えるイラストをどんどん目にすることで、前置詞の核となるイメージとそのクライテリア（選択基準）を、ネイティブの子どもと同じプロセスで身につけることができるという画期的な内容です。

覚えやすく
まとめちゃっ単語

鈴木貴士 著
四六並製／本体価格 1900 円（税別）■ 312 頁
ISBN978-4-86064-414-7 C2082

expect と except、wonder と wander、contend と content、どれも基本単語ですが、明確に区別して記憶できているでしょうか？学習者を混乱させるこうしたややこしい単語を並べて記憶したり、attribute と contribute と distribute など、形の似ているものをまとめて覚えて語彙を増やしたり…等、「2 冊目の単語帳」として、ある程度英語を学んだ人たちを対象に、「印象に残りやすい」「覚えやすい」ことにこだわって単語を分類配列した単語集です。TOEIC、TOEFL、海外派遣、プレゼンなどで、さらに上を目指すのに役立ちます。